이해하기 쉽게 쓴

교육심리학

EDUCATIONAL PSYCHOLOGY

이해하기 쉽게 쓴

교육심리학

김희수 · 조영미 공저

동 문 사

머리말

최근 교육은 시대를 뛰어 넘어 우리사회의 큰 관심사로 자리매김하고 있다. 이런 현상은 두 가지의 관점으로 생각해 볼 수 있다. 하나는 우리사회의 교육 열의가 세계화를 열망하는 수준으로 높아졌다는 점이고, 다른 하나는 우리사회가 기대하는 만큼의 학교교육이 제대로 이루어지지 않고 있다는 우려일 수 있다.

전자는 교육적 열의가 세계적 수준이라는 점과 현재보다 더 높은 질적 가치를 추구하고자 하는 우리 사회의 열망이 미래를 밝게 한다는 점에서 긍정적으로 평가한다. 하지만 후자의 문제는 이 시대를 살아가고 있는 우리 모두의 과제일 수 있어 어깨가 무겁다. 특히, 이 문제 해결을 위해 교육을 담당하고 있는 일선 교육자나 교육공무원의 책임은 더 요구된다.

물론, 과거부터 계속 누적된 문제를 한꺼번에 해결하기란 무리수가 따를 수 있다. 또한 단번에 해결할 수도 없는 문제이다. 설령 해결을 한다하더라도 교육 속성상 혼란이 초래될 것임은 자명자화(自明自火)하다. 그러므로 장기적인 관점에서는 점진적으로 교육제도 전체를 재정비하고, 단기적 관점에서는 현 교육 장면에서의 교육자 모두가 교수-학습에 최선을 다해 양질의 교육 서비스를 제공하려는 노력이 선행될 필요가 있다.

이러한 측면에서 볼 때, 교육심리학은 오늘 우리사회가 안고 있는 교육 문제를 해결할 교수-학습 영역의 한 부분이 될 것이다. 그 이유는 학교교육에서 교육심리학의 이론이 실제적으로 교육 장면에 접목되는 적용성과 지향성을 동시에 갖고 있음이다.

필자는 그동안 교사가 되고자 하는 학생들을 대상으로 강의를 해오면서 어떻게 하면 이들이 교육자가 되었을 때, 대학에서 배운 이론과 실습이 교육 장면에 실천적으로 접목될 수 있을지 고민해 왔다. 그 문제 해결의 일환으로 지난 2010년에 <문화체육관광부 우수학술도서>로 선정된 바 있는 본서를 이번에 대폭 보완하여 집필하기로 결심을 굳혔다. 나름대로의 강의 경험과 그동안의 생각을 촘촘히 정리하여 예비 교사들이 교육 장면에서 발생하는 문제들을 보다 실천적으로 다루고 적용할 수 있는 능력을 길러주고자 했다.

따라서 이 교재에서 다루어진 내용은 교육심리학 분야 중에서도 학교 현장에 녹아들어갈 수 있는 실제적 지식들로 구성하였다.

이 책은 총 5부 12장으로 구성하였으며, 1-6장은 교육심리학의 기초와 학생들의 개인차 및 발달을 이해하는 데 중점을 두었고, 7-9장은 교사로서의 교실 장면에서 교수-학습 적용 간에 필히 알아야 할 내용들을, 10-11장은 여러 가지 문제로 고민하는 학생들의 문제를 해결하는 관점에서의 실증적인 생활지도 및 상담방법 등을 제시하였고, 그리고 마지막 12장의 교육평가에서는 학교에서 실제 적용 가능한 평가방법 및 절차를 다루고 있다. 부디 이 책을 통해 예비 교사들이 학교 교실을 조금이나마 이해하고 실천적 지식을 배양하는 보고(寶庫)가 되었으면 한다.

하지만 막상 탈고를 하고나니 욕심이었을 뿐 뜻대로 온전히 이루어지지 못한 아쉬움이 남는다. 또한 작업 후의 성취감이나 해방감보다 부끄럽고 실망감마저 느낀다. 다음에 기회가 주어지면 좀 더 보충하고 싶다.

이 책이 나오기까지 많은 자료를 제공해 주고 격려와 조언을 아끼지 않은 선배·동료 교수들에게 감사드린다. 특히, 공동저자인 동원과학기술대학교 조영미 교수님에게 감사드린다.

또한 이 책이 세상에 빛을 볼 수 있도록 발간을 흔쾌히 허락해주신 동문사 이중수 대표님과 관계자 여러분에게도 깊이 감사드리며 귀사의 무궁한 발전을 기대한다.

2017년 2월

저자 대표

차 례

PART

I

교육심리학에 대한 이해

교육심리학의 목표는 가르치는 것과 배우는 과정을 이해하고 향상시키고자 하는 데 있을 것이다. 교육심리학자들은 지식과 방법들을 개발한다. 그들은 또한 매일 매일의 배움과 가르침 상황을 연구하는 데에 심리학의 지식과 방법들을 사용하고 다른 관련 분야도 활용한다. 그러므로 교육심리학을 이해하기 위해선 학문으로서의 '교육심리학이란 무엇인가?'를 밝히는 일일 것이다. 교육심리학은 심리학에서 발견한 지식, 개념, 원리, 그리고 이론을 교육문제 해결에 응용하는 학문인가? 아니면 교육심리학은 일반심리학과는 다르게 실제 교육현장에 내재하는 심리적 현상들을 체계적이고 과학적으로 다룬 독립된 학문인가?

제1부에서는 교육심리학이 학문으로서 어떤 의미를 갖고, 역사적 발달은 어떻게 변화해 왔으며, 심리학과 교육심리학의 차이, 그리고 교육심리학의 주요 연구 방법들에 대하여 살펴보고자 한다. 이를 통해 교육심리학이라는 학문에 대한 기초적 지식을 갖게 될 것이다.

CHAPTER 01

교육심리학의 기초

:: 학습개요 ::

교육심리학은 일반심리학의 한 분야이기도 하며 사회학, 의학 등과도 인접하는 교육과학의 한 분야라고도 할 수 있다. 이러한 측면에서 교육심리학이 독립된 학문으로서의 기본적인 학문의 성격을 둘러싸고 여러 가지 논의를 불러일으키는 원인이 되기도 하였다. 하지만 교육의 현상을 포괄적 개념으로 다루는 일반 심리학이나 인접된 학문만으로 해결하는 데는 한계가 있다. 교육은 학생을 대상으로 새로운 지식을 가르치고, 바람직한 인성을 길러주고 잠재 능력을 계발한다. 아울러, 교육에서는 가르치는 교사와 학생과의 관계 속에서 학교를 중심으로 이루어진다는 특수성이 있다. 따라서 교육심리학은 독립된 학문이면서도 인접학문과 연계된 다학문적(multi-disciplinary)이어야 하며, 특히 과학적인 연구결과를 활용한다는 측면에서 심리학과는 밀접한 관계를 맺는다.

이 장에서는 교육심리학에 대한 정의, 변천과정, 유사학문과의 관계, 교육심리학의 적용, 연구 방법 등에 대하여 살펴보기로 한다.

:: 학습 목표 ::

1. 교육, 심리학, 교육심리학의 개념을 비교·설명할 수 있다.
2. 교육심리학의 학문적 구조를 설명할 수 있다.
3. 교육심리학 관점에서 교사의 역할을 설명할 수 있다.
4. 교육심리학의 연구 방법 및 절차를 설명할 수 있다.

1 교육심리학의 의미

1.1 교육심리학의 정의

다양한 교육 현상을 이해하고 교육 문제를 해결하는 데 적합한 교육심리학의 정의는 '어떤 입장에서 교육을 파악하려 하며 어디에 관심을 갖느냐'에 따라 개념적 차이가 있을 수 있다.

교육심리학의 초기단계에서는 심리학적 발견이나 원리들을 교육의 실제에 단순한 응용이나 적용하는 데 관심을 갖고 있었기 때문에 '심리학적 원리를 교육에 응용하는 학문'으로 정의되었다. 이는 일반심리학의 지식체계를 단순히 적용하는 한계를 지니고 있었으므로, 교육에서의 중요한 목적과 가치가 내재된 교육 활동을 통한 인간 행동의 변화를 이해하고 적용하기 위하여 독립된 학문으로서의 교육심리학의 필요성이 요구되었다.

1910년에 출판된 「*Journal of Educational Psychology*」에 의하면 교육심리학이란 감각, 본능, 주의, 습관, 기억, 학습 기술, 그리고 개념적인 문제들뿐만 아니라, 아동과 청소년의 정신발달, 유전, 개인차, 발달, 특별학급, 정신능력의 측정, 정신능력의 관계성, 정신건강의 문제에 대해 실험적, 통계적, 문헌적인 방법으로 다루어져야 한다고 제시하고 있다.

이처럼 교육의 다양한 관심 영역이 확대되면서 교육심리학을 단순한 심리학의 응용이나 적용 분야로만 간주하지 않았다. 이를테면, 개체의 발생에서 노년에 이르기까지의 교육적 발달 가운데서 진행되는 학습경험을 서술하고 설명하려는 심리학으로 정의하였으며(Graw, 1949), 다양한 유형의 교육문제에 대하여 하나의 독립된 심리학적 원리를 창출해 내는 학문으로 정의되었다(Skinner, 1958).

그 이후로 교육이론들이 체계적으로 발전하게 되고 사회학, 의학, 생물학 등의 관련 학문분야의 발달에 힘입어 교육심리학도 꾸준히 발전해 오면서 고유한 학문 영역을 구축하게 되었다. 이렇게 교육심리학이 하나의 독립된 학문으로 자리매김됨에 따라 교육의 과정에서 발생하는 문제를 심리학적 측면에서 연구하여 그 원리와 방법을 밝히고 교육의 과정(process)에 도움을 주고자 하는 학문으로 자리 잡아 갔다. 몇몇 교육심리학자들의 교육심리학에 대한 정의를 살펴보자.

Seifert(1991)는 교육심리학이란 학습이 발생하는 기재를 탐구하고, 그러한 연구들이 실제적으로 학습에 도움이 되도록 하는 방법 면에 대하여 연구하는 학문이라고 정의하였으며, 이를 위해 다양한 개인차, 특성, 그리고 발달 정도가 다른 학습자의 능력을 조화시키는 방법과 평가 등을 다룬다고 했다.

Eggen과 Kauchak(1992)는 교육심리학이란 학교 현황과 관련된 지식과 경험을 체계화시키는 연구와 이론의 지식체계로 구성된다고 정의하였으며, 이러한 지식체계의 콘텐츠를 실제 수업 상황에 접목시킴으로써, 학교와 학습자에 대한 이해와 교사의 효과적인 의사결정에 도움을 주는 학문이라고 하였다.

Goetz, Alexander와 Ash(1992) 등은 교육심리학이 교수-학습, 그리고 이와 관련된 요인을 연구하는 학문이라고 정의하였으며, 이는 학습자의 심리적 발달에 대한 이해와 학습과정, 그리고 학습자들이 습득해야 할 지식과 기술의 본질 등을 이해하는 데 도움을 줄 수 있으며, 학습자의 수행에 대한 평가와 측정에 유용한 기초를 제공해야 한다고 주장하였다. 또한 최근 교육심리학에서 대두되는 주요 연구주제는 교육환경, 수업매체, 인지능력, 조작적 교육목표, 교육평가 등이라고 강조하였으며, 학교 현장의 독립된 학문영역으로서의 위치뿐만 아니라 교육의 실제 적용이라는 관심으로서의 변화를 동시에 이루어가고 있다.

따라서 교육심리학이란 교육의 목표를 효과적으로 달성하기 위해 교육의 과정(process)에 관련된 현상을 연구대상으로 하여 필요한 이론과 실천적 방법을 체계적으로 연구하는 학문이라고 정의할 수 있다. 좀 더 구체적으로 설명하면, 교수와 학습과정을 개선하는 데 중점이 있으므로, 심리학의 방법과 이론을 응용하고 그 자체의 이론과 방법을 가진 교수-학습과정을 연구하는 학문이라 정의할 수 있다.

1.2 학문적 성격

교육심리학의 학문적 성격은 학자에 따라 또는 바라보는 관점에 따라 다양하게 해석될 수 있으나, 여기에서는 교육심리학의 학문적 구조에 기초하여 [그림 1-1]과 같이 제시한다.

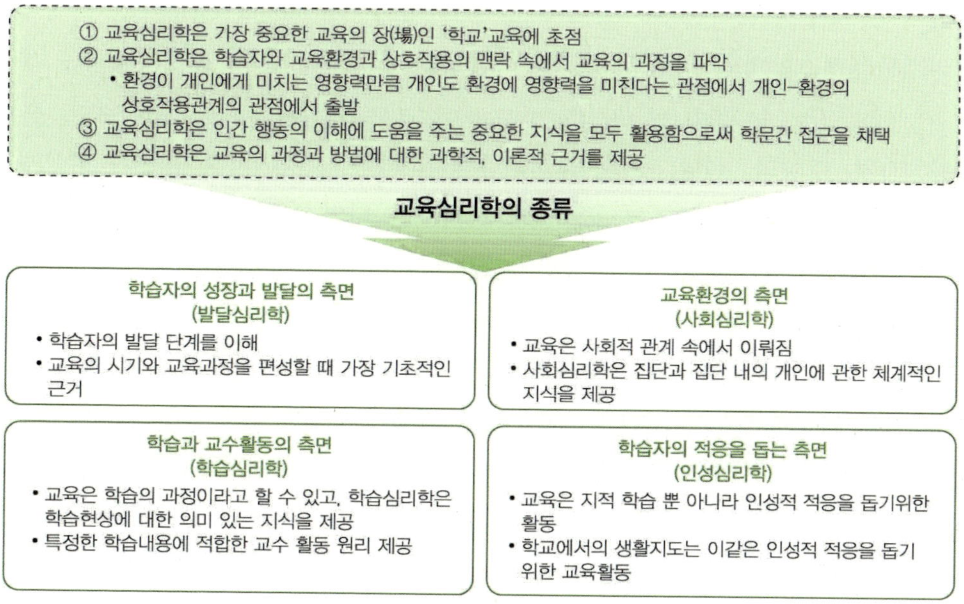

[그림 1-1] 교육심리학의 학문적 성격

2 교육심리학의 역사적 변천

2.1 20세기 이전

현대 교육심리학이 형성되는 데는 철학적 사고가 중요한 기초를 제공하였다. 인간의 기억을 이해하는 데 있어서 정신을 백지상태(tabula rasa)라고 가정하는 아리스토텔레스학파의 입장이 개념적 기초를 제공하고 있다. Mill(1829)은 자신의 저서인 「*The Analysis of the Phenomena of the Human Mind*」에서 의식, 개념, 분류, 기억, 추상화, 신념, 추론, 증거, 영향력, 기쁨, 고통, 의지 등을 논함으로써 현대 심리학에 영향을 주었다. 즉 인간의 사고는 다양한 사고들이 상호작용 하여 복잡한 이해로 재구성됨을 밝힘으로써, 인간의 사고에 대한 이해에 대하여 새로운 시각을 제시한 것이다(Walberg & Haertel, 1992).

이와 같이 20세기 이전의 교육심리학은 '철학적 사고'가 중심이 되었다. 19세기 초 독일의 Herbart(1776-1841)는 교육학을 정립하면서 교육목적은 윤리학으로부터, 교육방법은 심리학으로부터 그 원리에 도달해야 한다고 주장하였다. 하지만 그 당시까지의 심리학이란 오늘날의 과학적 심리학과는 달리 심리학이라는 학문이 철학으로부터 완전하게 독립되지 못한 상태의 사변적 심리학이었다. 그래서 교육에 대한 심리학적 원리도 자연히 사변적이었다.

19세기에 통용되는 심리학설은 능력심리학(faculty psychology)이라고 불렸는데, 능력심리학에서는 인간의 마음에는 6가지의 능력(지각, 기억, 상상, 추리, 감정, 의지)이 존재한다고 보았다. 이들 능력은 인체의 근육에 비유하여 심근이라고 하였다. 심근을 단련시키는 데는 적절한 효과가 있어야 하는데, 수학과 고전어는 기억력과 추리력을, 음악은 감정을, 도덕과 종교, 그리고 정치는 의지를 기르는 데 효과적이라고 하였다.

이후 능력심리학의 영향을 받은 교육이론이 바로 형식도야설(formal discipline theory)이었고, 이 이론은 심신을 단련하는 데 중점을 두었으며 정신의 도야라고 하였다. 그런데 이때까지만 해도 형식도야설은 과학적이고 경험적이며 실증적이고 객관적인 증거를 밝히는 연구 방법 면에서 한계가 있었다.

이 무렵에 독일의 Wundt(1879)는 인간의 행동과 정신에 대한 다양한 연구들과 철학적 배경을 바탕으로 내성법(introspection)을 발전시켰다. 그는 Leipzig대학에 실험실을 설립하고 변별반응, 반응시간, 감정적 반응 등을 자세히 측정하려고 하였다.

독일에서는 그의 제자 Meuman(1862-1915)이 그의 실험심리학 방법을 교육에 접목하여 교육심리학의 기초를 닦았고, 미국의 Hall, Cattell과 Judd 등도 심리학 발달에 지대한 공헌을 하였다.

그러나 교육심리학의 태동에 직접적인 계기가 된 것은 19세기 후반 Galton (1869)의 저서 「*Hereditary Genius*」이었다. Galton은 수집된 많은 자료를 바탕으로 통계적 방법을 사용하여 인간 능력의 범위를 설명하였다. 그리고 그는 지능이 유전적 요소를 가졌다고 제한함으로써 유전과 환경에 대한 논쟁을 일으키기도 하였다. 그로 인해 개인차는 체계적인 연구 분야가 되었으며, Cattell과 Thorndike를 통해 교육심리학에 영향을 주었다.

2.2 20세기 이후

교육심리학은 20세기에 들어서면서 미국 심리학자를 중심으로 독립된 학문으로서의 체제를 갖추기 시작하였다(Glover & Ronning, 1987). 그리고 교육심리학을 독자적인 학문분야로 발전시킨 사람은 Columbia대학에 재직했던 Thorndike (1874-1949)이다. 그는 동물의 지능과 학습에 대한 연구, 학습의 법칙, 교육과 심리학에 있어서의 통계적 방법, 성취 검사의 이용, 집단 기능검사의 활용, 수업 교보재의 준비, 아동의 어휘연구, 개인차 등 다양한 연구와 실험을 통해 학습과 관련된 여러 가지의 원리를 발견하였다. 그는 이들 연구 결과를 토대로 다양한 교수자료 및 수업 설계에 응용하였고 교사 교육에 적용하였다. 그는 1903년에 자신의 학습에 대한 실험 결과를 설명하는 「*Educational Psychology*」를 출판하였으며, 1921년에 저술한 세 권의 교재인 「*The Original Nature of Man(Vol.1)*」, 「*The Psychology of Learning(Vol.2)*」, 「*Individual Difference and Their Causes(Vol.3)*」은 과학적 학문으로서의 교육심리학에 지표 역할을 하였다(Walberg & Haertel, 1992). 즉 이 저서들을 통해 정밀한 과학의 방법을 교육심리학에 적용해야 한다고 강조하였다.

또한 교육심리학의 발전에 크게 공헌한 사람은 Skinner(1904-1990)이다. 그는 행동주의 강화원리에 근거하여 프로그램 학습 자료와 교수기계를 발명하여 교육을 공학화 하는데 기여한 바가 크다. 그는 학습법칙에 의해서 문제행동을 제거하고 바람직한 행동으로 바꾸는 행동수정의 원리를 제안하여 교육에 많은 도움을 주었다. 이 시기에는 Gagné의 위계적 분석방법이 사용되기도 하였다. 수업 설계는 주로 위계적 분석(hierarchical analysis), 자기보조수업(self-paced instruction), 선형계획법(linear programing), 분지(branching) 등과 같은 개념을 사용하였다. 또한 Bloom과 Glaser 등도 이 무렵에 교육심리학의 발달에 큰 공헌을 하였는데, 이들은 주로 교수개발 및 설계 분야에 두드러진 업적을 남겼다.

1970년대에 들어서면서 심리학의 주도권이 행동주의 관점에서 인지주의적 관점이나 인본주의(Humanism)로 변화를 가져옴에 따라 교육심리학도 자연스럽게 그 변화에 영향을 받았다. 행동주의가 인간행동의 표면적·피상적인 반응에 초점을 두었다면, 이 시기의 인지이론은 인간의 두뇌 속에서 일어나는 정보처리 과정에 초점을 두었다. 이러한 인지적 접근은 인간의 학습을 더욱 설득력 있게 설명해 주었다.

이와 같은 연구는 스위스의 Piaget 등에 의해 시작되었고 미국의 Bruner 등이 발전시켰다. 최근 들어, Anderson 등이 정보 처리 이론가들과 함께 교과 지식의 획득과 관련된 연구를 활발히 진행하고 있다.

또한 인본주의는 심리학이 과학적 접근이라는 명목 하에 지나치게 과학적 접근방법을 추종한다고 비판하였으며, 인간에 대한 주관적·실존적 접근을 강조하였다. 학생 중심의 인간교육을 강조한 학자는 Maslow, Rogers, 그리고 Combs 등이다. 인간주의 관점의 교육에서는 전통적으로 강조되어 온 인지적 능력의 향상뿐만 아니라 인간의 정의적 측면을 강조하였다. 최근의 교육심리학은 인간의 지적·정의적 측면의 교육 관점에서 심리학적 접근으로 그 초점이 맞춰지고 있다.

따라서 앞으로의 교육심리학은 학습자, 교수, 학습, 생활지도 및 상담, 그리고 평가 등 교육과 관련된 광범위한 영역에서 연구가 이루어지게 될 것이며, 이론 체계 수립 및 효과적인 적용을 위해서도 다양한 노력들이 진행될 것으로 보인다.

앞서 제시한 교육심리학의 역사적 변천 과정을 알기 쉽게 요약하여 제시하면 [그림 1-2]와 같다.

성립기(1900~1920)

관심분야
- 선천적 소질
- 개인차
- 학 습
- 정신발달능력

확대기(1920~1945)

관심분야
- 교육과 관계되는 사상(事象)에 대한 심리학적 연구가 주된 연구영역

분화기(1946~1965)

관심분야
- 교육심리학의 각 영역이 그와 관계되는 교육의 여러 면과 연결지어 자체 분화현상을 일으키며 독립적인 체제를 구축

재구조화기(1965~)

관심분야
- 정보처리이론
- 두뇌기능모형이론 등의 발달은 수업과 학습 및 교육방법론에 대한 새로운 체제들이 등장

[그림 1-2] 교육심리학의 역사적 변천 과정

3 교육과 심리학의 관계

3.1 교육과 심리학

교육의 개념은 일반적인 정의에 의해서 그 의미가 분명해진다. 그 의미를 살펴보면 다음과 같다(박아청, 2002).

1) 기능적 정의

이 정의는 교육을 '무엇을 위한 수단'으로 규정하려는 입장으로 교육의 전수(transmission) 기능을 의미한다. 교육을 문화 전달 과정 혹은 수단으로 규정하는데, 미국의 교육학자 Dewey는 이 입장에서 교육이란 생활(life), 성장(growth), 계속된 경험의 재구성(reconstruction of experience)이며 사회적 과정이라고 강조하였다.

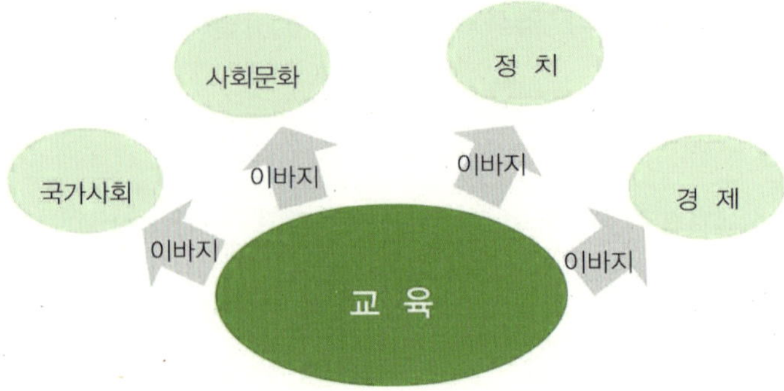

[그림 1-3] 교육의 기능적 정의

2) 규범적 정의

이 정의는 교육을 그 궁극적인 목적과 결부시켜 규정하기 때문에 목적론적 정의라고도 한다. '인간의 성장가능성을 최대한으로 신장시키도록 돕는 일' 혹은 '최대한의 자기실현을 도와주는 일', '인격 도야' 등으로 보고 교육자는 하나의 조력자이며 주체는 학습자로 그들에게 더 많은 자율을 허용하는 입장을 의미한다. 그러므로 이 입장은 인간을 교육의 산물로 본다. 인간은 유일한 교육적 동물이란 개념을 가짐으로써 교육의 궁극적인 목적은 '인간의 성격형성'에 있다고 본다.

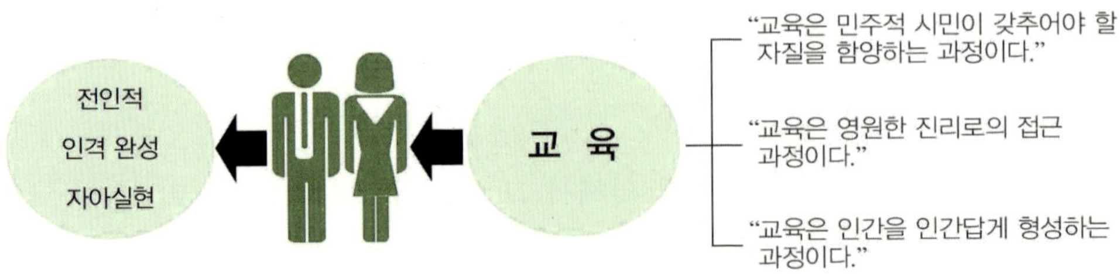

[그림 1-4] 교육의 규범적 정의

3) 조작적 정의

이 정의는 인간행동의 특성을 계획적으로 변화시키는 과정으로 정의한다. 경험적 교육학을 바탕으로 현실 세계와 감각 세계를 보다 중시하는 세계관에서 여러 현상을 비교, 관찰, 조사, 실험, 연구하여 사회 적응 과정을 돕는 기능을 강조한다. 그러므로 이 입장에서의 교육이란 '인간 행동의 계속적 변화'로 정의한다. 이는 교육 활동의 기본적 요소와 과정을 경험적으로 규정할 수 있어야 하며 교육적인 것과 비교육적인 것을 구별할 근거를 제시해야 한다.

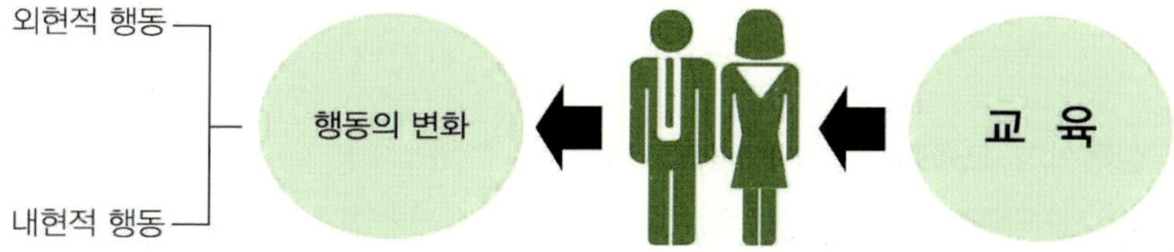

[그림 1-5] 교육의 조작적 정의

이와 같은 세 가지 정의는 인간의 성장가능성을 전제로 하여 인간의 바람직한 가치관 형성과 자아실현의 욕구를 달성하는 데 도움을 주는 것이다. 교육은 인간의 성장·발달·조성 등의 변화가 개인에게 선천적으로 결정되어 있지 않음을 의미한다. 인간의 잠재된 행동 특성은 교수, 학습, 그리고 환경 등의 상호작용을 통해서 점진적으로 변화를 가져오게 한다. 이를 유용하게 돕는 것이 협의의 교육심리학인 것이다. 또한 교육심리학의 광의의 개념으로 심리학이 해당되기 때문에 심리학에 대하여 알아볼 필요가 있다. 심리학에 대한 자세한 내용은 이 장의 3.2에서 살펴보기로 하고 여기에서는 개괄적인 내용만을 언급하기로 한다.

심리학이란 유기체, 그 중에서도 인간의 행동과 정신인 마음에 관한 학문이다. 이를테면, 심리학은 인간 심리현상이 어떠한지 자세히 기술하거나 현재의 심리상태를 볼 때, 앞으로 어떠할 것이라고 예언하거나 혹은 어떠한 정신 활동이나 행동이 왜 일어나는지를 과학적으로 분석하려는 포괄적인 개념의 학문이다.

3.2 심리학과 교육심리학

교육심리학은 일반심리학의 특수 분야로 심리학과 밀접한 관련을 맺고 있다. 교육심리학은 넓게는 학교교육, 좁게는 교실에서 이루어지는 학습 활동으로 심리학의 원리를 활용하는 응용 학문이다. 심리학은 특정한 분야를 집중적으로 연구·조명하는 것이 아니라, 광의의 측면에서 연구하고 다루기 때문에 교육현장에서 발생하는 특수한 심리적 현상에 대하여 체계적 접근이 어렵고 교육에 응용하기도 한계가 있다.

이러한 제한은 앞서 살펴본 심리학의 학문적 목적 차이에서 기인한다. 이들 차이점을 기초로 하여 심리학과 교육심리학의 중요 차이점에 대하여 살펴보면 다음과 같다.

〈표 1-1〉 심리학과 교육심리학의 차이점

구분	심리학	교육심리학
교육 목적	인간 행동에 관한 보편타당한 원리와 법칙을 발견한다.	교실이라는 특수 상황에서 개개인의 행동 변화에 관심을 둔다.
학문적 입장	특수 영역을 제외하고는 가치중립적 입장의 사실적 기술의 학문이다.	바람직한 방향으로의 가치 지향적이며 결과를 중시하는 입장의 학문이다.
연구 방법	많은 원리와 법칙들에 대한 연구나 실험은 주로 엄격히 통제된 실험실이나 제한된 장소에서 실시하여 밝힌다.	교육은 자연 상태에 가까운 교실이라는 특수한 집단에서 나타나는 과정을 연구한다.
학문적 성격	객관적이고 보편타당한 원리를 밝히는 광의의 학문이다.	심리학의 원리와 법칙을 응용한 협의의 응용학문이다.

4 교육심리학의 학문적 구조

교육심리학이 하나의 독립된 학문으로 성립되려면 그 나름대로의 탐구 영역과 연구 방법론에 따라 지식을 일반화시키고 체계화시켜야 한다. 교육심리학의 학문적 구조를 개념적 모형으로 제시하면 다음과 같다.

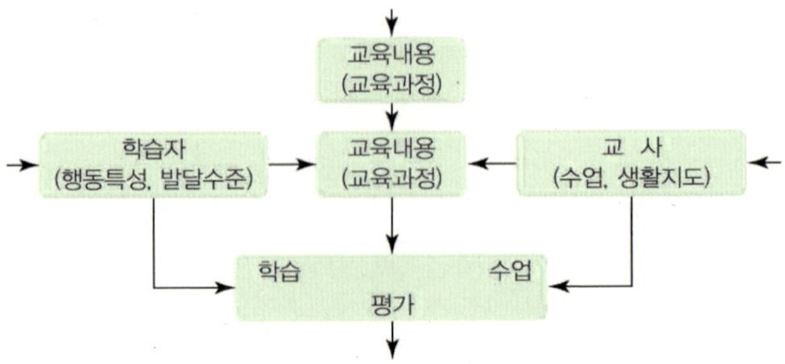

[그림 1-6] 교육심리학의 학문적 구조 모형

[그림 1-6]과 같이 교육심리학에서는 교육의 목적과 내용을 제외하고 학생과 교사, 그리고 평가 요인이 중점적으로 다루어진다. 왜냐하면 교육의 목적은 교육철학에서, 교육의 내용은 교육과정과 주로 관련되기 때문이다. 교육의 목적과 내용이 결정되고 나면 교육심리학의 활동 영역이 시작되는 것이다. 따라서 교육심리학은 학생의 특성을 설명하는 변인과 교사의 교수활동을 설명하는 변인, 그리고 교사와 학생의 상호작용을 평가하는 변인으로 구성된다(신희경 외, 2009).

학생 변인은 학생에 대한 이해를 돕기 위해서 학생의 인지적, 정의적 행동특성 및 발달 수준, 그리고 지능, 인지양식, 동기, 흥미 등에서의 개인차와 같은 학생 개인의 특성을 설명한다. 어떤 의미에서 학생 변인은 교수활동을 시작함에 있어서 가장 먼저 고려되어야 할 요인이다. 교사가 가르치는 학생이 어떤 특성이 있으며 개인차가 있는지를 고려하지 않고 가르친다면 수업의 효과도 적고 학생에 따라 흥미를 갖지 못할 수도 있다.

교사 변인은 학생에 대한 이해를 기초로 하여 최선의 학습 결과가 나올 수 있는 교수 방법을 선정하여 수업을 실시하는 과정과 관련된 변인이다. 교사는 효과적인 수업을 위한 단계별 계획을 수립하고 수업을 진행하는 데 수업의 목표와 내용에 비추어 어떠한 방식으로 진행할 것이며 어떤 매체를 활용할 것인가 등의 문제를 고려해야 할 것이다. 이와 함께 학생에 대한 생활지도 역시 중요한 교수활동에 포함된다. 특히 우리나라와 같이 학교 규모가 커서 학생의 개인차를 고려하기 어려운 학교 상황에서는 학생의 문제 행동을 유발하는 심리적 요인에 대한 보상과 처벌을 중심으로 한 외적 통제의 생활지도방식이 더 많이 사용되고 있기 때문에 생활지도 영역에서의 교사-학생 간의 갈등이 더욱 증가하고 있다(류방란 외, 2008). 그러므로 교사는 자율적이고 지속적인 학생의 문제 행동 개선과 효과적인 지도를 위한 전문적 지식과 기법을 갖추는 게 필요하다.

마지막으로 평가 변인은 교수-학습과정의 마지막 활동으로서 교사가 수업과 생활 지도를 수행하고 나서 그 성과를 평가하는 것이다. 학생의 학습 과정과 결과에 대한 평가는 결국 교사의 수업에 대한 평가이며 동시에 교사가 모든 교육적 노력을 평가하는 것이어야 한다. 그러므로 교사는 평가 활동을 위한 전문적 지식과 기술을 갖추어야 한다.

5 교사의 역할과 교육심리학

지금까지 교육심리학의 정의와 역사적 변천, 그리고 교육과 심리학, 그리고 교육심리학에 대하여 살펴보았듯이, 교육심리학은 응용학문으로서의 독립된 이론과 연구 방법 및 기술 체계를 가지고 있다(Woolfolk, 1990). 또한 심리학 원리를 단순히 교육에 적용하려는 차원을 넘어 교육 현장에서의 인간 행동을 기술하고 이해하며 예언하고 통제하려는 다양한 노력들을 시도하고 있다(Wittrock, 1992).

이러한 교육심리학이 다양한 교육현상에 대하여 실제적으로 어떤 도움과 영향을 줄 수 있는가는 본 학문과 심리학의 차이를 명백히 해 줄 것이다. 독립된 학문의 영역으로서 교육심리학은 단순히 지식을 설명하고 가르치는 것만을 의미하지 않는다. 학생들의 학습과 관련하여 학생들의 발달 및 개인차에 대한 이해가 선행되어야 하고, 적절한 학습 교재가 개발되어야 하고, 수행 결과를 평가해야 하며, 모든 활동을 조직화하고 과제를 적당히 할당하는 등 다양한 활동이 수행되어야 한다.

이러한 활동은 무계획적이고 기준 없이 수행하는 것이 아니라, 구조적이고 체계화된 방법으로 수행되어야 한다. 그러기 위해서는 교육을 수행하는 교사의 역할이 활발해야 한다. 교사는 수업 자료를 사전에 준비하여 교실 수업에 임해야 하고, 과제 제시 및 점검, 학습의 성취도를 평가하고, 학급의 규율과 질서를 유지하기 위한 역할 등 여러 가지 일을 수행해야 한다. 또한 학부모와 협의하고 학생과 상담도 해야 한다. 이처럼 교사의 역할은 매우 다양하므로 그에 합당한 자질을 갖추는 게 중요하다(조원호, 2002).

[그림 1-7] 교육심리학 적용 관점에서의 교사의 역할

일반적으로 교사가 갖추어야 할 자질과 역할은 교과 및 교수전문가, 동기 촉진자, 학급관리 및 경영자, 상담자, 지도자, 학생들의 동일시 대상자로서의 표상(모델) 등이다.

5.1 교과 및 교수 전문가

교사는 교과 및 교수 전문가로서의 역할을 수행한다. 교사는 교과목의 내용에 정통해야 하고, 학생의 요구와 능력, 그리고 달성 목표 등을 고려하여 수업 교재와 교수 방법에 대하여 끊임없이 의사결정을 해야 한다. 숙련된 교사일수록 어떤 교수 방법이 가장 효과적인가에 대하여 항상 고심하기 마련이다. 수업을 계획할 때 학생들이 겪게 될지도 모를 어려움을 예상해 보아야 하며, 새로운 용어에 대한 정의 또는 의미를 준비해 두고 개념들의 적절한 실례를 여러 가지 생각해 두어야 한다.

수업은 가급적 학생들의 입장에서 계획하여 학생들이 쉽게 이해하도록 학습 내용이 논리적이어야 한다. 또한 학생들이 수업한 내용에 대하여 어느 정도 이해를 하고 있는지 중간에 점검할 수 있는 질문 시간을 포함해야 한다. 전체적으로 수업 간 가장 적합한 교수 방법과 교수매체 등을 전방위적으로 검토하고 준비해야 한다.

5.2 동기 촉진자

교사는 동기 촉진자로서의 역할을 수행한다. 학생들의 학습 동기는 저절로 유발되거나 촉진되는 것이 아니다. 교사가 수행해야 할 가장 중요한 역할 중의 하나는 동기 촉진자로서의 역할이다. 현대 사회의 정보통신 기술과 다양한 정보 매체에 익숙해져 있는 학생들에게 학교에서의 생활은 어쩌면 지루하고 단조롭게 느껴질 수도 있다. 즉 여러 가지 수업 매체에 익숙한 학생들에게 통상적인 학습 활동만으로는 학생들의 마음을 사로잡기가 어렵다.

그러므로 교수들의 순간순간 이루어지는 의사결정은 학생들의 학습 동기에 흥미를 유발시킬 수 있어야 하고 효과적이어야 한다. 교사는 항상 학생들을 '어떻게' 하면 학습에 능동적으로 참여시킬 것인가에 대하여 고민해야 한다. 학업 과제를 부여할 때는 학생들의 수준과 연계하고, 교사 일변도의 교육보다는 학습자가 직접 참여할 수 있는 기회를 증대하고, 교사가 어떻게 평가하면 학생들이 더 열심히 노력할 것인가 등에 관심을 기울여야 한다.

5.3 학급 경영 및 관리자

교사는 학급 경영 및 관리자로서의 역할을 수행한다. 교사들은 자신의 일과 중에서 많은 시간과 노력을 학급 경영 및 관리하는데 투자한다. 학급 경영 및 관리가 과연 무엇인가에 대한 정의는 다양하다. 일반적으로 효율적인 수업을 촉진하기 위하여 학급 상황을 조성하고 유지하는 활동이라는 견해에 대해서는 별로 이의가 없을 것이다. 교사는 학생 행동의 감독, 학급분위기 조성, 학급 운영 계획, 물리적 환경, 시험의 준비, 성적 평가, 동료 교사들과 회의, 학부모와 면담, 그리고 학급일지 작성 등 교사가 관리하고 경영할 업무는 다양하다. 하지만 학급 경영 및 관리자로서의 교사가 수행하는 가장 중요한 업무는 학급의 질서 유지와 관련된 학급관리이다(Doyle, 1985). 이처럼 교사는 수업 기술과 더불어 이에 못지않은 학급 경영 및 관리 기술을 내재해야 수업의 효율성도 더 높일 수 있을 것이다.

5.4 상담자

교사는 상담가로서의 역할을 수행한다. 교사는 학생 행동의 민감한 관찰자이다. 교사는 전문적인 생활지도 상담자가 아니더라도 학생들의 정서적 행동에 민감하게 반응할 수 있어야 한다.

교사는 정서, 시험 불안, 나쁜 학습습관 등으로 인하여 학업 성취가 자신의 능력보다 떨어지는 학생을 선별할 수 있어야 하고, 정신 건강 전문가의 조력이 필요한 학생이 누구인지도 파악하여 상담할 수 있어야 한다.

교사가 상담자로서의 역할을 수행하는 데에는 신중하고 사려 깊은 의사결정이 요구된다. 학부모의 감정, 사회의 규범, 동료의 교사들과 학생들의 요구 등 다양한 변인을 고려하여 최선의 상담을 진행할 필요가 있다.

5.5 지도자

교사는 지도자로서의 역할을 수행한다. 교사는 학생 개개인의 요구에 관심을 기울여야 하겠지만 실제로는 쉬운 일이 아니다. 대부분의 수업과 활동은 집단을 상대로 하여 이루어지는데, 이때 교사에게 요구되는 것은 집단을 대상으로 하는 교사의 지도력이 개개인의 성장을 신장시키는 방법으로 나타나야 한다는 것이다. 집단 지도자의 역할을 수행하기 위해서는 교사가 심판자, 탐정가, 그리고 학급 전체의 감정과 무력감의 조절자, 친구, 부모, 학생의 지원자 등의 다양한 역할을 담당해야 한다.

5.6 동일시 대상자(모델)

교사는 학생들의 동일시 대상자로서의 역할을 수행한다. 교사는 학생들이 사회화되는 과정에서 스스로가 원하든 원하지 않던 학생들의 동일시 대상자의 위치에서 있게 된다. 학생들에게 바른 사회적 가치와 규범적 가치를 교육하기 위하여 학생들의 특정한 행동을 인정해주고, 격려도 해주며, 어떤 경우에는 질책이나 벌을 주기도 한다. 그러나 이보다 더 중요한 것은 교사 자신이 문화적 가치를 대변하는 동일시 대상이 되고 있다는 점이다. 학생들은 교사의 모든 행동을 보고 배우며 따르려 한다. 예를 들면, 교사의 말투, 행동, 태도, 가치관 등까지도 동일시의 대상에 포함된다.

6 교육심리학의 연구 방법

6.1 연구의 목적

학문 분야에 따라 조금씩은 다르겠지만, 과학적 접근을 적용할 경우 모든 학문의 목적은 어떤 주어진 현상을 기술하고, 설명하고, 예측하고, 통제하려는데 있을 것이다. 따라서 교육심리학의 연구 목적도 교육의 심리학적 현상을 기술, 설명, 예측 통제하려는데 있다(문은식 외, 2007).

1) 기술

기술(description)이란 어떤 현상을 실제 있는 그대로 정확히 관찰하고 보고하는 것을 말한다. 이를 근거로 주요 변인들을 발견해내고 추후 변인들 간의 관련성을 추론할 수 있다. 기술에는 두 가지가 있는데 하나는 어떤 현상의 상태(state) 혹은 구조에 대한 기술이며, 다른 하나는 그 현상의 과정(process) 혹은 기능(function)에 대한 기술이다.

2) 설명

설명(explanation)은 어떤 현상의 결정 요인 또는 선행 조건에 대해 밝히는 것으로, 그 현상이 왜 생기게 되었는지, 그리고 무엇에 의해 그런 현상이 발생하였는지를 설명하는 것이다. 행동과학연구에서는 행동의 결정 요인을 일반적으로 세 가지로 구분해서 설명한다. 즉 역사적 또는 발달적 요인, 상황 또는 맥락 요인, 그리고 생물학적 요인이다. 역사적 또는 발달적 요인이란 개인 성장 과정에서의 다양한 경험과 사건들이 행동 반응을 일정한 방향으로 특징짓게 하고 때로는 습관화하는 것을 말한다. 상황 또는 맥락적 요인은 한 개인이 처한 개인 외적 요인으로서 기후나 시설 등과 같은 물리적 환경이라든지 주변 인물들이 만드는 상황일 수도 있다. 생물학적 요인은 개인 내적 요인으로써 기본적 욕구, 개인적 성향,

기질, 체력, 능력 등이 포함된다.

3) 예측

예측(prediction)은 일반 법칙과 사실에 관한 진술이 먼저 있고 이것들로부터 특정한 사건이 발생하기에 앞서서 그 사건을 이끌어내는 것이다. 예컨대, 과학자들은 발견된 법칙이나 원리를 통해 미래의 사상을 예측하길 원한다. 예측을 위해서는 잘 만들어진 법칙과 더불어 광범위한 자료가 수집되어야 한다. 일반적으로 자연과학 분야의 예언력은 사회과학 분야의 법칙들에 비해 예언력이 높다. 그러므로 자연과학자들은 상당히 많은 현상을 예측할 수 있게 되었고, 또 그중에는 틀림없이 그렇게 되리라고 확신할 수 있는 경우도 많다. 하지만 사회과학 분야의 현상은 예측하기가 매우 어렵다. 아예 예측할 수 없는 경우가 대부분이고 할 수 있다고 해도 비교적 단순한 현상에 국한된다.

4) 통제

통제(control)는 어떤 현상의 원인 또는 필수적·선행적인 조건을 조작함으로써 인간의 힘으로 그 현상을 일어나게도 하고 혹은 일어나지 않게도 하는 것을 말한다. 이렇듯 통제가 연구 목적일 경우 연구자는 어떤 현상을 그대로 기술하거나 예측하는 데 그치지 않고, 의도적으로 기존의 조건에 어떤 조작을 가하고 통제함으로써 그 현상에서 어떤 변화가 일어나기를 기대한다. 이는 어떤 현상의 선행조건에 대한 지식이 충분할 때, 그리고 그 조건을 조작할 수 있을 때만 가능하다.

6.2 연구의 일반적 분류

교육 현상을 연구하는 방법은 다양하다. 이러한 연구 방법들을 몇 가지 적절한 범주로 묶어 분류해 놓으면 이해하기 쉬울 것이다. 하지만 실제 있어서는 분류적 관점에 따라 연구 방법만큼이나 다양한 분류 기준이 사용되고 있다. 여기에서는 연구를 크게 세 가지로 분류한다. 첫 번째는 기초 연구 혹은 응용 연구로 구분하고, 두 번째로는 기술적 연구 혹은 실험적 연구로 구분하며, 세 번째로는 양적 연구와 질적 연구로 구분한다(문은식 외, 2007).

1) 기초 연구와 응용 연구

기초 연구(basic research)는 이론개발에만 목적을 두고 수행되는 연구로써, 보통 실험실이나 엄격한 통제가 가해진 환경 아래서 수행된다. 교육심리의 기초 연구는 일단 응용의 성격을 띠지 않는 연구 문제에 대한 탐구라고 볼 수 있다. 따라서 이 접근 방법은 교육심리에서 연구자가 인간 행동의 한 측면을 설명하려고 할 때, 그 행동의 형성 과정을 이해하고자 할 때, 혹은 하나의 현상에 관한 지식을 얻고자 할 때 수행하는 연구이다.

반면에 응용 연구(applied research)는 이론이 실제적 문제를 해결하는 데 얼마나 유용한지를 결정하기 위해 이론을 적용하거나 검증할 목적으로 수행된다. 예를 들어, '읽기 이해능력 향상 프로그램은 학생의 학습을 증진하는 데 도움을 주는가?'와 같은 교사의 질문은 실제적인 교육 문제에 대한 대답을 찾고 있다. 이렇듯 응용 연구는 한 가지 특정한 현장의 실제 문제를 해결하려 하거나 필요한 정보를 얻기 위해서 설계된다. 임상적인 문제나 교육 문제를 다루는 많은 연구는 그 연구의 결과를 실제 상황에 적용할 목적을 가지고 있다.

2) 기술적 연구와 실험적 연구

기술적 연구(descriptive research)는 있는 현상을 사실대로 기술하며 변인 간의 관계를 조사하는 연구이다. 따라서 단순한 관찰 기법을 통해 많은 양의 자료를 수집하며, 흔히 비실험실 상황에서 이루어진다. 이 연구 방법의 중요한 특징은 연구자가 연구할 때 단순히 관찰하고 기록할 뿐 '자연' 상황을 의도적으로 조작하지 않는다는 점이다. 한편 실험적 연구(experimental research)는 실험 방법을 사용하며, 연구자는 변인을 의도적으로 조작함으로써 뒤이어 나타나는 행동 변화를 관찰하는 연구이다. 이 경우에 실험자는 환경 변화가 일어나기를 가만히 앉아서 기다리는 것이 아니라, 체계적이고 조직적인 방식으로 그 변화를 일으킨다(이종승, 1988). 기술적 연구는 어떤 현상이나 사물이 존재하는 조건을 있는 그대로 기술하고, 기록하고, 분석하고, 해석하는 양적 방법을 활용한다. 반면, 실험적 연구는 어떤 변인이 조심스럽게 통제되거나 조작될 경우에 어떤 현상이 일어날 것인지를 탐색하고, 항상 정교한 조작 및 통제가 실험적 연구 방법의 중요한 관건이 된다.

3) 양적 연구와 질적 연구

양적 연구(quantitative research)는 숫자와 통계, 그리고 구조 및 조건 통제를 사용하면서 객관성을 극대화한다. 이러한 통제나 구조의 정도에 따라 양적 연구는 실험 연구와 비실험 연구로 구분할 수 있다. 질적 연구(qualitative research)는 수량적 분석이 아닌 전체적인 그림을 그려서 깊이 있게 이해하는 것이다. 질적 연구의 대표적인 유형으로는 문화기술적 연구, 사례연구, 그리고 분석 연구들이 있다.

6.3 연구 방법

교육심리학의 연구 방법은 위에서 살펴본 것처럼 연구 목적에 따라 기초 연구와 응용 연구로, 일반적 전통에 따라 양적 연구와 질적 연구 또는 기술적 연구와 실험적 연구로 크게 나뉠 수 있다. 여기에서는 교육심리학에서 기술적 연구와 실험적 연구 관련 몇 가지 연구 방법을 살펴보기로 한다.

1) 실험법

교육심리학의 연구 방법의 하나인 실험 연구(experimental study)는 변인 간의 인과관계를 규명하는 가장 효과적인 연구 방법으로서, 실험 상황에서 관심의 대상이 되는 변인을 조작하여 그와 관련된 다른 변인의 변화를 살펴보는 연구이다. 이때 영향을 주는 변인을 '독립 변인'이라고 하며, 영향을 받는 변인을 '종속 변인'이라 한다. 이를테면, 어떤 대학에서 새로운 교수 매체를 도입하려고 할 때, 새로운 교수 매체가 학업 성취에 긍정적인 효과가 있는지 부정적인 효과가 있는지를 판단하기 어렵다. 새로운 교수 매체가 오히려 학생들에게 부정적인 영향을 미친다면 굳이 새로운 교수 매체를 들여올 필요가 없는 것이다. 이와 같은 상황에서 새로운 교수 매체에 대한 도입 여부를 판단하기 위해 실험 연구를 진행하게 된다.

여기에서는 새로운 교수 매체가 독립 변인이 되고, 학생들의 학업 성취가 종속 변인이 된다. 실험자는 학업 성취 정도가 비슷한 두 집단을 선별하여 일정기간 동안 실험 집단은 새 교수 매체에 의해 수업을 진행하고, 통제 집단은 기존의 매체에 의해 수업을 진행한다. 그러고 나서 두 집단 간의 학업 성취도를 비교하여 실험의 효과를 분석한다. 이때 실험 집단이 학업 성취가 의의 있게 높다면 새로운 교수법과 학업 성취 사이에 인과관계가 있다고 설명할 수 있다. 이처럼 실험법은 교육심리학에서 유용하게 쓰일 수 있는 연구 방법이다. 실험설계는 다음과 같다.

〈표 1-2〉 **실험설계(예시)**

G_1	X	O_1	G_1 실험 집단 G_2 통제 집단
G_2		O_2	O_1 O_2 사후 검사 X 새 교수 매체에 의한 교육

2) 관찰법

교육심리학에서 관찰 연구(observational study)도 많이 사용되는 방법 중의 하나이다. 관찰 연구는 연구자가 확인하고 있는 그대로 기록한 내용을 토대로 분석한다. 이러한 관찰 연구는 인간 이해의 기본적인 방법으로, 피험자의 연령에 제한을 받지 않는다는 점에서 유아, 아동, 청년, 성년에 이르기까지 광범위한 대상에게 적용할 수 있다. 이 방법에서는 관찰 계획을 사전에 면밀히 수립하는 것이 매우 중요하다. 관찰 계획을 성공적으로 이끌기 위한 필수 조건을 들면 다음과 같다(손충기, 2000).

첫째, 관찰 대상을 결정하고 이 대상에 필요한 어떤 특별한 조건을 선택하고 배치한다.

둘째, 관찰 기관 혹은 관찰과 관찰 사이의 간격과 횟수를 결정한다.

셋째, 관찰자의 위치와 피험자에게 미칠 영향을 고려한다.

넷째, 관찰하려는 활동이나 행동 단위를 정의하고, 관찰의 범위(예, 개인 혹은 집단)를 결정한다.

다섯째, 관찰의 기록 형식과 해석을 정확하게 한다.

이와 같은 관찰법은 일반적으로 비조직 관찰법과 조직 관찰법으로 분류되는데, 이 두 가지 방법의 본질적인 차이는 관찰하는 데 '조건 통제'의 유무에 달려 있다.

관찰기록법에는 일어난 사건을 중심으로 기록하는 일화기록법, 행동을 서술한 목록에 기록하는 행동목록법, 그리고 정해진 항목상의 행동에 대해 그 정도를 판정하여 표시하는 평정척도법 등이 있다. 최근에는 관찰의 객관성을 높이기 위하여 사진기, 녹음기, VTR 등의 보조 도구가 사용되기도 한다.

3) 검사법

검사 연구(testing study)는 다양한 검사 도구를 활용하여 어떤 특성의 존재를 파악하여 그들 간의 연구관계 정도를 알아보는 것이다. 그러나 검사 도구는 반드시 검사법에만 사용되는 것이 아니라 실험 연구에도 사용된다. 예를 들면, 실험 결과의 측정 대상이 되는 종속 변인이 지능, 성격, 학력의 변화인 경우는 검사를 이용하게 된다. 연구에 많이 이용되는 검사는 지능검사, 학력검사, 창의력 검사 등과 같이 지적 특성을 측정하는 검사와 시험불안검사, 성취동기 검사, 자아개념 검사, 가치관 검사, 도덕성 검사, 태도 검사, 흥미 검사 등의 정의적 특성을 측정하는 검사가 있다. 또한 미네소타 다면적 인성검사(MMPI), 캘리포니아 인성검사(CPI), 로르샥(Rorschach), 주제통각검사(TAT), 잉크반점검사 등이 있다.

4) 조사연구법

조사 연구(survey study)는 교육심리학에서 많이 쓰이는 연구 방법 중의 하나이다. 조사 연구는 어떤 사실이 존재하는가를 파악하여 사실대로 기술하고 해석하는 연구이다. 조사 연구는 객관적 사실을 알아보기 위한 실태조사 뿐만 아니라 어떤 사실에 대한 주관적 사실을 알아보기 위한 의견 조사나 태도 조사도 있다.

이 연구 조사 방법에서는 일반적으로 연구 대상이 너무 많아 전체 대상을 연구하기 어려운 경우가 종종 있다. 이때는 일부를 표본으로 표집하여 연구하는 경우가 많다. 그리고 자료를 수집할 때 질문지(questionnaire)를 제작하여 의견을 수렴한다. 의견수렴 방법은 직접 분배하고 회수하거나 우편 또는 전화를 통해서도 가능하다. 질문지는 비구조적 질문지와 구조적 질문지로 구분된다(손충기, 2002).

(1) 비구조적 질문지(예)

:: 예제 ::

- 여러분이 수업에 적합하다고 생각하는 교수 매체는 어떤 것입니까?
- 적합하다고 생각하는 이유를 자세히 기술해 주십시오.

(2) 구조적 질문지(예)

① 선택형

:: 예제 1 ::

여러분이 선호하는 수업 매체는 어떤 것입니까? 가장 선호하는 매체 하나만 선택하여 번호에 ○표해 주십시오. 단, 선택 사항이 없으면 '기타'란에 작성해 주십시오.
(1) CAI (2) OHP (3) VTR (4) 멀티미디어 (5) 기타( )

:: 예제 2 ::

<문항> 가정에서 가족들은 평소 여러분에게 어떤 방법으로 꾸중하는지 다음 중 하나를 선택하여 ○표해 주십시오.

구분	아버지	어머니	형(언니)	동생
(1) 타이른다.				
(2) 잔소리를 한다.				
(3) 즉각 고함친다.				
(4) 체벌한다.				

:: 예제 3 ::

다음 중 직장인으로서 가장 어렵다고 느끼는 것은 무엇입니까? 어렵다고 느끼는 것을 3개만 선택하여 ( )안에 ○표해 주십시오.

[선택형 등위법]

(1) 적은 봉급( )
(2) 상사와의 관계( )
(3) 동료와의 관계( )
(4) 부하와의 관계( )
(5) 개인 여가활동( )
(6) 승진문제( )
(7) 불안한 근무조건( )
(8) 업무 과다( )

② 체크리스트형

:: 예제 ::

다음 중 학교생활에서 여러분이 느끼는 어려운 문제들에 대하여 모두 체크해 주십시오.

(1) 성적부진( )
(2) 용돈부족( )
(3) 이성관계( )
(5) 교우관계( )
(6) 종교문제( )
(7) 가정불화( )
(9) 성격문제( )
(10) 건강문제( )
(11) 진학문제( )

③ 유목분류형

:: 예제 ::

다음의 여러 가지 직업 중에서 남자에게 적합한 직업이라고 생각하면 1을, 여자에게 적합한 직업이라고 생각하면 2를, 남녀 모두에게 상관있는 직업이라고 생각하면 3을 기입해 주십시오. 현재 취업상태가 아닌 자기 판단을 기준으로 작성해야 합니다.

(1) 교사( )
(2) 군인( )
(3) 경찰( )
(5) 의 사( )
(6) 교 수( )
(7) 법조인( )
(9) 정치인( )
(10) 조리사( )
(11) 보험설계사( )

④ 평정척도법

- 기술평정척도

:: 예제 ::

영어 선생님의 성격을 어떻게 생각합니까?
(1) 매우 자상하다. (2) 대체로 자상하다.
(3) 그저 그렇다. (4) 자상하지 못한 편이다.
(5) 매우 자상하지 못하다.

- 도식평정척도

:: 예제 ::

구 분	전혀 아니다	조금 아니다	보통 이다	조금 그렇다	매우 그렇다
(1) 나는 성실하다.	1	2	3	4	5
(2) 나는 타인에게 친절하다.	1	2	3	4	5

- 등위평정척도

:: 예제 ::

<문항> 선생님께서 담당하고 있는 학급 학생들의 행동 특성에 대하여 개인별로 평정하여 주십시오.

[학생 성명: 김대학, 성별: 남, 학생 신뢰도: 5점 중 4점]

행동 특성	수	우	미	양	가
(1) 지도력					
(2) 집중력					
(3) 교우관계					

⑤ 조합 비교형(강제 선택형)

:: 예제 ::

> 다음의 각 문항에 제시된 두 개의 답지 중 자신의 생각과 일치하는 것을 고르시오.
> 1. 본인은 대학 진학을 원하나 부모가 반대할 경우
>   (　　) 진학해야 한다.
>   (　　) 진학하지 말아야 한다.
> 2. 본인은 교사가 되고 싶으나 부모가 반대할 경우
>   (　　) 교사가 되어야 한다.
>   (　　) 교사가 되지 말아야 한다.

⑥ Q 분류형

:: 예제 ::

<문항> 다음의 20개 문항 중에 여러분의 의견과 일치하는 정도에 따라 각 정도에 해당하는 문항 수만큼 분류하시오.

일치 정도	매우 일치 1	2	3	4	매우 불일치 5
분류할 문항 수	3	6	2	6	3

5) 사례 연구법

사례 연구(case study)는 두드러진 행동 특성을 보인 개인이나 소집단을 통해 어떤 문제나 특성을 심층적으로 조사·분석하는 연구를 말한다. 즉 개인이나 소수의 연구 대상자를 선정하여 그들이 가지고 있는 필요한 정보와 자료를 다양한 방법으로 조사·수집하고, 이러한 자료를 기초로 하여 연구대상이 가지고 있는 특성이나 문제점을 진단·기술하며, 그 문제점의 대책을 제시하는 연구가 사례 연구이다(조원호, 2002). 여기에서 사례 연구의 대상은 반드시 문제 행동을 가진 사람만은 아니다. 바람직한 행동을 보인 사람도 연구 대상이 된다. 그리고 사례 연구는 살아있는 사람만을 연구대상으로 삼지 않는다. 어떤 사람의 작품, 자서전, 일기, 생활기록부 등도 분석 및 연구의 대상이 된다.

연구과제

1 교육심리학의 의미와 역사적 변천을 설명하시오.

2 교육학, 심리학, 교육심리학의 학문적 성격을 상호 비교·설명하시오.

3 교육심리학의 관점에서 교사의 역할을 설명하시오.

4 교육심리학에서 주로 사용되고 있는 실험 연구의 개념과 장단점을 설명하시오.

5 〈보기〉 중 질적 연구에서 주로 사용하는 방법은? (   )

(2004학년도 초등교사 임용고사 시험문제)

<보기>

가. 무선표집과 변인통제
나. 면담에 의한 자료 수집
다. 현장조사 및 참여관찰
라. 통계적 추리에 의한 가설 검증

① 가, 나
② 가, 라
③ 나, 다
④ 다, 라

정답 5. ③

PART

II

학습자에 대한 이해

교육심리학에서 학습자 개인은 매우 중요하다. 교육심리학의 학문적 구조를 형성하는 한 변인이 바로 학습 변인이다. 학습 변인의 주체는 학습자이다. 학습자의 이해와 요구를 무시한 교육심리학의 접근은 어렵다고 해도 과언이 아니다. 그 출발은 인간의 발달이다. 인간의 발달은 여러 가지 측면에서 유사하지만 모든 측면이 같은 것은 아니다. 다시 말해서 같은 가족의 구성원끼리도 외모, 흥미, 능력, 기질 등에서 현저한 차이가 있고, 이러한 차이는 교수에 중요한 함의를 갖는다. 아울러, 교사는 특수한 요구를 가진 학생들이 학급마다 적어도 몇 명씩은 있음을 알아야 한다. 제2부에서는 학생들이 가진 일반적인 문제와 좀 덜 빈번히 발생하는 학습자의 문제들을 살펴볼 것이다. 장별로 학습자의 문제를 이해하고 그들에게 도움을 줄 수 있는 다양한 이론과 실제에 대하여 살펴보고자 한다.

CHAPTER 02

인간발달

:: 학습 개요 ::

인간발달의 이해는 교육심리학에서 매우 중요한 부분에 해당한다. 효과 있는 교육행동을 하기 위해서는 인간의 발달 단계와 특징을 알아야 하므로 교육자는 필수적으로 이해해야 한다. 교육은 인간의 발달과 분리될 수 없으며 항상 학습자의 발달 단계와 접목하여 이루어진다. 학습자의 발달 단계와 발달과제에 따라 '어떤 교육을 할 것인가', '어떻게 할 것인가'를 결정하기 때문이다.

이 장에서는 인간의 발달에 대한 전반적인 내용을 이해하기 위해 발달의 개념, 발달의 원리, 발달 단계와 과제, 유전과 환경의 상호작용에 대하여 살펴보고자 한다.

:: 학습 목표 ::

1. 발달의 개념과 발달의 원리를 설명할 수 있다.
2. 발달 단계와 단계별 발달과제의 특징에 대하여 설명할 수 있다.
3. 유전과 환경의 관계에 대하여 설명할 수 있다.

1 발달의 정의

교육심리학에서 인간발달의 연구는 인간이 '요람에서 무덤까지' 변화한다는 전제를 바탕으로 한다. 인간발달에 대한 연구는 교육의 효과를 위한 아동의 이해와 인간의 행동을 이해하기 위한 성장과 변화를 설명하는 데 그 의미를 두고 있다. 인간은 무한한 가능성을 지닌 무기력한 유기체로 출생하여 비교적 장기간의 성장과 발달과정을 거쳐서 독립적인 인격을 갖춘 인간으로 성장한다. 그 발달 과정은 유기체와 자신을 둘러싸고 있는 환경과의 부단한 상호작용의 과정이며, 그것은 성숙(maturation) 과정임과 동시에 많은 것을 배우는 학습(learning) 과정이라고 할 수 있다.

'발달(development)'이란 용어를 국어사전에서 찾아보면, 그 의미를 '발육하여 완전한 형태에 도달' 혹은 '성장을 말함'으로 설명하고 있어 발달과 성장을 같은 의미로 사용하고 있음을 발견할 수 있다.

Koffka는 발달이란 유기체와 유기체의 기관이 양적으로 증대하고 구조에 있어서 정밀화되며 기능이 유기화 된다고 정의하고 있다. 이는 발달에 대한 개념을 보다 구체적으로 설명해 줌으로써 우리들의 이해를 돕고 있다. 이를테면, 한 어린이가 시간이 경과됨에 따라 신장과 체중 등이 증가한다면 이는 양적인 증대인 것이고, 신생아에서는 어른의 도움 없이 자력으로 생을 유지할 수 없을 만큼 무기력했던 존재가 시간이 경과됨에 따라 걷게 되고, 몸의 균형을 유지하고, 말을 하며, 감정도 표현하게 되는데, 이는 기능면에서의 변화를 의미한다. 또 그러한 변화과정에 수반하여 신경조직, 근육조직, 내분비선, 뇌세포 등이 구조적 측면에서 상상할 수 없을 만큼의 정밀성을 보인다. 즉 양적 변화와 질적 변화를 동시에 수반한 심신의 변화를 발달(developing)이라고 한다.

Koffka는 이런 발달을 성숙과 학습으로 구분하여 성숙은 유기체의 유전적 내재법칙(內在法則)을 따르는 발달 과정이고, 학습은 유기체가 개인적인 경험에서 얻게 되는 행동 변화의 과정이라고 하였다. 즉 성숙(maturity)은 비교적 영양, 강화 등과 같은 외생적 요인의 영향과 관계없이 내생적·유전적 요인에 의해 일어나는 생물학적 변화를 일컫는 것이며, 학습(learning)은 후천적인 행위로 직접적인 경험이나 연습을 통해 지속적인 행동의 변화를 가져오는 것으로 언어·계산·습관 등을 의미한다. 여기에 더하여 성장(growth)이란, 신체적 측면에서의 양적 증대 혹은 변화를 의미하는 것으로 '자라난다'는 뜻처럼 경험이나 환경에 크게 영향을 받지 않는 변화를 의미한다.

이와 같은 발달의 개념을 재구성하면 다음과 같다.

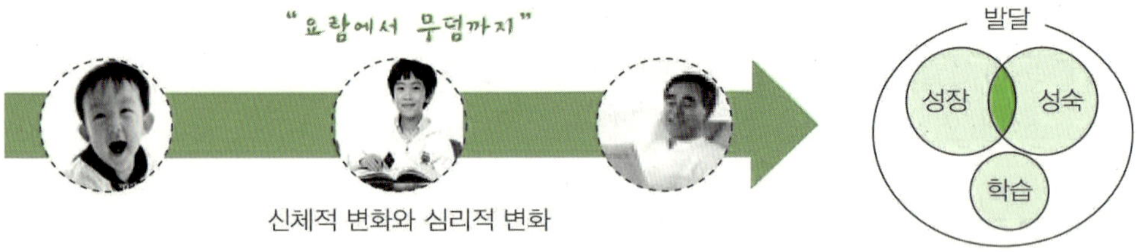

① 발달(development): 인간이 '요람에서 무덤까지' 전 생애에 걸쳐 나타나는 모든 변화

- 신체적 발달
- 심리적 변화: 지능, 언어, 정서, 사회성, 도덕성 등

② 발달과정은 유기체와 자신을 둘러싸고 있는 환경과의 부단한 상호작용의 과정이며, 그것은 성숙의 과정임과 동시에 많은 것을 배우는 학습과정

③ 발달은 정서적 · 사회적 · 지적 변화로 비교적 환경의 영향을 많이 받는 질적인 변화를 의미하나, 보통 발달이라 할 때는 신체적 · 정신적 양면을 포함하므로 성장과 성숙이 모두 발달에 포함

- 성숙: 외부환경과 무관하게 유기체가 지닌 유전적 속성의 유능화
- 성장: 신체적 측면의 양적 증대와 변화
- 학습: 외부환경이나 경험에 의해 나타나는 특정한 변화로 훈련이나 연습에 의한 결과 후천적인 행위로 언어 · 계산 · 습관 등의 유능화를 갖게 됨을 의미

[그림 2-1] 발달의 일반적 개념

2 발달의 원리

교육심리학에서 발달의 원리는 일반적으로 McConnell의 연구를 따른다. 그는 발달 심리학에 기초하여 유기체의 발달을 생태학적 과정으로 보았으며, 발달이라는 용어 대신에 성장이라는 용어를 사용하였다. 성장은 바꾸어 말하면 발달이라

고 할 수 있기 때문에 같은 개념으로 본다. McConnell에 의하면, 발달의 원리를 다음과 같이 요약하고 있다.

첫째, 발달은 개체와 환경과의 상호작용의 결과이다. 인간의 발달은 선천적·유전적 내재법칙과 후천적 학습이라는 훈련과 경험을 통하여 이루어진다. 인간발달 과정에서 두 변인 간 어느 하나의 변인도 소홀히 다룰 수 없다.

둘째, 발달은 연속적이며 점진적 과정이다. 인간의 발달은 지속적·점진적인 변화를 보인다. 물론, 인간의 발달은 결정적 시기(critical period)가 있어 사춘기에는 급격한 신체적 발달, 유아기에는 언어 발달과 같이 특정 시기에 발달 정도가 더 두드러진 현상을 나타내 보이기도 한다. 그렇지만 그러한 특정 시기에도 인간발달은 연속성과 지속성을 유지하며 발달해 간다. 따라서 발달의 연속성을 상실하거나 결정적 시기에 발달 장애를 수반하는 경우에는 결과적으로 발달상에 결함을 나타내게 된다.

➲결정적시기에 Lorenz를 보고 부화한 오리가 Lorenz를 엄마로 생각하고 따라가는 모습

[그림 2-2] Lorenz의 각인 연구 실험 장면

그 예로, 야생아 아말라와 카말라 자매 이야기를 들 수 있다. 20세기 초 인도의 어느 지방의 산 속에서 두 여자아이가 발견되었는데, 언니 아말라는 8살, 동생 카말라는 두 살이었다. 이들이 발견되었을 당시 두 소녀는 늑대처럼 네 발로 기어 다녔으며, 울음소리도 늑대 울음과 똑같았다고 한다. 그들이 발견된 후 영

국에서 약 8년 동안 교육을 받았지만 잘 적응하지 못하고 결국은 일찍 사망하고 말았다. 그만큼 인간은 발달 단계에 적합한 교육을 제때 받는 것이 중요함을 말해주고 있다.

바닥에서 자는 아밀라와 카밀라　　카밀라

1920년 10월 인도 아말라(Amala)와 카말라(Ka-mala)라는 두 여아를 늑대 굴에서 구출, 싱(Singh) 목사 부부가 양육

발견 당시 두 여아는 육체만이 인간이었고 행동은 늑대와 비슷함

아말라는 1년 이내에 죽었고 카말라는 9년 후에 죽었는데, 그 동안 두 손으로 그릇을 잡는데 1년 6개월, 직립보행을 하는 데 1년 6개월, 죽기 전에 9년 동안 배운 언어가 보통아 5~6세의 수준

[그림 2-3] Amala와 Kamala 자매의 발견 당시 모습

셋째, 발달에는 일정한 방향과 순서가 있다. 인간의 발달은 신생아에서 쉽게 발견할 수 있다. 신생아의 경우 머리는 크게 태어난다. 성장하면서 유치(乳齒)의 발생순서나 신체의 변화를 유심히 살펴보면 발달의 일정한 방향과 순서가 있음을 알 수 있다. 두미형(頭尾型)의 발달과 중심말초형의 발달의 경향을 확인할 수 있는데, 두미형의 발달이란 신체의 다른 부분보다 머리가 먼저 발달하고, 그 후로 점차 아래쪽으로 옮겨진다. 그래서 신생아들은 어느 부분보다도 머리 부분의 기관들(눈·코·입·귀)등이 먼저 발달한다. 또 신체의 중심으로부터 말초기관이나 모세혈관 쪽의 방향으로 발달이 진행된다.

뿐만 아니라 유치라든가 언어의 발달(모음에서 자음으로 발달) 등은 모두 순서적으로 진행된다. 특히 신생아들의 반응을 살펴보면, 처음에는 전체적이나 발달이 이루어짐에 따라 점점 특수하고 분화된 부분 반응으로 나타난다. 예를 들면, 신생아에게 연필을 쥐여 주면 처음엔 주먹을 쥐듯이 움켜잡지만, 발달이 진행됨에 따라 손가락을 사용하는 반응을 볼 수 있다. 이와 같은 일련의 발달의 순서를 재조직해 보면 [그림 2-4]와 같다.

넷째, 발달에는 개인차(個人差)가 있다. 인간은 태어날 때부터 내재한 유전적 요인이 차이가 있을 뿐만 아니라, 그것이 노출되는 환경적 자극이나 주어진 경험이 다르기 때문에 두 요인의 상호작용 간 나타나는 발달도 차이가 발생한다.

다섯째, 발달은 예언 곤란성이 내재해 있다. 인간은 성장함에 따라 경험의 종류가 달라지고 환경도 변화하므로 그의 발달 경향적 행동의 예언은 점차 어려워진다.

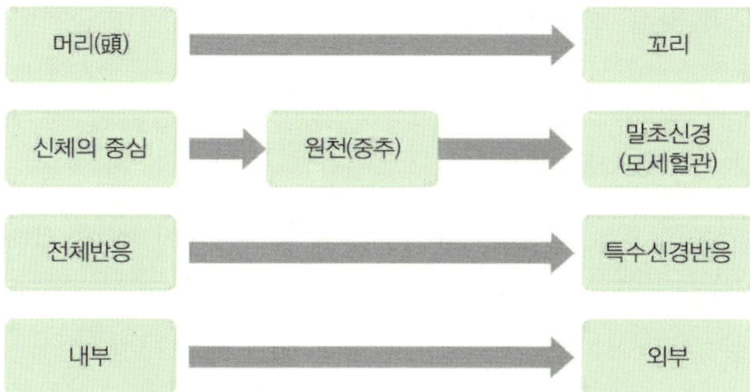

[그림 2-4] 발달의 방향성 및 순서

3 발달 단계와 발달과제

3.1 발달 단계

인간의 발달은 발달 특징에 따라 각기 다른 단계가 있음을 상정할 수 있다. 발달 단계는 기준에 따라 혹은 한 사회의 문화에 따라 구분을 달리하기도 한다. 지적 특성이나 신체적 특성 등 어떤 특성에 비중을 두느냐에 따라 차이가 있을 수 있으나, 일반적으로 성적(性的)·운동적·신체적·지적·사회적·정서적·인지적·도덕적·언어적 발달 기준에 따라 다양하게 단계를 나눌 수 있다. 예컨대, 동양에서는 논어(論語)에서 공자가 말하고 있는 인생단계를 구분할 수 있는데, 이는 15세를 지학(志學) 30세를 이입(而立) 혹은 입지(立志), 40세를 불혹(不惑), 50세를 지천명(知天命), 60세를 이순(耳順), 70세를 종심소욕부유구(從心所慾不踰矩) 등으로 구분한다.

오늘날 각 국가에서 시행하고 있는 성인식에서도 알 수 있듯이 성인의 기준은 조금씩 차이가 있다. 뿐만 아니라 학교 제도에 있어서도 유치원 이전, 유치원(4-5세), 초등학교(6-12세), 중학교(12-15세), 고등학교(15-18세), 대학교(18-22세)로 구분하여 교육하고 있는데, 이는 국가별로도 차이가 있다.

여기에서는 교육심리학에서 구분하는 가장 보편적이고 종합적인 측면에서 인간발달의 단계와 특징을 살펴보기로 한다.

1) 태아기

태아기(parental period)는 성숙한 남녀의 성교에 의해 수정(受精)으로부터 출생 시까지의 평균 9개월(40주, 280일)을 말한다.

2) 신생아기

신생아기(neonatal period)는 신생아가 출생의 고통으로부터 회복되는 시기로 의학에서는 생후 약 2주간을 말하는데, 심리학에서는 1개월 정도를 설정한다. 이 시기를 유아와 분리하여 신생아기라고 지칭한다.

3) 영아기

영아기(infant period)는 신생아기 이후 또는 신생아기를 포함하며, 이로부터 생후 2세 전까지를 말한다. 영아기를 신생아기에 포함할 때는 흔히 유아기(乳兒期)라고도 한다. 이 시기는 인간의 발달에서 다른 어떤 시기보다 발달 속도가 빠르다. 이를테면, 신체적·정서적·사회적·심리적·정신적 발달이 현저히 나타나고 인간으로서의 직립보행과 언어의 시작, 그리고 타인과의 사회적 접촉이 활발히 이루어진다.

4) 유아기

유아기(early childhood)는 보통 2세 전후부터 6세 이전까지를 말한다. 이 시기는 영아기를 지나 취학 전까지로 신체 운동 및 의식(意識)이 현저하게 발달한다. Freud는 이 시기의 중요성을 '어린이는 어른의 아버지'라는 말로 표현함으로써, 인간의 기본적인 특징이 유아기에 결정됨을 강조하였다. Hefferman도 아이들의 태도나 습관, 그리고 언어 등 전인격을 형성하는데, 그 속도가 이 시기처럼 급속하게 이루어지는 때는 없다고 하였다. 이러한 이유에서 오늘날 우리나라뿐만 아니라 세계의 각국에서는 취학 전 교육을 강조하고 있다.

5) 아동기

아동기(childhood)는 약 6세부터 12세 이전까지로 구분하며, 이 시기를 학동기라고도 한다. 이 시기는 영·유아기의 발달을 바탕으로 기본적인 인간 특성이 나타나기 시작하며, 지적 호기심이 높아 무엇이든지 알고 싶어 한다. 또한 유아의 심리특성인 자기중심성으로부터 점진적으로 탈피하고 사회성이 형성되면서 자신의 또래 집단과 어울리기를 좋아한다. 이 시기를 흔히 '1차적 반항기'라고 부른다.

6) 청년기

청년기(adolescence)는 사춘기를 포함한 시기로서 청소년기와 청년기를 말한다. 청소년기는 약 12세부터 18세까지로 구분하고, 청년기는 약 19세에서 22세까지를 말한다. 이 시기는 아동기를 지나 어른의 상태로 이행을 의미하는 시기로 신체적·육체적으로 제 2의 과도기적 현상이 나타난다. 그래서 이 시기는 대부분의 사고 과정(思考過程)이 불안정하여 '심리적 이유기' 혹은 '제 2반항기'로 표현된다. 루소는 이 시기를 '제2의 탄생기'라고 지칭하였다.

전체적으로 청소년기의 특징은 과도기적 현상 속에서 모순과 혼란, 비판적 사고, 반항심, 자아발견, 정신적 독립, 이성교제 등의 새로운 것을 발견 혹은 형성해 가는 가운데 성인 체제로의 진입 및 인간의 성숙화 과정을 이루어 간다.

7) 성인기 및 노년기

성인기는 약 23세부터 60세 이전까지를 말하며, 노년기는 60세 이후를 지칭한다. 이중 성인기는 성인 초기(약 23-45세 전후), 성인후기(약 45-60세 이전)로 구분된다. 성인초기는 재적응과 성취가 이루어져 발전하는 시기이고, 성인후기는 안정된 성취로 결실을 거두는 시기로 장년기(壯年期)를 포함한다.

3.2 발달과제

1) 영아 및 유아기의 발달과제

① 걸음마 배우기
② 고형(固形) 음식물 먹기
③ 언어 배우기
④ 배설의 통제 학습
⑤ 성차(性差)와 성적 성숙의 학습
⑥ 생리적 안정 이루기
⑦ 사회적·물리적 환경에 대한 단순 개념 형성
⑧ 자아를 부모, 형제와 타인에게 정서적으로 관련 맺기
⑨ 선악의 구별 및 양심의 발달

2) 아동기의 발달과제

① 자주 접하는 놀이에 필요한 신체적 기능 학습
② 성장하는 유기체로서의 자신에 대한 건전한 태도를 형성
③ 또래와 친교를 배움
④ 성차(性差)에 의한 사회적 역할 학습
⑤ 읽고·쓰고·셈하는 기초 기능의 발달
⑥ 일상생활에 필요한 개념의 발달
⑦ 양심·도덕·가치관의 척도 발달
⑧ 인격적 독립의 성취
⑨ 사회 집단 및 제도에 대한 태도의 발달

3) 청년기의 발달과제

① 남녀 간의 보다 새롭고 성숙된 관계 형성
② 성에 따라 역할 학습
③ 자신의 체격을 인정하고 신체를 효과적으로 구사
④ 부모와 다른 성인으로부터 정서적 독립
⑤ 결혼과 가정생활 준비
⑥ 직업의 선택과 준비
⑦ 경제적 독립의 확신
⑧ 시민적 자질로서의 가치관과 윤리 체계 습득
⑨ 행동적 지표로서의 가치관과 윤리 체계 습득
⑩ 사회적으로 책임 있는 행동을 바라고 수행

4) 성인 초기의 발달과제

① 배우자 택일
② 결혼 후 배우자와의 동거생활
③ 가정생활의 출발
④ 육아
⑤ 가정의 관리
⑥ 직업의 택일
⑦ 시민으로서의 책임감
⑧ 원하는 사회집단 찾기

5) 성인 후기의 발달과제

① 성인으로서의 시민적·사회적 책임의 수행
② 생활의 경제적 표준 설정 및 확립
③ 10대 청소년들이 책임감 있고 행복한 성인이 되도록 조력

④ 성인에 요구되는 여가활동 찾기
⑤ 배우자와 인격적인 관계 형성
⑥ 중년기의 생리적 변화 인정 및 적응
⑦ 연로한 부모에 대한 적응

6) 노년기의 발달과제

① 자신의 체력 감소와 건강에 적응
② 퇴직과 수입 감소에 적응
③ 배우자의 사망에 적응
④ 동년배와 친밀한 관계 유지
⑤ 사회적·시민적 책임의 이행
⑥ 만족스런 생활 조건의 구비

4 유전과 환경의 상호작용

4.1 유전과 발달

인간의 발달에 작용하는 요인 중에서 유전의 효과를 밝히기 위한 노력은 많은 학자들에 의해 꾸준히 연구됐다. 가계 분석과 쌍생아의 연구를 통해 발달과정의 전수과정을 밝히려 했으며, 인위적으로 세대를 형성한다든지 성격 특성 및 행동장애 연구를 통해 발달 특성의 유전 경향을 밝히려는 시도 등 다양한 연구가 이루어져 왔다. 여기서는 유전과 인간발달의 특성이 어떤 관계가 있는지 주요 연구결과를 중심으로 살펴보기로 한다(임승권, 2000).

1) 가계 분석 연구

대다수의 사람들은 유전과 인간의 발달 특성은 관련이 있음을 인정한다. 예를 들면, 우수 혈통을 선호하는 사람들에 의해 정자 은행이 각광을 받는다거나 좋은 혈통에 의한 인공교배나 인공수정을 은근히 바라는 것도 이런 취지와 무관하지 않다.

또한 한 번씩은 들었던 '씨가 좋아야 한다.'거나 '밭이 좋아야 한다.'는 말도 일차적으로는 유전에 대한 인간의 발달 특성을 인정한다고 볼 수 있다. 그만큼 유전과 인간의 발달 특성 간에는 상관관계가 있음을 말해주는 것이다.

Dugdale(1877)은 「*The study of Max Jukes*」란 저서에서 Max Juke는 불량배이고 상습범죄자이며 질병과 정신적 이상이 있는 것으로 기록하고 있다. Max Juke의 7대 손까지의 540명의 혈손을 분석한 결과 500명 이상이 사회적 부적응자인 저능아, 알코올 중독자, 불구자, 부랑아, 도둑이었고, 단지 20여명만이 자활자라고 했다.

다른 연구인 Goddard(1912)는 Martin kallikak이라는 사람이 미국 독립전쟁 때 군인으로 복무하면서 2명의 여인을 통하여 전혀 다른 특성을 가진 자손을 두게 되었는데, 이에 대한 가계 분석을 하였다. 물론, 실시된 연구 결과에 대하여 양육방식과 환경의 차이를 배제한 단순한 발생학적 문제만 다루었다는 데 그 한계를 갖고 있다. 하지만 연구 결과 [그림 2-5]를 보면 유전과 인간의 발달 특성과는 상관이 있음을 볼 수 있다.

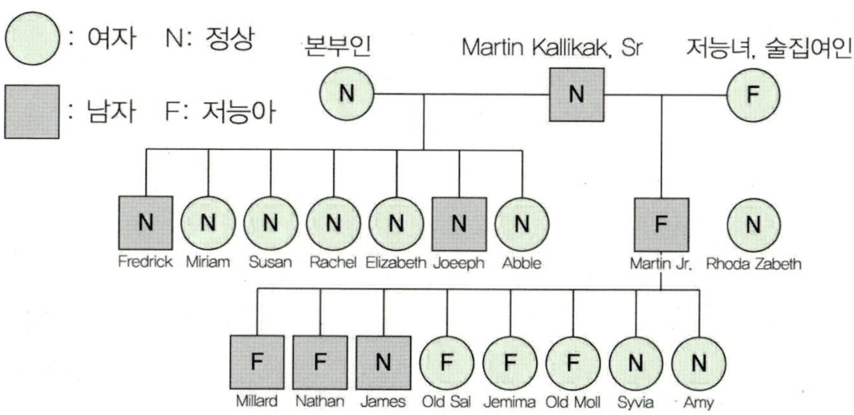

[그림 2-5] **Martin kallikak의 가계도**

가계 분석 결과를 살펴보면, Kallikak는 정상녀인 본부인과의 사이에서 태어난 자녀는 모두 정상인이었던 반면에 종군 중 저능아였던 술집아가씨와 만나서 태어난 한 아들과 8명의 손자들은 비정상아가 많았다. 이 연구에서 본부인과의 태어난 자손을 good Kallikak, 술집아가씨와 태어난 자손을 bad Kallikak으로 지칭하였다.

연구에서 밝혀진 good Kallikak의 자손은 496명이었는데, 단 2명만이 저능아였고 나머지는 의사, 법률가, 사업가, 대학총장 등의 훌륭한 인간적 자질을 가진 사람들이었다. 반면에 bad Kallikak의 자손은 480명인데, 이들 중 143명의 저능아를 비롯하여 창녀, 불구자, 거지, 알코올 중독자, 매춘부, 도둑 등이 대부분이었으며 정상인 혹은 준 정상인은 46명에 불과했다.

위에서 언급한 두 연구 결과를 종합해보면, 유전과 인간의 발달 특성은 어느 정도 상관이 있음을 생각해 볼 수 있다.

2) 쌍생아 연구

쌍생아에 대한 연구는 유전뿐만 아니라 환경을 밝히는 데도 연구의 중요성이 강조되고 있다. 쌍생아에 대한 연구는 그만큼 유전과 환경에서 인간의 발달 특성을 밝히는 데 효과적일 수 있기 때문이다.

쌍생아에는 일란성 쌍생아(identical twins)와 이란성 쌍생아(fraternal twins)가 있다. 이들 쌍생아들은 인간의 발달 특성과 관련하여 유용한 정보를 제공해 주고 있다. 특히 일란성 쌍생아는 동일한 발생학적 소인을 내재하고 있는 것으로 인정되어, 형제자매나 이란성 쌍생아보다 심신의 발달 특성에 대한 연구 가치가 있는 것으로 밝혀졌다.

많은 연구들은 쌍생아 및 형제자매에 대한 생리적 특성, 해부학적 특성, 신체적 결함이나 질병, 평균 수명 등의 다양한 측면에서 연구 결과를 밝혔다. 그 결과에 의하면, 일란성 쌍생아의 유사도가 가장 높고, 그 다음으로는 이란성 쌍생아, 형제자매 순서로 나타났다. 인간의 발달 특성은 유전과 상관이 높음을 말해주는 것이다.

3) 성격 특성 및 행동 장애 연구

Buss와 Polmin(1975)은 성격 특성을 밝히기 위해 81쌍의 일란성 쌍생아와 57쌍의 이란성 쌍생아(남 33쌍, 여 24쌍)를 연구대상으로 선정하였는데, 이들은 Anglo계통의 중류가정의 아동이고 평균 연령은 2년 7개월이라고 밝혔다.

이 연구의 검사 도구는 성격특성의 정서성(emotionality), 활동성(activity), 사회성(sociability), 충동성(impulsivity)으로 구분하고 하위 항목에 각각 5문항씩을 선정하고 이 질문에 대한 점수화를 통해 비교·분석하였다.

연구 결과에서 여아들은 충동성을 제외한 모든 문항에서 이란성 쌍생아보다 일란성 쌍생아의 상관이 훨씬 높았고, 정서성·사회성·활동성 등은 유전된다는 사실을 밝혔다.

Chen(1978)은 어린 나이에 헤어졌다가 42세에 다시 만나게 된 일란성 쌍생아를 통해 유전의 유사성을 발견하였다. 그는 연구 결과에서 이들 쌍생아들의 특성은 물론이고 둘 다 뛰어난 운동력을 갖고 있으며, 수학을 못했던 것, 말의 속도, 심지어 수세식 변기사용 전 물을 내리는 것까지도 같았다고 하였다. 이 두 연구 결과는 유전과 인간의 발달특성은 상관이 있음을 말해주는 것이다.

1970년 이후 인간의 발달 특성과 관련하여 특수 행동 문제와 유전을 관련지은 연구가 활발히 이루어져 왔다. Bakwin(1970, 1971)은 몽유병, 차멀미, 변비, 야뇨 등에서 이란성 쌍생아보다 일란성 쌍생아의 일치도가 훨씬 높다는 결과를 밝혔으며, Rosenthal(1970)은 정신분열증(schizophrenia) 측면에서 이란성 쌍생아보다 일란성 쌍생아가 4배 정도 더 높고 일반의 경우에 비해서는 정신분열증 부모의 자녀는 15배 이상의 발병률이 더 높다고 하였다. 또한 환경이 다른 곳으로 입양되더라도 그 특성은 지속적으로 나타남을 발견했다. 이외에도 유전과 행동 장애 특성간의 관계를 밝힌 많은 연구에서도 행동 장애 특성은 유전 경향을 보인다는 발표가 지배적이다.

4.2 환경과 발달

앞에서 유전과 발달은 밀접한 상관이 있다는 많은 연구 결과가 있었는데, 이와 반대의 주장을 해온 연구자들은 환경과 인간의 발달 특성을 밝히는 문제에 더 관심을 가졌다.

이들 연구자들은 후천적 환경을 중요시하였으며, 환경적 조작에 의해서 인간의 발달도 자유로이 변화시킬 수 있다고 강조하였다. 17-18세기의 경험론자들은 인간의 능력이 경험에 의해서 변화될 수 있다고 보았다. 특히 Locke는 인간의 능력은 백지(tabula rasa)상태로 태어난다는 백지설을 주장하였다. 따라서 인간의 능력은 환경을 변화시킴으로써 변화될 수 있다는 것이다. 즉 인간의 조작적인 행위에 의해서 능력은 변화될 수 있다는 논리다.

19세기에 들어서면서 Thorndike나 Skinner 등의 행동주의자들은 인간의 능력이 인간의 조작에 의하여 변화될 수 있다는 이론을 전개하였다. 우리나라에서도 17-18세기에 실학자들이 인간의 발달은 수직적인 등급으로 구분할 것이 아니라 다양성을 인정하는 방향으로 논리를 전개시켜야 한다고 주장하였다. 즉 인간의 발달 특성은 다양하다는 것이다. 따라서 과거제도도 발달 특성을 최대로 활용해야 한다는 것이다. 이러한 논리에서 과거가 평등의 이상을 실현하도록 개편되어야 한다는 주장을 하게 된다.

1960년대 이후 미국에서는 인간의 발달은 환경에 의하여 개선될 수 있다는 낙관론을 내놓음으로써 환경과 교육 개선에 막대한 예산을 투자하기도 하였다. 이처럼 인간의 발달 특성에 환경을 주장하는 연구자들은 유전보다 인간의 잠재 능력과 변화 가능성에 초점을 맞추었다.

Watson(1924)은 인간의 발달이나 학습을 결정하는 요인을 환경적 자극으로 보았으며, 실제로 증명해 보이지는 못했지만, 주위의 환경을 조절할 수 있다면 과학자, 정치가, 운동선수, 또는 어떤 종류의 사람도 만들어 낼 수 있다고 주장하였다.

Suomi, Mineka와 Delizio(1983)는 3~9개월 된 원숭이를 통하여 모자의 분리 효과를 연구하였다. 연구자들은 어린 원숭이를 4일간씩 16회에 걸쳐 어미로부터 분리시킴으로써 횟수가 강화될수록 반항의 강도가 약화되었고, 1년 후에는 아주 분리시켜 집단적으로 수용했을 때, 다른 원숭이와 잘 어울리고 정상적인 것처럼 보인다고 하였다. 30주가 지난 후에 다시 어미와 재결합을 시켰을 때 이 원숭이는 어미를 회피함을 발견하였다. 반대로, 생의 초기에 어미와 분리 경험이 없던 원숭이들은 잠깐 동안의 분리를 했을 때에도 어미를 항상 열심히 찾고 있어, 분리 경험이 행동상의 어떤 차이를 가져오고 있음을 밝혔다(임승권, 2000).

특히 Bloom(1964)은 환경의 작용에 대하여 다음과 같이 종합적으로 제시하고 있다.

첫째, 환경은 유기체의 변화 범위를 결정한다. 일상생활에서 경험적으로 주거 환경이나 학교 환경이 학습자의 인지발달과 학업성적에 영향을 미치며, 아동의 성격 발달에도 큰 영향을 미친다는 사실에 주목했다. 대표적인 예를 들면, 우리들에게 잘 알려진 맹모삼천지교(孟母三遷之敎)이다. 또한 도·농간, 부모의 교육 수준, 경제적 수준 등에 의해서도 학습자의 인지 및 정서 발달에 어느 정도의 차이를 나타내 보이는 것도 한 예라 할 수 있겠다.

둘째, 환경은 원칙적으로 개인에게 변별적으로 작용하지만 모든 개체를 동일하게 변화시키기도 한다. 환경적 자극 및 조작 행위는 유기체의 조건에 따라서 그 의미를 달리할 뿐만 아니라, 주관적인 경험으로 받아들여지기 때문에 개인에게 변별적으로 작용한다. 이와 달리, 때로는 강력한 환경(powerful environment)이 그 환경에 접해 있는 모든 유기체를 변화시키는 경우도 있다. 예를 들면, 사막의 선인장은 환경의 영향으로 인해 식물로서의 구조적 특성에 변화가 발생한 결과임을 알 수 있다.

셋째, 환경은 인간의 발달 과정 중에서 결정적시기에 큰 영향을 미친다. Lorenz가 갓 부화된 오리새끼가 처음 본 대상을 엄마처럼 쫓아다니는 현상을 발견하고, 이를 각인현상(imprinting)으로 명명하였다. 성격발달 혹은 언어발달 등과 관련하여 결정적시기(critical period)가 있음을 발견한 것이다. 인간의 발달은 신체적·정신적으로 급속하게 발달하는 주요 시기가 있다. 이 시기에는 환경 적용과 조작이 유기체의 발달에 큰 영향을 미치게 된다.

넷째, 환경이 작용하여 일으키는 변화에는 한계가 있다. 유기체는 발생하는 순간부터 환경의 영향을 받으며 끊임없이 변화한다. 하지만 개인차에 의한 인간 발달특성의 차이는 있으므로 아무리 좋은 환경을 만들고, 개선해 주고, 자극을 주더라도 무한한 기대는 할 수 없다. 이를테면, 유기체의 생득적 조건이나 환경적 조건에 따라 한계가 결정되기 때문이다.

4.3. 유전과 환경의 상호작용

인간의 발달은 성장 가능성 내지는 교육의 효과를 한계 짓는 조건으로 소질과 환경을 지목한다. 소질(disposition)이란 신체적 기능 내지 정신적 기능의 잠재능력을 의미한다. 이 잠재능력은 유전(heredity)에 의해서 결정지어지는 부분이 많으나, 환경의 영향에 따라 신장되는 범위도 적지 않다고 보고 있다. 앞서 살펴보았듯이, 연구자에 따라서 유전과 환경에 대한 중요성을 인식하는 정도는 차이가 있다. 그러나 두 연구에서 보여주듯이, 유전과 환경은 인간의 발달에 어느 하나 소홀히 다룰 수 없는 변인들임을 알 수 있었다.

이렇게 볼 때, 한 인간이 자연적으로 타고난 소질도 그 개체가 경험하는 환경에 의하여 그 개발의 속도와 정도가 제한 받는다고 보는 것이 옳을 듯싶다. 예를 들면, 같은 종류의 콩을 비옥한 땅에 파종했을 때와 척박한 땅에 파종했을 경우에 성장 상태가 다른 것처럼, 동일한 소질을 지니고 태어난 일란성 쌍생아를 대조적인 환경에 서로 분리해서 길렀을 경우의 인간 형성 모습은 분명히 다를 것이다. 이와 같은 맥락에서 볼 때, 인간의 잠재적 가능성은 인간이 선천적으로 타고난 소질과 이를 훌륭하게 키워 줄 조작적 환경이 적절하게 조합을 이룰 때 그 교육효과는 최대로 나타날 것이다.

Woodworth는 인간의 성장가능성은 환경을 세로로, 유전을 가로로 한 직사각형 속의 구형 면적과 같다고 봄으로써, 유전과 환경의 관계는 셈의 관계가 아닌 승수의 관계와 같다고 강조하였다. 즉 인간의 발달은 D=f(H·E)의 공식이 성립된다는 것이다.

Gottschaldt는 Woodworth와는 다른 측면에서 유전과 환경 간의 상호관계를 밝혔는데, H를 유전극점으로 하고 E를 환경극점으로 할 때, 인간의 성장 가능성은 H-E 선상에 위치한 X와 X'이라고 말하였다. X의 경우는 환경의 힘이 유전의 힘보다 크게 작용하는 경우이고, X'는 유전의 힘이 환경의 힘보다 더 크게 작용하는 경우이다. 즉 유전과 환경을 동일하게 조명한 것이다. 결국 환경을 고려하지 않고 유전을 말할 수 없으며, 유전을 소홀히 하여 환경을 논할 수 없다는 것이다. 이들 관계를 나타낸 것이 [그림 2-6]이다.

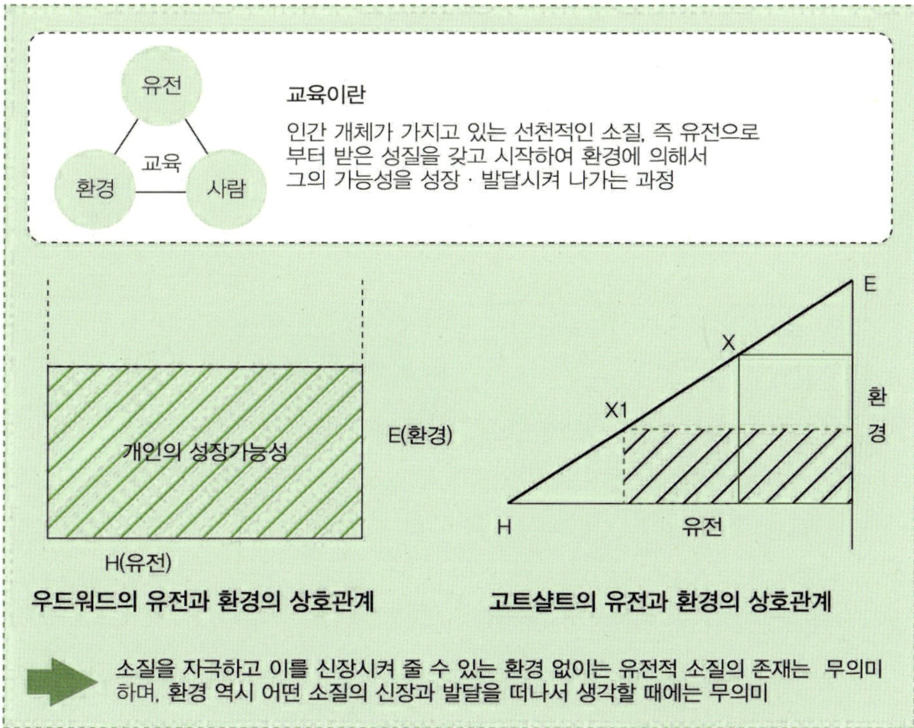

[그림 2-6] Woodworth와 Gottschaldt의 유전과 환경의 상호관계

인간의 발달은 유전과 환경이 각각 독립된 요소의 힘이 아니라 상대적인 힘임을 발견할 수 있다. 독일의 심리학자 Lewin은 인간의 행동형성과정을 방정식으로 설명하였는데, 유전적 요소와 환경적 요소가 역동적으로 상호작용 하는 통합적인 표현으로 행동이 이루어진다고 하였다. 즉 인간의 행동은 B=f(P·E)의 공식으로 설명될 수 있다는 것이다.

지금까지 우리는 인간의 발달에 대하여 알아보았다. 인간의 발달은 유전적 내재법칙과 유기체를 둘러싸고 있는 환경의 조화로운 관계 속에서 바람직한 학습이 이루어지고, 그 학습을 통해 인간은 바람직한 방향으로 발달해 간다는 것을 알 수 있었다. 따라서 교사는 학습자 개개인의 개인차를 충분히 고려하고 학교 학습 환경을 최적화 하여 조화로운 교육이 이루어지도록 관심을 가져야 함을 인식할 필요가 있을 것이다.

연구과제

1 발달의 개념과 일반적 원리를 설명하시오.

2 인간의 발달 단계와 단계별 특징을 설명하시오.

3 우드워드와 고트샬트의 유전과 환경의 관점에 대하여 비교·설명하시오.

4 〈보기〉의 내용이 설명하고 있는 것은? (　　　)

(2000학년도 초등교사 임용고사 시험문제)

<보기>

가. 발달 과정의 특정 시기를 말한다.
나. 특정 시기에 맞는 환경 조성이 필요하다.
다. 사춘기에 신체가 급성장하는 것, 학령기에 어휘가 급격하게 증가하는 것 등을 설명할 수 있는 개념이다.
라. 조기 교육의 찬·반과 관련하여 언급되는 개념이다.

① 전조작기　② 성장기　③ 아동기　④ 결정적시기　⑤ 구체적 조작기

5 다음 중 발달의 원리에 대한 설명이 다른 하나는? (　　　)

① 발달은 개인차가 있다.
② 발달은 일정한 방향과 순서가 있다.
③ 발달은 연속적이며 점진적 과정이다.
④ 발달은 성인이 됨에 따라 예언 가능하다.
⑤ 발달은 유기체와 환경의 상호작용의 과정이다.

정답 4.④, 5.④

CHAPTER 03

발달이론

:: 학습 개요 ::

이 장에서는 인간발달의 이론적 배경을 기초로 인간의 인지발달, 성격발달, 도덕성 발달이 어떻게 이루어지는지를 알아보고자 한다. 가장 영향력 있는 인지이론가인 Piaget와 Vygotsky를 통해 교실 장면에서 학생들이 무엇을 배울 수 있고, 언제 배울 준비가 되었는지를 이해하며, 또 학교가 학생들의 언어기술을 발달시키고 풍부하게 만드는 데 어떤 역할을 하는지에 대하여도 도움을 주고자 한다.

그리고 정서와 도덕성 발달이론을 통해 '어떤 요인들이 우리의 도덕성에 대한 관점을 결정하는가?', '정직, 협동, 그리고 자존감과 같은 개인적 자질들을 양육하기 위해 교사는 무엇을 할 수 있는가?' 등에 대하여 살펴보고자 한다.

:: 학습 목표 ::

1. Piaget와 Vygotsky가 제안한 인지발달이론의 유사점과 차이점을 비교할 수 있다.
2. 아동의 사고는 Piaget의 발달 단계별로 각기 어떻게 다른지 설명할 수 있다.
3. Piaget와 Vygotsky의 인지발달이론의 교육적 시사점을 파악하고 이를 교육현장에 적용할 수 있다.
4. Freud의 심리성적 성격발달이론의 주요 개념과 발달 단계를 설명할 수 있다.
5. Erikson의 심리사회적 성격발달이론의 주요 개념과 발달 단계를 설명할 수 있다.
6. Kolberg의 도덕성 발달이론의 주요 개념과 발달 단계를 설명할 수 있다.

1 인지발달이론

1.1 Piaget의 인지발달이론

1) 인지발달의 기본 개념

Piaget

Piaget는 스위스 뉴샤텔에서 태어났으며, Freud의 이론을 접하면서 심리학에 심취하게 되었고, 특히 어린이의 인지과정에 크게 관심을 가졌다. 그는 1930년대와 1940년대에 걸쳐 매우 중요한 연구를 수행하였지만, 1960년대 그의 이론이 미국의 교육학자인 Bruner를 통해서 세상에 소개되기 전까지만 해도 미국의 발달 심리학계 및 학계에는 잘 알려지지 않았다. 이는 아동의 학습과 발달에 대한 그의 기본 과정과 연구 방법이 1960년대까지 미국의 심리학을 지배하고 있던 행동주의 심리학의 전통과 어긋났기 때문이다.

Piaget는 인간발달은 인지발달에 의해 주도되며 인지발달은 유전과 환경의 상호작용에 의한 적응과정이라고 하였다. 그러므로 인간은 능동적인 생물화학적 유기체로서 환경과 끊임없는 상호작용을 한다.

Piaget의 인지이론 중심개념은 인지구조(schema)인데, 이러한 인지구조는 유기체가 주변 세계를 이해하고 그것에 대하여 생각하는 양식을 말한다. 도식은 우리가 세계를 이해하고 반응하여 기능하기 위해 사용하는 지식, 절차, 관계 등을 뜻한다. 인간이 발달하는 것은 자기 자신과 그 주위에 있는 환경으로서의 세계를 구성하여 인지구조가 변하는 것이다.

신생아는 인지구조가 거의 없는 상태로 출생하지만 성장·발달하면서 인지구조가 형성되고 점차 분화되어 간다. 인지구조가 변하게 될 때 어린이는 그만큼 성장하게 된다. 예를 들면, 어떤 어린아이가 협응(coordination)을 꽤 잘할 수 있게 되었다면 시소를 실험해 봄으로써 균형의 원리를 발견할 수 있다. 이렇게 환경에 작용을 가함에 따라 탐구하고, 시험하고, 관찰하고, 궁극적으로는 정보를 조직함에 따라 우리는 사고 과정도 변경시키게 된다.

Piaget에 따르면, 인지발달은 사회적 전수(social transmission) 또는 다른 사람으로부터의 학습에 영향을 받는다. 사회적 전수가 없다면 우리는 문화가 이미 제공하고 있는 모든 지식을 다시 발명해 내야 할 것이다. 사람들이 사회적 전수로부터 얼마나 많은 것을 학습할 수 있는가는 인지발달의 단계에 따라 달라진다.

성숙과 활동, 그리고 사회적 전수는 모두 함께 작용하여 인지발달에 영향을 미친다. '사람들은 이러한 요인들에 어떻게 반응하는가?'에 물음을 해결하고자 노력한 것이 바로 그의 인지발달이론이다.

2) 사고의 기본 방향

Piaget는 자신의 초기 생물학적 연구의 결과, 모든 종(種)은 두 가지 기본경향 또는 불변기능(invariant function)을 물려받는다고 주장하였다. 첫 번째는 조직화(organization)을 추구하는 것이다. 즉 행동과 사고를 결합하고 재배열하여 일관성 있는 체계로 만들고자 하는 것이다. 두 번째 경향은 순응(adaption) 또는 환경에 적응하고자 하는 것이다. 이들을 살펴보면 다음과 같다(김아영 외 공역, 2007).

(1) 조직화

사람들은 사고 과정을 심리적 구조로 조직화하려는 경향을 가지고 태어난다. 이러한 심리적 구조는 세상을 이해하고 세상과 상호작용하기 위한 체계이다. 단순한 구조들은 계속해서 결합되고 조정되어서 더 정교해지고 더 효율적이 된다. 예를 들면, 아주 어린 영아들은 어떤 물체가 손에 닿았을 때 그것을 쳐다보거나 잡을 수 있다. 하지만 쳐다보는 것과 잡는 것을 동시에 수행할 수는 없다. 이는 영아들이 아직 분화가 덜 되었기 때문이다. 물론 발달해감에 따라 두개의 분리된 행동구조 즉, 물체를 쳐다보고 손을 내밀어서 붙잡는 고차적 수준의 협응된 구조로 조직화가 가능할 것이다(Ginsburg & Opper, 1988; Miller, 1993).

Piaget는 이와 같은 구조에 도식(schema)이라는 특별한 이름을 명명하였다. 그의 이론에서 도식은 사고의 기본단위이다. 도식은 우리가 주변 세계의 사물과 사건을 정신적으로 표상하거나 그에 대해 '생각하게' 해주는 조직화된 행동체계 또는 사고체계다. 도식은 아주 작고 구체적일 수 있는데 가령 빨대를 사용한 빨기

도식, 또는 장미 알아보기 도식 같은 것이다. 또는 마시기 도식이나 식물 분류하기 도식같이 더 크고 일반적일 수 있다. 사고 과정이 더 조직화되고 새로운 도식이 발달하면서 행동도 더 정교해지고 환경에 더 적합해진다.

(2) 순응

사람들은 심리구조들을 조직화하려는 경향뿐 아니라, 환경에 순응(adaptation)하려는 경향도 타고난다. 순응에는 동화와 조절이라는 기본과정이 있다.

동화(assimilation)는 기존의 도식을 사용하여 주변에서 일어나는 일들을 이해하고자 할 때 일어난다. 동화는 새로운 어떤 것을 이미 알고 있는 것에 맞추어서 이해하고자 하는 것이다. 이렇게 맞추기 위해 새 정보를 왜곡해야 할 경우도 있다. 예를 들면, 많은 아동은 스컹크를 처음 보았을 때 그것을 '새끼 고양이'라고 부를 것이다. 아동들은 동물을 알아보는 기존 도식에 새로운 경험을 접목하려 하기 때문이다.

조절(accommodation)은 새로운 상황에 반응하기 위해 기존의 도식을 변화시켜야 할 때 일어난다. 자료가 기존의 도식과도 관련시킬 수 없다면, 더 적절한 구조가 개발되어야 한다. 새 정보를 우리의 사고에 맞추는 것이 아니라 우리의 사고를 새 정보에 맞추려 노력한다. 아동들은 동물을 알아보는 여러 체계에 스컹크를 알아보는 도식을 추가함으로써 새롭게 조절을 한다.

사람들은 기존의 도식들이 효과가 있으면 이 도식들을 그대로 사용하고(동화), 새로운 것이 필요로 할 때는 이 도식들을 수정하고 거기에 첨가함으로써(조절) 점점 복잡해지는 환경에 순응한다. 사실 대부분의 경우 두 과정이 모두 필요하다. 빨대로 빨기와 같은 이미 확립된 패턴을 사용하는 것조차도 빨대의 길이가 전에 사용했던 것과 차이가 있다면 어느 정도는 조절할 필요가 있다. 팩에 든 주스를 마셔본 적이 있다면 빨기 도식에 새로운 기술을 첨가해야 한다는 것을 알 것이다. 즉 주스 팩을 누르지 말아야 하며, 그렇지 않으면 빨대를 통해 주스가 공중으로 솟아올라 무릎에 떨어질 것이기 때문이다. 새로운 경험이 기존 도식에 동화될 때마다 도식은 약간 확장되고 변화하며, 동화는 조절을 어느 정도 포함한다.

동화와 조절이 어느 것도 사용되지 않을 때도 있다. 사람들은 너무 낯선 것을 대하게 되면 그것을 무시해 버리기도 한다. 경험은 개인이 그 순간에 하고 있는 생각의 유형에 맞추어 필터링 된다. 예컨대, 외국어로 된 대화를 우연히 듣게 되었을 때, 그 언어에 대한 지식이 없는 한 여러분은 그 대화를 이해하고자 노력하지 않을 것이다.

(3) 평형화

Piaget에 따르면, 조직화와 동화, 그리고 조절은 일종의 복잡한 균형 잡기 행동으로 볼 수 있다. 그의 이론을 보면, 균형을 추구하는 행위인 평형화(equilibration) 과정에서 사고가 실제로 변화한다. Piaget는 사람들이 그러한 균형을 이루기 위해 자신의 사고 과정의 적절성을 끊임없이 검증한다고 가정하였다. 평형화 과정의 작용원리를 간단히 말하면 다음과 같다. 그 도식이 만족스러운 결과를 내놓지 않으면 불평형(disequilibrium) 상태가 되고 우리는 불편함을 느낀다. 이런 불편함은 동화와 조절을 통해 해결책을 추구하려는 동기를 불러일으키고, 그 결과로 인해 사고가 변화하게 된다. 물론 불평형의 정도가 적절해야 한다. 우리는 불평형의 정도가 너무 적으면 변화할 생각이 없을 것이고, 너무 많으면 변화하기가 불안할 것이다.

Piaget의 인지발달과정 및 사고의 기본 방향을 요약하여 제시하면 다음과 같다(김희수, 2010).

인지의 발달 과정

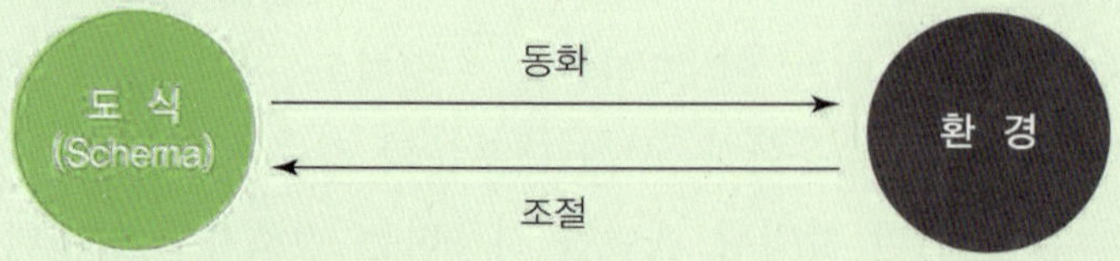

- 조직과 적응은 서로 분리시킬 수 없는 상호 보완적 기능
  - 조직이 내적 측면에 고나계한다면, 적용은 외적 측면에 관계
  - 조직은 사고 그 자체의 조화에 작용
  - 사상(事象)에의 적응을 통해서만 사고 그 자체의 조직이 가능해지고 조직에 의해서만 사고는 사상을 구조화할 수 있음
- 적응: 동화(同化: assimilation)와 조절(調節: accommodation)
  - 동화: 새로운 환경적 사상에 직면했을 때 그 사상을 기존의 지적 조직에 일치하도록 구조화하는데 작용하는 기능
  - 조절: 새로운 환경적 사상이 개인에게 던져주는 여러가지 요청에 개인 자신을 맞추어 가는 적응과정이나 기능

[그림 3-1] Piaget의 인지발달과정 및 사고의 기본 방향

인지발달이란 모순 없는 새로운 지식은 동화시키고, 기존의 도식에 적절하지 않은 지식에 대해서는 도식을 변경하면서 끊임없이 도식을 확장하는 과정을 거칠 것이다. 이런 과정을 통해 우리 인간은 인지구조를 확장하고 인지발달을 이룬다. 인지구조를 확장하기 위한 도식을 변경하는 예시를 보면 다음과 같다.

도식을 변경하는 과정(예)

어떤 아이가 자신의 '보호모'는 머리가 길고 키가 큰 사람으로 도식을 가졌다고 가정해 보자. 어느 날 길을 지나다가 길에 낯선 사람을 '보호모'라고 부를 것이다. 새로운 낯선 사람은 아이에게 새로운 정보내지는 새로운 경험이 되는데, 그 낯선 사람은 아이에게 형성되었던 기존의 구조에 적합하기 때문에 아이는 자연스럽게 동화를 적용하는 것이다. 하지만 곧 아이는 그 낯선 사람이 '보호모'가 아니라 다른 사람임을 수정받는다. 아이는 새로운 정보가 자신의 도식에 적합한지 아닌지를 다시 검토한다. 예를 들면, 새로운 정보가 자신의 도식에 비추어 정말 자신의 '보호모' 만큼 머리가 긴지 또는 키가 큰지 등을 자세히 검토할 것이다. 새로운 정보가 자신의 도식에 충분히 적합한데도 동화시킬 수 없게 되면, 아이는 기존의 도식을 변경하게 된다. 즉 조절 기능이 발생하는 것이다. 이제 아이에게는 '보호모의 머리는 길고, 키는 크고, 우리 집에서 함께 생활하는 사람'이라는 새로운 도식이 형성될 것이다.

3) 인지발달 단계

Piaget의 인지발달 단계는 네 단계로 구분하여 설명하고 있다. 제1기는 감각운동기(sensorimotor), 제2기는 전조작기(preoperation), 제3기는 구체적 조작기(concrete operation), 및 제4기는 형식적 조작기(formal operation)이다. 단계별 특징과 연령을 살펴보면 <표 3-1>과 같다.

〈표 3-1〉 **Piaget의 인지발달 단계와 특징**

발달 단계	연 령	특징
감각운동기	0-2세	• 시각·청각 등의 경험과 동작에 의해 학습한다. • 대상영속성의 개념을 알기 시작한다. • 반사행동에서 목표지향적 행동으로 이동한다. • 사물에 대한 어떤 표상도 없고 모방력을 발전시키며, 모방력은 이후의 관찰 학습을 위한 토대를 형성한다.

발달 단계	연 령	특징
전조작기	2-7세	• 언어가 발달하기 시작한다. • 감각·동작행동에 대한 의존이 줄어들고, 그러한 능력이 정교화 된다. • 타인의 역할과 견해를 고려할 줄 모른다. • 대상을 한 가지 관점에서만 논리적 조작을 할 수 있다. • 항존성이 발달하지 못하여 동일한 것에 대하여 순서나 형태를 바꾸어 제시하면 동일한 것으로 여기지 못한다. <주요 특징> 자기중심성(egocentrism), 집중성(concentration), 비가역성(irreversibility), 비전이(nontransformation)
구체적 조작기	7-11세	• 구체적(실제의) 문제를 논리적 방식으로 해결할 수 있다. • 자기중심성이 약화된다. • 항존성이 발달하여 가역성이 가능하다. • 보존의 법칙을 이해하며 분류와 서열화를 할 수 있다.
형식적 조작기	11세 이후	• 추상적 문제들을 논리적인 방식으로 해결할 수 있다. • 탈중심화, 가역성, 추상적인 사고가 발달하여 논리적이고 종합적인 사고를 한다. • 사회적 쟁점, 정체성에 관한 관심이 발달한다.

(1) 감각운동기: 출생~2세

인지발달의 첫 시기를 감각운동기라 부르는데, 이 시기 아동들의 사고는 보고 듣고 움직이고 만지고 맛보는 것 등으로 이루어져 있기 때문이다. 이 시기 동안 유아는 대상영속성(object permanence, 대상들이 독립적이고 영속적인 존재라는 이해)을 발달시킨다. 즉 물체는 자신의 지각 여부에 관계없이 환경 속에 존재한다는 것을 이해하는 것이다. 그래서 아이들이 대상영속성이 형성되기 전까지는 어떤 물건을 치워버리기 쉽다. 그 요령은 아이의 주의를 딴 데로 끌고 아이가 보고 있지 않을 때 물건을 치우는 것이다. 하지만 나이가 들어감에 따라 유아는 보이지 않는 곳으로 굴러간 공을 보고 찾으려는 것은, 물체가 눈에 보이지 않아도 여전히 존재한다는 것을 이해하고 있음을 보여주는 행위이다.

다음으로, 이 시기에 중요한 것은 목표지향행동(goal-directed action, 목표를 향한 의도적인 행동)을 하기 시작한다는 것이다. 흔히 볼 수 있는 투명한 플라스틱 장난감 통을 생각해 보라. 뚜껑이 있고, 그 속에는 알록달록한 몇 가지 물건들이 들어 있어 모두 끄집어내 다른 물건들로 바꿔 넣을 수 있다. 6개월 된 아기는 그 안에 있는 장난감을 꺼내려다 마음대로 안 되어 도식을 형성함으로써 일정한 순서에 따라 장난감을 다룰 수 있을 것이다. 즉, ① 뚜껑을 열고, ② 통을 거꾸로 뒤집고, ③ 물건들이 끼였으면 통을 흔들고, ④ 물건들이 바닥에 떨어지는 것을 본다. 하위 수준의 몇 가지 도식들이 상위 수준의 도식으로 조직화되어 목표를 달성한다는 것을 알 수 있다.

(2) 전조작기: 2~7세

이 시기에는 아동이 행동도식을 상징도식으로 만든다. 단어, 몸짓, 신호, 심상 등의 상징을 형성하고 사용하는 능력은 전조작기의 주요 성취이며, 아동들이 다음 단계의 정신적 조작 숙달에 더 가까워지게 한다. '말' 이라는 단어나 말을 그린 그림을 사용하거나, 심지어 실제로는 없는 진짜 말을 표상하기 위해 말 타는 시늉을 하는 것과 같이, 상징을 다루는 능력을 상징적 기능(semiotic function)이라고 부른다. 사실, 아동이 최초로 사용하는 상징은 가장하기이다. 아직 말을 할 수 없는 아동은 종종 행위상징을 사용한다. 예를 들면, 빈 컵으로 물을 마시는 흉내를 낸다거나, 빗을 머리에 갖다 대는 등 물체가 어디에 쓰이는지를 알고 있음을 보여준다.

아동은 전조작기를 거치는 동안 물체에 대해 상징적 형태로 사고하는 능력의 발달은 일방적 논리를 사용하는 데 국한된다. 아동은 '거꾸로 생각'하거나 과제의 단계들을 어떻게 역전시킬 것인가를 생각하는 게 어렵다. 양의 보존과 같이 전조작기 아동이 하기 어려운 많은 과제는 가역적 사고(reversible thinking, 뒤쪽에서 앞쪽으로 방향을 거꾸로 하여 생각하는 것)를 필요로 한다. 또한 보존(conservation, 물체의 어떤 속성들은 외형이 변화한다 해도 그대로 남아있다는 원리)은 사물의 양이나 수가 아무것도 보태거나 빼내지 않는 한, 배열이나 외관이 변한다 해도 동일하게 유지되는 원리이다. 예를 들어 우리는 종이 한 장을 여러 조각으로 찢는다 해도 종이의 양은 여전히 똑같다는 것을 안다. 하지만 이 시기의 아동은 똑같은 양의 물을 한쪽은 넓고 깊이가 얕은 컵에, 다른 한쪽은 깊이가 깊고 좁은 컵에 담아두었을 때, 높이가 높은 후자의 컵에 물이 더 많이 담겨져 있다고 착각을 한다. 이것은 아동이 물의 높이라는 차원에 집중해 있기 때문이다. 다시 말해서 한 번에 한 차원 이상을 고려하지 못하는 것이다. 이는 바로 탈중심화(decentering, 한 번에 하나 이상의 측면에 집중하는 것)하는 데 어려움을 겪기 때문이다.

이 시기의 아이들의 또 하나의 특징은 자기중심적(egocentric, 다른 사람들도 세상을 자신이 경험하는 것과 같은 방식으로 경험한다고 가정하는 것)인 경향이 있다. 한 아이가 고양이를 무서워할 경우, 자기와 견주어 다른 아이들도 고양이를 무서워 할 것으로 생각한다는 것이다. 따라서 이 시기에 아이들의 인지발달 특징을 정확히 이해한 후 교육할 필요가 있을 것이다.

(3) 구체적 조작기: 7~11세

이 시기의 기본적 특징은 물리적 세계의 논리적 안정성에 대한 인식으로서, 구성요소들이 바뀌거나 변환된다 해도 본래의 특성들은 그대로 유지된다는 것을 깨달을 뿐 아니라 이러한 변화가 역전될 수 있음을 이해하는 것이다. 학생의 보존 문제 해결 능력은 추론의 세 가지 기본적 측면인 동일성, 보상, 그리고 가역성에 대한 이해에 달렸다. 동일성(identity)을 완전하게 숙달한 학생은 아무 것도 첨가하거나 제거하지 않는 한 그 물질을 동일한 상태로 남아 있음을 안다.

보상(compensation)을 이해한 학생은 한 방향의 변화가 다른 방향의 변화에 의해 보상될 수 있음을 안다. 즉 컵이 더 가늘어지면 그 컵에 담긴 물의 높이는 높아질 것임을 예측할 수 있게 된다. 이 단계에서 숙달되는 또 하나의 중요한 조작은 분류(classification)이다. 분류는 한 무리에 속하는 물체들의 한 가지 특성에 주목하고 그 특성에 따라 물체들을 묶는 능력에 달려 있다. 좀 더 높은 수준의 분류는 한 유목이 다른 유목에 속하는 것을 알아보는 것이다. 계절별로 달리하는 하나하나의 꽃은 꽃이라는 대범주에 속해 있음을 아는 것이다.

분류는 또 가역성과 관련이 있다. 학생들은 단추들을 색깔에 따라 분류할 수 있고, 그런 다음 크기나 구멍의 수에 따라 다시 분류할 수 있다는 것을 이해하게 된다.

서열화(seriation)는 큰 것에서 작은 것으로 또는 그 반대 순서에 따라 배열하는 과정이다. 순서관계를 이해하게 되면 A < B < C (A는 B보다 작고 B는 C보다 작다)와 같은 논리적 연속체를 만들어 낼 수 있다. 아동들은 보존, 분류, 서열화 같은 조작들을 다룰 수 있게 됨에 따라 구체적 조작기에 요구되는 논리적이고 완벽한 사고 체계를 발달시킨다.

교실 장면에서 보존, 분류, 서열화 같은 구체적 조작기의 특징을 이해하여 교육하는 것은 다음 단계로의 준비를 원활히 하는 것이다. 일부 성인들의 논리적 사고가 부족한 경우는, 이 시기의 교육이 제대로 이루어지지 않았다고도 볼 수 있다.

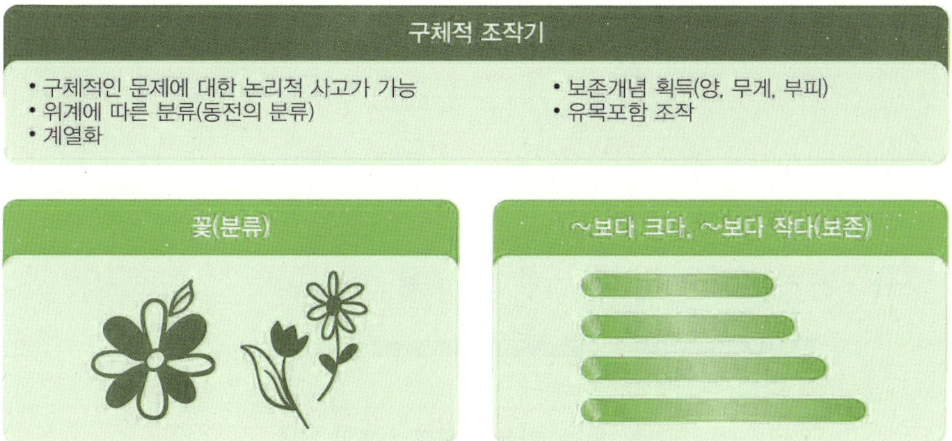

[그림 3-2] **분류 및 보존의 개념**

(4) 형식적 조작기: 11세 이후

형식적 조작기에는 사고의 초점이 실제(what is)에서 가능성(what might be)으로 옮겨간다. 상황들을 직접 경험해야만 상상할 수 있는 것은 아니다. 어린 아동에게 만일 사람이 잠을 자지 않는다면 생활이 어떻게 달라질 것인지 물어보면 "사람은 잠을 자요!"라고 말할 것이다. 이와는 반대로, 형식적 조작을 습득한 청년은 사실과 배치되는 질문에 대해 생각할 수 있다. 형식적 조작의 특징인 가설 연역적 추론(hypothetico-deductive reasoning)을 한다는 것을 알 수 있다. 형식적 사고를 하는 사람은 가설적 상황(사람은 잠을 자지 않는다)을 고려하여 연역적 추론(일하는 시간이 더 길어지거나, 조명과 에너지에 돈을 더 많이 쓰거나, 침대가 없어 집이 더 작아지거나, 새로운 오락사업이 발달하는 등 일반적 가정에서 특수한 함의에 이르기까지)을 할 수 있다. 형식적 조작에는 특정한 관찰로부터 일반적 원리를 규명해내는 귀납적 추론도 포함된다. 예를 들면, 경제학자는 주식 시장의 수많은 특정한 변화들을 관찰하고 경제주기에 대한 일반적인 원리를 규명해내고자 한다. 형식적 조작사고를 하는 사람은 가설을 설정하고, 이를 검증할 정신적 실험을 고안하고, 가설에 대한 타당한 검증을 완수하기 위해 변인들을 분리하거나 통제한다. 형식적 조작기 이후에 제대로 된 수업과 학습이 가능하기 위해서는 이러한 능력이 요구된다.

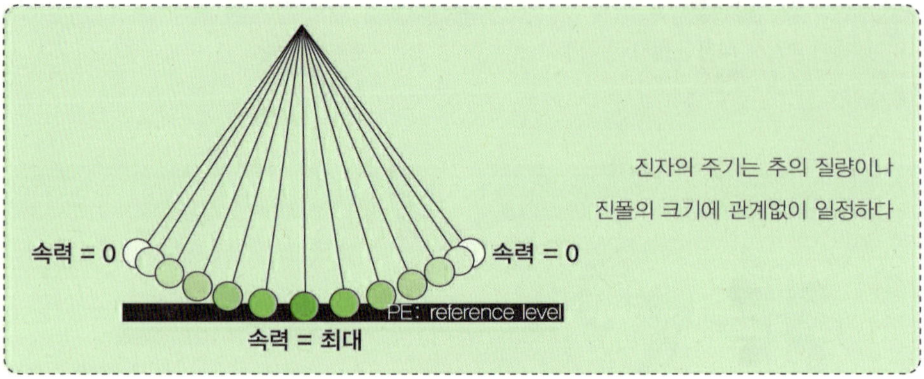

[그림 3-3] 가설 연역적 추론의 개념

4) 교육적 평가 및 함의

이상과 같이 Piaget의 인지발달이론에 대하여 살펴보았다. 그의 이론은 인간의 정신과정, 기억과정, 인지발달 단계 등을 체계적으로 연구함으로써, 교육의 실제에 끼친 영향이 매우 크다. 연구 방법에서도 규범적·기술적 접근방법이 지배적이던 종래의 연구 방법에 설명적 접근을 첨가했으며, 그 당시 행동주의 심리학에서 강조했던 조작적 상황에서의 관찰이나 실험보다 자연적 상황에서 관찰한 것은 과학적으로 증명하기 어려운 방법이긴 하지만 생물학적 측면에서 탐색했다는 점에서 그 가치가 있다. 하지만 그의 이론에 대하여 교육적 평가 및 비판도 있다(Cohen, 1979).

첫째, Piaget의 인지발달이론은 인간의 인지적 측면만을 강조하고 있으며, 인지에 영향을 주는 정의적·사회적 측면은 고려하지 않고 있다.

둘째, 인지발달은 어떤 면에서는 형식적·논리적 사고보다 상상력, 추상력, 추리력 등 비형식적 사고 형태로부터 영향을 받는다.

셋째, 발달이론의 기초를 이루는 체계가 지나치게 논리적으로 전개되어 있다. 예를 들면, 인지발달이 연령에 따라 논리적·체계적으로만 발달되는 게 아니다. 개인차, 성차, 교육적 영향력 등의 요인들이 논리적 발달을 희석시킬 수 있다. 특히 아동의 능력을 지나치게 과소평가 하는 경향이 있다.

넷째, 동화와 조절이 일어나는 과정에 대한 설명의 부족과 확산적·수렴적 사고에 대한 논의가 결핍되어 있다.

다섯째, 인지발달은 유전과 환경, 사회관계 속에서 형성된다는 관점의 설명이 부족한 점이 있다.

이런 비판적 입장에도 불구하고 앞서 언급했듯이 인지발달에 대한 Piaget의 연구는 교육과정의 편성, 영·유아의 사고능력 함양을 위한 프로그램 개발 등에 중요한 시사점을 제시하였다. 또 그의 이론은 지능이 교육에 의해 증진될 수 있으며, 교육경험은 교사가 각 학생의 인지구조의 수준을 파악하여 동기유발을 높이고, 도전적 경험을 통해 인지적 성장을 돕는다는 점에서 교육적 의의가 있다고 하겠다.

- 교육내용을 선정
  - 학습자의 인지발달 수준에 기초한 적정 수준의 내용을 적절한 시기에 교육할 것을 강조
  - 인지발달 수준에 너무 앞서는 교육, 학습자의 지적 발달을 가속화하기 위한 무리한 시도 등에 대해 반대하고 인지발달이 이루어진 후에 각 발달수준에 적합한 교육을 실시할 것을 강조
- 교수방법
  - 학습자의 자발성, 자기주도적 활동, 직접적인 경험과 활동을 통한 학습을 강조
  - 학습자의 인지발달을 유도하기 위해 적당한 인지불균형을 유지
  - 구안학습, 연린학습, 구성주의 학습의 이론적 기초를 제공
- 동기유발과 관련하여 학습자의 내재적 동기를 중시, 학습자의 지적 호기심, 탐구심, 흥미를 유발할 수 있도록 교육내용, 학습자료, 교수활동을 다양화할 것을 강조

[그림 3-4] 교육적 함의

1.2 Vygotsky의 인지발달이론

1) 인지발달의 기본 개념

Vygotsky

인지발달이론에 대하여 스위스의 Piaget가 활발한 활동을 할 당시에 러시아에서는 Vygotsky가 인간 사고에 대한 연구를 하고 있었다. Vygotsky는 1896년에 태어나 37세의 짧은 인생을 살고 1934년에 폐결핵으로 37세의 나이로 요절했는데, 그의 이론은 영어권 국가에 소개되기 전까지만 해도 학계에서 각광을 받지 못하다가 오늘날에 이르러 주목을 받게 되었다.

Piaget는 아동이 자신의 세계를 스스로 구조화하고 이해하는 존재라고 주장한 반면에, Vygotsky는 아동이 타인과의 관계에서 영향을 받으며 성장하는 사회적 존재임을 강조함으로써, 인간에 대한 이해에 있어서 사회·문화·역사적인 측면을 강조하였다. 그에 따르면, 인간의 정신은 독립적 활동이 아니라 사회학습의 온전한 결과이며 일상에서의 과제 해결은 성인이나 혹은 뛰어난 동료와의 대화로부터 영향을 받는다고 하였다. 이처럼 사회의 보다 성숙한 구성원들과의 상호작용하는 동안 자신의 문화에 적합한 인지과정이 아동에게 전이된다는 것이다. 결과적으로, Vygotsky는 상호작용의 핵심적 요소인 언어의 습득을 아동 발달에 가장 중요한 변인으로 간주했다.

2) 사고와 언어의 관점

Piaget는 전조작기 아동의 언어가 자기중심적 특징을 갖는다고 말하였다. '자기중심적 언어(egocentric speech)'는 자기중심적 사고를 나타내는 것이며, 이는 성장해 가면서 점차 감소된다고 하였다. 반면에 Vygotsky는 자기중심적 언어의 사용이 단순하게 자기만의 생각을 표현한 게 아니라, 문제 해결을 위한 사고의 도구라고 생각하였다.

Vygotsky(1962)는 독립적으로 발생하기 시작한 사고(thought)와 언어(speech)는 일정 시간이 지난 후에 서로 연합되고, 이러한 연합은 아동이 발달해 가는 과정에서 변화하고 성장한다.

Vygotsky는 아동의 지적 발달이 내적 언어와 사회적 언어 모두에서 영향을 받는다고 강조하였다. 또한 그는 아동이 일정한 양의 비언어적 사고와 비인지적 언어를 가지고 있으며, 문제 해결 초기에는 비언어적 사고가 사용되며 이 시기가 지난 후에는 구체적인 단어로 형성된다고 하였다.

그는 인간의 사고에 중요한 역할을 하는 것은 내적 언어(inner speech)로 보았으며, 그 내적 언어는 스스로 자신에게 하는 언어라고 하였다. 예를 들면, 아동들은 몇 과목의 학습 과제를 해결할 때 스스로 혼잣말을 할 것이다. "내게 제일 쉬운 과목인 탐구생활부터 해결해야지, 그리고 다음에는 수 조작을 하고…, 맨 마지막에 동화읽기를 해야겠다."라는 식으로 말이다. 이처럼 목적달성에 필요한 수단을 얻기 위해 내적 언어는 마음속에서 사용된다.

이와 같은 사고와 언어의 결합은 아동의 단어에 대한 호기심과 어휘력의 빠른 습득으로 나타난다. Vygotsky의 사고와 언어의 발달 과정은 다음과 같다.

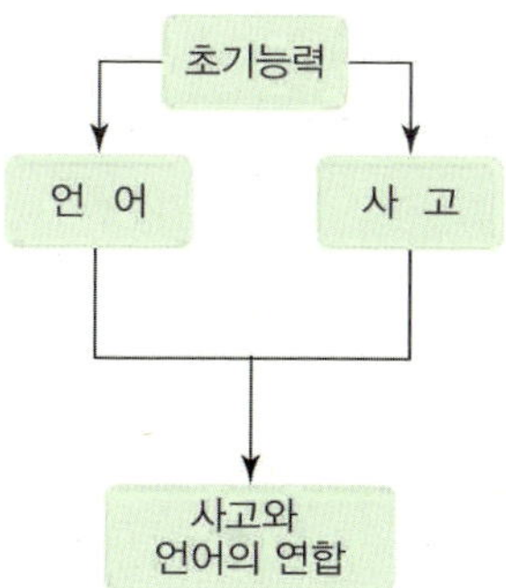

- 자기중심적 언어의 사용이 단순하게 자기만의 생각을 표현하는게 아니라 문제해결을 위한 사고의 도구
- 아동의 지적 발달은 내적 언어와 사회적 언어 모두에서 영향을 받음
- 내적 언어(inner speech)
  - 인간의 사고에 중요한 역할
  - 스스로 자신에게 하는 언어
  - 목적달성에 필요한 수단을 얻기 위해 내적 언어는 마음속에서 사용
- 연합: 아동의 단어에 대한 호기심과 어휘력의 빠른 습득에 따라 달라짐

[그림 3-5] 사고와 언어의 발달 과정

Parlincsar과 Brown(1989)에 따르면, 아동의 내적 언어 사용빈도는 과제 수행의 시간이 진행됨에 따라 보다 증가하였고, 과제의 난이도와 정적상관을 보인다고 하였다. 예를 들면, 문제 해결 과정에서 난이도가 높을수록 문제 해결에 어려움을 느끼고 내적 언어의 사용이 증가한다는 것이다. 이 연구 결과는 내적 언어가 아동의 문제 해결에 중요하게 기능한다는 사실을 입증해 주고 있다.

3) 근접발달영역

아동은 발달과정에서 자신의 능력으로 해결할 수 없는 문제에 직면하는 경우가 종종 있다. 이러한 문제는 아무리 명료하게 설명된다고 하더라도 아동의 능력 밖에 있는 문제들이다.

Vygotsky는 이러한 문제에 대하여 혼자는 해결할 수 없지만, 성인이나 자신보다 뛰어난 동료들과 함께 학습하게 되면 성공할 수 있는 영역이 있다는 것이다(Wertsch, 1985). 이와 같은 영역을 근접발달영역(zone of proximal development: ZPD)이라고 하였다.

근접발달영역에 위치하는 아동에게는 구조화를 형성할 수 있는 단서를 제공하거나, 세부 사항과 단계를 기억할 수 있도록 조력하고, 꾸준히 시도하도록 격려해 주는 도움이 필요하다. Vygotsky는 인지발달이 아동과 성인 또는 뛰어난 아동들과 상호작용을 통해서 발달한다고 보았다. 그래서 그는 아동이 지적으로 성장하는 데 필요한 요소를 지원하는 안내자 또는 교사의 역할을 강조하면서 이러한 교사나 또래의 조력을 발판(scaffolding)이라고 하였다.

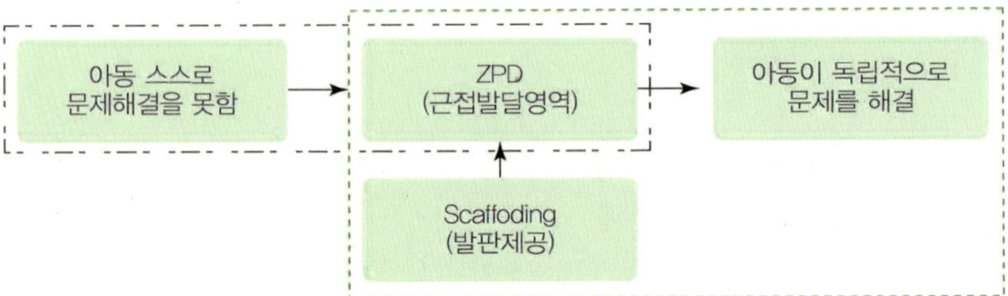

- 아동이 혼자서는 문제를 해결할 수 없으나, 성인이나 자신보다 뛰어난 동료들과 함께 학습을 하게 되면 성공할 수 있는 영역
- 어른과 능력 있는 동료는 아동이 지적으로 성장하는데 필요한 요소를 지원하는 안내자 혹은 교사의 역할을 수행
- 안내자 또는 교사가 아동에게 문제해결에 단서를 제공하게 되는데, 이러한 조력(助力)을 비계설정(scaffolding: 발판)
- ZPD개념은 도제교육과 협력학습에 중요한 시사점

[그림 3-6] Vygotsky의 근접발달영역(ZPD: Zone of Proximal Development)

예를 들면, 건축가들은 건물이 서고 나면 단계적으로 발판을 제거한다. 마찬가지로 홀로 과제 수행이 가능한 성인이나 연령이 높은 아동은 단계적으로 조언이나 힌트를 없앤다. 아동이 실패하지 않도록 충분한 지지와 도움을 제공할 것이지만, 결국 아동이 독립적으로 수행할 수 있을 때는 도움을 제거해야 한다.

4) 교육적 평가 및 함의

결국 교사는 학생의 능력을 평가한 후, 학생들의 문제 해결 능력이 부족하다고 판단되면 그들을 근접발달영역 내에 존재하도록 조절하는 것이 필요하다. 그런데 아동의 능력 평가와 관련하여, Vygotsky는 아동의 지적 발달 수준을 알아내도록 고안된 대부분의 검사가 적절하지 않다는 입장을 보인다. 일반적으로 지능검사는 표준화 검사 문항을 풀게 하여 아동의 지적 발달 수준을 측정하는데, 이런 종류의 검사를 통해 알 수 있는 것은 아동의 지적 발달 과정 중에서 어느 특정 단계의 수준일 뿐이다. 따라서 학생이 혼자서도 풀 수 있는 문제와 도움을 받아 풀 수 있는 문제 수준을 모두 평가하여 양자를 비교해야만 지적 발달의 전체 윤곽을 이해할 수 있다는 것이다.

또한 Vygotsky는 이 이론을 통해 생각해 볼 수 있는 교육 방식은 모방 학습(한 사람이 다른 사람을 모방하고자 노력함), 교수-학습(학습자가 교사의 지시를 내면화하고 이 지시를 사용해서 자기조절을 함), 그리고 협동학습(또래 학생들이 서로를 이해하고자 노력하고 그 과정에서 학습이 이루어짐)이라고 하였다. Vygotsky는 직접적 교수를 통해, 또는 다른 사람의 학습을 지원하는 구조화 경험을 통해 이루어지는 교수-학습에 가장 큰 관심을 가졌다. 하지만 그의 이론은 다른 형태의 문화적 학습도 뒷받침 해준다. 따라서 Vygotsky의 인지발달이론은 직접 가르치고 학습 환경을 조성할 수 있으므로 교육자들에게 적절하다고 본다.

결과적으로, Vygotsky의 근접발달영역 개념은 인지발달이 사회적 상호작용의 결과로 발전한다는 사실을 말해줄 뿐만 아니라, 아동의 인지발달에도 교사나 성인이 적극적으로 도움을 줄 수 있다는 이론적 근거를 마련했다는 점에서 교육적 의의가 크다. Piaget와 Vygotsky의 이론적 차이점을 제시하면 다음과 같다.

〈표 3-2〉 Piaget와 Vygotsky의 이론적 차이점

Piaget	Vygotsky
• 물리적 환경에 관심	• 역사적·문화적 환경에 관심
• 논리적 구조의 형성은 개인내의 평형화 작용	• 대인간 과정 → 개인내의 과정
• 발달의 보편적·불변적 계열	• 사회 구조와 유기체 구조간의 역동적 산물
• 발달의 개인차에 관심이 없음	• 발달의 개인차에 관심
• 포섭적 팽창	• 나선형 팽창
• 사고가 언어에 반영	• 사고와 언어의 연합

2 성격발달이론

2.1 Freud의 성격발달이론

1) 기본개념

Freud

Freud는 정신분석학을 처음 제창한 사람이다. 그의 정신분석학은 많은 학문 영역에 중요한 영향을 끼쳤으며, 그의 이론은 생물학적 기제와 본능적인 충동을 기초로 하고 있다. 정신분석학이 전제하고 있는 점은 본질적으로 인간의 정신세계가 의식(conscious)과 무의식(unconscious)의 두 부분으로 구성되어 있다는 것이며 특히, 무의식의 본질과 기능에 관심을 두었는데, 인간은 90%가 물속에 잠긴 무의식 세계로 보았기 때문이다. 의식이란 한 개인이 현재 각성하고 있는 모든 행위의 감정이다. 무의식이란 개인이 자신의 힘으로는 의식 상태로 떠올릴 수 없는 생각이나 감정들을 포함하고 있다. 즉 무의식 속에는 자신이나 사회에 의해 용납될 수 없는 분노, 욕망, 생각, 동기, 충동 등이 억압되어 있다. 이들 억압된 무의식의 내용들은 개인으로 하여금 내적 갈등을 경험하게 한다. Freud에 의하면, 인간은 소위 무의식 속에 쾌락을 추구하는 리비도(libido)라는 성적 충동

에너지를 태어나면서부터 가지고 있다는 것이다. 리비도가 작용하는 정신세계는 크게 세 가지로 구성되어 현실 속에서 끊임없는 갈등을 유발하게 된다. 본능(id: 원초적 본능의 지배하에 있는 나)이란 쾌락을 따르는 원초적 충동이고, 자아(ego: 현실적인 나)는 본능의 충동을 억제하고 합리적인 방법으로 쾌락을 추구하는 것이며, 초자아(super-ego: 도덕적인 나)는 자아로 하여금 현실적인 목표보다 이상적인 목표를 지향하게 하는 것이다. 결국 인간은 이러한 정신세계의 작용들을 통해 행동의 원동력이 만들어진다고 간주한다.

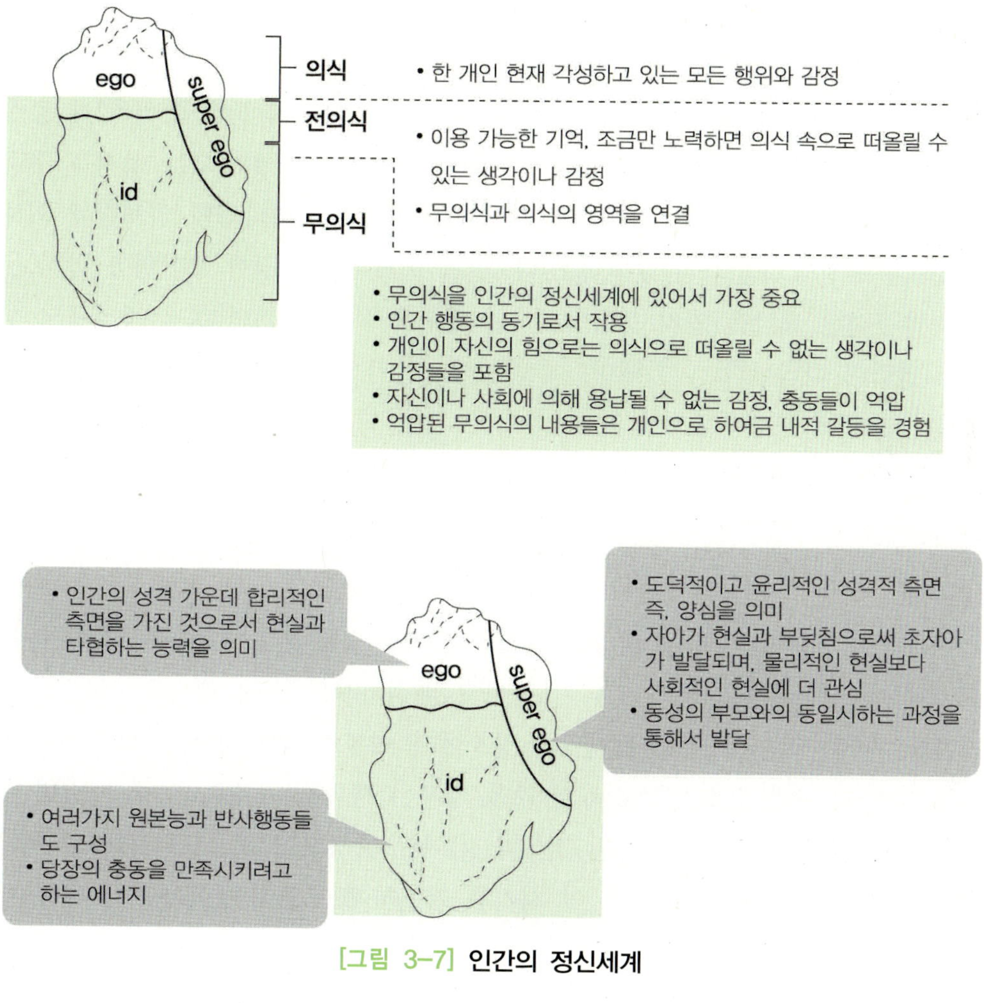

[그림 3-7] 인간의 정신세계

2) 발달 단계

Freud의 성격발달이론은 출생으로부터 다섯 살까지의 경험을 중요시한다. 이 기간 동안 영유아는 여러 단계의 심리·성적 단계를 거치게 되며, 발달 단계의 구분은 리비도가 집중적으로 모이는 성감대의 변화에 따라 구분된다. 그는 성적(性的) 발달에 대한 진행이 입, 항문, 성기 등의 순으로 성감대가 바뀌어 간다고 하였으며 구순기, 항문기, 남근기, 잠복기, 생식기 등으로 발달 단계를 구분하였다. 이 시기를 성격 형성의 결정적 시기(critical period)로 보았다.

(1) 구순기(oral stage: 0~1세)

구순기를 접유기라고 하며, 이 시기에는 리비도가 구순이나 혀 등의 입에 중심되어 있으며 욕구의 충족은 젖을 빠는 것이다. 이 시기에 형성되는 성격을 구순기 성격이라고 한다. 구순기 성격이란 접유를 매개로 어머니와의 일체감에 의해 발생하는 애정의 교환과 관련되어 있다. 만약 어머니의 적절한 보살핌을 받지 못하고 추구하는 쾌감을 얻지 못한다거나 과잉충족을 얻게 되면 성장 과정에서 성격적 결함이 나타난다. 이를테면, 애정욕구의 불만으로부터 발생하는 의존적 성격이나 과잉적 애정관계가 낙천적 성격으로 연결되는데, 이 발달과정에서 흡연·과음·과식·타인 험담하기 등의 반응-미성숙한 성격이 나타난다.

(2) 항문기(anal stage: 2~3세)

구순기 이후 유아는 항문 괄약근의 조절이 가능하게 된다. 리비도는 항문 주위로 옮겨가서 대소변을 오래 견디기도 하고 배설하기도 하여 쾌감을 얻는다. 이 시기에 부모는 유아가 적절한 시기와 장소에서 배설할 경우 이에 적합한 보상을 주게 되며, 시간과 장소가 적절하지 않을 경우는 행위를 규제한다. 즉 대소변 훈련에 대한 부모의 훈육이 시작된 것이다. 유아는 출생하여 처음으로 외부의 통제를 경험하게 된다. 만약 유아가 이 시기를 적절하게 보내지 못하면 대소변을 더러운 것으로 생각할 뿐만 아니라, 반동(reaction)이 형성되어 지나치게 규율을 준수하는 결벽성이나 청결주의 성격이 될 수 있다.

(3) 남근기(phallic stage: 4~5세)

남근기에는 성감대가 주로 항문에서 남근으로 옮겨간다. 이 시기의 아동은 남녀의 신체 차이, 아기의 출생, 부모의 성 역할 등에 대해서 관심을 갖는다. 특히 남아들은 엄마에게 성적인 애정을 느끼고 아빠에게는 애정을 박탈당할까 걱정하는 외디푸스 콤플렉스(oedipus complex)를 갖게 되며, 아빠가 자신의 성기를 없애지나 않을까 하는 거세불안(castration anxiety)의 고민을 갖는다. 여아들은 처음에 엄마를 좋아하게 되나 곧 자신에게 남근이 없음을 알고, 이를 부러워하는 남근선망(penis envy)의 감정을 갖는다. 그리고 이 책임을 엄마에게 돌리고 아빠를 더 좋아하기 시작하는 엘렉트라 콤플렉스(electra complex)를 갖는다. 이러한 콤플렉스를 극복하는 과정에서 동일시(identification)현상이 나타난다. 이는 남아의 경우 엄마에 대한 성적 애정을 포기하고 아빠와 같은 남성다움을 갖기 위해 노력하며, 여아의 경우에는 남근이 없다는 사실을 인정하고 엄마처럼 여성스럽게 되고자 노력하는 것을 의미한다. 이 시기는 매우 복잡하고 자극적인 감정이 교차되는 특징을 보이며 성격형성에 매우 중요하다. 따라서 이 시기를 잘 극복하지 못할 경우 성 불감증, 동성애 등과 같은 신경성 질환을 유발시킬 수 있다.

- 남근선망(penis envy): 힘의 상징인 남근선망(남자다움)에 대해 여자에게는 아기를 낳을 수 있는 능력이 있음(여자다움)을 각성시켜야 한다.
- 외디푸스 콤플렉스(oedipus complex): 남아는 엄마에 대한 애정에서 부성 섭취(엄마와 같은 아내를 얻기 위해 아빠처럼 되어야겠다)로 발달한다.
- 엘렉트라 콤플렉스(electra complex): 여아는 아빠에 대한 애정에서 모성 섭취(아빠와 같은 남편을 얻기 위해 엄마처럼 되어야겠다)로 발달한다.

(4) 잠복기(latent stage: 6~11세)

잠복기는 아동이 초등학교에 다니는 시기이며, 이 시기는 성적(性的) 욕구가 억압되어 심리적으로는 평온한 안정적 시기이다. 이 시기에 아동들은 성적인 부분을 제외하고는 매우 활동적인 모습을 보인다. 이를테면, 문화적으로 가치 있는 기술을 학습하게 되고 사회 속에서 또래집단과 생활하는 방법을 배우고,

자신의 역할을 배우며, 운동 능력을 키워 논리적으로 사고하며 타인의 입장을 배려할 줄도 알게 된다. 이 시기를 총체적으로 잠복기라고 하며 성적으로만 침체된 시기임을 의미한다.

(5) 생식기(genital stage: 12세 이후)

생식기는 성적 리비도가 잠복기에서 다시 분출하는 시기이다. 이 시기에는 앞의 단계에서 나타난 단순한 쾌감이 아니고 진정한 이성을 찾아 만족을 추구하고자 한다. 아동들은 이성의 부모에 대한 지나친 밀착감과 애정이 불가능하고 더욱이 성적인 관계는 금기시됨을 인식하게 된다. 그래서 부모로부터 독립하려는 욕구가 발생하며 진정한 사랑을 나눌 대상으로서의 이성을 찾는다. 이 시기는 발달단계 중 가장 긴 시간이며 사춘기로부터 노년기까지 계속된다.

3) 교육적 평가 및 함의

Freud의 성격발달이론에서 아동의 초기 경험은 건강한 정서 발달과 사회성 발달에 매우 중요한 영향을 주고, 인생초기의 정신적 상처에 대한 이해가 성인이 되어서 나타나게 된 정신적 문제를 푸는 실마리가 된다는 점에서 유아·아동 교육에 중요한 시사점을 준다.

아동이 가정에서 사랑과 증오를 포함한 인간관계 또는 아동의 교실 내에서 사회적 역학관계에서 받은 상처는 성장해서도 어떤 갈등 상황에 직면하면 부정적인 발달을 보일 수 있다는 것이다. 가정에서 혹은 학급에서 부모형제나 급우, 교사로부터 애정을 받은 아동들은 정서적으로 성숙한 성격을 보이고 갈등을 해결하기 위해 긍정적으로 노력하는 경향이 나타난다. 따라서 교실 장면에서 교사들은 아동들의 긍정적 자아를 형성하기 위한 노력을 경주해야 할 것이다.

이와 같은 교육적 함의에도 불구하고, Freud의 성격 발달 이론은 인간본성에 대한 부정적이고 비관적 시각으로 보았다는 점에서 오늘날 학계에서 비판을 받고 있다. Freud의 이론에 대한 교육적 함의와 평가를 요약하여 제시하면 다음과 같다.

• 초기 경험의 중요성, 특히 다섯 살까지의 경험이 성격발달에 결정적 영향을 준다고 주장
• 성격의 기초를 형성하는데 있어서의 부모의 양육태도가 무엇보다 중요함을 강조
• 인간행동의 무의식적 결정요인을 강조함으로써 성격 연구에 획기적인 전기를 마련
• 심리학, 심리치료, 유아교육 등의 분야에서 널리 활용

비판점

1. 인간을 성욕과 과거 경험에 지배되는 수동적 · 소극적 존재로 본 점
2. 신경증환자들로부터 얻은 임상자료를 통해 정상인의 성격발달을 역으로 적용시킨 점
3. 과학적 검증이 어렵고 성격발달에 있어서 사회문화적 영향을 간과한 점
4. 성격발달의 결정적시기로 5세까지의 초기 과정만을 지나치게 강조하고 청소년기나 성인 이후의 성격발달 가능성을 간과한 점

[그림 3-8] **교육적 함의 및 평가 주요 내용**

2.2 Erikson의 사회성 발달이론

1) 기본개념

Erikson

Erikson은 아동이 어떻게 자아정체감을 발달시키고 어떻게 사회화되는지에 관심을 가졌다. 그의 이론은 인간의 심리사회적 발달에 관심을 두고 있기 때문에 심리·사회적 단계이론(psychology social stage theory)이라고도 말한다.

그는 이론에서 정체성을 강조하는데, 정체감(Identity)이란 그때그때에 따라 발현되는 주체성, 자기정의, 자기한계, 자기존재 증명, 자각, 자기가치 등의 여러 용어를 포함한다고 하였다. 그것은 '나는 누구인가'라는 부단한 질문에 대한 대답이며, 자기의 심연(深淵)에 있는 것으로부터 언제 무엇을 하더라도 그것에 의해서만이 인생의 모든 것을 가치내릴 수밖에 없는 개인의 가장 중요한 것을 의미한다.

Erikson은 Freud의 성격발달이론이 지나치게 초기결정론의 입장을 취한다는 점과 무의식에 내재한 성적(性的) 욕구를 강조한다는 점에서 의견을 달리했다.

Erikson은 인간은 출생과 거의 동시에 사회적 존재가 되며, 그 후 만나는 사람들과 겪어야 할 일들에 따라 사람 됨됨이가 변해간다고 하였다. 그는 저서 「*Child and Society*」에서 인간의 일생을 출생으로부터 노년에 이르기까지 8단계로 구분하고 각 단계에서 습득해야 할 과업을 대칭적으로 제시하였다. 이들 과제를 습득했을 경우는 정상적으로 간주하였고, 반대로 습득하지 못하였을 경우는 부정적인 측면으로 설명하면서 각 단계에서 필연적으로 겪게 되는 위기가 있음을 시사했다. 즉 인간이 성장하면서 직면하게 되는 위기를 수용하고 해결한다는 것은, 개인이 지니고 있는 심리사회적 특징에서 긍정적인 면과 부정적인 면이 상호 적절한 비율로 나타남을 말해준다.

Erikson은 각 단계별의 위기가 긍정적인 관점에서 해결되면 인격을 형성하는데 바람직한 기능을 발휘할 수 있다고 보았으며, 부정적인 측면으로의 문제 해결이 이루어지면 다음 단계의 발달은 더디고 인격 형성에 좋지 않은 영향을 미치게 된다고 하였다.

2) 발달 단계

(1) 신뢰감 대 불신감(trust vs. mistrust: 0~1세)

이 시기에 영아가 맺는 사회적 관계는 주로 보살펴주는 엄마와의 관계이다. 영아가 처음으로 접하는 사회관계에서 엄마가 영아의 신체적·심리적 욕구와 필요를 적절히 충족시켜 주면서 일관성 있게 돌봐주면 영아는 엄마 또는 보살펴주는 사람을 신뢰하게 된다. 반면에 지속적이고 일관된 사랑과 보살핌을 받지 못한 영아들은 보통 타인과 주변 세계에 대하여 불신감, 의심, 두려움 등을 갖게 된다. 이 시기에 형성된 기본적인 신뢰감은 성장 과정에서 모든 사회관계의 적응에 결정적인 영향을 미친다.

(2) 자율성 대 수치 및 회의감(autonomy vs. shame and doubt: 2~3세)

이 시기의 아동들은 여러 개의 상충된 충동 사이에서 스스로 선택을 하며, 이러한 과정을 통해서 자신의 의지를 나타내고자 한다. 이는 곧 자율성(autonomy)

을 갖고자 하는 의지가 형성되는 증거이다. 이 시기의 아동은 배변통제가 가능하게 되고, 스스로 걸으며, 주위를 혼자서 열심히 탐색하고, 스스로 먹고 입기 시작한다. 아동은 목표지향적인 행동을 하며 언어로 의사소통(communication)을 하기 시작한다. 이는 아동이 더 이상 타인에게 의존하지 않고 스스로의 능력으로 무엇인가를 해보려는 시도이므로 부모는 아동에게 칭찬이나 신뢰를 표현하여 용기를 주어야 한다. 반면에 지나치게 엄격한 배변훈련이나 사소한 실수에 대한 부적절한 벌 등은 아동이 수치심을 갖게 하며 자신의 능력에 대하여 회의감을 느끼게 한다.

(3) 주도성 대 죄책감(initiative vs. guilt: 4~5세)

이 시기의 아동들은 어떤 목표나 계획을 세워 그를 통해 성공하고자 노력한다. 그리하여 아동은 자율성이 증가하며 왕성한 지적 호기심을 갖는다. 부모를 모방하고자하며 어머니가 주방에서 요리할 때 주도적으로 참여하려는 등 자신이 주도적으로 일을 하여 인정받고 싶어 한다. 부모가 이러한 아동의 주도성을 비난하거나 질책을 하면 아동은 위축되고 자기주도적인 활동에 죄책감(guilt feeling)을 느낀다.

(4) 근면성 대 열등감(industry vs. inferiority: 6~11세)

이 시기의 아동들이 기초적인 인지적 기술과 사회적 기술을 습득하게 되면, 가족의 범주를 벗어나 보다 넓은 사회에서 통용되는 유용한 기술들을 열심히 배우고자 하는 자아가 형성되어진다. 대부분의 시간을 학교에서 보내며 학교나 또래집단을 통해 일하는 것을 배우게 되는 것이다.

이 시기에 교사는 아동의 긍정적인 자아개념을 발달시켜 주기 위해 아동이 높은 성취와 성공을 경험할 수 있도록 학습 환경을 계획하고 적합한 과제를 할당하는 등 아동의 활동에 관심을 가져야 한다. 이후 근면성은 전 생애에 걸쳐서 적응과 성공, 그리고 인간관계를 결정하는 데 매우 중요한 요인으로 작용한다. 만약 이 시기에 근면성이 결핍될 경우 성장과정에서 실패할 가능성이 높아지고, 열등감이나 부적절한 감정을 갖게 될 가능성이 있다.

(5) 정체감 대 역할 혼미(identity vs. role confusion: 12~18세)

이 시기는 급격한 신체적 변화와 함께 새로운 사회적 압력과 요구에 직면하게 된다. 이런 급작스런 상황변화는 청소년들이 어떻게 새로운 상황에 대처해 나가야 할지 당황하게 만든다. 이에 Erikson은 청소년기의 중심 과제를 자아정체감이라고 하였다. 자아정체감이란 자기존재, 위치, 역할 및 책임, 능력 등에 대한 자신만의 분명한 의식을 말한다.

이 시기의 청소년들은 자기 자신의 끊임없는 의문에 대해 해답을 찾으려고 애쓰지만 그 해답이 쉽게 얻어지지 않기 때문에 고민하거나 방황한다. 그래서 자아정체감이 형성되지 못하거나 상실하게 되면 자신에 대한 회의, 고민, 그리고 방황에 처해 역할혼미(role confusion)에 빠지게 된다. 그러므로 이 시기에는 청소년의 자아정체감 형성에 관심을 가져야 한다.

(6) 친밀감 대 고립감(intimacy vs. isolation: 19~24세)

이 시기는 청소년기의 주 관심이었던 자아정체감을 벗어나 직업을 선택하고 배우자 결정 등 자신 외의 상대방을 통해 공유적 동일감을 찾으려 한다. 즉 성인 초기에 해당하는 이 시기에는 사회에 참여하게 되고 자유와 책임을 가지고 스스로의 삶을 영위하고자 하는 것이다.

Erikson은 이 시기에 이르러 직업적이든 또는 배우자와의 관계이든 성인들은 타인으로부터 공유된 정체감(shared identity)을 찾게 되고, 이러한 관계를 통해서 서로는 친밀감(intimacy)을 갖게 된다고 하였다. 청년기에 역할혼미 없이 확실한 정체감을 형성하였을 경우 이 시기에 이르러 타인과 건전하고 친밀한 관계를 형성하기 쉬우나, 자아정체감의 상실이나 역할혼미가 있었던 경우에는 타인과의 만족한 관계를 맺지 못해 자기 자신에게만 몰입하는 고립감(isolation)에 빠질 수 있다.

(7) 생산성 대 침체성(generativity vs. stagnation: 25~54세)

이 시기는 배우자를 선택하여 친밀성이 확립되고 나면, 그들의 관심은 두 사람만의 관계를 넘어서 그 밖의 타인에게로 관심이 확대되기 시작한다. 가정적으로는 자녀를 낳아 양육하게 되고, 사회적으로는 다음 세대를 양성하는 데 관심과 노력을 기울이게 된다. 성인후기의 중요 특징은 창조성, 생산성, 다음 세대를 지도하는 것에 대한 관심과 헌신이다. 생산적인 성인은 보다 좋은 사회를 만드는 데 기여하려 하고, 깨끗한 환경조성, 안정된 사회, 자유와 인간존중의 원리를 지키기 위해 노력한다. 그 반대의 경우에는 침체성(stagnation)에 빠질 수 있다.

(8) 통정성 대 절망감(ego-integrity vs. despair: 55세 이상)

이 시기는 인생의 마지막 단계인 노년기에 해당된다. 인간은 이 시기가 되면 심신이 쇠약해지고 사회적으로 은퇴하게 되고 배우자와는 필연적으로 사별하게 된다. 통정성이란 자신의 삶을 후회 없이 가치 있게 살았다고 생각하는 사람이 지닌 특성을 말한다. 이와 같은 사람은 자신이 지내온 과거의 삶에 책임감이 있으며 죽음 또한 겸허하게 받아들인다. 반면에 자신의 살아온 삶이 후회스럽고 무가치하다고 생각하는 경우 새로운 생을 시작하기에는 너무 늦었다고 생각하며 절망감에 빠질 수 있다.

〈표 3-3〉 **Freud와 Erikson의 발달 단계 비교**

프로이드의 심리성적발달이론		연 령	에릭슨의 심리사회적발달이론	
단 계	특징		단 계	특징
구강기	• 접유 행위를 통한 쾌감 충족 • 의존적 성격 혹은 낙천적 성격	출생~1세	신뢰감 대 불신감	• 경험의 일관성, 동일성을 통한 신뢰감 형성 또는 경험의 부적절성, 거부감을 통한 불신감·의심·두려움을 야기
항문기	• 배변훈련을 통한 본능적 욕구 통제 • 반동형성, 결벽증, 청결주의	2~ 3세	자율성 대 수치심	• 자기능력을 발휘하도록 격려 받을 때 자율성이 생기는 반면, 과잉보호나 통제적인 환경은 수치심 유발
남근기	• 외디푸스 콤플렉스 / 엘렉트라 콤플렉스 • 성불감증, 동성애	4~ 5세	주도성 대 죄책감	• 탐색 및 실험할 수 있는 환경을 허용할 때 주도성이 발달하고, 아동의 활동을 제한하고 귀찮아하면 죄책감이 나타남

프로이드의 심리성적발달이론		연령	에릭슨의 심리사회적발달이론	
단계	특징		단계	특징
잠복기	• 욕구나 갈등의 평온상태, 사회적으로 용인 가능한 활동에 에너지 투여 • 사회성, 도덕성	6~11세	근면성 대 열등감	• 어떤 과업에 대해 타인에게서 받는 칭찬과 승인을 통해 근면성이 발달하는 반면, 거부적이고 비난을 받게 되면 열등감이 형성됨
생식기	• 이성에 대한 진정한 관심을 통해 성숙하고 이타적인 성격으로 발달 • 독립심, 아름다운 이성관계	12~18세 청년기	정체감 대 역할혼미	• 자신의 성격에 대한 동일시를 통해 정체감을 발달시키는 반면 신체적, 불안감, 성역할, 직업선택의 불안정은 역할 혼미를 초래
		19~24세 성인 초기	친밀감 대 고립감	• 직업을 선택하고 배우자를 찾으면서 친밀감이 발달하는 반면 경쟁적, 부정적 관계를 통해 고립감에 빠짐
		25~54세 성인 중기	생산성 대 침체감	• 자녀교육과 사회봉사를 통해 생산성이 발달하는 반면 생산적 과정에 실패하면 침체감에 빠짐
		55세 이상 노년기	통정성 대 절망감	• 개인의 생애를 조망하면서 만족스럽다고 통찰하면 자아통정감이 형성되지만 자신의 삶을 무의미한 것으로 보면 절망감에 빠짐

3) 교육적 평가 및 함의

Freud의 성격발달 이론이 영유아기에 결정된다는 지나친 조기론을 강조한 점에 비하여 Erikson은 인생의 전반에 발달이 이루어진다는 확장적 개념을 주장하였다.

Erikson은 정신분석 이론을 좀 더 확대시켜 사회적 요인들이 여러 단계를 통하여 인간발달에 어떤 영향을 미치는지를 이해하고자 했던 것이다. 이러한 점에서 그의 이론은 좋은 반응을 얻었으나, 오늘날 그의 이론은 애매모호한 개념들이 많고 단계 설정에 있어서도 과학적인 근거가 없다는 점에서 비판을 받고 있다.

Erikson의 이론에 대한 교육적 함의와 평가를 요약하여 제시하면 다음과 같다.

- 각 발달단계마다 성취해야 할 과업과 극복해야 될 위기 상황을 고려하여 이에 영향을 미칠 수 있는 사회적 요인들을 교육에 잘 활용하고 각 발달단계에 적절한 환경을 제공할 것을 제시
  - –영아: 신뢰감 형성 교육(신체적 · 심리적 욕구를 충족시켜 주고 일관성 있게 돌봐줌)
  - –학령전기: 주도성 함양 교육
  - –초등학생: 자신감과 근면성 함양 교육
  - –중 · 고등학교: 긍정적 자아정체감 함양 교육(토론의 장과 상담기회를 제공하여 스스로의 문제를 해결할 수 있도록 격려

비판점

1. 성격발달에 결정적 시기가 존재하는 가의 의문
2. 성격발달이 고정된 순서로일어나며 보편적인 것인지에 대한 의문
3. 많은 개념적 문제들을 불명확한 상태로 남겨두어 실증적 연구가 어려움

[그림 3–9] **교육적 함의 및 평가 주요 내용**

3 도덕성 발달이론

3.1 Kolberg의 도덕성 발달이론

1) 기본 개념

Kohlberg

Kolberg는 인간의 도덕성 발달을 위해서는 심리학적·철학적으로 정당화되는 도덕적 발달의 개념을 확립시키는 것에 있다고 보았다. 그래서 그의 이론을 '인지발달적 접근'(cognitive developmental approach)이라고 부르기도 한다.

Kolberg는 도덕성을 타율적 도덕성과 자율적 도덕성으로 양분하고 어린이를 주된 연구 대상으로 삼은 Piaget의 도덕성 발달이론을 발전시켜 대상을 성인까지로 확대 적용하였다.

Kolberg는 도덕성 연구에서 '도덕적 행위의 동기', '인간 생명의

가치' 등 도덕적 문제를 담은 이렇게도 할 수 없고 저렇게도 할 수 없는 일련의 도덕적 딜레마(dilemma) 이야기를 제시한 후, 그러한 상태에서 '어떻게 하겠는가?', '왜 그렇게 해야 하는가?'를 질문하여 그 응답을 기초로 3수준 6단계로 구체화하였다.

2) 발달 단계

(1) 제Ⅰ수준: 인습이전 수준(preconventional level)

이 수준의 아동은 도덕적 규칙이나 선악의 개념을 알고 있지만 도덕적 준거는 도덕적 규칙을 강요하는 권위자의 힘이나 권력 또는 자신의 개인적 욕구를 충족시키는 것과 관련해서 해석한다.

① 1단계: 벌과 복종에 의한 도덕성

도덕성 발달의 1단계에 해당하는 아동에게는 행위의 결과가 벌인가 칭찬인가, 아니면 행위를 강요하는 사람이 누구인가의 선악을 판별하는 주요 근거가 된다. 결국 이 단계의 아동들에게는 벌을 피한다든지 혹은 권력에 무조건 복종하는 그 자체가 가치 있는 것이다.

② 2단계: 욕구 충족으로서의 도덕 준수

자신의 필요나 욕구, 경우에 따라서는 타인의 필요나 욕구를 충족시켜 주는 행위이면 옳다고 판단한다. 이 시기의 인간관계는 일종의 교환관계이다. 즉 실용적인 관점에서 상대방의 요구를 들어주고 자신의 욕구를 충족시키기 위하여 도덕을 지키게 된다. 예를 들면, '네가 지우개를 빌려주면 나는 연필을 빌려주겠다.'는 식이다. 따뜻한 우정이 있을 수 있지만 주로 실용적인 관점에서 해석된다.

(2) 제Ⅱ수준: 인습 수준(conventional level)

이 수준에서는 타인과의 상호작용을 고려한 사회지향의 도덕성으로 발전하게 된다. 따라서 이 수준에서는 가정, 집단 및 국가의 기대에 따르는 것이 도덕적으로 옳다고 생각한다.

① 3단계: 대인관계 조화와 수단으로서의 도덕

대부분의 성인들에게 흔히 나타나는 생각으로 내가 다른 사람을 기쁘게 해주는 행위를 하면 다른 사람들이 나를 인정해 줄 것이며, 그것은 좋은 일이라고 판단하는 단계이다. 즉 옳은 행위란 다른 사람을 기쁘게 하고 도와주는 행위이며 좋은 의도로 그런 일을 했다는 생각이 중요시된다.

② 4단계: 법과 질서의 수단으로서의 도덕

개인적인 문제보다 전체를 위한 의무감을 더욱 중요하게 여기는 시기이다. 예를 들면, '이것은 법이다. 만약 모든 구성원들이 자신의 이기주의와 이익관계에 따라 행동한다면 세상은 어떻게 될 것인가'라고 생각하면서 주어진 사회질서를 유지하려는 행동을 나타내려는 시기이다. 즉 권위나 고정된 규칙, 사회질서 유지의 중요성을 느끼고 주어진 사회질서를 유지하고자 하는 행동이 강하게 나타남을 말한다.

(3) 제III수준: 인습이후 수준(post-conventional level)

이 수준은 가장 발전된 수준으로 행동의 판단은 사회의 법 자체보다 인간으로서의 기본적인 원리에 따른다.

① 5단계: 사회계약으로서의 도덕

법이 중요하지만 법의 사회적 유용성에 대한 합리적 고려에 따라 법이 바뀔 수도 있다는 것이다. 즉 법이 사회적 용도의 여부에 따라 바뀔 수 있음을 말한다. 예를 들면, 학교 내에서 과외는 법에 위배된다. 따라서 그것은 나쁜 일이다. 하지만 지나친 학원 교육 및 방과 후 과외 교육으로 학부모의 증가된 학비 부담을 줄이기 위하여 정부 차원에서 학교 내의 과외 교육을 승인한다면 그때는 도덕적으로 나쁠 것이 없다고 보는 것이다.

② 6단계: 보편적 도덕원리에 대한 확신으로서의 도덕성

자신이 선택한 도덕원리에 따른 양심적인 행위가 곧 올바른 행위이다. 도덕원리는 논리적이고 일관성이 있어야 하며 모든 사람에게 적용 가능해야 한다. 이를테면, 올바른 행위란 스스로 선택한 도덕원리에 따른 양심의 결단으로 정의되기 때문이다.

Kolberg의 연구에서 제시된 질문내용의 하나인 '하인즈(Heinz)가 약을 훔치다.'라는 내용을 통해서 도덕성 발달이론(3수준 6단계)에 대하여 살펴보면 다음과 같다.

Heinz의 딜레마 「Heinz가 약을 훔치다」

유럽의 어느 마을에 특수한 종류의 암으로 거의 죽음이 임박한 여인이 있었다. 의사의 생각으로는 의사를 구할 수 있는 약이 한 가지 있는데, 그것은 라디움의 일종으로서 같은 마을에 사는 한 약제사가 최근에 발견해낸 것이다. 그 약은 재료비도 비싸지만, 약제사가 원가의 10배나 비싸게 가격을 정해서 원가 200달러 약을 2,000달러에 팔았다. Heinz는 아내의 약을 구하기 위해 자신의 절박한 상황을 말하고서 약을 싸게 팔든지 아니면 다음에 돈을 갚을 테니까 약을 달라고 부탁했다. 그러나 약제사는 이 약을 힘들게 개발했고, 자신은 많은 돈을 벌려고 하므로 부탁을 들어줄 수 없다고 하였다. 그리하여 Heinz는 절망한 나머지 약방을 부수고 들어가 약을 훔쳤다. Heinz가 한 일은 정당한가? 아니면 부당한가? 만일 정당하다면 왜 그러하며, 부당하면 그 이유는 무엇인가?

〈표 3-4〉 도덕성 발달 단계와 Heinz의 딜레마와의 관계

수 준		단 계	특 징
【수준 Ⅰ】 인습 이전 수준	도덕적 선악의 개념은 있으나, 준거는 권위자의 힘이나 개인적 욕구에 관련시켜 해석한다.	1단계: 벌과 복종 지향	• 권위자의 벌을 피하고, 권위에 복종한다. ✍ Heinz의 예: 법에 어긋나니까 나쁘다. 훔치는 것은 나쁘다. 벌을 받을 것이니까 나쁘다.
		2단계: 도구적 지향	• 자신의 욕구충족이 도덕판단의 기준이며, 욕구배분의 동기는 있으나 자신의 욕구충족을 우선적으로 생각한다. ✍ Heinz가 아내를 사랑해서 약을 훔치는 것이므로 정당하다. 약제사는 돈을 벌기 위해 약을 제조한 것이기 때문에 정당하다.
【수준 Ⅱ】 인습 수준	다른 사람의 상호작용을 고려한 사회지향적 가치기준을 갖는다.	3단계: 조화로운 대인관계 지향	• 대인관계 및 타인의 승인을 중요시한다. ✍ Heinz가 아내의 생명을 구하려고 애썼다. 아내를 사랑했다. 약제사는 탐욕스럽다. 자신의 이익만 추구했다. 다른 사람의 생명에는 무관심하다.
		4단계: 법과 질서 지향	• 법과 질서를 준수하며 사회 속에서 개인의 의무를 다한다. ✍ Heinz가 아내를 사랑하여 약을 훔칠 수밖에 없었지만(3단계) 그는 약제사에게 약값을 치르고 감옥에 가야 한다. 안정된 사회를 위해 법은 존중해야 하기 때문이다(4단계).
【수준 Ⅲ】 인습 이후 수준	인간으로서의 기본원리에 따라 행동한다.	5단계: 사회계약 정신 지향	• 사회적 책임으로서의 공리주의 및 가치기준의 일반화를 추구한다. ✍ Heinz의 행동이 법을 초월하는 '정당한 이유'를 가지고 있지만, 이 정당한 이유에 대 한 포괄적인 설명을 내리지 못하는 혼란스런 반응을 보인다.
		6단계: 보편적 도덕원리 지향	• 스스로 선택한 도덕원리에 양심의 결단을 따른다. ✍ Heinz가 아내를 구하기 위해 도둑질할 법적 권리는 없지만 보다 상위의 도덕적 권리는 갖고 있다. 왜냐하면 모든 개인의 생명은 절대적으로 고유한 가치를 갖기 때문이다.

3) 교육적 함의 및 평가

Kolberg의 도덕성 발달이론은 부모나 교사들이 아동의 연령에 따라 도덕교육을 어떻게 할 것인가에 대한 구체적인 방법을 제시해 주고 있다. 어린 유아의 경우 나쁜 행동을 했을 때는 즉각적인 벌로 유아의 행동이 잘못되었음을 알려주어야 하며, 학령 전기의 유아는 도덕적 덕목이나 원리를 이해하기 어려우므로 말보다 행동으로 모범을 보여 지도하는 것이 좋다. 또한 도덕적 행동을 요구할 때 왜 그렇게 행동하도록 요구하는지 설명해 주고 도덕적 판단을 해야 하는 상황에서 일관성 있게 지도함으로써 가치관의 혼란을 일으키지 않도록 해야 한다.

좀 더 성숙한 아동이나 청소년에게는 처벌이나 제재보다는 보편적 가치 기준이나 양심에 호소하는 것이 보다 적절한 방법이 될 수 있다. 또한 정의로운 사회 분위기에서 도덕적 행동을 보고 듣고 깨달음으로써 실천하도록 하는 것도 중요하다. 또한 학교에서 교사는 학생에게 특정의 도덕적 신념이나 태도를 가르치기보다는 도덕적 성찰과 학생 상호 간 토론을 통해 자기 성찰과 타인의 견해를 이해하도록 돕고, 학생들이 민주적 의사결정에 적극적으로 참여하고 다양한 학교생활을 자치적으로 운영하게 하는 방법도 활용해 볼 만하다. 수업시간에 교사는 구체적 도덕적 딜레마 상황과 합리적이고 다양한 해결방식을 계획하여 학생들이 찬반토론을 통해 자신의 선택을 논리적으로 설명하고, 자신과 타인의 관점을 비교해 보고 다양한 행동을 분석해 볼 기회를 제공하는 것이 좋다.

Kolberg의 도덕성 발달이론은 지나치게 단순화 한 Piaget의 이론을 성인기까지 확장, 정교화 하였으며, 아동의 연령에 따라 어떻게 도덕 교육을 해야 하는지에 대한 구체적인 교육적 적용을 제시하였다는 점에서 교육적 의의가 크다 하겠다. 그러나 다음과 같은 점에서 Kolberg의 도덕성 발달이론은 비판을 받고 있다(문은식 외, 2007).

첫째, 도덕적 추론 또는 도덕적 판단과 실제 도덕적 행위 간에 차이가 있을 수 있다는 점을 간과하였다. 올바른 판단능력을 갖고 있다고 해서 반드시 도덕적으로 행동한다고 보기는 어렵기 때문이다.

둘째, 문화적 보편성의 결여, 즉 서구사회에서의 도덕적 사고가 모든 문화권에 통용되는 도덕적 가치는 아니라는 점이다. 특히 후인습 수준은 개인주의를 강조하는 서구의 사회문화적 가치에 유리하도록 치우쳐 있다.

셋째, 도덕적 퇴행을 고려하지 않았다는 비판으로서 그는 도덕성 발달 순서의 불변성을 주장하였는데, 고등학생에서 대학생으로 올라가는 시기에 4단계에서 5단계로 진전하는 대신 도덕적 회의가 들면서 2단계로 퇴행하는 경우도 있다.

넷째, 6단계에 도달하는 사람이 극히 드물다고 하면서 6단계를 인정한 점이다. 즉 5단계가 인간이 지향해야 할 이상적인 도덕발달의 방향을 보여준다는 측면에서 이론적 가치는 있지만 도덕발달 양상을 진단해 줄 수 있는 틀로서는 부적합하지 않느냐 하는 점에서 이론의 타당성 측면에 대한 비판이 제기되고 있다.

연구과제

1 Piaget와 Vygotsky의 인지발달이론을 비교·설명하시오.

2 Piaget의 인지발달이론의 주요 개념과 인지발달 단계 및 교육적 시사점을 설명하시오.

3 Vygotsky의 인지발달이론의 주요 개념과 인지발달 단계 및 교육적 시사점을 설명하시오.

4 Freud와 Erikson의 성격이론의 차이점과 교육적 시사점을 설명하시오.

5 Vygotsky의 사고와 언어, 그리고 근접발달영역에 대하여 설명하시오.

6 다음 용어를 정의해 보시오.

① 동화(assimilation)

② 조절(accommodation)

③ 도식(schema)

④ 평형화(equilibration)

⑤ 반사(reflex)

⑥ 근접발달영역(ZPD)

⑦ 발판(scaffolding)

7 다음은 Piaget 이론의 인지발달 기제와 관련된 예화이다. Ⓐ, Ⓑ, Ⓒ에 해당되는 개념을 바르게 나열한 것은? (　　　　)

(2005학년도 중등교사 임용고사 시험문제)

> <보기>
>
> 현아는 모둠 학습 과제를 위해 디지털 카메라를 꺼내어 작동시켜 보았더니 고장이 나 있었다. 그래서 어머니께서 빌려다 주신 것을 사용하게 되었다. Ⓐ낯선 제품이었지만 평소 자기의 카메라를 다루던 방식으로 전원 스위치를 눌렀더니 작동이 되었다. 그러나 Ⓑ풍경모드로 전환하는 방식이 예전의 자기 것과는 달라 당황스러웠다. 현아는 Ⓒ기능버튼을 이리저리 둘러보고 새로운 제품의 사용방법을 익혔다. 그 결과 그 제품을 자유로이 다룰 수 있게 되었다.

	Ⓐ	Ⓑ	Ⓒ
①	도식	조절	동화
②	조절	동화	도식
③	동화	비평형화	조절
④	조절	비평형화	동화

8 유치원생인 수진이는 퍼즐문제를 해결하면서 "아니야, 그것은 맞지 않아, 이렇게 하면 어떨까? 그 다음에는 어떻게 하지?"라고 혼잣말을 하였다. 수진이의 행동을 비고스키의 견해에 비추어 해석할 때 가장 적절한 것은? (　　　　)

(2006학년도 중등교사 임용고사 시험문제)

① 자기중심적 사고를 반영하고 있다.
② 언어가 사고로 내면화되는 과정이다.
③ 사고 과정에 비계를 적극적으로 활용하고 있다.
④ 자기조절 및 인지적 통제가 불가능함을 반영하고 있다.

9 Vygotsky의 인지발달에 관한 견해와 거리가 먼 것은? (　　　　)

(2004학년도 중등교사 임용고사 시험문제)

① 인지발달은 사회문화적 맥락의 영향을 받는다.
② 인지발달은 변증법적 교류에 의해 이루어진다.
③ 근접발달영역은 잠재적 발달 수준과 실제적 발달 수준 사이의 영역을 의미한다.
④ 실제적 발달 수준은 부모나 교사의 도움을 받아 과제를 해결할 수 있는 능력 수준을 의미한다.

10 다음 〈보기〉는 어느 부모의 육아일기에서 일부 발췌한 것이다. 이것을 피아제의 인지 발달 단계에 맞게 순서대로 나열한 것은? (　　　)

(2000학년도 초등교사 임용고사 시험문제)

> <보기>
> Ⓐ 동일한 양의 물을 모양이 다른 그릇에 담아도 물의 양이 같다는 것을 알았다.
> Ⓑ 공을 가지고 놀다가 공이 안 보이는 곳으로 굴러가 버리자 찾지 않았다.
> Ⓒ 어떤 문제에 대해 열 가지 해결의 가능성을 상상하였다.
> Ⓓ 과자를 한 개 가지고 있는데도 더 달라고 졸라서, 엄마가 그 과자를 둘로 쪼개어 주었더니, 아이는 더 달라고 하지 않고 만족스러워 했다.

① Ⓑ-Ⓐ-Ⓒ-Ⓓ　② Ⓑ-Ⓓ-Ⓐ-Ⓒ
③ Ⓓ-Ⓑ-Ⓐ-Ⓒ　④ Ⓓ-Ⓒ-Ⓐ-Ⓑ

11 Erikson의 자아정체감 발달에 관한 견해 중 옳은 것은? (　　　)

(2004학년도 중등교사 임용고사 시험문제)

① 정체감 확립은 아동기의 중요한 발달과업이다.
② 정체감은 삶을 완성하고 회고하는 단계에서 확립될 수 있다.
③ 심리적 유예기는 정체감 형성을 위해 대안적인 탐색을 계속 진행하는 시기이다.
④ 정체감 확립은 부모나 교사의 권유에 따라 자신의 진로나 역할방향을 성급히 선택한 상태이다.

12 Freud의 심리성적 발달이론과 에릭슨의 심리사회적 발달이론에서는 원만한 성격발달을 위하여 성장과정에서 어떤 경험을 많이 해야 한다고 보는가?(　　)

(2002학년도 중등교사 임용고사 시험문제)

① 여러 가지 욕구가 적절하게 충족되어야 한다.
② 무엇이든 스스로 할 기회를 많이 가져야 한다.
③ 유아기 때부터 생활습관이 잘 형성되어야 한다.
④ 좋지 못한 행동을 했을 때에는 벌을 받아야 한다.

13 〈보기〉는 Kolberg의 도덕 발달 단계 중 일부 단계의 도덕적 근거를 기술한 것이다. 발달순서대로 바르게 나열한 것은? (　　　)

(2006학년도 중등교사 임용고사 시험문제)

> <보기>
> Ⓐ 물질적 보상과 벌　Ⓑ 타인의 칭찬과 인정
> Ⓒ 사회적 관습과 벌　Ⓓ 보편적 도덕원리와 양심

① Ⓐ-Ⓑ-Ⓒ-Ⓓ　② Ⓐ-Ⓒ-Ⓑ-Ⓓ
③ Ⓒ-Ⓐ-Ⓑ-Ⓓ　④ Ⓒ-Ⓑ-Ⓐ-Ⓓ

14 Erikson의 심리사회적 발달이론 중 각 단계에서 직면하는 위기와 단계별로 획득해야 할 기본 덕목이 올바르게 연결된 것은? (　　　)

(2003학년도 중등교사 임용고사 시험문제)

	발달 단계	위기(적응적, 부적응 대처양식)	기본 덕목
①	영아기	주도성 대 죄책감	능력
②	유아기	신뢰감 대 불신감	의지력
③	청년기	자아정체감 대 역할혼미	충성심
④	성인기	생산성 대 자아통정	지혜

15 〈보기〉의 사례에 해당하는 Freud의 방어기제는? (　　　)

(2006학년도 중등교사 임용고사 시험문제)

<보기>

외아들인 기수는 형제가 있는 친구들을 볼 때마다 매우 부러워했다. 특히 학교를 가지 않는 날이면 외롭고 쓸쓸하였다. 그래서 기수는 도시에서 운영하는 청소년 단체에 가입해서 나이가 서로 다른 사람들과 어울림으로써 외로움을 많이 달랬고, 그 결과 사교성도 발달하였다.

① 승화　　② 투사
③ 치환　　④ 합리화

16 Kolberg의 도덕적 추론단계에 비추어 볼 때, 〈보기〉와 같이 주어진 상황에 대답한 아동이 속하는 단계는? (　　　)

(2002학년도 중등교사 임용고사 시험문제)

<보기>

- 상황: 한 남자의 부인이 죽어가고 있었다. 부인을 살릴 수 있는 약은 있지만 너무 비싸고, 그것을 조제한 약사가 싼 가격에 약을 팔려고 하지 않았다. 어쩔 수 없이 남자는 그 약을 훔치려고 계획하였다. 이 행위가 정당한 것인가? 그렇지 않은가?
- 아동의 대답: "만일 남자가 약을 훔친다면 그것은 잘못된 것이다. 그렇게 하면 경찰에 잡혀서 감옥에 갈 것이기 때문이다."

① 처벌 복종 지향 단계　　② 법과 질서 지향 단계
③ 사회적 계약 지향 단계　　④ 보편적 원리 지향 단계

정답 7.③, 8.②, 9.④, 10.②, 11.③, 12.①, 13.①, 14.③, 15.①, 16.①

CHAPTER 04

학습자의 인지적 개인차

:: 학습 개요 ::

교사는 학교교육에서 결코 잊어서는 안 될 부분이 있다. 바로 학습자의 개인차이다. 학습자는 저마다의 선천적인 소질이 다르고, 성장·발달 간 경험하는 환경조건이 다르다. 이러한 다양한 요인으로 인해 학습자는 다양한 차이를 나타내 보인다. 동일한 교사가 동일한 정보를 제공하고 가르친다 하더라도 학습자의 흥미·적성, 혹은 개인특성에 의해 각기 다르게 반응한다.

이러한 측면에서 교사는 학습자들의 개인차를 이해하고 알려는 노력이 필요하다. 이는 실제 학습지도 및 상담 등에서 개인차를 고려한 효과적인 학습이 이루어질 수 있도록 도움을 줄 수 있기 때문이다. 이를 고려해 볼 때, 개인차의 이해는 교육심리학의 중요한 부분을 이루고 있다고 해도 과언이 아닐 것이다.

이 장에서는 학습자의 주요 인지적 개인차 변인인 지능, 창의성, 적성, 그리고 인지양식에 대하여 살펴보고자 한다.

:: 학습 목표 ::

1. 지능이론의 발달과정과 교육적 시사점을 설명할 수 있다.
2. 창의성의 개념을 이해하고 창의성 개발 훈련 기법을 습득할 수 있다.
3. 인지양식과 인지능력의 차이점을 비교·설명할 수 있다.

1 지능

1.1 지능의 정의

지능(intelligence)이란 인간의 지적 능력을 나타내는 대표적인 심리학적 구성개념이다. 지능이라는 용어는 누구나 쉽게 사용하지만 학자들과 이론에 따라 매우 다양하게 정의될 수 있다. 하지만 이들 정의들은 크게 네 가지로 분류되는데 첫째, 정신적 적응능력(mental adaptability)으로 보려는 입장 둘째, 학습능력(ability to learn)으로 보려는 입장 셋째, 고등정신 능력으로 보려는 입장 넷째, 유목적적으로 행동하고, 합리적으로 사고하며, 환경을 효과적으로 다루는 개인의 종합능력을 지지하는 입장이다.

첫째, 지능을 정신적 적응능력으로 간주하는 학자는 Stern, Pintnet, Colvin, 그리고 Piaget 등이다. 이들은 지능을 한 개인의 전체 환경에 대한 적응이며 생활의 새로운 문제 및 새로운 사태에 대한 일반적인 행동을 보다 효과적으로 재조직하는 능력이라고 보았다. 즉 지능의 적응적 기능을 강조하는 입장으로, 지능이 높은 사람은 새로운 상황에 직면했을 때 효과적이고 적절하게 적응해 나가게 되며, 지능이 낮으면 적응력도 낮아진다는 견해이다.

둘째, 지능을 학습능력으로 보려는 학자는 Binet, Terman, Thorndike, Gates, 그리고 Dearborn 등이다. 이들은 지능이란 개인이 교육받을 수 있는 범위를 말하였으며, 보다 지적인 사람은 그렇지 못한 사람에 비해 더 잘 배울 수 있고, 더 많이 배울 수 있다고 하였다. 즉 지능이 높은 사람은 학습 능력이 높고, 지능이 낮은 사람은 학습 능력이 낮다고 보는 견해이다.

셋째, 지능을 고등정신 능력으로 보려는 학자는 Thurstone, Terman, 그리고 Spearman 등이다. 이들은 지능이란 추상적 사고뿐만 아니라 그것을 구체적 사실과 관련시키려는 탁월한 능력으로 보는 견해이다.

최근에는 이러한 지능의 세 가지 개념에 대하여 비판적 목소리가 높다. 우선 정신적 적응능력설은 너무 포괄적이고 광범위하며 인간의 적응 행동이 모두가 지능으로 간주될 수 있는가의 문제를 낳았고, 또 고등정신 능력설은 인간의 고등정신인 추상적 사고능력이 성숙한 이후에나 나타난다는 점에서 아동이나 침팬지 등의 실천적 지능을 어떻게 해석해야 할 것인가에 대한 비판론이 제기되어 왔다. 그리고 학습능력설은 지능이 높지만 학습의 기초 능력이 부족하거나 학업 성취가 높지 않은 학생들에 대하여 이론적 설명이 불충분했다. 이와 같이 비판적 견해에 있었던 세 가지 지능설에 대하여 새로운 시각으로 접근한 지능설이 종합능력으로 보려는 견해이다.

넷째, 지능을 종합능력으로 보려는 학자는 Wechsler와 Stoddard이다. 이들은 지능을 인간행동의 종합능력으로 보려는 입장이며, 목적적으로 행동하고 합리적으로 사고를 하며 환경을 효과적으로 다루는 개인의 포괄적 능력이라고 하였다. 이 종합능력설은 최근 많은 학자들로부터 지지를 받고 있다.

이처럼 지능을 어느 한 개념으로 정의하기는 쉽지 않다. 아직도 지능이 무엇인지 완전히 밝혀지지 않은 상태이기 때문이다. 지능이 과연 어떤 요소로 구성되었는지, 단일한 요소로 구성된 일반지능이론이 옳은 것인지, 아니면 다양한 요소가 각기 독립적으로 구성되어 있다는 다중지능이론이 옳은 것인지, 아직은 분명한 결론이 나오지 않은 상태라고 볼 수 있다. 또한 지능이 유전에 의해서 결정되는 것인지 혹은 환경에 의해서 결정되는 것인지도 끝없는 의문을 갖게 한다.

그러나 최근의 지능의 정의에 있어서 사회적이고 범문화적인 측면, 실생활에서의 지능이 강조되고 있다. 실제 생활 장면에서의 지능을 강조하는 최근의 이론으로는 Sternberg의 삼위일체지능이론과 Gardner의 다중지능이론을 들 수 있다. Sternberg는 지능을 메타요소, 수행요소, 지식-습득요소의 기능에 따라, 신기성에 대한 반응 혹은 정보처리의 자동화와 관련하는 경험선상에서, 상황적으로 적절한 행동을 방출하는 정신능력으로서의 지능"을 정의하고 있다(이해경 외, 2005). 한편, Gardner는 지능을 "한 문화권에서 인정하는 문제를 해결하거나, 산물을 창조해내는 능력"으로 정의하고 있다.

1.2 지능 이론

1) Spearman의 이요인설

Spearman(1927)의 지능이론을 일반적으로 이요인설(two-factor theory)이라고 명명했다. 그는 인간의 지능을 두 가지 주요 요인, 즉 일반요인(general factor: g요인)과 특수요인(specific factor: s요인)으로 분류하였다. 일반요인은 모든 지적과제 수행능력에 공통적으로 영향을 미치는 능력을 말한다. 특수요인은 언어 문제나 수 문제와 같은 어떤 특정 영역의 문제를 해결하는 데 사용되는 능력을 의미한다.

따라서 Spearman은 지능을 일반능력으로 구성되는 단일능력으로 보았다. 즉 특수요인은 특정과제를 해결하는 데만 적용되는 일반성이 낮은 능력이므로 일반요인이 중요시되었다. 개인은 일반요인의 수준에 따라 다양한 인지과제에서 한결같은 지적 기능을 발휘한다. 일반능력이 높은 사람은 대부분의 과제에서 우수한 성취를 보이지만, 일반능력이 낮은 사람은 정반대의 경향을 나타낸다. 이들 요인 간의 관계는 [그림 4-1]과 같다.

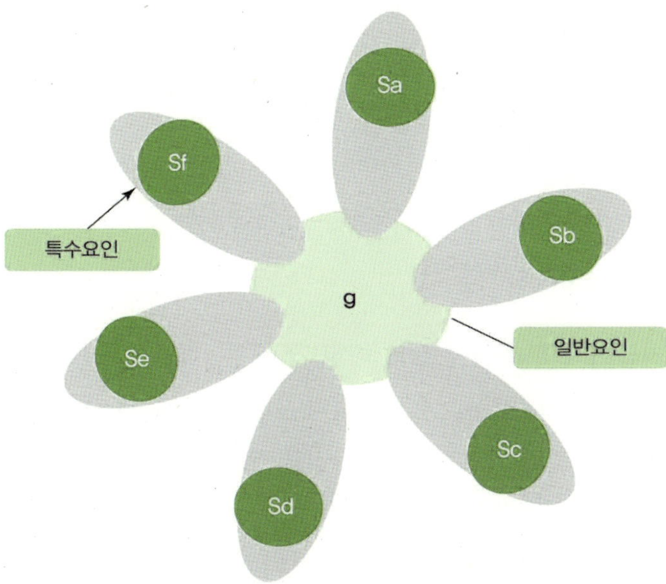

[그림 4-1] 지능의 일반요인과 특수요인

2) Thurstone의 다요인설

Thurstone은 지능의 구조를 요인분석방법을 통해 여러 개의 구성요인이 있음을 발견하였는데, 이 군집요인(group factor)을 인간의 기본정신능력(primary mental ability: PMA)라고 명명하였다. 현재 보급되고 있는 다요인설(multiple factor theory)은 7개의 '기본정신능력'으로 분류하였다. 7개의 기본정신능력 요인은 <표 4-1>과 같다.

〈표 4-1〉 **Thurstone의 기본정신능력 요인**

요인	주요 내용
언어 이해 (verbal comprehension factor: V)	• 단어의 뜻을 이해하려는 능력
단어 유창성 (word fluency factor: W)	• 단어를 많이 생각해 내는 능력
수 (numerical factor: N)	• 가감승제 등의 기초적인 계산능력
공간시각 (spacial visualization factor: S)	• 공간-형태 관계를 시각화하는 능력
기억 (memory factor: M)	• 단어의 쌍이나 언어 자극을 회상하는 능력
추리 (reasoning factor: R)	• 제시된 예제에 맞추어 일반법칙을 발견하는 능력
지각속도 (perceptual speed factor: P)	• 혼란을 야기하는 자극들에서 상이한 자극을 신속히 확인하는 능력

3) Guilford의 지능구조모형

Guilford는 지금까지의 지능구조에 대한 설명은 1차원적이기 때문에 올바른 설명이 불가능하다고 주장하면서 지적능력의 3차원(three faces of intellect)이라는 복합요인설을 밝혔다. 그는 이 복합요인설을 지능구조모형(structure of intellect model: SOI)이라고 명명하였다. 초기에는 지능이 120개의 독립적인 요인들로 구성되었다고 하였으나, 1982년에 그의 논문 「*Cognitive psychology's ambiguities*」에서 150개로 수정되었고, 이어 1988년에 180개의 요인으로 확장되었다. Guilford

는 자신이 제안한 180개의 요인을 설명하기 위해 [그림 4-2]와 같이 입방모형을 제시하였다.

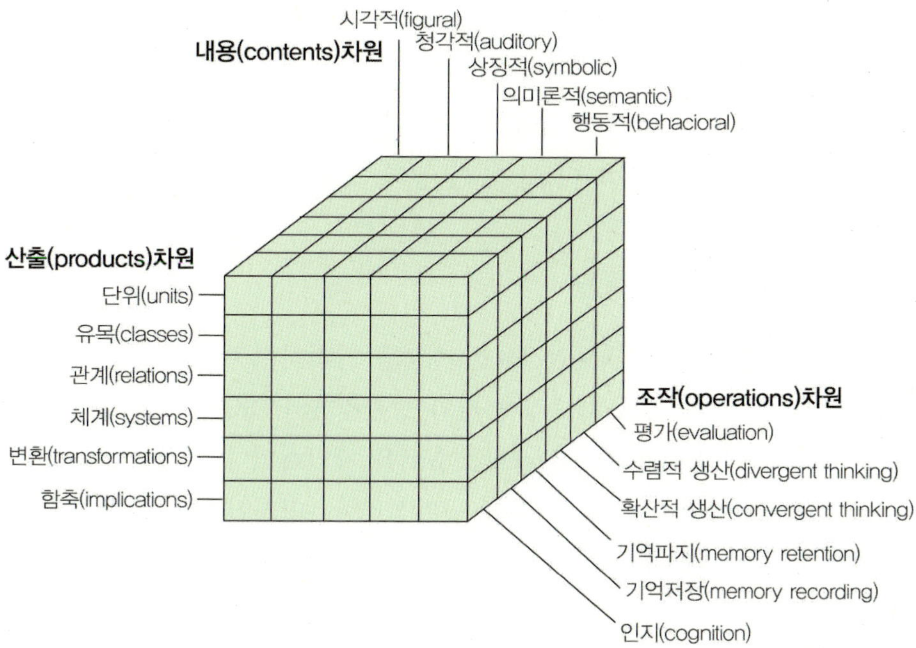

[그림 4-2] Guilford의 지능구조모형

그는 이 입방모형에서 지능의 세 가지 필수 차원인 인지활동(cognitive operations) 차원, 내용(contents) 차원, 결과(products) 차원을 상호 독립으로 하여 각 영역의 요소를 곱한 5×6×6=180개의 상이한 정신능력을 만들어 냈다.

이는 기존의 지능검사에 의해서만 측정되던 지능의 협소한 개념을 확장시킨 것이었으나, 이론이 너무 복잡하여 교실에서의 공식적인 적용이 어려웠다.

4) Cattell의 유동지능과 결정지능

Cattell(1963)은 지능을 유동지능(fluid intelligence)과 결정지능(crystallized intelligence)으로 구분하고 있다. 유동지능은 근본적으로 탈문화적(culture-free)이고 비언어적·정신적 효능성이다. 지능의 이 측면은 두뇌발달에 기초하고 있기 때문에 청소년기까지 증진되고, 나이가 들어감에 따라 점차 낮아진다(매년 암기하는 것이 나는 점점 더 어려워진다). 유동지능은 뇌 손상에도 예민하다. 반면에 문화적으로 승인된 문제 해결 방식을 적용할 수 있는 능력인 결정지능은 일생을 통해서 증진될 수 있다. 그것은 어휘, 운전하는 법, 공부하는 방법 등과 같은 학습된 기술과 지식을 포함하기 때문이다. 문제 해결을 할 때 유동지능을 투입함으로써 결정지능을 발달시킬 수 있으나, 수학적 추론과 같은 생활 속의 많은 과제들은 유동지능과 결정지능 둘 다를 이용한다(김아영 외 공역, 2007).

5) Gardner의 다중지능이론

Gardner(1983)는 기존의 지능검사와는 개념을 달리하여 새로운 접근의 지능 검사 이론을 내놓았는데, 그는 각종검사 간의 상관관계의 연구를 토대로 하여 다중지능이론(theory of multiple intelligence: MI)을 제안하였다.

이러한 다중지능이론은 문화인류학, 발달심리학, 인지심리학, 인물전기 연구, 신경해부학, 동물생리학을 포함한 광범위한 분야의 연구 결과를 근거로 하여 여덟 가지의 비교적 독립적인 지능이 있음을 제시하였다. Gardner의 다중지능이론을 구성하는 여덟 가지 지능은 다음과 같다.

(1) 언어적 지능

언어적 지능(linguistic intelligence)은 언어 분석력 또는 복잡한 어문 자료를 이해하는 능력, 은유를 이해하는 능력을 포함한다. 일반적으로 시인, 문학 작가, 저널리스트가 사용하는 미묘한 뉘앙스에도 나타날 뿐만 아니라 실어증 환자에게도 나타난다.

(2) 음악적 지능

음악적 지능(music intelligence) 은 모차르트나 슈만과 같은 음악가, 대중 가수, 작곡가 등에서 볼 수 있는 능력이다. 한 개인의 다양한 능력 중에서도 타인과 비교하여 음악적 소질이 뛰어나고 환경 영향에 높은 효과를 나타낸다.

(3) 논리–수학적 지능

논리-수학적 지능(logical-mathematical intelligence)은 수학 천재들에게 나타나며 과학적 사고, 산수연산이나 상징적 논리 능력 등을 말한다. 복잡한 추리를 해야 하는 분자 생물학이나 고에너지 물리학 과정에서도 보인다. 높은 논리적·추상적 사고 능력에 해당하는 지능이다. 주로 수학자나 과학자가 여기에 속한다.

(4) 공간 지능

공간 지능(spatial intelligence)은 숨겨진 그림을 찾고 공간 속에서 사물을 머릿속에서 그 위치를 바꾸고 이동시켜 그것을 진술할 수 있는 능력을 말한다. 뛰어난 공간능력을 보여주는 건축가나 공학자에게서 볼 수 있다.

(5) 신체–운동적 지능

신체-운동적 지능(bodily kinesthetic intelligence)은 뛰어난 운동선수, 무용가, 배우, 마술사 등에서 나타나는 능력으로, 그들은 자신의 신체를 자유자재로 인식하고 조절할 수 있는 능력이 뛰어나다.

(6) 개인 이해 지능

개인 이해 지능(intrapersonal intelligence)은 일반적으로 종교인에게서 흔히 볼 수 있는 자기 지식과 자신의 신체적 기능에 대한 감각과 제어 정도를 인식하는 특수한 능력이다. 즉 자기 자신에 대한 정확한 이해, 자기 내면의 기분, 의도, 동기, 기질, 욕구 등에 대한 이해능력뿐만 아니라 자기 통제와 자기관리 능력과 자존감을 유지하려는 의지와 노력이 포함된다. 상담가, 임상가, 명상가 등이 여기에 속한다.

(7) 대인 지능

대인 지능(interpersonal intelligence)은 사회지능(social intelligence)라고도 부르며 복잡한 사회 환경(친구 간, 가정, 이웃, 학교, 클럽 등)에서 미묘한 단서를 활용할 줄 아는 능력이다. 타인의 기분, 의도, 동기, 감정을 지각하고 구분할 수 있는 능력이다. 또 집단 응집력, 지도력, 조직력, 결속력 등이 대인 지능에 해당한다. 주로 정치가, 성직자, 사업가, 행정가 등이 여기에 속한다.

(8) 자연 지능

자연 지능(natural intelligence)은 다양한 꽃들이나 풀, 식물과 동물 등을 구분하는 능력과 환경의 특징을 사용하는 능력을 말한다. 즉 자연세계의 특성에 민감하고 생명체를 구분하는 능력이 높다. 동물행동학자, 지리학자, 식물학자, 탐험가, 요리사 등이 여기에 해당한다.

이러한 다중지능이론은 오늘날 언어적, 수리·수학적 능력이 우선되는 학교에 신선한 자극을 주고 있으며, 기존의 지능이론에 비해 학생들을 학교교육에 참여시킬 수 있어야 한다는 암시를 주고 있다. 저마다의 타고난 재능과 소질을 공평하게 개발할 수 있는 교육과정과 교육방법, 그리고 교육시스템 등의 총체적인 정비가 요구됨을 의미한다. 물론 학교가 다양한 영역의 지능을 어떻게 책임질 수 있느냐에 대하여 회의적 비판도 있으나, 지능이론의 새로운 대안으로 긍정적인 접근이 요구된다.

6) 스턴버그의 삼원지능이론

Sternberg(1996)는 기존의 지능이론들이 지능의 근원을 단지 개인, 행동 혹은 상황 중 일부로부터 구하려 하였기 때문에 불완전한 이론이 되었다고 가정한다. 그러므로 지능은 인지능력 이외에 개인의 경험이나 문제 해결 능력을 포함하는 개념으로 확대되어야 한다. 이는 곧 세 근원을 각기 고려한 삼원지능이론(triarchic theory of intelligence)인 상황하위이론(contextual theory), 경험하위이론(experiential theory), 요소하위이론(componential theory)으로 구성되어야 한다고 제안하였다.

기존의 인지능력이 학생의 지능을 설명하지 못한 부분을 새로운 시각으로 보고 받아들인 것이다. 예를 들어, A라는 학생은 학업 성적과 지능지수가 높은 우수한 학생이었다. 그는 학교 성적은 좋았지만 독자적인 문제 해결을 할 수 있는 능력은 거의 없었다. 즉, 창의성이나 문제 해결력이 없다는 것이다. 한편, 성적과 지능지수는 낮지만 창의력 측면의 문제 해결 능력이 높은 B라는 학생의 경우가 있다. 또 C라는 학생의 경우, 지능지수는 보통이고 창의성도 그다지 높지는 않지만 실제 상황에서 적응력이 높다. 즉 세 사람의 지능은 각기 다른 특성을 갖고 있다는 것이다. 그러나 현재의 지능이론으로는 A학생만 지능지수 측정이 가능할 뿐 B와 C의 학생의 지능지수 측정은 불가능하고 인정받지 못한다. 따라서 Sternberg는 삼원지능이론의 중요성을 강조한다. 삼원지능이론의 개념을 살펴보면 다음과 같다.

(1) 인지 과정

인지 과정은 상위요소(meta-components), 수행요소(performance components), 지식습득요소(knowledge acquisition components)의 3요소로 구성되어 있다. 상위요소는 인간이 어떤 문제를 해결하거나 완수하고자 할 때, 사용하는 전반적 전략으로서 전체를 설계·조정·평가하는 과정을 의미하고, 수행요소는 상위요소를 구체화하는 과정이며, 지식습득요소는 문제 해결을 위한 학습 과정이다. 예를 들어, 졸업논문 작성 간에 주제를 설정하고 연구 설계를 하며, 그 논문이 성공적으로 작성되었는가를 평가하는 것이 상위요소인 것이다. 그리고 자료 수집은 지식 습득 요소의 과정이며, 논문을 작성하는 작업은 수행요소 과정인 것이다. 이런 일련의 과정은 서로 독립적인 것이 아니라 하나의 상호 관련된 과정이라고 할 수 있다.

(2) 경험 과정

모든 인지 과정은 다양한 경험을 통해서 활용된다. 지능이 경험을 통해서 나타나는 경우는 두 가지가 있는데, 하나는 새로운 상황에 적응하는 과정이고, 다른 하나는 이미 익숙해진 상황을 자동적으로 처리하는 능력이다.

(3) 응용 과정

인지 과정과 경험 과정을 통해서 습득된 기능을 일상생활에 응용하는 과정이다. 이 과정은 세 단계로 이루어지는데, 실제 상황에 적응하는 능력과 선택하는 능력, 그리고 구성해가는 능력을 의미한다.

이와 같이 삼원지능이론은 크게 세 가지의 하위요인으로 나누어지고, 이 세 하위이론은 다시 연속적으로 더 폭이 좁은 하위요인들로 나누어진다는 점에서 그 이론은 위계 구조로 되어 있다고 할 수 있다. 뿐만 아니라 이 이론은 '위-아래'의 특징과 '아래-위'의 특징을 동시에 취하고 있다. Sternberg의 삼원지능이론을 제시하면 [그림 4-3]과 같다.

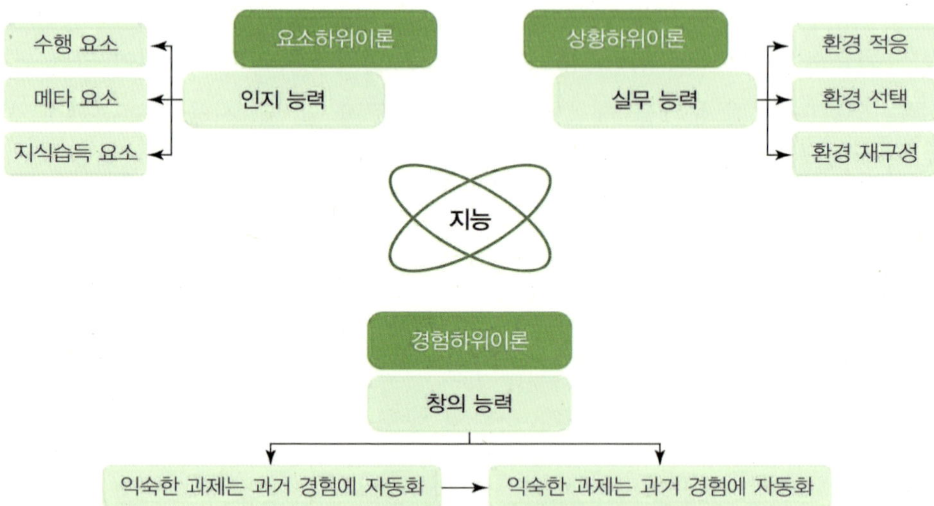

[그림 4-3] Sternberg의 삼위일체 지능이론

1.3 지능검사의 종류와 특징

1) Binet 지능검사

Binet는 20세기 초 프랑스 교육부장관의 요청으로 표준 지능검사를 Simon과

함께 개발하였는데, 이는 학습부진아를 변별하기 위한 목적이었다. Binet 지능검사는 4-14세 아동을 대상으로 언어능력과 수리능력을 중심으로 개발되었다. 이 지능검사에서는 아동의 실제 나이를 뜻하는 생활연령(chronological age: C.A.)에서 평균적인 능력을 가진 아동이라면 풀 수 있다고 가정된 객관적인 문항들을 다루었다(Eggen & Kauchak 1992). 이 지능검사의 특징은 검사를 연령수준에 따라 나열하고 정신연령(mental age: M.A.)의 개념을 도입하였다는 것이다. 즉 각 연령 집단을 대표하는 정상적인 아동이 풀 수 있는 문제를 기초로 연령수준을 정하였다. 따라서 8세 아동이 풀 수 있는 문제와 함께 8세 아동이 풀 수 없는 문제도 8세 수준에 포함시켰다. 아동의 점수는 정신연령으로 표현하였다. 예컨대, 한 아동이 10세 수준의 문제를 모두 해결하고 11세 수준의 문제를 하나도 풀지 못한 경우에 아동의 생활연령과 관계없이 그의 정신연령은 10세로 간주되었다. 만일 이 아동의 생활연령이 9세이면 그는 정상아동보다 1세 먼저 지능이 발달된 것이며, 그의 생활연령이 11세이면 그의 지적 성숙은 정상보다 1세 늦다고 할 수 있겠다(이해경 외, 2005).

2) Stanford-Binet 지능검사

이 검사는 Binet-Simon 지능검사를 개량한 것으로 Binet-Simon 지능검사가 최초로 정신연령(mental age) 개념을 도입하여 지능을 측정하였다면, Stanford-Binet 지능검사는 지능지수(Intelligence Quotinent: IQ)의 개념을 지능검사에 최초로 도입하였다. 그리고 지능검사 하위내용은 언어(verbal), 추상과 시각(abstract & visual), 수리(quantitative), 단기기억(Short-term memory)의 네 개 영역으로 구성된다. 즉 Stanford-Binet 지능검사는 15종류의 검사도구와 네 가지 영역의 검사내용, 그리고 종합점수로 구성되어 있다. 이 지능검사는 연령에 따라서 다양한 도구를 사용할 수 있게 하였고 검사내용도 네 가지 영역으로 확대시켰다.

3) Wechsler 지능검사

Wechsler가 제작한 지능검사는 Stanford-Binet 지능검사와 더불어 가장 일반적으로 사용되는 지능검사로 세 가지 유형이 있다. 4세부터 7세까지의 취학 전 아동을 위한 WPPSI(Wechsler preschool-primary scale of intelligence), 7세에서 16세까지의 아동을 대상으로 하는 WISC(Wechsler intelligence scale for children), 그리고 성인용인 WAIS(Wechsler Adult intelligence scale) 가 있다. 이들 지능검사들의 하위영역은 <표 4-2>와 같다.

〈표 4-2〉 **Wechsler 지능검사의 하위영역과 문항**

하위영역		검사 문항
WPPSI	언어영역(6)	• 일반지식, 일반이해, 산수, 유사성, 어휘, 문장
	동작영역(5)	• 나무토막조립, 그림완성, 동물의 집, 미로 찾기, 기학적 도형
WISC	언어영역(6)	• 일반지식, 일반이해, 산수, 유사성, 어휘, 수 암기
	동작영역(6)	• 그림완성, 그림배열, 나무토막조립, 물건퍼즐, 부호기입, 미로 찾기
WAIS	언어영역(6)	• 일반지식, 일반이해, 수리력, 수 암기, 유사성, 어휘
	동작영역(5)	• 그림완성, 그림배열, 물건퍼즐, 나무토막조립, 숫자-부호

4) 집단지능검사

(1) Army Alpha & Army Beta 지능검사

제1차 세계대전 중에 미국심리학회에서 개발한 지능검사로, Yerkes는 군인들을 적재적소에 배치하기 위한 방편으로 제안하였다. Army Alpha 지능검사는 여덟 가지 내용으로 다음과 같다.

- 명령의 수행(following oral direction)
- 수학적 사고(arithmetical reasoning)
- 실무에 대한 판단 능력(practical Judgement)
- 동의어-반의어 구분(Synonym-antonym pairs)
- 정리되지 않은 문장(disarranged sentences)
- 숫자 맞추기(number-series completion)
- 동의어(analogies)
- 정보(information)

Army Beta 지능검사는 글을 읽지 못하는 사람들과 영어를 이해하지 못하는 이민자들을 위해서 고안된 비언어 그룹 지능검사이다. 이 지능검사는 시각과 감각이 사용되는 문제의 검사이다. Army Alpha & Army Beta 지능검사는 이후에 Kuhlman-Anderson 지능검사와 AGCT검사의 기초를 제공하였다.

(2) Kuhlman-Anderson 지능검사

이 지능검사는 미국의 집단지능검사를 대표한다. Binet 지능검사의 영향을 받아 언어 능력을 중시하였고 그 내용은 Stanford-Binet 지능검사와 거의 유사하다. Kuhlman-Anderson 지능검사는 아홉 개의 시리즈로 구성되어 있는 것이 특징적이며, 각 피험자는 자기능력에 적합한 시리즈를 선택하여 검사를 받는다.

(3) AGCT(Army General Classification Test)

이 지능검사는 제2차 세계대전 중에 군인의 선발과 배치를 위해 미국에서 제작되었다. 검사내용은 어휘, 수리력, 나무토막세기 등의 문항이 같은 비율로 혼합되어 있으며, 점수는 백분위수와 AGCT 표준점수의 두 가지로 나타날 수 있다. AGCT 표준점수는 평균이 100, 표준편차가 20이 되도록 표준화시킨 점수이다.

(4) 우리나라의 집단지능검사

우리나라 최초의 집단지능검사는 정범모(1954)에 의해 제작된 간편 지능검사이다. 이 시기에 우리나라 교육은 정상적인 궤도에 오르지 못한 터이라 학습자의 학습 능력을 객관적으로 예측하기 위한 도구로 널리 사용되었다. 이 지능검사는 우리나라의 중·고등학생을 모집단으로 하여 최초로 표준화하였다는 의미를 담고 있다.

지금까지 우리나라에서 제작된 집단지능검사는 <표 4-3>와 같으며, 검사에 주로 사용된 하위검사영역은 어휘, 언어추리, 산수추리, 수열추리, 그리고 도형추리로 5가지이다.

〈표 4-3〉 우리나라의 집단지능검사의 종류

검사명	적용범위	저자	출판사
일반지능검사(가, 나형)	6-7세, 초등 Ⅰ	김호권	코리언 테스팅 센터
일반지능검사 Ⅰ	초등 4-6	김호권 외	
일반지능검사 Ⅰ(개정)	중학교	정범모 외	
일반지능검사 Ⅱ(개정)	고등학교	정범모 외	
일반지능검사	대학교	정범모 외	
지능진단검사	중학교	이상로	중앙적성출판사
지능진단검사	고교, 대학	이상로	
CFIT 지능검사(A형)	초등학교	변창진	
CFIT 지능검사(B형)	초등학교	변창진	
기초지능검사	중, 고등학교	유기섭	
기초종합검사(A, B형)	중학교	황응연 외	사립 중·고등학교장회
지능종합검사(A, B형)	고등학교	황응연 외	
KIT-지능검사	초·중·고등학교	한국행동과학연구소	한국가이던스

5) 문화 차이와 경제적 차이를 극복하려는 검사

문화적 차이와 경제적 배경으로 인해 발생되는 문제들을 극복하고자 시도된 검사로 SOMPA와 아동용 Kaufman 지능검사가 있다. 이들 지능검사를 제시하면 다음과 같다(임규혁, 2009).

(1) SOMPA(System of Multicultural Pluralistic Assessment)

Mercer(1979)는 WISC-R에 아동들 관련 다양한 정보를 접목시킴으로써 SOMPA를 개발하였다. 이 검사의 목적은 5～11세의 공립학교 아동들에 대한 보다 충분한 이해와 비차별적 평가를 위한 것이다. SOMPA는 WISC-R을 다양하게 보완한 것으로, 이는 WISC-R을 해석하면서 의료적 요소, 사회적 요소, 문화·인종·사회경제적 배경을 고려한 사회문화 척도를 포함하고 있음을 의미한다. 의료적 요소란 아동의 시각, 청각, 예민성, 몸무게, 키, 포괄적인 병력 등을 검사하여 아동의 전반적인 건강상태를 평가하려는 시도다. 그리고 사회적 요소는 주로 면접으로 시행되며 교우관계나 학교 외적 생활 측면을 알아보게 된다. 결국, SOMPA의 궁극적인 목적은 다양한 사회적·문화적·인종적 배경을 지니고 있는 아동에 대한 보다 포괄적이고 정확한 이해를 위한 것이다.

(2) 아동용 Kaufman 지능검사

아동용 Kaufman 지능검사(Kaufman Assessment Battery for Children: KABC)는 아동을 평가하고 적절하게 배치하기 위하여 고안된 검사이다. 개인지능검사인 KABC는 2~12세 아동들의 학습 잠재력과 성취도 모두를 측정한다. 이 검사의 특징은 언어의 영향을 최소화 할 수 있는 비언어적 척도를 포함하고 있다는 것이다. 따라서 아동들의 지능을 측정하는 방법으로 패턴 인지, 도형 유추, 손동작 반복과 같은 과제를 사용한다. 이러한 하위검사는 청각장애자나 언어 SOMPA와 KABC 모두 기존의 검사들과는 달리 백인도 중류계층도 아닌 모든 아동들에 대해 실제 사용이 가능하다는 점에서 그 중요성이 있다(Salvia & Ysseldyke, 1988; Taylor, 1989). 이들 검사는 인종, 문화, 언어, 사회경제적 배경 등이 지능검사뿐만 아니라 학업수행에도 강력한 영향을 미칠 수 있다는 것에 초점을 두고 있다. 이러한 가정은 실질적으로 검사 점수를 활용하는 교사들에게 많은 시사점을 제공한다.

1.4 지능지수의 분류 단위와 분포

1) 지능지수의 분류 단위

지능지수의 분류 단위는 검사마다 다소 차이가 있다. 여기에서는 Stanford-Binet (S-B) 지능검사와 WAIS(Wechsler Adult Intelligence Scale) 지능검사의 분류 단위를 살펴보고자 한다. 이들 검사의 분류 기준은 <표 4-4>와 같다.

〈표 4-4〉 **지능지수 분류 기준표**

구분	S-B검사	WAIS 검사
Retarded	70 이하	69 이하
Borderline	70-80	70-79
Dull-Normal	80-90	80-89
Average	90-110	90-99
Bright-Normal	110-120	110-119
Superior	120-130	120-129
very Superior	130 이상	130 이상

2) 지능지수의 분포

흔히 지능지수의 분류 단위는 mean에서의 편차거리를 SD의 제곱으로 표현하는 것이므로 정박아의 지능은 평균보다 3 SD 이하에 위치한다고 볼 수 있다.

즉 Retarded에 있는 아동의 경우, percentile로 나타내면 전체집단에 최하위 2.2%의 집단에 속해 있다는 것을 의미하고, Dull-Normal의 경우는 전체 집단에서 하위 15.87%에 위치한다는 것을 말해준다. 그러므로 지능지수의 분포는 정상분포 곡선과 일치한다고 볼 수 있다. 지능지수의 분포를 제시하면 다음과 같다.

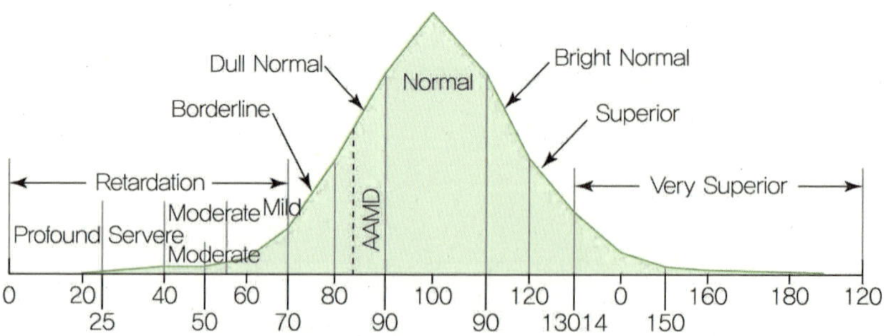

[그림 4-4] **지능지수의 분포도**

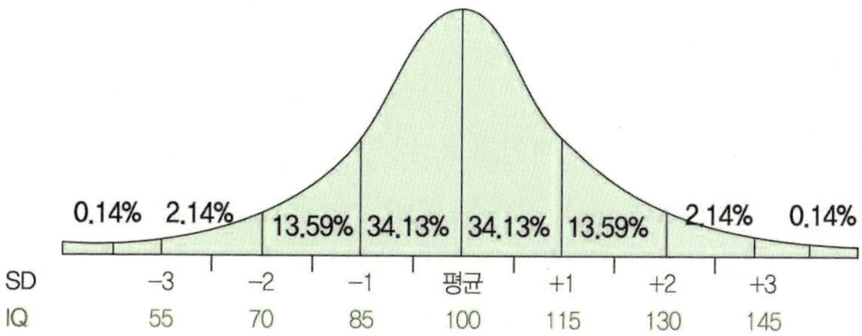

[그림 4-5] **정상분포 곡선과 편차**

한편, Jensen(1972)에 따르면, 지능지수 70 이하와 130 이상의 집단에서는 정상분포의 예상수치와 일치하지 않는 일탈현상이 나타난다고 하였다. 특히, 지능지수 70-90 사이에 일탈현상의 분포가 심하게 형성된다고 했다. Jensen의 이론적 지능분포 상태와 실제 지능분포 상태를 분석한 결과는 [그림 4-6]과 같다.

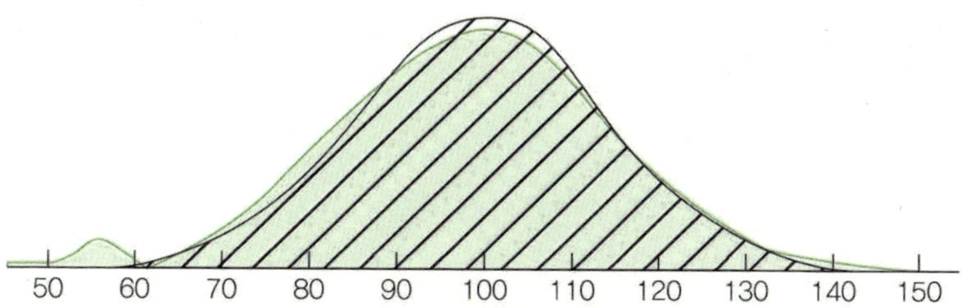

• 빗금부분은 정상분포 곡선에 의한 이론적 지능분포를 나타냄
• 실선부분은 실제 지능분포 상태를 나타냄

[그림 4-6] **Jensen의 지능 분포도**

[그림 4-6]에서처럼, 지능지수 70 이하 55-60 정도의 집단이 정상분포를 형성하지 못하고 있는데, 이는 해당 집단의 뇌 손상이나 유전적 요인으로 인해 형성된 특수한 집단으로 볼 수 있다. 그리고 지능지수 70-90 사이의 분포가 많은 것은 열악한 환경과 시험에 대한 스트레스 때문으로 보이며, 지능지수 130 이상의 집단이 정상분포를 형성하지 못한 것은 유전적 요인이나 환경적 영향으로 밝히고 있다.

1.5 지능의 교육적 함의

지능이라는 개념은 학생들의 개인차를 이루는 변인들 중에서 가장 중요하게 생각되어져 왔다. 일반적으로 지능지수는 학업 수행 능력에 상당히 영향을 끼치는 요인으로 알려져 있다. 그러나 지능을 측정하고 활용하는 가운데 발생하는 부정적인 측면에 대한 비판도 있어 왔다. 최근까지 이 같은 비판을 극복하려는 많은 이론과 연구가 지속되고 있다. 그 일환으로 최근의 지능이론은 사회적 맥락을 반영하고 실생활에서의 지능을 강조하고 있다.

교육 현장에서 이런 요구를 적절하게 반영하는 최근의 신지능이론이 Sternberg (1985)의 삼원지능이론(triarchic theory)과 Gardner의 다중지능(multi intelligence), 다양한 사회적·문화적·인종적 배경을 지니고 있는 아동에 대한 보다 포괄적이고 정확한 이해를 위한 SOMPA(System of Multicultural Pluralistic Assessment)와 아동용 Kaufman 지능검사(Kaufman Assessment Battery for Children: KABC)가 있다. Gardner(1983)는 조기개입과 일관성이 있는 훈련이 개인의 궁극적 성취수준을 결정하는 데 중요한 역할을 한다고 말한다. 그는 어떤 행위가 특정한 문화 내에서 중요시되고 충분한 지원이 이루어지고, 그것을 성취하고자 하는 개인적 동기가 있고, 학습과 훈련의 적당한 도구들이 쓰이기만 한다면 대부분의 정상적인 아동들은 큰 성취를 보일 것이라고 주장한다.

따라서 교사들은 기존의 지능이론들의 비판점을 고려하여 지나치게 지능점수를 맹신한다거나, 지능점수로 학생들을 결정짓는 선입견도 바람직하지 않을 것이다. 즉 지능점수는 한 개인의 학습을 돕는 참고 자료 정도로 활용하는 편이 좋다. 지능점수는 그 중요성과 함께 한계도 있음을 최근 지능연구가 말해주고 있기 때문이다.

2 창의성

2.1 창의성의 정의

창의성(creativity)은 독창적이고 적합하면서도 유용한 것을 만들어 내는 능력으로, 좁은 의미에서 창의력은 다양하고 독특한 아이디어를 생성할 수 있는 능력이다.

Guilford(1959)는 창의성에 대한 정의를 "새롭고 신기한 것을 창출해 내는 힘"이라고 했으며, Gallagher(1985)는 창의력을 "새로운 아이디어나 산물을 창출하거나 기존 아이디어나 산물을 독창적으로 재생산해 내는 정신 과정"이라고 정의했다. 이런 의미에서 창의성이란 평범한 것 이상의 놀랄 만한 새로운 발명이나 생산적 사고 및 독창적 사고 등을 포함한 고차적인 사고능력뿐만 아니라, 일상생활에서 당면하는 여러 사태나 문제를 새롭고 특유한 방식으로 해결해 나가는 활동을 의미하기도 한다(한방교·윤길근, 1997).

Guilford(1967)는 사고 유형을 수렴적 사고(convergent thinking)와 발산적 사고(divergent thinking)로 구분하였다. 수렴적 사고란 인지 혹은 기억된 정보로부터 옳고, 가장 좋고, 습관적인 답과 해결책을 만들어내는 능력, 즉 하나의 정답을 찾아내는 능력을 말한다. 반면에 발산적 사고는 인지 또는 기억된 정보로부터 새롭고, 신기하고, 다양하고, 비습관적인 답과 해결책을 창출해 내는 생산적 사고로서 문제 해결의 다양성을 강조한다(조원호, 2002). 또한 De Bono(1986)는 사고유형을 수직적 사고(vertical thinking, 아이디어의 진위를 따지기 위한 논리적 사고)와 측면적 사고(lateral thinking, 새로운 아이디어, 방법, 관점 등을 모색하는 사고)로 구분하고, 창의력 사고를 측면적 사고와 동일시했다(권대훈, 2006).

이를 종합해볼 때, 창의성이란 적어도 새롭고 독창적인 아이디어를 창출하거나 문제 해결을 위한 정신적 재생산 능력이라고 정의할 수 있다.

2.2 창의성의 구성요인

창의성에서 중요시되는 확산적 사고(divergent thinking) 혹은 발산적 사고는 창의적 문제 해결에 영향을 주는 기본능력이다. Guilford는 그의 지능구조모형에서 조작 차원의 확산적 사고를 창의력으로 간주하고 여섯 가지의 하위 요인으로 세분화 하였다.

① 민감성(sensitivity): 이 요인은 문제 사태에 대하여 민감하게 사실적으로 지각 할 수 있는 능력을 말한다. 특히 관련성이 없는 자극에 의하여 혼돈되거나 장애를 받지 않고 독립적인 지각을 할 수 있는 능력을 의미한다. 이른바 장독립적 지각(field independent perception)을 의미한다.

② 유창성(fluency): 이 요인은 주어진 자극에 대하여 제한된 시간 내에 얼마나 많은 양의 반응을 보일 수 있는가 하는 능력의 변인이다. 반응의 질이 문제가 아니라 반응의 양이 중요하다.

③ 융통성(flexibility): 이 요인은 한 가지 문제 사태에 대하여 접근하는 방법이 얼마나 다양한가의 사고 능력이다. 주어진 문제를 한 가지 방법에 집착하지 않고 여러 가지 접근방법에 의해 해결하려는 것은 그만큼 융통성이 있다는 것을 의미한다.

④ 독창성(originality): 이 요인은 단순히 기존지식을 통합하거나 재구성하는 것이 아니라 새롭고 특이한 반응을 생성해 내는 능력을 말한다.

⑤ 정교성(elaboration): 이 요인은 주어진 문제를 세분화하거나 문제의 의미를 명백하게 파악하고 결함을 보완할 수 있는 능력을 말한다.

⑥ 재구성력(reorganization): 이 요인은 복잡한 문제 상황을 단순화하여 새로운 의미를 부여하고 사물을 구조적·기능적으로 관련짓는 능력을 의미한다.

2.3 창의성과 지능의 관계

창의성과 지능의 관계에 대하여 여러 학자에 의해 연구되어 왔다. Sternberg와 O'Hara(1999)는 창의성과 지능의 관계에 대하여 다음과 같이 설명하고 있다(임규혁, 2009).

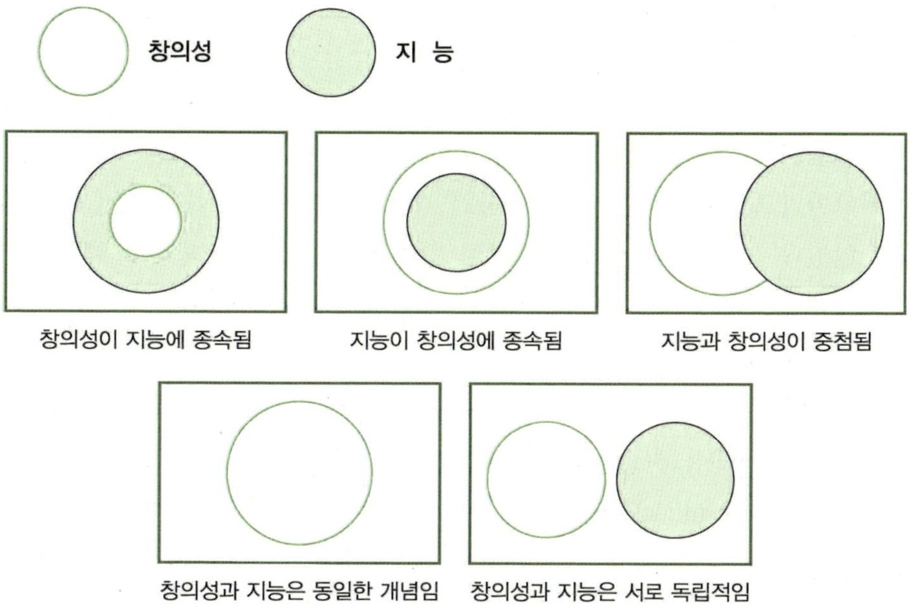

[그림 4-7] **창의성과 지능의 관계**

1) 창의성은 지능에 종속된다.

Guilford가 제안한 지능구조모형(SOI)의 대표적인 것으로, 모형에서의 발산적 생산(divergent production)은 창의성과 관련되는 지능의 하위요인이다. Gardner 역시 다중지능의 기능 속에 창의성이 포함된다고 설명하고 있는데, 이는 창의성이라는 구인이 지능에 종속된다고 보는 입장이다.

2) 지능은 창의성에 속한다.

Sternberg와 Lubart(1995)는 창의성의 발현에 기여하는 여섯 가지 주요한 구성요인으로 지능, 지식, 사고양식, 성격, 동기를 언급하였다. 그들의 이론에 따르면, 지능은 창의적인 사고 혹은 행동을 생성하는 여섯 요인 중에 하나이기 때문에 창의성에 속하는 개념이다.

3) 창의성과 지능은 중첩된다.

지능지수에 의해 측정된 전통적인 지능 개념과 창의성 간의 관계성에 대한 연구에서 다음과 같은 결과가 나왔다. 즉 창의적인 사람들의 지능지수는 평균(약 120) 이상이었고, 지능지수가 120 이상인 경우에는 지능지수가 창의성과 크게 관련되지 않았다. 이러한 관계성은 개인이 창의적으로 문제를 해결할 때 보편적으로 120이라는 최소한의 지능을 필요로 한다는 것을 말해준다. 이를 문턱이론(threshold theory)이라고 한다. 그런데 지능지수가 매우 높을 경우에는 분석적인 사고가 너무 우세하여 결과적으로 창의적인 사고에 지장을 준다고 주장하는 연구자들(Simonton, 1994; Sternberg, 1996)도 있다. 또한 Renzulli(1986)는 세 개의 고리모델(three-ring model)을 제안하였는데, 그는 평균 이상의 지적 능력(지능지수), 창의성, 과제집착력(task commitment)의 교차점에 의해 영재성을 정의한다. 따라서 그의 이론도 지능과 창의성이 중첩된다고 보는 입장이다.

4) 창의성과 지능은 본질적으로 동일한 개념이다.

Haensly와 Reynolds(1989)는 창의성과 지능을 동일한 현상으로 간주하며, 창의성이 지능의 다른 이름이라고 주장한다. Weiberg(1986, 1988, 1993), Langley 등(1987)도 일반적인 문제 해결 과정과 창의성에 기저 하는 메커니즘 간에 차이가 없다고 주장하였다. 이러한 시각에서 보자면, 창의성에 대한 이해는 문제 해결 과정에 대한 연구를 통해 이루어질 수 있다.

5) 창의성과 지능은 서로 독립적이다.

이러한 입장을 취하는 연구자들(Getzels & Jackson, 1962; Torrance, 1975; Wallach & Kogan, 1965)이 창의성과 지능이 아무런 연관성이 없다고 주장하는 것을 의미하지 않는다. 그보다 그들의 영재를 판별하기 위해 사용하는 전통적인 지능지수와 관련된 문제에 관심을 가져 왔다. 최근에는 연습 효과를 근거로 들면서 창의성과 지능의 독립성을 주장하는 견해가 등장하였다(Ericsson, 1996). 이러한 시각에 따르면 전문가는 부단한 연습의 결과로 그 능력이 개발되었다는 것이다. 따라서 창의적인 전문가는 타고난 능력으로 되는 것이 아니라 영역 안에서 창의적인 작업을 하는 동안에 이루어진 노력의 결과라는 것이다. 실제로 많은 연구자가 10년의 법칙을 확인하고 있다(Gardner, 1993a; Simonton, 1993).

2.4 창의성 훈련 기법

최근 창의성 증진을 위한 다양한 교수 기법과 프로그램들이 개발되고 있는데, 학교에서 쉽게 활용할 수 있는 몇 가지 예를 제시하면 다음과 같다.

1) 브레인스토밍

Osborn(1963)에 의해 제안된 브레인스토밍(brainstorming)은 창의적인 아이디어 창출을 위해 자유로운 집단 토의방법을 사용하는 것을 말한다. 효과적인 브레인스토밍을 위한 기법에는 다음과 같은 것들이 있다.

(1) 자유로운 사고

과거의 지식, 경험, 전통 등에 구애됨이 없이 새로운 아이디어를 산출하도록 하며, 가치가 없고 보잘 것 없는 아이디어라도 자연스런 분위기에서 발표하도록 한다.

(2) 비평금지

산출된 아이디어에 대해서는 끝날 때까지 평가를 하지 않는다. 이는 창조적이고 발산적 사고를 억압하지 않기 위함이다.

(3) 다양한 아이디어의 양 산출

아이디어의 질에 관계없이 양적으로 많은 아이디어를 산출하도록 한다. 아이디어가 많으면 많을수록 유용한 해결책을 내놓을 가능성이 높기 때문이다.

제한된 아이디어에 새로운 아이디어를 결합하여 수정 및 개선 방안을 모색한다.

2) 속성열거법

Crawford의 속성열거법(attribute listing)이란 문제의 대상이나 아이디어의 다양한 속성을 목록으로 작성하여 세분화된 목록에 주의를 돌리는 방법이다(김언주, 1992). 이들 세분화 목록에 나타난 속성을 분석하고 그 속성에 대한 집중적인 사고를 통하여 개선·수정·발전의 탐색을 구한다. 각 속성들에 대한 아이디어를 산출할 때는 브레인스토밍 방법이 적용된다.

3) 발견적 문제 해결법

Gordon(1961)의 발견적 문제 해결법(synectics)은 문제에 대한 포괄적인 접근으로부터 출발하여 얻어진 해결책을 직접적으로 문제에 관련을 짓고, 구체적인 해결 방안을 강구하도록 하는 것이다(예: 스무고개). 발견적 문제 해결법의 절차는 다음과 같다.

① 참가자 구성: 문제 해결에 요구되는 지식과 기술 분야의 전문가를 포함한다.
② 문제 제시: 포괄적이고 추상적인 문제를 부여한다.
③ 문제 축소: 문제의 범위를 점차 축소시킨다.
④ 종합 판단: 산출된 아이디어를 결합하고 수정·개선하여 문제와 관련된 새로운 아이디어로 산출한다.

4) 생산적 사고 프로그램

Covington의 생산적 사고 프로그램(productive thinking program)은 초등학교 고학년 학생들이 문제의 불일치를 인지하고, 가설을 세우는 방식으로 문제를 해결하도록 프로그램화 하여 학습화 한다. 이 프로그램은 만화 형태의 책자로 구성되어 있다. 프로그램을 읽는 학생은 만화에서 제공되는 다양한 정보를 활용하여 문제를 해결한다. 학생들이 프로그램을 읽는 동안 규칙적으로 피드백을 받으면서 문제를 해결한다(김언주, 1992).

5) 스캠퍼

Eberle이 개발한 것으로 스캠퍼(scamper)는 확산적 사고를 향상시키기 위해 아이디어를 이끌어내는 질문들로 구성된다. 여기에는 다음과 같은 여덟 가지의 질문들이 있다.

① Substitute(대치하기): 대치할 수 있는 것은?
② Combine(결합하기): 결합될 수 있는 것은?
③ Adapt(동화시키기): 이것과 비슷한 것은?
④ Modify(수정하기): 색깔 혹은 모양을 바꾸면 나아질 것인가?
⑤ Magnify(확대하기)/Minify(축소하기): 더 크게/작게 만들려면?
⑥ Put to other uses(다르게 사용하기): 다른 용도는?
⑦ Eliminate(제거하기): 제거할 수 있는 부분이 있는가?
⑧ Rearrange(재배열하기)/Reverse(반전시키기): 각 부분을 서로 바꿀 수 있는가?

6) 창의적 사고 프로그램

Feldhusen의 창의적 사고 프로그램(purdue creative thinking program)에서는 오디오테이프를 활용하여 창의적 사고 활동을 하도록 유도되며, 학생들의 유창성·융통성·독창성·정교성을 기르는 데 목적을 둔다. 이 프로그램에서 설정한 주요 목표는 다음과 같다(임규혁, 2007).

① 창의적인 인물과 사건에 초점을 맞춘다.
② 상상력을 자극하기 위해 언어 자극을 이용한다.
③ 창의적인 사고 및 문제 해결력을 기른다.
④ 창의적인 사고를 자극하기 위해 정보를 제공한다.

7) 여섯 가지 사고모자

De Bono(1985)가 개발한 여섯 가지 사고모자(six thinking hat) 기법은 여섯 가지 색깔의 모자를 바꿔 쓰면서 각 색깔이 표상하는 유형의 사고를 하도록 함으로써 다양한 사고를 창출해 낸다.

① 백색모자: 중립적이고 개관적인 사실, 자료, 정보
② 적색모자: 감정 느낌, 직관
③ 흑색모자: 부정적인 판단
④ 황색모자: 낙관적이고 긍정적인 측면
⑤ 녹색모자: 창의적이고 다각적인 해결 방안
⑥ 청색모자: 요약, 결론, 사고에 대한 강조

이 프로그램은 세 부분으로 나뉘는데, 첫 단계에서는 창의적인 문제 해결의 원리를 소개하고, 다음 단계에서는 역사적으로 유명한 사람이나 사건에 대한 토의가 진행된다. 이때 오디오테이프를 통한 청각 자료의 사용은 학생들이 주제에 더욱 주의를 기울이도록 하며 상상력을 최대한 발휘하도록 돕는다. 마지막 단계는 앞서 들은 내용을 바탕으로 토의하는 과정이다.

2.5 창의성과 행동특성

창의성 높은 학생의 행동특성은 교실환경에서 때로는 교사에게는 귀찮은 요인이 되고 신경에 거슬리는 행동으로 오인되기도 한다. 만일 교사가 창의적 학생들의 행동특성을 이해하거나 알고자 하는 노력이 소홀할 경우, 자칫 학생들에게서 나타나는 표면적인 행동만을 보고 지나치게 통제하게 될 것이다. 이로 인해 학생들의 내재된 잠재적 창의성은 언어적·행동적으로 표출될 기회를 억압받을지도 모른다. 교사들은 이점에 유의하여 창의적 학생들의 행동특성을 이해할 필요가 있다. Getzels와 Jackson(1962), Barron(1969)과 Torrance(1981)에 따르면, 창의적인 학생은 심리적으로 다음과 같은 행동특성을 갖는다고 한다.

① 호기심이 매우 높다.
② 적극적이고 열정적이다.
③ 이상주의적이다.
④ 독립심이 유달리 강하다.
⑤ 모험정신이 높다.
⑥ 상상력이 풍부하다.
⑦ 쉽게 동조하지 않는다.
⑧ 의문점을 많이 갖는다.
⑨ 성찰력이 뛰어나다.
⑩ 심미적이고 예술적 감각이 뛰어나다.
⑪ 자기 확신감이 강하다.
⑫ 감정 표현이 자유롭다.
⑬ 수업시간에 가끔 예견하지 못한 생각이나 행동을 나타낸다.
⑭ 독서열이 높다.
⑮ 마음속을 터놓지 않는다.

2.6 창의성 신장을 위한 교육환경

학교교육을 통해 창의력을 길러주기 위해서는 그에 적절한 교육환경의 조성이 필수적이다. 특히 교사는 학생의 창의적 행동을 학교사태에서 기를 수 있다는 신념하에 창의적 사고를 저해하는 요인을 제거하며, 창의적 사고를 증진시킬 수 있는 교육환경 구성에 노력해야 한다. 바람직한 교육환경 구성을 위한 교사의 역할을 제시하면 다음과 같다(김언주·구광현, 1998).

① 교사는 창의적 사고가 무엇인지를 알아야 한다.
교사는 창의력의 정의와 예를 알아야 하며, 창의력 검사에 대하여도 해박한 지식을 쌓아야 한다. 왜냐하면 이러한 지식을 이용하여 학생의 창의적 행동이나 새로운 아이디어에 대해 보상해 줄 수 있기 때문이다.

② 교사는 자신의 문제 해결 방법이 최선인 것처럼 학생에게 강요하지 말아야 한다.
교사는 자신의 문제 해결 방법에 대해 학생이 비판할 때 개방적인 태도를 취함으로써 학생들의 다양한 사고와 유연성을 길러낼 수 있다.

③ 교사는 학생의 창의적 사고가 출현될 수 있는 조건을 마련해 주어야 한다.
학생들에게 정답이 여러 개인 문제를 숙제로 주어야 하며, 전후가 맞지 않는 독선이나 불일치 상태를 경험하게 해야 한다.

④ 교사와 다른 아이디어를 가진 학생을 더 많이 보상한다.
교사는 말을 잘 듣는 학생보다는 교사 자신과는 다른 기발한 아이디어를 창출해내는 학생에게 더 많은 보상을 주어야 한다.

⑤ 교사는 학생들의 창의력에 대한 학생 자신의 부정적 태도를 제거시켜야 한다.
학생들이 "나는 창의적이지 못하다.", "나는 일상적인 일 외에는 결코 할 수 없다."는 식으로 자신에 대하여 부정적으로 평가하지 않도록 지도하는 동시에 "나는 창의적이다.", "나는 관습적인 해결방법에 도전한다." 등 자신을 긍정적으로 평가하도록 지도해야 한다.

⑥ 교사는 학생들의 문제 해결에 관한 창의적 기법을 습득하도록 지도해야 한다.
Branford 등(1984)의 IDEAL 모형을 내면화 시키는 것도 한 방법이다. IDEAL 모형이란 어떤 문제가 생겼을 때 첫째, 문제를 발견하고(identify) 둘째, 문제를 정의하고(define) 셋째, 문제 해결 전략을 탐색하고(explore) 넷째, 개발된 전략을 적용하고(act) 다섯째, 전략의 효과를 반성하는(look) 사고 과정을 의미한다. 이러한 IDEAL 모형을 모든 문제 해결 시에 자동적으로 실천하도록 하는 게 바람직하다.

⑦ 문제 해결 방법은 특정교과 영역별로 개발되어야 하며, 특정교과의 교육과정에 삽입되어야 한다.
학생들은 연습문제를 해결하는 과정에서 해당 교과목에 대한 지식을 습득하는 동시에 일반기능이 적용되는 경우와 적용되지 않는 경우를 구체적으로 경험해야 한다.

3 인지양식

3.1 인지양식의 정의

인지양식(cognitive style)이란 정보를 조직하는 방식이나 환경 자극에 대한 반응 방법에 있어서 개인의 선호성을 의미한다(Shuell, 1981). 인지양식은 다소 새로운 개념으로, 자신을 둘러싼 외부환경이나 사물을 지각하고 그에 관한 정보를 조직하는 방법이 개인에 따라 어떻게 다른가를 밝히는 연구가 이뤄져 왔다. 연구에 따르면, 처음으로 접하게 되는 과제를 해결하기 위하여 접근하는 방법은 개인의 특수한 능력과 관련이 없다(Tyler, 1974).

인지양식은 지적 능력과 성격적 특성 모두가 관련된다. 즉 인지양식은 사고의 양식으로서 한편으로는 인지능력으로부터 영향을 받고, 다른 한편으로는 인지양식에 영향을 미친다(Brondzinsky, 1982). Klein도 인간행동을 결정하는 데 작용하는 요인으로서 지적 능력과 더불어 인간의 사회화 과정을 통해서 형성된 어떤 지각 양식이 개인의 인지행동을 결정하는 데 중요한 작용을 한다고 하였으며, 그 지각 양식이 바로 '인지양식'이라고 하였다.

이와 같은 견해를 종합해 볼 때, 인지양식이란 인지능력과 기능수행에서 나타나는 개개인의 자기 일관적이고 지속적인 개인차이다. 이 개인차는 인성의 차이이며 지적능력의 차이를 보여주는 것으로 인지양식은 정서, 동기 및 인지 사이를 매개해 준다고 볼 수 있다.

3.2 인지양식의 유형

학자에 따라 혹은 분류방법에 따라 인지양식은 다양하다. 대표적인 인지양식의 유형을 살펴보면 <표 4-5>와 같다.

〈표 4-5〉 인지양식의 유형

학자	인지양식	분류 방법
Witkin	장의존적-장독립적 (field dependence-field independence)	• 개인이 사물을 지각하는 차이에 따른 분류임
Kagan	반성적-충동적 (reflection-impulsivity)	• 개인의 인지속도 차이에 따른 분류임
Gardner	포괄적-분석적 (relational-analytic)	• 개인이 문제를 개념화하는 차이에 따른 분류임
Gardner	집착성-융통성 (constricted-flexible)	• 자극 정보에 대한 선택적으로 주의집중 하려는 능력차에 따른 분류임
Kleine	지속성-개변성 (leveling-sharpening)	• 자극의 변화에 대한 민감성 정도에 따른 분류임

이들 인지양식 가운데서도 학습방법, 학습 과제, 학업 성취, 흥미, 그리고 적성 등과 관련하여 가장 많이 사용되는 유형은 장독립적-장의존적 인지양식이다. 따라서 장의존적-장독립적 인지양식에 대하여 좀 더 자세히 살펴보기로 한다.

3.3 장의존적-장독립적 인지양식

여러 유형의 인지양식 중에서도 심리학자와 교육학자들이 가장 많이 관심을 기울이는 것은 Witikin의 장독립적(field-independence)-장의존적(field dependence) 인지양식이다.

장의존적 인지양식이란 어떤 사물의 지각에 있어서 그 사물의 배경이 되는 장에 영향을 많이 받는 사람의 인지양식이고, 반대로 장독립적 인지양식은 장의 영향을 받지 않거나 적게 받는 사람의 인지양식을 의미한다(Witkin, 1979). 장의존적 인지양식이나 장독립적 인식양식은 그 가치 판단의 양극성을 가지고 있으므로 어떠한 인지양식이 더 좋다고 말할 수 없으며, 상황에 따라 적합한 적용적 가치를 지니고 있다. 예컨대, 장독립적인 사람은 잠입도형의 문제를 해결하는데 뛰어나고, 장의존적인 사람은 대인관계가 상대적으로 탁월하다(Young, 1991).

뿐만 아니라, 장의존적인 사람은 분석적인 것보다 직관적으로 지각하는 정도가 높고, 주어진 대상을 객관적으로 파악하려는 경향이 있으며 사태의 구조가 결여

되어 있을 때 사태를 분석하지 않고 그대로 지각하려는 경향이 있다. 반면, 장독립적인 사람은 자신의 주변에 있는 타인이나 세계를 보다 분화된 방식으로 받아들이며 자신이 경험한 것을 잘 분석하고 구조화한다. 그러므로 복잡한 상황에 직면할 경우 자신에게 관심 있는 요소와 불필요한 요소를 구분하고, 그들 간의 상호 독립성을 유지하면서 자극을 지각하고 인지하게 된다. 또한 자아와 자아가 아닌 것을 엄격히 구별하려는 사고방식을 갖고 있기 때문에 자기 지향적이어서 주어진 정보나 단서를 내적이 준거체제에 따라 처리하는 경향이 있다(Wittrock, 1978). 그리고 장의존적인 사람은 사회적 상호작용에 관심을 기울이는 반면에 장독립적인 사람은 과제 지향적이다(조원호, 2002).

장독립적-장의존적 인지양식은 전 생애의 발달과정에서 변화한다. 예컨대, 장독립적 경향은 8-15세까지 증가율이 완만하기는 하지만 장독립적인 방향으로 증가하며, 청년기에는 곡선이 정체하게 된다고 했다. 또한 노인집단은 현저하게 장의존적이며 일반적으로 30대를 전후로 점차 의존성이 높아져 간다고 한다. 3-5세 아동의 경우도 나이가 들면서 장독립성이 점차 증가한다는 사실을 밝혔다(전윤식 외, 1986).

인지양식에 있어서도 문화에 따라 다소간 차이가 있지만 남녀 간의 성차에 대한 연구결과들은 비교적 일치하는데, 취학 전 3-5세 아동은 여아가 남아보다 장독립적인 경향이 강하나, 그 이후로 또는 성인이 되면서 여자보다 남자가 장독립성이 강해지는 경향이 있다. 한편, 이러한 차이는 노년층에서는 거의 나타나지 않는다.

사회·경제적 지위와 같은 개인의 문화적·환경적 배경에 따라서도 달라지는 데 중·상류 계층의 아동이 하류 계층의 아동보다 잠입도형 검사의 수행능력이 우둔한 것으로 나타났으며, 취학 후에도 이러한 차이는 계속 나타난다는 연구 결과도 있다.

이와 같은 연구 결과들을 종합해볼 때, 인지양식은 선천적 소질이나 자연적 성숙의 결과에만 의존되어 결정되는 게 아니고 후천적·환경적 영향을 받아서도 결정되는 것이라고 생각할 수 있다.

물론, 인지양식과 학습과의 관련을 살펴보면, 두 양식 간에 장단점은 있다. 학교 학습과 관련해서는 장독립적인 학생이 더 많은 장점이 있다. 장의존적인 사람은 사회적 상호작용에 신경을 많이 쓰기 때문에 타인과의 대화 내용이나 개인적 대인관계와 같은 정보를 잘 기억한다. 이런 사람은 사회 지향적이어서 타인의 감정과 사고에 민감하며 사려 깊은 행동으로 집단생활에서 조화를 이룬다. 반면, 장독립적인 사람은 복잡하고 비구조화 된 자료를 더 잘 분석하며 문제를 해결하기 위한 자료를 잘 조직한다.

이러한 이유로 장독립적인 학생의 학업 성취가 더 높은 경향이 있다(Kogan, 1983). 학습 과제가 구조화되어 제시될 때는 장의존적 학생과 장독립적인 학생 간의 학업성적에 차이가 없었으나, 자료가 구조화되지 않은 상태로 제시될 때는 장독립적인 학생의 성취가 훨씬 높았다(조영남, 1991).

각 학생들의 인지양식이 어떻게 다른가를 교사가 반드시 알 필요는 없지만 적어도 학생들의 문제를 해결하는 접근 방식만큼은 서로 다르다는 사실을 인식해야 할 것이다. 어떤 학생은 학교 공부를 하는 데 핵심 내용을 잘 이해하지 못하거나 문제 해결의 접근방식에 당황해 하는 경우도 있다. 이것은 그 학생이 지능이 낮아서 그럴 수도 있지만 문제를 전체적으로 파악하려는 관점이 다르다는 측면도 있음을 인정할 필요가 있다. 이러한 학생들은 덜 구조화된 사태에서는 불리하며 문제 해결의 각 단계마다 분명한 설명과 지시를 필요로 한다. 즉 이 학생은 사회적 사태에서의 수행은 뛰어나지만 자기 혼자서 수행해야 할 과제에 대해서는 동기가 덜 유발되기 때문이다.

일반적으로 장독립적인 사람은 수학, 물리학, 생물학, 건축학, 공학, 의학 등과 같이 고도의 분석력을 요구하는 학업이나 직업과 생산, 재배, 목수 등과 같은 기술직을 택하는 경우가 많고, 장의존적인 사람은 인문과학이나 사회과학, 행정학, 경영학 등에 흥미가 많고 사회사업가, 영업사원, 심리상담사, 목회자 등이 많다. 인지양식은 어느 것이 좋고 나쁘다고 말할 수는 없다. 다만, 자신의 현실 속에서 각자의 인지양식을 어떻게 적응시키느냐에 따라 판단할 수 있을 뿐이다.

장독립적-장의존적 인지양식의 차이를 비교·분석한 결과는 <표 4-6>과 같다.

〈표 4-6〉 장독립적-장의존적 인지양식

구분	장독립적	장의존적
특징	• 주변의 상황적 변화에 영향을 별로 받지 않고 구조화되지 않은 사태에 잘 적응함	• 주변의 상황적 변화에 영향을 쉽게 받고 사회적 내용을 다룬 자료를 학습하는 능력이 높음
사회성	• 사회적 압력을 잘 극복하나 타인에 대하여 무관심함 • 타인에 의하여 냉정하고 거리감 있고 비감정적으로 지각됨	• 타인의 지각과 의견에 강한 영향을 받음 • 타인과의 접촉, 타인에 의한 선호, 따뜻하고 정적이고 재치 있는 역동적인 사람으로 지각됨
학습	• 개인적인 접근방법을 추구함 • 사회적 정보를 이용할 때 맥락적 접근이 요구됨 • 구조화되지 않은 사태에 대하여 구조화가 가능함 • 사태를 분석하고 재조직함 • 교수자(지시자)의 설명이나 지시 없이도 문제 해결이 가능함	• 집단학습에 의한 상호접촉 및 문제 해결에 대한 명확한 전략제시가 요구됨 • 외부에서 설정한 구조 및 목표에 대하여 강화를 필요로 함 • 비구조화 된 자료를 해결하는 데 어려움에 직면함 • 주어진 조직을 받아들일 뿐 재조직하는 데 어려움을 느낌
사고	• 추상적, 이론적, 분석적임	• 보편적 사회준거 체제와 상호작용
직업	• 수학자, 물리학자, 건축가, 외과의사, 예술가, 공학자, 기술직, 농업종사자 등	• 사회사업가, 심리상담사, 판매원, 정치가, 광고업, 목회자, 철학자, 사회학자 등

3.4 인식양식의 측정

개인의 장독립적-장의존적 특성을 측정하는 방법은 크게 세 가지로 분류되는데, 막대테두리검사, 잠입도형검사, 몸체조정검사 등이 있다.

1) 막대테두리검사

Witikin의 막대테두리검사(rod and frame test: RFT)란 어두운 방에서 직사각형 야광 테두리와 그 안에 막대기를 회전할 수 있게 해놓고 그 막대를 지면에 수직으로 세우게 한다. 장독립적이 사람은 '그림(a)'를, 장의존적인 사람은 '그림(b)'의 인지경향이 있다. [그림 4-8]은 막대테두리검사를 나타낸다.

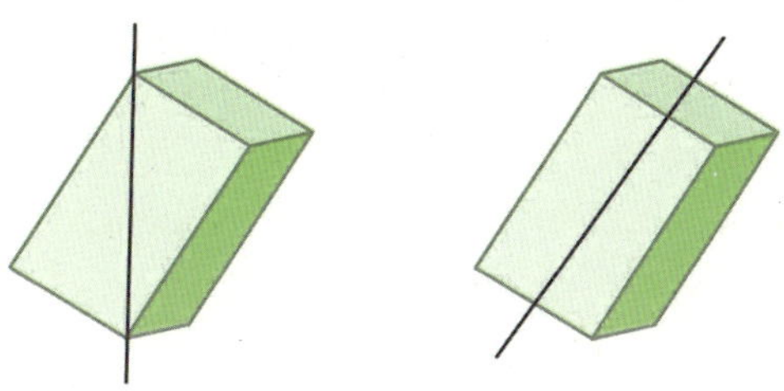

(a) 장독립적 인지양식 (b) 장의존적 인지양식

[그림 4-8] 막대테두리검사

2) 잠입도형검사

잠입도형검사(group embedded figures test: GEFT)는 복잡한 도형(graphic) 속에 숨겨진 도형을 찾아내는 것으로 장의존적인 사람은 잠입도형을 찾는 데 비교적 오래 걸린다. 반면, 장독립적인 사람은 잠입도형을 신속하고 정확하게 찾아내는 경향이 있다. 장의존적인 사람이 잠입도형을 찾는 데 어려움을 겪는 것은 어떤 현상에서 목적물을 분리하는 능력이 장독립적인 사람보다 낮은 경향이 있기 때문이라고 한다.

I부 (10분)

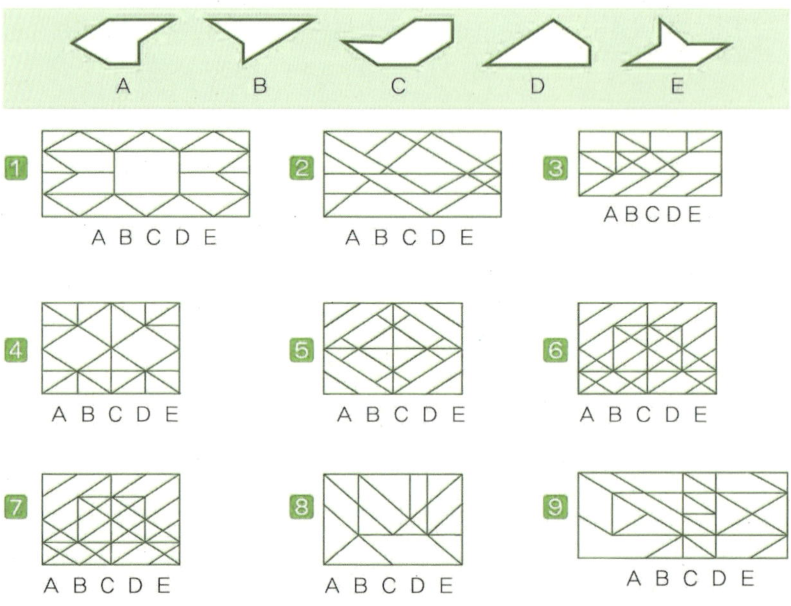

다음 페이지를 계속하십시오.

[그림 4-9] **잠입도형검사(예제)**

3) 신체조정검사

신체조정검사(body adjustment: BAT)란 회전할 수 있는 셀(cell)에 의자를 고정시키고 조사자를 앉힌 다음 셀(cell)을 회전시켜서 장독립적-장의존적 성향을 찾아내는 것이다. 장독립적인 사람은 방이 회전해도 몸을 지면과 수직으로 놓여 있다고 생각하는 반면에 장의존적인 사람은 그렇지 않게 지각한다.

이 검사에서 모두 환경적·시각적 단서에 수평 혹은 수직을 지각하는 경향이 강한 사람은 장의존적으로, 반면에 자신의 감각운동적 단서에 따라 수평 또는 수직을 지각하는 사람은 장독립적으로 구분한다. 다시 말해서 장의존적 인지양식이란 개인이 어떤 사람을 지각하는 데 있어서 그 사물의 배경인 장의 영향을 받는 사람의 인지양식이고, 장독립적 인지양식은 장의 영향을 받지 않는 사람의 인지양식이다.

3.5 인지양식과 교육적 활용

인지양식은 학습 방법, 교수 방법, 학생-교사의 상호작용, 전공 및 직업 선택에 영향을 주는 것으로 알려져 있다. 그렇지만 장독립성과 장의존성 중 어느 인지양식이 더 바람직하다고 할 수 없다. 왜냐하면 인지양식은 적응적 가치가 서로 다르기 때문이다. 장독립성은 복잡한 상황을 분석하고 혼란스러운 상황에서 정보를 추출하는 데는 능하지만 사회적 기술이 미숙하다. 반면, 장의존성은 다른 사람과 관계를 형성하고 대인관계에 관심이 많지만 분석 능력은 상대적으로 낮다. 그러므로 장독립성이 적합한 상황과 장의존성이 적합한 상황은 서로 다르다. 한편, 수업 장면에서 교사의 인지양식과 학생의 인지양식을 일치시키는 것이 바람직한가 아니면 상치시키는 것이 바람직한가에 대한 문제는 상당한 논란의 여지가 있다(권대훈, 2006).

1) 교사의 인지양식과 학생의 인지양식을 일치시켜야 한다는 입장

교사와 학생의 인지양식이 일치되면 학생의 학업성적이 향상된다. 교사와 학생의 인지양식의 일치 여부는 상호 평가에도 영향을 준다. 교사와 학생의 인지양식이 일치하면 서로 긍정적으로 평가하고 의사소통이 원활하다. 장독립적인 교사는 장독립적인 학생의 성적이 우수하다고 평가하고, 장의존적인 교사는 장의존적인 학생의 성적이 우수하다고 평가한다(James, 1973). 그러므로 학업 성취도를 높이려면 교사의 인지양식이나 수업방법을 학생의 인지양식과 일치시켜야 한다.

2) 교사의 인지양식과 학생의 인지양식을 상치시켜야 한다는 입장

교사와 학생의 인지양식을 일치시켜야 한다는 주장과 달리, 학생의 인지양식과 상치되는 수업 방법을 의도적으로 제시하여 학생이 균형 있게 성장할 수 있도록 자극해야 한다는 주장도 상당한 설득력을 갖고 있다. 예를 들어, 장의존적인 학생에게 장독립적 사고를 촉진할 수 있는 교육 환경을 제공하는 게 바람직하다는 것이다. 앞서 언급한 바와 같이, 인지양식의 각 차원은 상황에 따라 적응적인 가치가 다르기 때문에 양극단의 긍정적인 특성을 효과적으로 활용할 수 있는 소위 '만능 학생(versatile learner)'(Pask, 1976), 수렴적 사고와 확산적 사고에 모두 능한 '올라운드 학생(all-rounders)'(Hudson, 1968), 장의존성과 장독립성의 장점을 모두 갖춘 '양인지적 학생(bi-cognitive learner)'(Ramirez & Castaned, 1974)이 특정 방식으로만 사고할 수 있는 학생보다 더 바람직하다는 주장이다. 이러한 주장은 좌뇌(左腦)와 우뇌(右腦)의 기능이 균형 있게 발달할수록 바람직하다는 견해와 일맥상통한다.

연구과제

1 지능이론의 발달과정을 설명하시오.

2 Gardner의 다중지능이론의 주요 구성요인을 살펴보고 기존의 지능이론과 차이점을 비교·설명하시오.

3 창의성의 개념과 창의성 훈련기법에는 어떤 것들이 있는지 세 가지 이상을 설명하시오.

4 장독립적-장의존적 인지양식의 교육적 활용에 대하여 비교·설명하시오.

5 Guilford의 창의성 검사 구성요인의 개념을 설명하시오.

① 유창성(fluency)

② 독창성(originality)

③ 정교성(elaboration)

④ 민감성(sensitivity)

⑤ 재구성력(reorganization)

6 창의성 훈련에서 브레인스토밍(brainstorming)과 생산적 사고 프로그램(productive thinking program)의 훈련 절차에 대하여 설명하시오.

7 인지양식과 인지능력의 차이점을 비교하시오.

① 인지양식(cognitive styles)

② 인지능력(cognitive ability)

8 지능이론에 대한 설명이 바르게 진술된 것은?

(2003학년도 중등교사 임용고사 시험문제)

① 일반(g)요인설: 지능은 내용, 조작, 산출의 상호 결합으로 얻어지는 복합적 능력이다.
② 지능구조(SOI)모형: 지능은 7개의 기본정신능력으로 형성되며, 측정 가능한 것으로 구성된다.
③ 다중지능(M)이론: 지능은 언어지능, 음악지능 등 서로 다른 독립적이고 상이한 유형의 능력으로 구성되어 있다.
④ 다요인(PMA)설: 지능은 일반요인과 특수요인으로 이루어지며, 일반요인으로 분류되는 능력은 모든 지적 과제수행에 관련된다.

9 다음의 내용에서 교사가 활용한 지능이론은?

(2004학년도 중등교사 임용고사 시험문제)

<보기>

박 교사는 지난 여름방학 직무연수에서, 학습자에게는 최소한 한 가지 이상의 우세한 지능 영역이 있으므로 학습자에게 약한 영역을 지도할 때 그에게 '상대적으로 우세한 영역의 지능을 활용'할 수 있도록 교수-학습 활동을 다양화하는 것이 보다 효율적이라는 점을 시사하는 이론을 접했다. 박 교사는 그때 대중가요를 좋아하고 음악은 잘 하지만, 글짓기를 싫어하는 미영이를 떠올렸다. 개학 후 미영이를 위해 좋아하는 노래의 가사를 창의적으로 바꾸어 보게 하고, 작은 음악회를 개최할 수 있도록 안내하는 교수-학습 활동을 구성하였다.

① 다중지능이론
② 도덕지능이론
③ 삼원지능이론
④ 지능구조이론

10 다음에서 설명하고 있는 창의적 사고기법은?

(2004학년도 중등교사 임용고사 시험문제)

> • 고든(W. Gordon) 등에 의해 제안되었으며, 창의적인 사람들이 무의식적으로 사용한 전략들을 활용하는 것이다.
> • 당연한 것으로 받아들이던 대상이나 요소에 대해 의문을 가져본다.
> • '내가 만일 새롭게 고안된 병따개라면 어떤 모양이 되고 싶은가?'와 같이 사람이 문제의 일부분이 되어 봄으로써 새로운 관점을 창출한다.
> • 동·식물이 스스로를 보호하고 있는 방법에서 아이디어를 얻어 신변 안전장치를 개발할 수도 있다.

① 스캠퍼(scamper) ② 시네틱스(synectics)
③ 속성열거(attribute listing) ④ 브레인스토밍(brainstorming)

11 창의성과 관련한 다음 진술 중 가장 적절한 것은?

(2002학년도 중등교사 임용고사 시험문제)

① 유창성은 창의성의 주요 요소이다.
② 창의성은 학교 학업성적에 영향을 주지 않는다.
③ 창의성이 높은 학생일수록 자신을 개방하려는 경향이 적다.
④ 지능이 높을수록 창의성이 높으며 그 상관계수는 약 .80 정도이다.

12 창의성을 기르기 위한 수업 상황에서 교사가 사용할 수 있는 활동들을 〈보기〉에서 모두 고른 것은?

(2003학년도 중등교사 임용고사 시험문제)

> <보기>
> 가. 브레인스토밍을 통하여 논리적 판단력과 비판력을 기른다.
> 나. 일상적·보편적 아이디어를 새롭게 변형, 조합, 개선시킨다.
> 다. 지속적인 반복연습과 암기학습으로 창의적인 능력을 강화한다.
> 라. 변형, 조합, 은유, 유추적 결합 등으로 창의적 사고의 의미를 알게 한다.

① 가, 나 ② 가, 다
③ 나, 라 ④ 다, 라

정답 8.③, 9.①, 10.②, 11.①, 12.③

CHAPTER 05

학습자의 정의적 특성

:: 학습 개요 ::

일반적으로 학습자로 하여금 학습 활동을 효과적으로 할 수 있도록 하는 심리적 요인이 정의적 특성이다. 앞서 4장에서 지능, 인지양식, 창의성 등의 지적 특성이 학업 성취에 큰 영향을 미친다고 볼 때, 이에 선행하는 심리적 요인이 정의적 특성인 것이다.

정의적 특성은 학업 성취에 직·간접적으로 미치는 영향 정도가 크며 학습자마다 차이도 크다. 학습자가 내재적으로 바람직한 정의적 특성을 지니고 있을 때, 학업 성취를 위한 지적 능력은 그렇지 않은 경우보다 높게 나타날 가능성이 크다. 그만큼 교육심리학에서 정의적 특성은 중요하다.

이 장에서는 정의적 특성 중에서도 태도, 동기, 자아개념, 시험불안에 대하여 살펴보고자 한다.

:: 학습 목표 ::

1. 태도의 개념과 태도의 변화에 대한 세 가지 이론을 설명할 수 있다.
2. 동기이론에 대하여 설명할 수 있다.
3. 인지주의 동기이론에서 귀인이론에 대하여 설명할 수 있다.

1 태 도

1.1 태도의 정의

태도는 어떤 개념이 옳다고 생각되는 가치를 자신이 믿고 추진하는 역동적인 행위로 언어, 사고, 행동 등으로 발현하는 노력과 집중력을 의미한다. 인간은 자신을 둘러싼 환경에서 일, 사람, 사건을 포함한 대상물에 대해 중립성을 유지하기가 어렵다. 자신이 선호하는 것과 비선호하는 것, 혐오하는 것과 그렇지 않은 것 등 느낌의 세계가 사람마다 서로 다르다. 이와 같은 지각반응에 대한 다양한 감정의 외적 표현을 우리는 흔히 '태도'라고 말한다. 즉 태도는 외계의 사상에 대한 사유, 평가, 분석, 판단을 기준으로 개인이 반응하는 상태라고 할 수 있다(권대훈, 2006).

태도에 대하여 Allport(1935)는 경험을 통해서 조직된 것으로, 그것에 관련되어 있는 모든 대상과 상황에 대한 개인의 반응에 직접적이거나 역동적인 영향을 주는 정신적 및 신경적 준비상태라 하였고, Krech와 Crutchfield(1984)는 개인생활의 어떤 측면에 대한 동기적, 정서적, 지각적, 인지적 과정의 지속적인 구성체라고 정의하였다.

[그림 5-1]
귀부인 대 노파

사회심리학자 역시 태도에 대하여 다양하게 정의하고 있으나, 여기에서 태도에 대한 공통점만을 제시하면 첫째, 경험을 통하여 학습되는 것이고 둘째, 특정한 사물이나 사태에 대한 반응 경향 즉, 행동 성향이라는 점이며 셋째, 비교적 지속적이고 규칙성을 가지고 있다는 것이고 넷째, 보다 심층에 속하는 행동 경향이나 그 구성요소별로 분류해보면 인지적 요소도 포함되어 있다는 점이다(박아청, 2002).

이러한 태도는 몇 가지 특성을 가지고 있는데, 이를 제시하면 다음과 같다.

첫째, 태도는 다차원의 개념이다. 하지만 분절된 것이 아니고 연속선상에 있다.

둘째, 태도의 결과는 볼 수 있어도 그 자체는 볼 수 없다. 하지만 태도 자체는 추리가 가능하다.

셋째, 태도는 지속성을 지니지만 변화를 본성으로 한다.

넷째, 태도는 학습된다. 태도는 타인과의 상호작용을 통해 집단 내에서 학습된다.

이상을 종합해 볼 때, 태도란 어떤 상황에서의 반응 준비 상태 혹은 경향을 의미한다고 정의할 수 있다.

1.2 태도의 변화

1) 균형이론

Helder는 태도 변화에 관한 연구에서 일치(consistency)라는 개념을 최초로 도입한 사람이다. 그에 따르면, 태도에는 두 가지의 유발성(valence)이 있는데, 하나는 정적 유발성(positive valence)이고, 다른 하나는 부적 유발성(negative valence)이라는 것이다. 이 두 유발성 사이에 균형이 이루어지고 있는 한, 태도는 변화에 저항하지만 일단 균형이 깨어지면 다시 균형 상태로 복귀하려는 경향이 발생한다는 점을 강조하였다.

예를 들어, 박 교사를 좋게 생각하는 학생은 그의 수업 관련 요소인 교재, 교수방법, 의사소통, 행동 등에 대하여 좋은 평가를 내리는 반면, 박 교사에 대하여 부정적으로 생각하는 학생은 그 반대의 경향을 나타내는 것이다.

서로 상관된 사고요소를 각기 독립적으로 분리해서 생각하거나, 여러 요소들 중 어느 것은 좋고 어느 것은 나쁘다는 등의 모순되고 일관성 없는 생각은 되도록 회피하려는 경향을 보이는 것이다. 이처럼 사고요소의 부조화, 불균형, 불일치를 회피하고 균형을 이루려는 정도에 따라 태도는 변화한다.

2) 인지 불협화 이론

인지 불협화 이론에서 태도 변화란 사람들의 기본적인 심리 구조를 이루고 있는 것인데, 사람들은 이 구조를 이루는 과정에서 불협화(dissonance)를 기피하고 협화(consonance)를 추구하는 경향이 있다는 것이다. 인간의 태도 변화는 불협화를 기피하고 협화를 추구하는 과정에서 나타난다.

사람들은 일반적으로 자기 자신의 내적 신념과 일치되는 행동을 적극적으로 추진한다. 예를 들어, 부모들은 자녀들이 학원 교육이나 과외 교육이 필요 없다고 생각한다면 학원을 보내지 않을 것이고, 학교에서 지나치게 공부에 집착하는 것을 싫어한다면 자녀가 학교에서 공부만 하도록 강요하지 않을 것이다.

3) 감정-인지 일관성 이론

감정-인지 일관성 이론의 태도 변화는 사람들마다 자신의 태도나 행동을 자신의 감정과 일치시키려는 견해이다. 이를테면, 어떤 사실에 대한 신념, 지식 혹은 확신은 감정적 신호에 의해서 결정된다는 것이다.

균형이론에서 인지적 요소만의 태도 변화를 추구하는 입장보다 확대된 개념으로 감정 요인을 포함하며 인지적 요인과 분명하게 구분 짓는다. Resenberg는 어떤 대상에 대하여 갖는 감정을 바꿈으로써, 인지적 변화도 함께 바뀜을 증명하였다. 그 예로, 흑인과 백인을 바라보는 부정적 감정을 갖고 있는 백인을 상대로 최면을 걸어, 그들이 갖고 있는 감정을 긍정적으로 바꾸도록 주문하였다. 그리고 피험자들이 최면상태에서 깨어났을 때, 흑인과 백인에 대하여 인식하는 감정적 태도 변화를 확인하였다. 그 결과, 놀랍게도 최면을 통해 긍정적 감정 변화를 교육받은 백인들에게서 흑인과 백인을 차별하는 인지적 태도 변화가 긍정적으로 나타남을 알 수 있었다.

1.3 태도와 학업 성취

일반적으로 태도와 학업 성취에 관한 연구에서 두 변인 간에는 상관이 있으며, 특히 특정 과목에 대한 학업 태도와 성적과의 상관은 높은 것으로 알려져 있다. 학습 태도 중에서도 학생들의 노력과 함께 학업 성적에 절대적인 영향을 미치는 변인은 학생 개인의 집중력이다.

학업 성적과 집중력의 상관관계는 교사의 일상적인 관찰에 의해서뿐만 아니라 많은 연구 결과에 의해서도 확인되고 있다. 집중력이 부족한 학생의 성적을 일반 학생과 비교했을 때 집중력이 부족한 학생의 학업 성적은 지능이 상대적으로 낮은 학생보다도 오히려 더 떨어지는 것으로 나타났다(Barkley, Fischer, Edelbrook & Smallish, 1990).

결과적으로, 집중을 잘하는 학습 태도를 가진 학생은 학업 성적이 높아질 수 있다. 이는 집중을 잘하는 학생일수록 교과 내용의 핵심을 잘 파악하게 되므로, 결국 좋은 성적으로 이어질 수밖에 없다는 것이다. Reynolds 등(1990)은 중학생 45명을 대상으로 읽기 점수를 비교·분석한 결과, 집중하여 읽기를 잘하는 학생은 그렇지 않은 학생보다 교과 내용의 핵심을 빨리 파악함으로써 교과 내용에 쉽게 몰입할 수 있음을 밝혔다.

또한 안귀덕(1997)은 학교와 학교교육에 관련된 정의적 특성을 학교와 학교 학습에 대한 태도라고 하였으며, 이 태도는 학업 성취와 밀접한 상관이 있음을 강조하였다. 특히 학습자의 학교에 대한 태도와 성적과의 상관정도는 r=.20, 특정 교과목에 대한 태도와 성적과의 상관은 r=.30 정도 된다고 하였다.

이상을 종합해 볼 때, 학교교육에서의 학생 태도를 긍정적으로 변화시킬 경우 학업 성적을 향상시킬 수 있음을 의미한다. 따라서 교사는 학업 성적 향상을 위한 학생들의 긍정적인 태도 변화에 관심을 가질 필요가 있을 것이다.

2 동 기

2.1 동기의 정의

일반적으로 동기(motivation)란 환경의 내재적·외재적인 영향을 받아 자극된 목표를 지향하는 욕구로 일을 행하게 하는 원천이라고 말한다. '공무원 시험 준비를 하게 된 동기' 혹은 '교사가 된 동기' 등 어떤 일을 행하게 된 동기의 근원적 개념으로 많이 사용된다.

동기는 행동의 발원으로서 동기가 없으면 행동이 일어나지 않는다. 그래서 교육에서는 동기의 중요성에 대하여 다른 무엇보다 강조되었고 꾸준히 연구되어 왔다. 이와 같은 연구에 나타난 동기(motivation)에 대하여 살펴보면 다음과 같다.

동기는 행동을 조작하고 활기 있게 하는 힘이며, 유지시키고, 방향을 제시하고 중지시키는 내적인 힘이다(McClelland, 1985). Atkinson(1958)은 행위의 방향과 강도 및 지속에 대한 직접적인 영향이라 하였으며, Young(1961)은 인간과 동물의 행위를 결정짓는 요인이라고 정의하였다.

이와 같은 개념의 동기 기능은 활성적 기능(activating function), 지향적 기능(directive function), 강화적 기능(reinforcing function), 조절적 기능(regulated function)으로 구분할 수 있다.

첫째, 활성적 기능은 발생적 기능이라고도 하며 출발점 또는 시발점 기능으로 이해될 수 있으며, 모든 행동의 전제 조건이 된다.

둘째, 지향적 기능은 행동에 있어서 구체적인 방향을 정하고 자극에 대한 선별적 반응을 통해 순조롭게 목표를 달성하게 하며 결과적으로 긴장을 완화시키는 기능을 한다.

셋째, 강화적 기능은 동기가 행동의 원동력이 되어 강화시키는 것으로서, 칭찬이나 질책과 같은 외부적 상황이 특정한 행동을 수행하도록 유도한다.

넷째, 조절적 기능은 목표 달성을 위해 자신의 개인차와 특성을 고려하여 과업을 단계적으로 진행함을 의미한다.

이상의 네 가지 기능에 대하여 동기를 연구하는 심리학자들은 '인간의 행동을 일으키는 요소는 무엇인가?', '목표를 향한 원동력은 어디에서 나오는가?'. 그리고 '목표에 도달할 때까지 지속적으로 노력하게 만드는 것은 무엇인가?' 등에 관심을 갖는다.

결과적으로, 동기란 인간행동 과정에서 행동의 활성을 증감시키고 행동의 방향을 정해주는 심리적 요인으로서 개체의 활동을 특정한 목표로 이끄는 내적 상태를 의미한다고 볼 수 있다. 만일 동기가 유발되지 않는다면 인간의 삶이나 행동은 바다에 표류하는 배처럼 방향을 잃고 떠밀려 다니는 것처럼 무기력할 수밖에 없을 것이다.

동기는 학습과 관련하여 일반동기(general motivation)와 특수동기(specific motivation)로 구분할 수 있다(Brophy, 1987). 학습에 대한 일반동기란 학습 상황에서 지식의 습득과 기능의 숙달을 위해 노력하는 지속적이고 폭넓은 경향을 의미한다. 이때, 지속적이라는 용어는 중요한 의미를 갖는데, 일반동기는 일단 형성되기 시작하면 초등학교와 중등학교를 거쳐 대학과 직장, 그리고 그 밖의 사회생활에까지 계속 유지되기 때문이다(Mason & Stipek, 1989). 또 '폭넓은'이라는 의미는 일반동기가 교육과정 전반에 영향을 준다는 뜻이다. 반면, 특수동기는 특정영역이나 특정 내용의 학습에 대해서만 동기화가 이루어진다. 따라서 특수동기는 교사의 통제범위 안에 있고, 특정 과목 혹은 특정 수업 시간의 학습에서만 학생들의 학습을 촉진시키게 된다.

한편, 동기의 범주에는 내재적 동기(intrinsic motivation)와 외재적 동기(extrinsic motivation)로 구분할 수 있다. 내재적 동기는 학습자가 본질적으로 가지고 있는 동기로서, 학업을 하면서 가치와 보람을 느끼고 학업 과제를 이해하는 데서 기쁨과 유능감을 느끼며, 도전적인 학업 과제에 자율적으로 기꺼이 직면하는 동기를 말한다. 외재적 동기는 학습자가 외부로부터 받을 수 있는 강화자로서의 동기를 의미한다. 즉 미래의 성공을 이루기 위해 학교에 다니며, 학습하는 것 자체에 의미와 만족을 두기보다는 진학, 직업선택, 경제적 성공이라는 외적 보상을 위하여 투자하는 마음으로 학교에 다니는 동기를 말한다.

이상에서 동기에 대한 개념을 살펴보았는데, 학습 과제 수행과정에서 갖는 내재적 동기와 외재적 동기는 중요한 의미를 담고 있다. 교사는 이 두 가지 동기에 의한 내재적 보상과 외재적 보상을 접목하여 학습 활동에 동기를 유발시켜 주어야 하고, 일부 학생들에게서 나타나는 무동기에 대해서는 소거해 줄 필요가 있다. 학교현장에서 내재적 동기와 외재적 동기의 보상에 대한 절대적인 기준은 없지만, 대체로 내재적 동기가 있는 학생에게는 내재적 보상을 경험하도록 하고, 내재적으로 동기화 되지 않는 학생에게는 외재적 보상을 줄 수밖에 없다. 그러나 교사는 학생이 갖고 있는 최소한의 내재적 동기에 대해서 최대의 자신감이나 성취감을 갖도록 사회적 지지를 해줌으로써 내재적 동기를 육성시켜 주어야 할 것이다(Brophy, 1988).

그 이유로, 내재적 동기는 자발적으로 학업에 임하는 것이므로 자율성과 자기 결정에 의해 이루어지기 때문이다. 반면, 외재적 동기는 학습 과제가 복잡할수록 포기하는 경향이 나타나고, 무반응 동기는 학업 성취도와 부적상관을 보인다는 점에서 내재적 동기를 증진해야 할 이유가 있다.

2.2 동기이론

1) 행동주의 동기이론

Skinner

행동주의자(Skinner 등)들은 동기를 보상(reward)이나 유인가(incentive)와 같은 개념으로 보았다. 보상이란 어떤 특정한 행동의 결과에 따라 주어지는 매력적인 사물이나 사건을 말한다. 예컨대, 중간고사에서 올 A+를 받아 장학금을 받았다면 이 학생은 학기말 고사에서도 시험을 잘 치러야 한다고 생각할 것이다. 유인가는 행동을 촉진하고 중단시키는 사물이나 사건을 의미한다. 위 학생이 중간고사에서 좋은 점수를 얻어 포상(장학금)이 주어졌다면, 포상은 시험 준비를 하는 데 유인가로 작용한 것이다. 이런 측면에서 행동주의자들은 학습 동기를 교실에서 제공되는 유인가와 보상의 관점에서 밝히려고 한다.

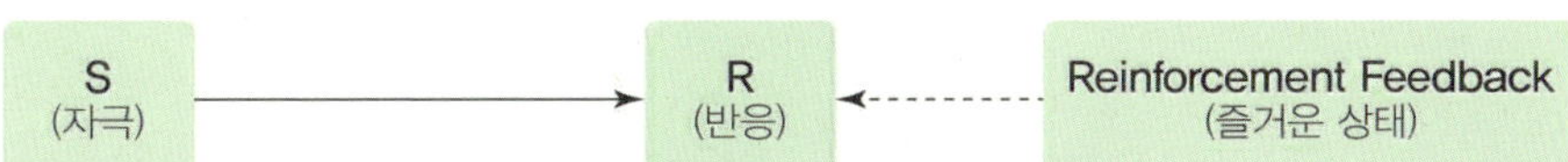

[그림 5-2] 행동주의 관점의 동기유발

2) 인본주의 동기이론

인본주의 심리학자들은 동기의 내적 원천은 자아실현(self-actualization)을 위한 개인적 욕구, 생득적인 실현 경향성을 위한 욕구 혹은 자기 결단을 위한 욕구라고 주장한다. 이런 주장의 공통점은 사람들을 지속적으로 동기화시키는 힘으로 자신의 잠재능력을 실현시키려는 생득적 욕구로 보는 것이다. 결국, 인본주의 입장에서 보면 학교에서 학생들을 동기화시키기 위해 학생들의 내적 자원인 유능감, 자아존중감, 자율성과 자아실현 등을 격려해 주어야 한다.

Maslow

그러므로 인본주의는 전체로서의 인간 혹은 자아를 가장 중요하게 생각하기 때문에 인본주의 동기이론의 중심 개념 역시 자아개념이 된다. 자아개념(self-concept)이란 개인이 가지고 있는 자신에 대한 견해를 말한다. 자아개념은 학습자가 겪는 경험의 통합이자 핵심이다. 학생이 학급에서 어떻게 행동하는가는 그들이 자신을 인간 존재로서 어떻게 바라보는가와 학교가 자신들의 성숙에 얼마나 기여하고 있는가에 대한 생각에 달려 있다. 만일 수업이 개인적으로 의미 있는 것이라면 그들은 학습에 동기화된 것이고, 그렇지 않다면 그들은 동기화되지 않은 것이다. 우리는 종종 학생들이 '이 내용을 왜 배워야 하죠?' 하고 질문하는 모습을 보게 된다. 학생들이 배우는 내용을 그들의 개인적 성장과 연관되도록 도와줄 수 있는 교사의 능력은 학습에서 중요한 요인이 된다(임규혁, 2007).

인본주의 심리학에 대표적인 이론은 Maslow의 욕구위계이론(hierarchy of need theory)으로 [그림 5-3]과 같다.

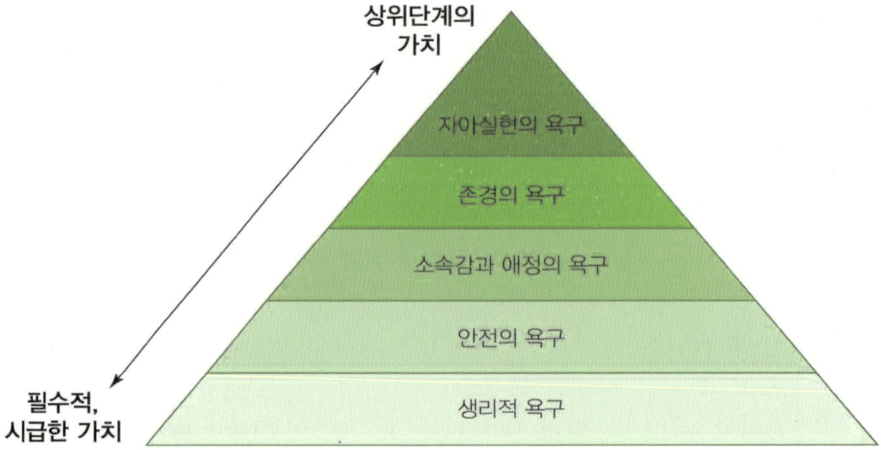

[그림 5-3] Maslow의 욕구위계

Maslow의 욕구위계이론은 구체적인 학습 내용과 주제들이 학생들의 자아와 욕구에 연결되고 통합되어야 함을 의미한다. 학습에 대한 진정한 욕구는 학생들이 학습하는 내용과 그들 자신의 삶의 관계를 명확하게 인식할 때 발생할 수 있을 것이다.

3) 인지주의 동기이론

인지주의 동기 이론가들은 어떤 행동이 과거에 보상되었는가 아니면 처벌이 후속되었는가에 의해서가 아니라, 개개인의 사고에 의해서 행동이 결정된다고 본다. 인간의 행동은 계획, 목표, 도식, 기대, 그리고 귀인 등에 의해 조작되고 조절된다. 이 모든 것의 중심이 되는 전제는 사람들의 외부사건이나 배고픔과 같은 신체적 조건에 반응하지 않고, 사태에 대한 자신의 주관적 해석에 의해 반응한다는 것이다. 스스로 설정한 목표 달성 기대에서 출발하여 그 과제에 몰두한 나머지 시계를 볼 때까지는 배고픔을 느끼지 못하는 경우가 그 예이다.

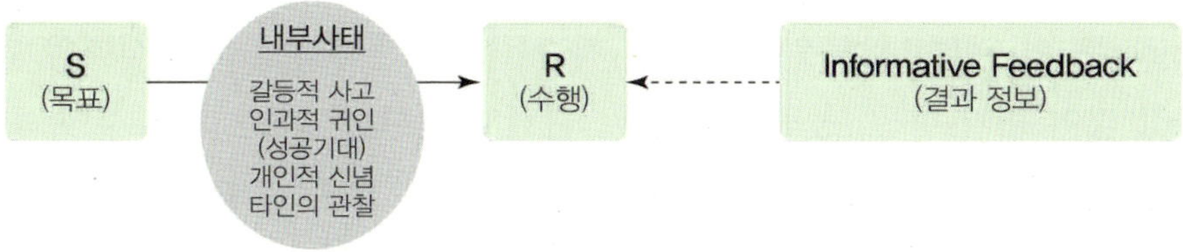

[그림 5-4] 인지주의 관점의 동기유발

인지주의 동기이론을 대표하는 Weiner(1979, 1980)의 귀인이론과 Bandura(1986)의 자기효능감 이론을 살펴보도록 하자.

(1) 귀인이론

어떤 일에 성공하였을 때 그 원인을 무엇이라 생각하는가? 성공이나 실패의 원인이 자신의 노력이나 능력 등의 내적 원인이라고 생각하는 경우와 우연한 결과나 운 등의 외적 원인이라고 생각하는 경우는 후속 행동에 차이를 가져온다(임규혁, 2007).

Weiner는 어떤 일의 성공이나 실패에 대하여 자신의 행동에 대한 원인을 귀속시키는 경향성에 대한 이론을 귀인이론(歸因, attribution theory)라고 하였다. 그에 따르면, 귀인이론은 학교에서 학생들이 그들의 성공과 실패를 어떻게 설명하는가에 대해 체계적으로 이해하고자 하는 것이다. 예를 들어, 타인의 행태인 행동, 언어, 동작 등을 보고 들음으로써 그러한 것이 왜 일어났는가를 찾는다. 그것은 행태를 통해 사람들의 행동이나 말의 인과관계에 대한 지각이 다르기 때문이다.

이를 통해 지각 문제의 개념은 '어떻게 하여 그런 말과 행동이 나타났는가?' 하는 문제의식보다는 '어떻게 나왔다'를 중시하는 귀인문제를 다루게 된다. 그래서 어떤 사람의 행동과 사태를 귀인 시킬 때는 크게 두 가지 측면에서 원인의 귀착을 밝힌다.

하나는 행동을 한 당사자의 성격, 능력, 동기 등에 돌리는 것으로, 이것을 내부귀인(internal attribution)이라고 명명한다. 다른 하나는 환경, 상황, 타인, 우연(운) 등의 탓으로 돌리게 되는 경우로, 이를 외부귀인(external attribution)이라고 명명한다. 인간은 일반적으로 타인의 행동은 내부귀인으로 귀속시키는 반면, 자신의 행동은 외부귀인으로 귀속시키려는 경향이 있다. 이처럼 사람들은 그들의 성공이나 실패를 자신의 과업 수행 중에 있었던 특정한 어떤 일의 탓으로 돌린다.

Weiner는 이러한 요인들을 분석하여 사람들이 자신의 성공이나 실패의 원인으로 가장 많이 귀인 하는 '능력, 노력, 운, 과제의 난이도' 라는 네 가지 항목을 설정하고, 이와 같은 귀인들은 원인의 소재, 안정성, 통제 가능성이라는 세 가지 차원의 모형을 기준으로 분류하였다(임규혁, 2007).

첫째, 원인의 소재(locus of causality)는 사람들의 성공 또는 실패에 대한 원인의 근원을 의미한다. 즉 성공이나 실패의 원인이 사람들의 내부에 존재하는지 아니면 외부에 존재하는지에 따라 원인의 소재가 달라지는 것이다. 이와 같은 기준에 따라 원인은 내적 원인과 외적 원인으로 나뉜다. 노력이나 능력 등은 개인의 내부에 존재하는 원인이기 때문에 내적 원인이 된다. 노력과 능력이라는 원인에 성공과 실패를 구인시키는 사람들은 내적으로 지향되어 있다고 분류된다. 반면, 운이나 과제의 난이도 등은 성공이나 실패로 귀인시키는 전형적인 외적 원인이다. 시험이 쉬워서, 또는 우연히 자신이 공부한 부분이 시험문제로 출제되었기 때문에 높은 성적을 얻었다고 생각하는 사람은 성공의 원인을 외적으로 보는 것이다.

둘째, 안정성(stability)이다. 귀인에는 변화될 수 있는 것도 있고, 그렇지 않은 것도 있다. 실패의 원인을 분석하여 그 대책으로 과업에 들이는 노력의 양을 적절히 조절한다거나, 보다 많은 도움을 요구한다거나, 때에 따라서는 공부하는 습관을 바꿀 수도 있다. 이러한 것들은 변화가 가능한 귀인이지만, 실패에 대한 원인을 개인의 내적 능력이 부족한 탓으로 돌린다면 능력을 변화시키는 것은 상대적으로 힘든 일이 된다. 이처럼 귀인을 분류하는 데 안정성이란 귀인을 변화시킬 수 있는 가능성의 정도를 의미하며, 그 정도에 따라 안정적(stable) 귀인과 불안정적(unstable) 귀인으로 분류한다.

셋째, 통제가능성(controllability)이다. 성공이나 실패를 통제할 수 없는 선행사건에 귀인 시키느냐 혹은 통제할 수 있는 선행사건에 귀인 시키느냐에 따른 분류이다. 예를 들어, 지능지수는 통제 불가능한 원인이 될 수 있으며 운도 마찬가지이다. 반면, 노력은 통제 가능한 원인이다. 이처럼 통제 가능성은 통제 가능(controllable) 귀인과 통제 불가능(uncotrollable) 귀인으로 구분된다.

〈표 5-1〉 **귀인과 각 차원의 관계**

	원인의 소재	안정성	통제 가능성
능력	내부	안정적	통제 불가
노력	내부	불안정적	통제 가능
운	외부	불안정적	통제 불가
과제의 난이도	외부	안정적	통제 불가

〈표 5-2〉 **귀인 차원에 따른 분류**

차 원		내 부	외 부
안정	통제 가능	Typical Effort (절대 공부 안 한다)	교사반응 (교사가 편파적이다)
	통제 불가능	Ability (낮은 능력 및 적성)	과제난이도 (과제 요구사항이 너무 높다)
불안정	통제 가능	Specific Effort (시험공부를 하지 않았다)	조력 (친구들이 도와주지 않았다)
	통제 불가능	Interest (시험 당일 갑자기 아팠다)	운 (운이 너무 나빴다)

(2) 자기효능감이론

Bandura

자기효능감(Self-efficacy)이란 넓게는 자아개념이라고 할 수 있는 것으로 자기 자신의 능력에 대한 감정을 말하며 학습에 크게 영향을 미친다. 예를 들어, Bandura(1997)는 자기효능감을 "학습자가 수행을 위해 요구되는 행위를 조직하고 실행해 나가는 자신의 능력에 대한 판단"이라고 정의하며, 이것은 학습자가 자신의 효능성에 대한 기대를 어떻게 하느냐 혹은 자기 자신의 효능성을 어떻게 보느냐에 대한 인식의 결과이기 때문에 '지각된 효능성(perceived efficacy)' 혹은 '자기 효능성에 대한 신념 또는 기대(belief or expectation of self-efficacy)'라고 정의하기도 한다.

자기효능감은 어떤 행동을 선택하거나 지속하는 데 가장 중요한 영향을 미치는 심리적 요인 중의 하나다. 자기효능감은 어떤 결과를 이루기 위해 필요한 행동을 조직하고 수행할 수 있는 개인의 능력에 대한 판단이다. 즉 주어진 상황에서 얼마나 유능할 것인가에 대한 개인의 판단인 동시에 특정 행동을 수행할 수 있는지에 대한 개인의 신념이다. 또한 자기효능감은 과제 수행에 필요한 동기, 인지적 원천, 행동의 방향을 이끌 수 있는 개인의 능력에 대한 판단이며 성공에 필요한 신체적·지적·감정적 원천을 움직이게 하는 개인의 능력에 대한 믿음이다.

Bandura(1977)는 모든 형태의 심리학적 치료 방법들은 자기효능에 대한 기대를 창조해주거나 강화시키는 역할을 한다는 기본적 가정에서 근거한다고 주장하는데, 이러한 가정에서 볼 때 자기효능감은 결과 기대(outcome expectancy)와 구별되어야 한다. 결과에 대한 기대감은 특정한 행동 후의 결과에 대한 믿음이기 때문에 후견(後見, afterthought)의 개념이고, 효능성에 대한 기대는 앞으로 수행할 행동이 성공적일 것이라는 확신이기 때문에 선견(先見, forethought)의 개념이다(김아영, 1998).

사람들은 과거 경험에 비추어서 선견, 즉 효능 기대를 설정하여 동기를 유발시키고 행위를 예상한다. 이러한 효율성에 대한 기대는 성취 상황에서 개인으로 하여금 활동을 선택하고, 노력을 투여하고, 어려운 상황에서도 끈기를 보이는 정도에 영향을 미친다. 효율성에 대한 기대가 긍정적이고 클수록 그 개인은 과제 수행을 할 때, 희망과 확신을 가지고 적극적으로 임함으로써 어려움이 있을 때도 많은 노력을 투여하고 더욱 끈기 있게 매달리게 된다.

〈표 5-3〉 **효능 기대와 결과 기대의 관계**

개인	➲	행동	➲	결과
	⇧		⇧	
	(효능 기대) 1. 수준 2. 강도 3. 일반성		(결과 기대) 1. 신체적 2. 사회적 3. 자기 평가적	

출처 : Bandura(1977).

자기효능감은 효능감 신념인 수준, 강도, 일반성의 세 가지 차원을 지닌다. 이 세 가지 차원은 실제의 행동 성취에 중요한 영향을 미치며 각기 그 정도가 다르다. 우선, 수준(magnitude or level)은 과제들을 난이도에 따라 배열할 때 쉬운 과제에 대해서는 높은 성취기대를 보이고, 과제가 어려워짐에 따라 점차 낮은 성취기대를 보인다. 자기효능감의 수준은 과제나 상황을 얼마나 어렵게 보느냐에 관련을 맺는다. 강도(strength)에서 약한 자기효능감은 곤란하거나 어려운 상황에 직면하였을 때 쉽게 소거되지만, 강한 자기효능감은 쉽게 소거되지 않으며 지속성을 띠는가의 문제와 관련된다. 일반성(generality)은 자기효능감이 어느 정도의 범위의 상황이나 대상에까지 적용될 수 있는가 하는 문제와 관련을 맺는다.

따라서 자기효능감이란 우리들이 무엇을 할 것이며, 어떻게 생각하고 느낄 것인가에 영향을 미치게 된다. 예컨대, 분석적 사고나 학문적 수행과 같은 인지적 능력은 강한 능력감에 영향을 주고, 낮은 자기효능감은 불안, 무력감, 우울 또는 수치심과 관련되어 있으므로 자기효능감과 행위, 정서 및 인지적 과정 간에는 상호작용적 영향이 있다.

① 자기효능감 수행과 영역

자기효능감은 한 개인이 어떤 행동을 수행할 수 없다고 생각하거나 싫어하는지를 설명하는 것으로 Bandura(1977)가 지적했듯이, 어떤 능력의 소유와 사용은 다른 것이며 자신이 가진 능력을 발휘할 수 있는가에 영향을 미치는 것을 말한다.

자기효능감이 높을수록 좋은 수행을 보인다는 것은 많은 실험을 통해 입증된 바 있다. 자기효능감 수행에 있어 매개변인으로 영향을 미치는데 이를테면, 자기효능감이 높은 개인은 도전적이고 구체적인 목표를 설정하고 이를 성취하기 위해 주의와 행동의 방향을 잘 잡을 것이고, 자기효능감이 낮은 개인에 비해 더 많은 노력을 할 것이며, 어려움에 직면했을 때에도 과제를 지속해서 해결하려고 할 것이다. 자기효능감은 시도하고자 하는 행동의 선택을 결정할 뿐만 아니라 노력의 양과 지속, 인내, 사고패턴, 각성, 궁극적인 행동 등에 영향을 미친다. 또한 귀인양식에서도 자기효능감이 높은 개인은 수행의 결과를 해석하는 방법에서 자기효능감이 낮은 개인과 다른 차이를 나타내 보인다(김아영, 2001).

일반적으로 자기효능감의 구성요소는 자신감, 자기조절효능감, 과제난이도 선호의 세 가지 하위 요인으로 구성되어 있다. 김아영과 차정은(1996)은 Bandura의 이론을 근거로 하여 자기효능감을 이루는 하위 구성요소를 다음과 같이 제시하였다.

- 자신감(self-confidency): 자신의 가치와 능력에 대한 개인의 확신 혹은 신념의 정도이며, 이러한 자신감은 자신의 능력에 대한 인지적 판단 과정을 통해서 조성되고 정서적인 반응으로 표출된다.
- 자기조절효능감(self-regulation efficacy): 개인이 어떤 과제를 달성하기 위해 자기조절, 즉 자기관찰, 자기판단, 자기반응을 잘 사용할 수 있는가에 대한 효능기대라고 할 수 있다. 자기조절체계는 인간 행동의 기본을 이루는 것으로 하위기능은 자신의 행동을 관찰하고 자신의 목표에 비추어 자신의 수행을 판단하며, 그 결과가 긍정적이면 새로운 목표를 설정한다. 따라서 자기조절효능감이란 개인이 자기조절, 즉 자기관찰과 자기판단, 자기반응을 잘 수행할 수 있는가에 대한 효능기대라고 볼 수 있다.
- 과제난이도 선호: 개인이 어떤 수행 상황에 임해서 목표를 선택하고 설정할 때 어떤 수준의 난이도를 선호하는지를 의미한다. 자기효능감 수준은 행동

상황의 선택에 영향을 미친다. 자기효능감이 높은 개인은 도전적이고 구체적인 목표를 선택한다. 반면, 자기효능감이 낮은 개인은 수행능력을 뛰어넘는 위협적인 상황을 무서워하고 회피하려 하며, 그들이 조절할 수 있다고 생각하는 상황만을 선택하고 행동한다.

② 자기효능감을 증대시키는 방안

교사가 학습자의 자기효능감을 증대시키는 방안에 대하여 제시하면 다음과 같다(노승윤, 2000).

- 교사는 학생으로 하여금 학생과 비슷한 연령, 성, 학습 능력을 가진 모델의 성공적인 성취 장면을 관찰시켜야 한다. 본인과 비슷한 모델이 학습하여 성공하는 장면을 관찰하면, 학습자 자신도 성공할 수 있다는 믿음을 갖게 되어 학습에 대한 자기효능감이 높아진다.
- 학습 상황에서 진보하고 있는 학습자에게 진보를 지각하도록 정보를 제공하는 수행 피드백을 제공해야 한다. 학습자 자신이 목표에 접근하면서 진보하고 있다는 것을 지각하게 되면 자기효능감은 높아질 것이다. 이때, 사실적인 판단을 통해 얻은 정보를 제공해야지 무조건적으로 긍정적인 입바른 소리는 오히려 교사의 언어적 설득의 신뢰성을 손상시킬 수도 있다.
- 교사가 학생에게 학습 전략을 사용하는 방법을 시범 보여야 한다. 전략 사용, 전략 사용에 대한 점검 및 학업 성적에 대한 효과 등을 학생에게 교수한다. 교사의 전략 수업은 전략을 학생 자신이 사용할 수 있다는 점을 확신시켜 전략 사용에 대한 자기효능감을 높여준다.
- 구체적이고 약간은 곤란하면서도 시간상으로 도달 가능한 목표를 설정해 준다. 추상적인 목표보다는 구체적인 목표, 쉬운 목표보다는 어려운 목표, 그리고 시간상으로 먼 목표보다는 가까운 목표가 학생의 자기효능감을 높여준다.
- 교사 자신도 학생의 학습을 도와줄 자기능력에 대한 판단을 높게 가져야 한다. 교사 자신의 수업 능력, 학습 전략, 교수 능력, 교과 내용에 대한 지식, 학생의 생활지도 능력 등에 대한 능력을 높게 지각해야 학생의 학습 관련 자기효능감을 높이는 데 긍정적 영향을 줄 것이다.

2.3 성취동기

인간의 여러 가지 동기 중에서 학교교육과 가장 밀접한 관계가 있는 성취동기의 연구의 선구자인 Atkinson(1964)과 McClelland(1965)이다. 이들에 의하면, 성취동기(achievement motivation)란 도전적이고 어려운 과제를 훌륭히 성취하길 기대하고, 성취결과보다는 성취 과정에 만족을 얻으려는 내적 욕구라고 하였다. Murray(1938)는 학업동기의 전조기로 성취동기를 강조하였는데, 그는 인간의 행위란 인간 환경의 상호작용의 결과로 전제하고 인간구조의 핵심이 바로 필요 또는 동기이며, 환경의 작용은 개인이 지각하는 압력으로 개념화 할 수 있다고 보았다(정원식, 1983). 이러한 성취동기의 개념은 1950년대에 들어 Mcclelland, Atkinson, Clark, 그리고 Lowell과 같은 심리학자들에 의해 지대한 관심을 받아왔다. 이들의 성취동기에 대한 공통된 개념은 동기수준의 정도에 따라 욕구가 다르게 성취되는데(Backman & Secord, 1968), 성취동기는 자기결정성에 의한 것이기보다는 환경적 측면의 다양한 요인에 의해 영향을 받는다고 볼 수 있다는 견해이다. 반면, Vallerand 등이 말하는 성취동기는 자기결정성(Self-determination)의 개념으로 보는 견해이다. 자기결정성이란 학습하기로 결정함에 있어서 스스로의 의지가 얼마나 반영되어 있느냐 하는 것으로, 자신이 공부하는 이유를 스스로의 선택에 귀인하는 정도를 의미한다(Deci & Ryan, 1987). 이를테면, 공부하는 이유를 스스로의 선택에 귀인하는 성취동기의 자율성을 의미하므로, Deci와 Ryan (1985)은 자기결정성을 자율성이라는 개념으로 사용하기도 하였다.

이상의 이론에 근거하여 수업 상황에서 교사는 학생들의 다양한 성취동기를 이해하고 증진시키는 데 관심을 가져야 하며, 이를 위해 과제 수행의 성공에 대한 기대의 가능성을 높여주어야 하고, 학습 결과를 평가하는 과정에서 학습의 성공과 실패를 내적으로 귀인시켜 주어야 한다. 또한 학습 과제 수행에서 실패했을 경우라도 벌을 최소화하고 할 수 있다는 자신감을 심어주고 성취동기를 북돋아 주어야 한다.

1) 성취동기와 행동특성

사람들은 성취에 대한 욕구와 더불어 실패회피욕구가 동시에 내재한다. 어떤 상황에서 사람들은 성취욕구가 실패회피욕구보다 클 경우 위험부담이 있을지라도 성취를 위해 노력하는 태도를 가질 것이다. 반면, 실패회피욕구가 성취욕구보다 클 때는 위험부담은 도전할 만한 것이라기보다 위협적인 것이 될 것이고, 결과적으로 성취동기는 그 상황을 회피하게 될 것이다. 성취동기가 높은 사람의 일반적인 행동특성을 제시하면 다음과 같다(조원호, 2002).

① 과업지향성: 성취동기가 높은 사람은 성취결과나 과업성취로부터 얻게 되는 보상이나 지위에 관심을 두기보다는, 일 그 자체를 성취해 나가는 과정에서 더욱 만족을 얻고 보람과 가치를 느낀다.

② 적절한 모험심: 성취동기가 높은 사람은 어느 정도의 위험성이 내포되어 있는 일을 스스로의 능력과 노력으로 성취해 내는 과정에서 만족감을 느낀다. 예를 들면, 적당한 모험심과 곤란도를 내포하고 있는 과업을 선택하여 도전하기를 선호한다.

③ 자신감: 성취동기가 높은 사람은 과제의 성취 가능성에 대한 주관적 판단인 자신감을 높게 갖는다.

④ 정열적이고 적극적인 활동성: 성취동기가 높은 사람은 새로운 과제가 부가되기를 기다리지 않고 보다 적극적으로 새로운 문제나 도전할 가치가 있는 문제를 찾고 새로운 해결 방안을 모색할 뿐만 아니라, 적극적으로 활동하기를 좋아하며 늘 행복을 느낀다.

⑤ 자기책임감: 성취동기가 높은 사람은 자신이 계획하고 수행한 일에 대하여 일체의 책임을 자기 자신이 지려는 태도를 보인다.

⑥ 결과에 대한 지식: 성취동기가 높은 사람은 자신이 수행하는 과업의 진행 상황 및 그 결과에 대해 구체적이고 객관적이 정보를 계속 추구한다.

⑦ 미래지향성: 성취동기가 높은 사람은 과거나 현재에 얽매이지 않고 장기적인 계획을 수립하고 먼 미래에 얻게 될 성취만족을 기대하면서 현재에 당면한 곤란과 갈등을 극복하며 과업에 몰두한다.

2) 학습 동기 유발방법

학습 동기 유발은 어떤 행동의 근원이 되는 힘인 동기를 학습자에게 분기(奮起)시키는 것을 말한다. 즉 학습 동기 유발은 학습 간에 학습자의 의욕을 발생하게 하여 유목적적이고 열성적으로 학습하도록 이끈다. 학습 동기를 유발시키는 방법은 다음과 같다(이형행, 2003).

- 높은 학습 동기는 학습의 목표를 개인적 욕구와 결부시켜 줄 때 유발된다.
- 목표를 분명하고 명확하게 인식시켜 주는 것이 학습 동기를 유발시킨다.
- 학생들의 흥미나 적성에 부합된 과제일수록 학습 동기를 유발시킨다.
- 적시적인 칭찬이나 상은 학습 동기를 유발시킨다.
- 긍정적인 자아개념의 형성을 돕는 것은 학습 동기를 유발시킨다.
- 부분 해답은 학습 동기를 유발시킨다.
- 경쟁심의 적절한 활용은 학습 동기를 유발시킨다.

3) 성취동기의 측정

성취동기를 측정하는 데는 관찰이나 검사지를 통해서 혹은 개인의 일기 내용을 분석함으로써 가능할 수 있다. 여기에서는 Freud의 '자유연상(free association)'에 기초하여 만들어진 주제통각검사(thematic apperception test: TAT)에 의한 성취동기의 측정을 간략히 소개하고자 한다.

[그림 5-5] 수술 장면

주제통각검사는 개인이 갖고 있는 요구-압력 관계를 비롯한 여러 가지 심리적-역동적 관계(psychological dynamic relation)를 분석·진단·해석하려는 것으로, 여러 그림을 보고 떠오르는 대로 얘기를 엮어 가는 투사법 검사이다.

예를 들면, 피험자에게 애매한 사태가 그려진 그림을 피험자에게 보여주고 상상적인 이야기를 하게 한다. 이렇게 피험자가 그 그림을 보고 꾸며낸 상상적 이야기를 분석해 냄으로써 성취동기 수준을 측정할 수 있다. 예컨대, McClelland와 그의 동료들이 제작한 TAT형 그림 가운데 그 하나를 보면, 배경은 외과 수술이 행해지고 있는 것 같이 애매한 한 소년이 있는 그림을 볼 수 있다. 이 그림을 보고 피험자가 5분 이내에 이야기를 쓰도록 한다. 이때 다음과 같은 질문을 준다.

① 이 그림은 무엇을 묘사하고 있는가?
② 지금 어떠한 일이 일어나고 있는가?
③ 주인공의 성격은 어떻게 보는가?
④ 어떠한 결과가 일어날 것인가?

아마도 성취동기가 강한 사람은 도판에 묘사된 소년이 외과의사가 되는 꿈을 꾸고 있다고 할 것이다. 반면, 성취동기가 낮은 사람은 소년의 어머니가 외과수술을 받고 있으며, 수술 결과가 양호하지 않을 것이고, 곧 돌아가실지 모른다고 걱정할지 모른다(박아청, 2002).

3 자아개념

자아개념(self-concept)이란 자기 자신에 대해 가지는 감정과 인지의 총체라고 할 수 있다. 예컨대, 비교적 장기간에 걸친 성공과 실패의 축적이 학생으로 하여금 자기 자신에 대하여 갖는 관점, 즉 긍정 또는 부정의 형성을 말한다.

심리학에서 말하는 자아개념이란 자신에 대해 갖는 생각, 감정, 그리고 태도의 총체를 말한다(Hilgard at el, 1979). 이런 자아개념은 타인이 자기를 어떻게 평가하느냐에 대한 자각과 자신에 대한 자기평가의 상호작용에 의해 형성된다. 개인이 지니고 있는 자아개념은 개인생활의 중심이 되어 자기 자신은 물론 자신이 접하는 모든 환경을 이해하고 해석하는 준거로 작용한다. 긍정적 자아개념은 학생으로 하여금 자신의 자기행위를 결정하는 능동적인 인물로 평가하도록 하지만, 부정적 자아개념은 학생으로 하여금 자신을 보잘 것 없는 존재로 보게 하고 환경을 부정적으로 보게 한다.

자아개념의 구성에 대하여 학자마다 다소의 차이가 있으나, 일반적으로 자아개념의 요소를 신체적 자아(physical self), 도덕적-윤리적 자아(moral-ethical self), 성격적 자아(personal self), 가정적 자아(family self), 사회적 자아(social self)로 구분한다.

4 시험불안

4.1 시험불안의 정의

심리학자들은 학교교육을 받고 있는 학생들에게 나타나는 불안을 시험불안(test anxiety)이라고 정의하였다. 시험불안은 수행(performance)에 영향을 미친다.

학교생활에 적응을 잘 못하는 학생들의 공통점은 학교의 과제에 대한 준비부족으로 인하여 걱정하게 되는 것이다. 이러한 정서 상태는 인지구조에 영향을 주고 이것으로 인해 공부를 열심히 했음에도 불구하고 시험당일에는 전혀 못 쓰는 공황(panic)상태가 발생한다. 예컨대, 시험 전날까지만 해도 모든 학습 내용을 이해하고 파지(retention) 하였음에도 불구하고, 시험지만 받으면 학습 내용이 전혀 생각나지 않는 경우이다. 이처럼 평가 또는 시험과 관련하여 발생하는 불안한 상태가 시험불안이다(구병두, 1996).

이와 같은 시험불안은 특성불안(trait theory)과 상태불안(state theory)으로 구분되는 데, 특성불안은 인성적인 특징을 말하며 비교적 장시간에 나타낸다, 상태불안은 일시적인 정서 상태로 환경 및 상황 조성에 따라 개선할 수 있다. 이러한 시험불안은 성취불안에 영향을 주고 일상생활 속에서 불안이 확대되면서 매사에 소극적이 되어 평가 상황을 회피하게 만든다.

실제 시험불안이 높은 학생과 낮은 학생 간의 차이는 문제를 해결할 때, 시간을 제한할 경우 시험불안이 높은 학생은 그렇지 않은 학생에 비해 실수는 세 배, 문제 해결 시간도 두 배정도 더 높아졌다(Hill & Eaton, 1977). 또 불안을 가진 학생들의 20%가 학업에 실패하는 반면, 불안을 덜 가진 학생들은 6% 정도가 실패한다는 연구가 있다(Hill & Wigfield, 1984). 이와 같은 결과는 시험불안이 학업 성취에 긍정적 또는 부정적 영향을 줄 수 있음을 시사한다.

시험불안의 해소를 위해서는 학생 자신이 시험에 과도한 집착이나 강박 관념을 버리고 편안한 마음으로 임하며, 공부 습관 역시 암기보다는 이해 위주의 핵심내용을 파악하는 습관 형성이 필요할 것이다. 아울러, 파노라마식 연상법(심상훈련이나 로드 맵)을 적용하는 등의 심리적 부담감을 덜어줄 자신만의 학습법을 찾아보는 노력도 요구된다.

마지막으로, 학업 성취에 대하여 부모의 직접적인 개입보다는 긍정적인 학습 동기를 자극한다거나 학습 동기의 부정적인 요인을 소거해 주는 방향으로 지도해야 한다. 교사 역시 학생들의 자아를 위협하는 실패 상황을 줄이도록 관심을 가져야 할 것이다.

4.2 각성과 수행의 질

성취하고자 하는 욕구, 즉 어떤 과제를 수행하는 데 동기화되기 위해서는 각성의 상태가 있어야 한다. 각성(arousal)이란 자극에 대하여 신체적·정신적 반응을 보이는 상태를 말하는데, 각성 상태가 되면 뇌파의 형태, 심장박동 수, 혈압, 그리고 호흡 정도가 변한다.

Yerkes와 Dodson(1908)은 새로운 내용을 학습할 때 학습의 질이 각성과 과제의 복잡성 간에 관계가 있다는 사실을 처음으로 밝혔다. [그림 5-6]은 각성과 수행의 질에 대한 수준이다.

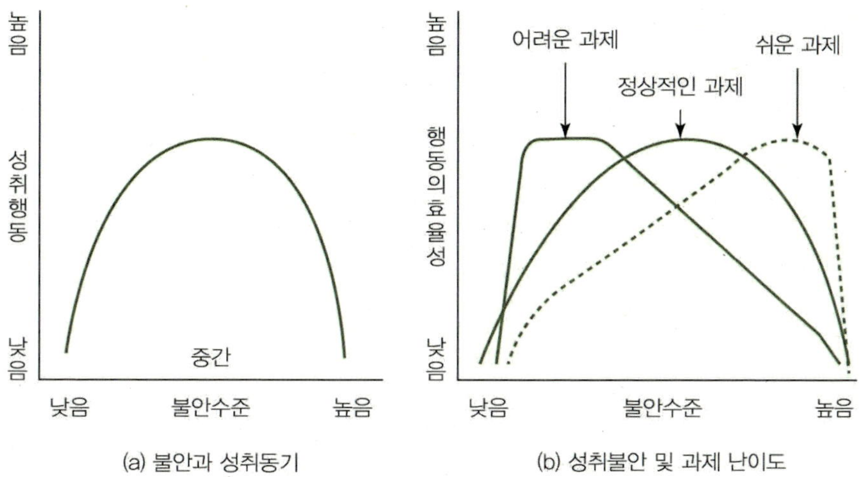

[그림 5-6] 각성과 수행의 질

[그림 5-7]과 같이 적정 수준의 불안을 느낄 때, 학습 활동은 가장 활발하며 불안이 낮은 때는 학습에 열의가 없고, 반대로 높을 때는 흥분하고 서두르는 나머지 오히려 사고 작용이 적절하지 못하여 성취행동이 낮아진다(류기섭, 1993). 또한 이러한 불안을 학습의 과제에 따라서도 다르게 나타난다. 예를 들면, 쉬운 과제의 경우 불안이 높을수록 학습의 효율성이 증대되나 학습 과제가 어려운 경우는 불안이 낮을수록 학습의 효율성이 증대된다(윤은성, 1995).

연구과제

1 태도의 변화에 해당하는 세 가지 이론을 설명하시오.

① 균형이론

② 인지 불협화 이론

③ 감정-인지 일관성 이론

2 학습 동기의 유발 방법에 대하여 설명하시오.

3 인지주의 동기이론에서 귀인이론에 대한 개념과 아래 용어를 설명하시오.

① 원인의 소재(locus of casuality)

② 안정성(stability)

③ 통제 가능성(controllability)

4 Maslow의 이론에서 성장욕구에 해당되지 않는 것은?

(2003학년도 초등교사 임용고사 시험문제)

① 인지 욕구　　② 자존 욕구
③ 심미 욕구　　④ 자아실현 욕구

5 학습 동기 측면에서 〈보기〉 와 같은 상황을 경계하는 학습 이론은?

(2006학년도 중등교사 임용고사 시험문제)

<보기>

우희는 '컴퓨터 게임을 마친 후 이제 공부 좀 해야겠다.'라고 결심하였다. 그리고 책꽂이에서 책을 꺼내 공부하려고 하는 데 갑자기 밖에서 "얘 공부 좀 해!"라는 어머니의 말씀을 듣고 공부할 의욕이 사라졌다.

① 사회적 이론　　② 인본주의 학습 이론
③ 정보처리 학습 이론　　④ 행동주의 학습 이론

6 내재적 동기 수준이 높은 학습자를 위한 지도방법으로 적절하지 않는 것은?

(2004학년도 중등교사 임용고사 시험문제)

① 학습의 과정보다 결과의 중요성을 강조한다.
② 학습 과제에 대한 기대와 호기심을 갖게 한다.
③ 과제 선택의 기회를 주어 자기주도적 학습 환경을 제공한다.
④ 학습자의 수준보다 약간 높은 수준의 곤란도를 가진 학습 과제를 제시하여 도전감을 유발한다.

7 다음은 시험이 끝난 직후 4명의 학생이 한 말이다. 이를 Weiner의 귀인이론(attribute theory)에 적용해 볼 때, 아래 그림에서 ❶, ❷ 유형에 해당하는 학생을 바르게 나열한 것은?

(2005학년도 중등교사 임용고사 시험문제)

<보기>

ㄱ. "난 역시 똑똑해!"　　ㄴ. "이번엔 운이 없었어!"
ㄷ. "이번엔 공부를 너무 안 했어!"　　ㄹ. "이번 시험은 너무 어려웠어!"

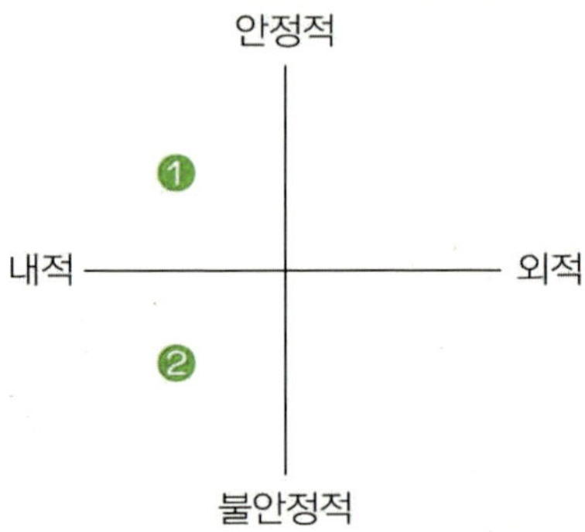

	❶	❷
①	ㄱ	ㄴ
②	ㄱ	ㄷ
③	ㄴ	ㄹ
④	ㄹ	ㄴ

정답 4.①, 5.④, 6.①, 7.②

CHAPTER 06

특수한 학습자

:: 학습 개요 ::

앞서 5장에서 제시한 것처럼 학생들은 여러 면에서 특성이 상이하다. 효과적으로 교육하는 교사들은 학생들을 가르칠 때 이점을 고려할 것이다. 어떤 학생들에게는 그들의 잠재능력을 충분히 발현하도록 특별한 도움과 지원이 필요하다. 이런 학생들은 특수성을 가지고 있다 말한다. 이들은 재능을 가진 영재일 수도 있고 학습의 문제를 가진 장애아일 수도 있다.

특수교육이란 이러한 특수 학생의 독특한 욕구를 충족시켜 주기 위해 마련된 수업을 말한다. 과거에는 특수교육을 분리하여 따로 가르치는 학급을 의미했다. 하지만 오늘날은 가능한 한 특수 학생들을 일반 학급에서 일반 학생들과 함께 수업 받게 하고 있으며, 일반 학급의 교사들은 특수학생들의 교육을 위해 더 많은 역할을 수행하도록 사회적 요구를 받고 있다.

이 장은 일반 학급에서 특수 학생들의 학업 활동을 돕기 위한 교사들의 역할 수행에 대하여 살펴보고자 한다.

:: 학습 목표 ::

1. 학습 장애를 가진 학생들의 행동 특성을 이해하고 학습 지도를 수행할 수 있다.
2. 영재아를 판별하고 가르치는 몇 가지 방법을 설명할 수 있다.
3. 정서 및 행동장애아의 특징에 대하여 설명할 수 있다.

1 특수한 학습자의 의미

한 학급 내에 있는 어떤 학생들은 특수교육을 받아야 할 정도로 개인차를 가지고 있다. 모든 학생은 기본적으로 지능, 창의력, 인지양식 등에서 개인차를 보인다. 이들을 일반적으로 특수한 학습자(exceptional learner)라고 명명한다. 특수한 학습자는 능력이 특별히 높거나 낮은 학습자, 정서 및 행동의 측면에서 정상범주(정규분포곡선에서 상위 약 2~3%)에서 이탈된 학습자를 일컫는다.

Wechsler 아동용 지능검사를 살펴보면, 전체 아동 지능의 평균은 100으로 일반적인 집단에서 50%의 아동은 100 이상이고, 나머지 50%는 100 이하이다. 표준편차 ±1에 해당하는 인구의 약 68%는 85~115 사이이다. 표준편차 ±1에서 벗어나 있는 약 32% 중 약 16%는 85 이하이고, 16% 이상은 115 이상이다. 그리고 약 32% 가운데 표준편차 ±2바깥에 있는 약 5% 중 약 2.5%는 130 이상이다. 통계적으로 분포로만 본다면, 어떤 특성에서든 그 개인차의 정도가 표준편차 ±2 이상에 속해 있는, 즉 집단의 약 5%에 속하는 아동들은 일단 특별한 학습자라고 판단할 수 있다. 이러한 학습자들이 많은 경우 일반적인 학습자들과는 다른 형태의 교육적 관심과 지도를 필요로 한다(구광현 외, 2006).

특수한 학습자의 독특한 요구를 충족시키기 위해 이루어지는 교육을 특수교육(special education)이라고 한다. 특수교육을 제대로 실시하려면 특수한 학습자의 특성을 객관적으로 이해할 수 있어야 한다. 특수한 학습자로 학습장애, 정신지체, 주의력 결핍 및 과잉행동장애, 영재, 정서 및 행동장애, 자폐증, 말하기 및 소통장애 등 다음과 같다(권대훈, 2006).

〈표 6-1〉 특수한 학습자의 유형

범주	설명
영재	지능이 평균 이상이고 특정 분야에서 탁월한 재능을 보이는 학습자
정신지체	지능이 평균보다 유의하게 낮고(IQ 70 이하), 적응행동 결손(예: 실용적·사회적 지능)이 있는 장애
학습장애	지능이 평균보다 높지만, 특정 교과의 학습이나 인지과정(예: 자각, 언어, 기억, 메타 인지)에 문제가 있는 장애

범주	설명
ADHD	주의력 결핍, 과잉 활동, 충동성 등의 특징을 갖고 있는 장애
말하기 및 소통장애	학업 수행을 심각하게 방해하는 말 혹은 언어 이해의 손상
정서 및 행동장애	장기간 지속되고 학업을 심각하게 방해하는 정서 혹은 행동 장애
자폐증	사회적 상호작용 및 소통의 손상, 반복적인 행동, 한정된 흥미, 예측 가능한 환경에 대한 강박적인 요구를 특징으로 하는 장애
신체 및 건강 손상	제한된 에너지와 활력, 정신적 민감성의 둔화, 근육의 통제 결여 중 하나 이상의 특징을 갖고 있는 신체 혹은 의학적 조건
시각 손상	정상적인 시·지각을 방해하는 눈 혹은 시신경의 기능장애
청각 상실	정상적인 말의 빈도 범위에서 소리지각을 방해하는 귀 혹은 관련 신경의 기능장애

2 학습장애를 가진 학생들

2.1 학습장애아의 행동특성

학습장애를 가진 학생들이 모두 같은 것은 아니다. 가장 공통적인 특성들은 하나 혹은 그 이상의 학업 분야에서의 특별한 어려움들, 부족한 조종능력, 주의집중력에서의 문제, 과잉행동과 충동성, 시·청각적인 정보를 조직화하고 해석하는 데에서의 문제, 생각하고 기억하고 말하는 듣는 것의 장애, 그리고 친구들을 사귀고 유지하는 것의 어려움 등이다(Hallahan & Kauffman, 2006).

우리나라의 특수교육진흥법에서는 셈하기, 말하기, 읽기, 쓰기 등 특정 분야의 학습에 장애를 보이는 경우를 학습장애로 분류하고 있다.

학습장애가 있는 학생들 중 일부 학생은 읽기에서는 3년이 뒤처지지만 수학에서는 평균 이상의 수준일 수 있는 반면, 다른 학생은 반대의 강점과 약점을 가지고 있을 수 있고, 또 다른 학생은 모든 학과목 영역에 영향을 미치는 조직하고 공부하는 데 문제를 가지고 있을 수 있다(김아영 외 공역, 2007).

그러나 대부분의 학습장애 학생들은 책읽기의 어려움을 갖고 있으며, 수학에서 계산하는 것과 문제를 푸는 것 등, 학습장애 학생들에게 어려움으로 작용한다. 이러한 학습장애 학생들 중 몇몇 쓴 글은 사실상 읽을 수 없고, 그들의 말하기도 불완전하고 조직적이지 못하다. 학습장애 학생들은 종종 학업과제에 접근하기 위한 효과적인 방법이 부족하다. 그들은 적절한 정보에 초점을 맞추고, 조직화하고, 학습전략을 적용하고, 기술을 익히고, 한 가지 전략이 작용하지 않을 때 전략을 바꾸는 방법을 모른다. 그들은 부분적으로는 그들이 학습하는 방법을 모르기 때문에 수동적인 학습자가 되는 경향이 있다. 독립적으로 일하는 것이 어렵고, 그래서 숙제와 자습과제는 자주 미완성으로 남겨진다(Hallahan et al., 2005).

'학습장애아'라는 초기 진단은 학생들로 하여금 심하게 좌절 또는 의기소침해 할 수 있으므로 조심스런 접근이 필요하다. 진단을 받은 학생들은 그들 자신이 그런 문제를 가지고 있어야 하는 이유를 이해하지 못하고 학습된 무기력(learned helplessness)의 희생자가 될지도 모른다. 이런 조건은 동물 학습에 대한 실험에서 밝혀졌다. 동물들은 그들이 통제할 수 없는 처벌(전기 충격)을 받게 되는 상황에 놓여진다. 그 후에 상황이 바뀌어, 그들이 전기충격을 그치게 하거나 충격을 피할 수 있었을 때에도, 그 동물들은 어떤 시도조차 하지 않았다(Seligman, 1975). 그들은 무기력한 희생자가 되도록 학습된 것이다. 학습장애 학생들 또한 그들 자신들의 학습을 통제하거나 증진시킬 수 없다고 믿게 될지 모른다. 이것은 강력한 믿음이다. 그 학생들은 그들 스스로의 학습에서 차이를 만들 수 있다는 것을 발견하기 위한 노력을 결코 하지 않아서, 그들은 수동적이고 무기력하게 된다.

학습장애를 가진 학생들은 또한 그들의 문제점을 보상하려 하고, 그 과정에 있어서 나쁜 학습 습관들을 기르려 하거나, 그 일을 다룰 수 없다는 공포에서 벗어나려고 특정과목들을 피하려 할지도 모른다. 그러한 일이 일어나는 것을 막으려면, 교사는 가능한 빨리 학교에서 적절한 전문가들에게 학생의 생활지도를 의뢰할 필요가 있다.

〈표 6-2〉 **학습장애 학생의 행동특성**

일반적 패턴	
• 주의력 결핍 • 목적 없는 행동 및 산만한 경향 • 하나의 일을 지속적으로 하지 못하여 과제를 끝까지 수행해 내지 못함 • 불균등한 수행(예: 한 영역에서는 잘 수행하는 반면, 다른 영역에서는 극단적으로 낮은 수행을 보임) • 몸의 균형과 신체기관 간 협응의 결여	
학업수행	
읽기	• 유창하게 읽지 못함 • 단어를 역으로 읽음(예, 영어의 경우 'saw'를 'was'로 읽음) • 읽고 있는 지점을 놓치고 찾지 못함
쓰기	• 글쓰기가 서투름 • 한 줄로 쓰는 데 어려움이 있음 • 쓰기 작업을 끝내는 속도가 느림 • 칠판에 쓰인 내용을 노트에 옮기는 데 어려움이 있음
수학	• 수학적 사실들을 기억하는 데 어려움이 있음 • 계산할 때 자릿수를 혼동함(예: 십의 자리와 일의 자리) • 응용문제 해결에 어려움이 있음

출처: Eggen & Kauchak(2006).

2.2 학습장애아의 학습지도

학습장애 학생의 잠재적 능력을 신장하기 위한 기회가 학교 교육과정에서 제공되어야 하며, 학습장애 학생에게는 그러한 권리가 주어져야 한다는 여론의 확대는 학습장애 학생의 원인과 그 대처방안에 대한 많은 관심과 노력을 가져오게 하였고, 그러한 노력은 원인을 정확히 발견하고 그에 따라 적절한 방안을 수렴하여 지도하였을 때 그러한 현상이 개선될 수 있다(임승권, 1993).

학습장애를 가진 학생들은 이들의 요구에 맞는 적응적 교수법(adaptive instruction)과 교사 지원을 필요로 한다. 학습장애는 서로 다른 원인을 가지고 있기 때문에 각 학생들의 요구를 충족시키기 위한 전략들을 개별화해야 한다. 일부 학생들은 주의 깊게 짜인 시간 계획, 다른 학생들의 도움, 자신의 학습전략을 수정하기 위한 교사의 피드백이 필요하다. 또 일부 학생들은 자신의 읽기 결함을 보완하기 위해 조용한 환경에서 소리 내어 읽기 활동을 하거나, 누군가가 이미 중요한 부분을 표시해 둔 책들을 구입하는 방법들을 사용한다. 학습장애 학생들은 일반적으로 글쓰기 활동을 하는 경우 사전을 활용하고, 철자의 어려움에 직면하면 쉬운 단어로 이를 대치하는 빈도가 증가하며, 다른 사람으로 하여금 자신이 작성한 보고서를 읽고 수정해 주도록 부탁하는 것을 볼 수 있다. 또 학습장애를 가진 학생들은 필기하는 어려움을 보완하기 위해 강의를 녹음하고, 시험기간을 좀 더 늘려줄 것을 요구하는 경우가 많이 있다. 일반적으로 효과적인 학습전략을 습득하고 활용할 수 있다면 학습장애를 가진 학생들은 학교에서 성공적으로 살아남을 수 있으며, 나아가 일반학생보다 더 높은 성취결과를 보일 수도 있다(신종호 외 공역, 2006). 학습장애 학생들의 학습지도를 위한 Hardman, Drew, 그리고 Egan 2005)의 일반적 학습전략 몇 가지를 소개하면 다음과 같다.

〈표 6-3〉 **학습장애 학생을 위한 학습전략**

구분	학습전략
학령 전기	• 언어적 지시를 짧고 단순하게 한다. • 내용 수준을 학생의 발달 수준에 맞춘다. • 의미를 분명히 하기 위해 복수의 예제를 준다. • 재료가 새로운 것인 경우 평상시보다 연습을 더 많이 하게 한다.
초등학교 시기	• 언어적 지시를 짧고 단순하게 한다. 그들이 이해했는지 확인하기 위해 학생이 지시를 반복하게 한다. • 학생에게 외우는 방법을 가르치기 위해 지도할 때 기억술(기억 전략)을 사용한다. • 핵심 내용들은 여러 번 반복한다. • 학습과 연습을 위해 추가 시간을 제공한다(필요시 재교육 한다).
중등학교 시기와 전환기	• 학생이 "내가 주의집중을 하고 있었나?"를 질문하도록 신호를 주는 것과 같은 자기감찰 전략들을 직접 가르친다. • 새로운 재료는 학생이 이미 가지고 있는 지식과 연결시킨다. • 학생이 외적 기억 전략이나 장치(녹음기, 노트필기하기, 해야 할 일 목록 등)를 사용하도록 가르친다.

3 영재아

3.1 영재의 의미 및 특성

개인들은 많은 다양한 재능을 가지고 있기 때문에 영재아의 정의는 다양하다. Renzulli와 Reis(2003)는 영재성을 세 가지 기본 특성인 평균 이상의 일반능력(일반적으로 IQ 130 이상), 높은 창의성, 그리고 높은 과제 몰입과 성취동기로 정의했다. 즉 영재(giftedness)는 지능이 평균 이상이고, 특정 분야(미술, 음악, 수학 등)에서 탁월한 재능을 보이는 학습자를 말한다.

영재는 때론 재능이란 개념과 혼용되지만 엄밀한 의미에서 볼 때, 두 개념은 구분된다. 즉 영재는 일반 능력이 예외적으로 높은 학습자를 지칭한다. 반면, 재능(talent)은 좁은 의미의 개념으로 수학이나 음악과 같은 특정 영역에서의 탁월한 능력을 나타냄을 의미한다. 재능이 매우 높은 조숙형을 신동(prodigy)이라고 한다. 신동은 모차르트와 같이 음악, 예술, 문학 영역에서 탁월한 재능을 나타내는 아동이다. 하지만 보통 영재는 재능이 높기 때문에 교육에서는 영재와 재능을 비슷한 의미로 사용하기도 한다(권대훈, 2007). 영재의 특성을 지적·학습적 특성, 창의적 특성, 그리고 인성적 특성으로 나누어 제시하면 다음과 같다(김언주·구광현, 1993).

1) 지적·정의적 특성

- 언어구사력이 뛰어나다. 즉 어휘가 풍부하고 표현력이 우수하다.
- 독서능력이 높다.
- 추상화·개념화·종합화능력이 발달되어 있다.
- 인과관계를 쉽게 이해한다. 주위환경에서 구조·조직·일관성을 좋아하는 경향이 있으며, 구조나 규칙의 무시를 싫어한다.
- 질문 태도나 정보 탐색 시에 내면적 가치를 중시하는 면이 나타난다.
- 회상 가능한 다양한 주제의 정보를 비교적 많이 가지고 있다.

- 중요한 원리를 쉽게 포착하며 상황, 사람 또는 문제에 관한 일반화를 타당하게 한다.
- 복잡한 문제를 하위요소로 분리하여 체계적으로 분석한다.
- 상식 수준이 높다.
- 관찰력이 예민하다.
- 핵심적인 답변을 한다.
- 학교 성적이 비교적 우수하다.

2) 창의적 특성

- 사고가 유창하다. 하나의 문제에 대하여 가능한 결과 및 관련 아이디어를 많이 창출해 낸다.
- 독창적인 사고를 한다. 주어진 정보에서 항목들을 새롭고 특이하고, 관습적이지 않게 연합 또는 결합시킨다.
- 융통성 있는 사고를 한다. 문제 해결에서 여러 가지 대안을 제시하고 다양한 접근을 한다.
- 집중적인 사고를 한다. 기본 아이디어, 상황 또는 문제에 대해 새로운 해결단계, 아이디어 창출, 반응을 한다.
- 복잡한 문제에 대해서도 의지력을 보이며 문제 상황에 집착한다.
- 추론을 잘한다. 가설을 잘 설정하며, '만약 ……이면'이라는 의문을 많이 갖는다.
- 사물, 아이디어, 상황 또는 문제 사태에 대한 호기심이 많다.
- 자신의 견해 또는 아이디어를 쉽고 명료하게 표현한다.
- 미(美)에 대해 민감하며 미적 차원에 끌린다.

3) 인성적 특성

- 완전한 것을 추구하며, 자기 비판적이어서 자신의 성취에 쉽게 만족하지 못하고 항상 새로운 것, 도전적인 것을 추구한다.

- 사태 판단 시 나름대로 가치판단을 하는 경향을 보인다.
- 회의적이고 비판적이고 평가적이다.
- 자신의 능력을 현실적으로 파악하려 한다.
- 유머감각이 있다.
- 자아의식이 강하다.
- 다른 사람을 지배하려는 경향이 강하다.
- 자신보다 연상의 친구를 사귀려는 경향이 있다.

3.2 영재의 판별

영재에 대한 정의에서 언급한 것처럼 영재성은 다양한 영역과 다양한 상황에서 나타나기 때문에 어떤 한두 가지 방법으로 일회적인 평가를 통해 영재를 판별하는 것은 바람직하지 않다. 적어도 몇 가지 검사 방법과 도구를 활용해서 여러 단계에 걸쳐 다양한 정보를 수집·판별해야 한다. 즉 교과 성적, 지능검사, 창의성검사 학업 성취도 검사, 적성검사, 행동특성 검사, 행동 관찰, 산출물의 질, 자기 보고서, 교사 보고서 등과 같은 다양한 정보를 통해 판별해야 한다. 여러 단계를 거쳐 영재를 판별하더라도 지속적인 판별활동을 통해 판별 결과의 정확성과 판별 절차의 타당성을 검증해 볼 필요가 있다. 또한 대상의 연령, 신체적·정신적 특성 등에 따라 적합한 방법과 도구를 사용해야 한다. 지능은 보통 정상분포곡선에서 상위 2~3%에 해당하는 IQ 130 이상, 학업 성취 수준은 흔히 정답률 90% 이상, 높은 수준의 창의적 행동특성 소유, 높은 과제의 지속성 등이 요구된다. 판별 과정은 객관적·주관적 평가 자료를 모두 포괄하며 일반적으로 다음과 같은 단계에 의한 판별을 거친다(문은식 외, 2007).

- 1단계: 추천(학교장 및 교사, 영재교육 전문기관, 부모 등)
- 2단계: 표준화 검사(지능, 성취도, 창의성, 인성검사 등), 면접
- 3단계: 수행검사(연주, 실험 등)
- 4단계: 영재교육 프로그램에의 투입 및 관찰

3.3 영재아의 학습지도

어떤 교사들은 영재아들의 학습을 가속시켜야 한다고 믿는다. 월반이나 특별한 과목 등을 통해서 말이다. 다른 교사들은 심화학습(enrichment)을 선호한다. 학생들에게 부가적인, 좀 더 복잡하고 생각을 자극하게 하는 과제를 부여하지만 학교에서 동년배 학생들과 계속 지내게 하는 것이다. 사실 두 가지 모두 적절한 방법이다(Torrance, 1986). 이것을 하는 한 가지 방법은 교과과정 압축을 통해서 하는 것이다. 즉 교수 단위 속의 학습 내용에 대한 학생들의 지식을 평가한 다음 목표가 아직 도달하지 않는 것들만 가르치는 것이다. 절약된 시간은 심화, 정교화, 새로운 내용을 포함하는 학습 목표에 사용할 수 있다(Reis & Renzulli, 2004).

영재에 대한 교수 방식은 단순히 많은 양의 사실을 가르치는 것이 아니라 추상적 사고(형식적 조작적 사고)와 창의성, 높은 수준의 책이나 원서 읽기를 장려하고 독립성을 키워줄 수 있는 것이어야 한다. 영재에게 별로 바람직하지 않은 또 다른 방식은 여러 능력의 학생이 뒤섞여 있는 협동학습이다. 영재들은 높은 능력을 가진 동료들과 함께 학습할 때 더 잘하는 경향이 있다(Fuchs, Fuchs, Hamlett, & Karns, 1998). 영재아를 대할 때, 교사는 상상력이 풍부하고 융통성이 있어야 하며 학생의 능력에 위협받지 말아야 한다. 교사는 항상 영재에게 가장 필요로 하는 것이 무엇인지 궁금증을 가져야 한다. 학생들이 배울 준비가 되어 있는 것은 무엇인지, 누가 도울 수 있는지를 스스로에게 질문해야 한다. 그 질문에 대한 대답은 가까운 대학의 교수진, 퇴직 교수, 책, 박물관 혹은 상급 학생들로부터 얻을 수 있을 것이다. 한 학년 높은 수준의 산수 문제를 해결하도록 하면 될 만큼 의외로 간단한 전략일 수도 있다. 또 보다 융통성 있는 프로그램들을 가르쳐야 한다. 즉 여름학교, 가까운 대학의 과목들, 지역사회의 미술가나 음악가, 무용가들과의 수업, 독립적 연구과제, 어린 학생들을 위한 고등학교 일부 과목 수업, 장학생반, 특별 운영반 등 여러 프로그램들이 있을 수 있다. 이 모든 것은 영재 학생들에게 적합한 학습경험을 제공하기 위한 선택사항이 된다.(Mitchell, 1984).

도전을 제공하는 중에도 지지해 주는 것을 잊지 말아야 한다. 우리들은 부모, 코치, 교사들이 아이들의 흥미를 넘어서는 연습과 완벽성을 강요함으로써 재능 있는 학생들이 중도에 배움의 기쁨을 포기하는 경우를 종종 보아 왔다. 너무 강한 압박과 외적 보상을 많이 사용해서 내재적 동기를 파괴하는 일은 없어야 할 것이다.

4 정서·행동장애아

4.1 주의력 결핍-과잉행동장애

주의력 결핍-과잉행동장애(attention deficit hyperactivity disorder: ADHD)는 전형적으로 주의력 결핍, 과잉활동, 충동성 등의 특징을 갖고 있는 장애를 말한다(권대훈, 2007).

① 주의력 결핍(inattention): 주의를 집중·지속하는 데 어려움이 있다. 예컨대, 지시사항에 귀를 기울이거나 지시를 따르는 데 어려움이 있고, 부주의로 자주 실수를 하며, 주의가 쉽게 산만해지고, 정신집중을 요하는 활동을 지속하지 못한다.

② 과잉활동(hyperactivity): 과도한 에너지를 갖고 있는 것처럼 보인다. 예컨대, 쉽게 조바심을 내고, 부적절한 시간에 교실을 돌아다니며, 과도하게 이야기하고, 조용히 공부하거나 놀이를 하는 데 어려움이 있고, 마치 "마치 모터에 의해 작동하는 것처럼' 행동한다.

③ 충동성(impulsivity): 상황에 적절하지 못한 행동을 제어하는 데 어려움이 있고, 행동하기 전에 생각을 하지 못한다. 충동성이 높으며, 불쑥 대답을 하고, 다른 사람을 방해하며, 지시를 기다리지 않고 과제를 시작하고, 차례를

기다리지 못하며, 잠재적인 결과를 고려하지 않고 위험하거나 파괴적인 행동을 한다.

ADHD는 주의집중력 결핍, 과잉행동, 충동성 이외에 다음과 같은 특징을 갖고 있다.

① 인지적 처리에 어려움이 있다.
② 학업성적이 낮다.
③ 상상력과 창의력이 과도하다.
④ 문제 행동(소란, 학급규모 무시)을 한다.
⑤ 사회적 상황을 해석하고 추리하는 데 어려움이 있다.
⑥ 또래와의 상호작용을 할 때 정서적 반응성(흥분, 적대감 등)이 높다.
⑦ 친구가 거의 없고, 또래에게서 철저히 노골적으로 거부된다.

4.2 의사소통장애

의사소통장애(communication disorders)는 다른 사람으로부터 정보를 이해하고, 자신의 생각을 표현하는 능력에 심각한 제한을 가지고 있는 상태를 말한다. 여기에는 두 가지 형태의 장애가 있다. 말하기장애(speech disorders)는 소리를 형성하고 순서에 맞게 배열하는 데 심각한 문제를 가지고 있음을 의미한다. 말을 더듬거나 잘못 발음하는 것이 그 예이다. 언어장애(language disorders)는 생각을 표현하기 위해 언어를 사용하거나, 언어를 이해하는 데 심각한 문제를 포함한다. 언어장애에는 종종 청력손상, 학습장애 또는 정신 지체와 같은 다른 문제들과도 관련되어 있다.

말하기장애에는 세 가지 유형이 있는데, 그 유형으로는 발음장애(특정소리를 다른 것으로 대치하기, 왜곡하기, 생략하기 등과 같이 발음에 문제가 있음), 유창성장애(단어의 첫소리를 반복하며 말을 매끄럽게 하는 데 문제가 있음), 목소리장애(후두 또는 목의 공기 흐름에 문제가 있음)를 들 수 있다.

특히, 언어장애는 학습에 영향을 미치기 때문에 더욱 심각하다. 대부분의 학생은 학교에 들어가기까지 의사소통하는 것을 매우 잘 학습한다. 하지만 적은 수(1% 이하)의 학생들은 자기 자신을 언어적으로 표현하는 데 문제를 지속적으로 경험한다. 언어장애의 증상들은 다음을 포함한다(신종호 외 공역, 2006).

① 낮에도 거의 말을 하지 않는다.
② 아주 적은 수의 단어나 짧은 문장을 사용한다.
③ 의사소통을 위해 몸짓에 과도하게 의존한다.

언어장애의 원인으로는 청력상실, 대뇌손상, 학습장애, 정신지체, 심한 정서적 문제, 생애 초기 몇 년 간에 걸친 부적절한 발달적 경험 등을 들 수 있다.

4.3 자폐스펙트럼장애

자폐스펙트럼장애(autism spectrum disorders)는 일반적으로 3세 이전에 나타나는, 가벼운 장애부터 심각한 장애로 나타나는 언어적, 비언어적 의사소통과 사회적 상호작용에 중요한 영향을 미치는 발달 장애를 말한다. 타인과 눈 맞춤을 피하고, 관계를 형성하지 않고, 즐거움이나 타인에 대한 흥미와 같은 감정을 나누지 않는 증세가 나타난다. 경미한 수준에서 심각한 수준까지의 장애의 범위를 포함하는 것임을 강조하는 측면에서 자폐증을 확장시켜 놓은 것이다.

이런 증상을 가지고 있는 학생들의 과반수는 말을 잘 하지 않는다. 그들은 언어 기술이 거의 없거나 전혀 없다. 어떤 학생들은 그들 자신의 언어를 만든다. 그들은 강박적으로 자신의 환경 속에서의 규칙성과 동일성을 고집한다. 변화를 매우 힘들어 한다. 예컨대, 그들은 행동을 반복하고 제한적인 관심을 보이고 같은 DVD를 반복해서 본다. 그들은 빛, 소리, 촉각, 또는 다른 감각 정보에 매우 민감할 수 있다. 또한 소리는 매우 고통스러울 수 있다. 그들은 단어나 문제 해결을 위한 단계를 기억할 수는 있지만, 그것들을 적절하게 사용하지 못하거나 또는 상황이 변하거나 질문이 다른 방식으로 제시되면 매우 혼란스러워 한다(Friend, 2006).

4.4 정서 및 행동 장애

정서 및 행동 장애(emotional and behavioral disorders)는 장기간 지속되고 학업수행을 심각하게 방해하는 정서 혹은 행동의 장애를 말한다. 정서 및 행동 장애와 관련된 증상은 외재화 행동(externalizing behaviors)과 내재화 행동(internalizing behaviors)으로 구분되기도 한다. 외재화 행동은 공격성, 도전, 불복종, 거짓말, 훔치기, 자기통제 결여와 같이 다른 사람에게 직·간접적으로 미치는 효과를 말한다. 반면, 내재화 행동은 불안, 우울, 사회적 상호작용 위축, 섭식장애, 자살경험과 같이 장애자 본인에게 미치는 효과를 말한다. 정서 및 행동 장애의 특징은 다음과 같다(권대훈, 2007).

① 다른 사람과 사회적으로 적절한 방식으로 상호작용을 하는 데 어려움이 있다.
② 만족스러운 대인관계를 확립·유지하는 데 어려움이 있다.
③ 자기 개념이 부정적이다.
④ 결석 빈도가 높다.
⑤ 나이가 들수록 학업 문제가 악화된다.
⑥ 문제의 심각성을 제대로 인식하지 못한다.

연구과제

1 특수한 학습자(exceptional learner)의 개념과 특징을 설명하시오.

2 학습장애아의 교실에서의 학습지도방법에 대하여 설명하시오.

3 영재를 위한 학습전략과 학습지도 방법을 설명하시오.

4 자폐스펙트럼장애(autism spectrum disorders)의 의미와 특징을 설명하시오.

5 수업 시간에 학습부진 학생이 이해하고 있는지 확인하기 위해 교사가 질문을 했는데 정답을 말하지 못했다. 다음 중 교사가 취해야 할 가장 적절한 행동은 어느 것인가?

(2000학년도 중등교사 임용고사 시험문제)

① 그 학생에게 이전보다 더 쉽게 질문한다.
② 다른 우수한 학생에게 이전보다 더 쉽게 질문한다.
③ 학급 전체 학생을 대상으로 이전보다 쉽게 질문한다.
④ 다른 우수한 학생에게 전과 동일한 수준으로 질문한다.

6 〈보기〉 의 영재 또는 영재교육에 관한 주장이나 신념들 중에서 옳은 것을 모두 고른 것은?

(1996학년도 중등교사 임용고사 시험문제)

<보기>

가. 영재들은 대체적으로 사회 적응능력이 뒤떨어지고 신경증적 증세를 나타낸다.
나. 학업 면에서 문제를 지니는 학생은 더 이상 영재가 아니라는 생각은 잘못된 것이다.
다. IQ점수가 영재인가를 가려내어 주는 유일한 척도는 아니다.
라. 영재들을 위한 특별교육은 기회균등 정신에 위배되기 때문에 비민주적이다.
마. 각자의 능력과 적성에 적합한 교육을 실시하자는 것이 영재교육의 실제적 취지이다.

① 가, 나, 다　　② 가, 다, 마
③ 나, 다, 라　　④ 나, 다, 마

정답 5.①, 6.④

PART III

교수-학습에 대한 이해

학습은 교육심리학에서 가장 중요한 부분이다. 이 책의 핵심은 학생의 학습을 향상시키기 위해 교사가 무엇을 할 수 있느냐는 것이다. 특히, 제3부에서는 학습에 대한 행동주의와 인지주의 관점을 이해하고 학급에서 폭넓게 적용해 볼 기법을 이해하고자 한다. 또한 교사는 학생의 동기를 증진하기 위하여 수업을 시작할 때 학생들의 주의를 끄는 예시, 활동, 질문 등을 사용하고 그 수업에서 가르칠 내용에 대한 틀을 제시할 것이다. 교사가 수업 내용을 학생의 삶과 연결시키고 학생들을 수업활동에 직접 참여하도록 하여 학생의 주의나 흥미를 계속해서 수업에 향하게 할 수 있다. 교사가 학생이 얼마나 발전했느냐에 대한 피드백을 주는 것은 학생의 학습과 동기에 모두 중요하다. 이러한 피드백을 줄 때 학생의 능력이 증진하고, 자기효능감, 자기결정력, 내재적 동기가 향상될 것이다. 이에 제3부에서는 교수-학습에 대한 전반적인 이론과 교실에서의 실천적 적용을 위한 지침을 제공하고자 한다.

CHAPTER 07

학습이론

:: 학습 개요 ::

학습을 국어사전에서는 일반적으로 '배운다' 또는 '익힌다'의 뜻으로 설명하고 있다. 그러나 학습을 이처럼 단순히 개념 지울 수 없다. 교육심리학에서 학습이란 매우 중요하다. 학자들 간에도 학습에 대한 의견의 일치가 이루어지지 않는 점을 들 수 있다. 학습은 교육심리학뿐만 아니라 일반심리학의 문제이기 때문이다. 비록 학습에 대한 개념이 다양하다는 가정은 하더라도 학교에서는 학습시키는 일이 주된 과제가 아닐 수 없다.

그러므로 교사들은 '학습이 어떻게 형성되어 있는가?', '어떻게 하여 학습자에게 효과적으로 학습하게 할 것인가?'로 고민하게 된다.

이러한 학습은 학교에서 실제 적용해야 하고, 적용의 방법 및 기술 등에 따라 학습의 효과는 차이가 있을 수 있게 마련이다. 보다 효과적인 학습을 위해 우선 학습의 기초 이론을 이해하고 장차 구체적인 학습의 이해를 넓혀 가는 것이 요구된다.

:: 학습 목표 ::

1. 행동주의 학습이론의 개념을 이해하고 교육적 적용에 대하여 설명할 수 있다.
2. 강화의 개념과 적용에 대하여 설명할 수 있다.
3. 교실상황에서 모델링과 대리학습의 예를 분별할 수 있다.
4. 인지주의 학습이론의 개념을 이해하고 교육적 적용에 대하여 설명할 수 있다.

1 학습의 정의

학습이란 광의의 의미로 인간발달에 있어서 제체제화 과정이라고 말할 수 있다. 이를테면, 인간과 생활과의 상호작용으로 인하여 새로운 관련이 발생하고 이에 따라 인간행동에 변화가 발생하는 것이다. 협의의 의미로는 학습자가 정해진 학습 목표를 달성시키려는 상황에 참여하여 의도한 학습 목표를 성취하는 활동을 말할 수 있다.

이 두 가지의 학습개념을 종합하여 해석하며, 학습이란 인간발달에 요구되는 새로운 지식이나 기능 행동을 습득하고 보존하여 앞으로의 생활에 활용할 수 있게 전체적으로 제체제화 하는 과정이라 재진술 할 수 있다.

제체제화 되어가는 과정은 첫째, 새로운 지식, 새로운 기능, 새로운 행동을 획득하기에 이르는 과정이고 둘째, 새로 습득한 지식, 기능, 그리고 행동을 일정 기간 파지(retention)하고 그 결과를 구체화하기 위해 반복 연습하는 과정이며 셋째, 습득하고 파지한 지식, 기능 또는 행동을 일정 기간이 지난 후에 재생하여 다음의 생활 또는 경험에 활용 및 응용하는 단계까지를 포함하여 말한다(박상호, 1985).

이러한 학습 과정은 인간이 환경에 적응하기 위하여 나타나는 행동의 변화라고 말할 수 있다. 예컨대, 주현이 학생의 집에 초대를 받은 한솔 학생은, 주현이 학생이 최근 개발된 컴퓨터용 영어회화 비디오테이프를 통해 영어회화 공부를 하고 있는 장면을 보았다. 한솔 학생은 주현이 학생으로부터 새로운 학습 정보를 얻게 될 것이다. 지금까지 영어회화 비디오테이프가 있는 줄도 몰랐던 한솔 학생은 새로운 사실을 경험하게 되었고, 돈을 주고 구입해서 사용해 보고, 이런 연속과정에서 한솔 학생은 또 다른 좋은 영어회화 비디오테이프를 구입해서 공부를 하게 된다. 한솔 학생은 영어회화 비디오테이프를 구입해서 스스로 공부하는 새로운 경험을 쌓게 된 것이다. 이러한 일련의 행동 변화를 우리는 학습이라고 말한다.

그러나 인간이 갖는 행동 변화는 기대하는 만큼의 좋은 것만은 아니고, 경우에 따라서는 바람직하지 못한 무가치적 경험이 될 수 있고, 자연 성장에서 오는 변화일 수도 있다. 이를테면, 신경계통의 발달이나 성숙에 의하여 일어나는 변화들, 알코올이나 약물, 또는 피로에서 발생하는 일시적 변화들, 이들은 지속적인 학습이 되지 못하고 어느 단계에 이르러 원상태로 복귀된다. 이러한 특수적 또는 심리적 조건에 의하여 일시적으로 일어나는 학습은 배제한다. 학습의 변화를 공식으로 나타내면 다음과 같다.

학습(L) = A-(B + C +D)

결국, 학습이란 개개인의 환경과 상호 작용하는 과정에서 일어나는 여러 가지 형태의 비교적 지속적이며 의미 있는 변화를 뜻하며, 반면에 선천적으로 이미 형성된 행동과 신경계통의 성숙으로 자연 발생적 일어나는 변화 혹은 피로나 약물 등의 효과는 학습에서 제외된다. 이상에서의 학습의 개념을 재규정한 결과는 [그림 7-1]과 같다.

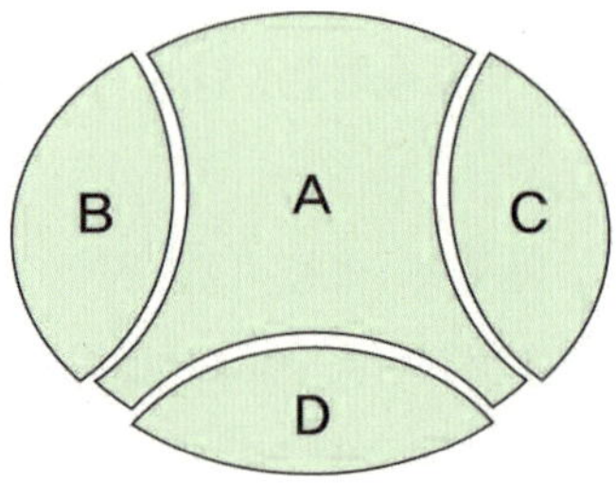

A: 개인에게 일어나는 모든 변화　　B: 자율적 반응 경향에 의한 변화
C: 성숙에 의한 변화　　D: 일시적 변화

[그림 7-1] 학습에 의한 행동 변화

2 행동주의 학습이론

일상생활 장면에서의 학습 형태는 그리 단순하지는 않다. 이런 학습의 기초적

과정에는 고전적 조건화 이론과 조작적 조건화 이론이 있다. 두 이론은 통제된 조건하에서 실험적으로 상세히 분석된 것으로 그 내용을 살펴보면 다음과 같다.

2.1 고전적 조건화 이론

1) Pavlov의 고전적 조건형성

Pavlov는 러시아 생리학자로 고전적 조건형성(classical conditioning) 실험을 최초로 실시하였다. 그는 개를 대상으로 실시한 실험에서 불빛이나 타종소리와 같은 자극을 줄 경우 타액을 분비하지 않았으나, 불빛이나 타종, 그리고 먹이를 연합시켜 몇 번 시도한 후에는 불빛이나 타종소리와 같은 자극만 주어도 타액을 분비한다는 사실을 발견하였다.

이를테면, 먹이가 주어질 때 분비되는 타액은 무조건 반사(unconditioned reflex: UR)이고, 조건 형성과정에서 처음 타종소리에 반응하지 않고 침을 흘리지 않았으므로 중성자극(neutral stimulus: NS)이며, 먹이와 더불어 타종소리를 반복하여 들려준 결과 타액이 분비되었는데, 이때의 타종소리는 조건자극(conditioned stimulus: CS)이 된다. 또 먹이를 먹지 않고도 타종소리만 들어도 타액을 분비하는 반응을 조건반응(conditioned response: CR)이라고 한다. 결국, 먹이를 먹지 않으면서도 타종소리를 듣고 타액이 분비되게 되는 상태를 조건화(conditioning) 되었다고 말한다.

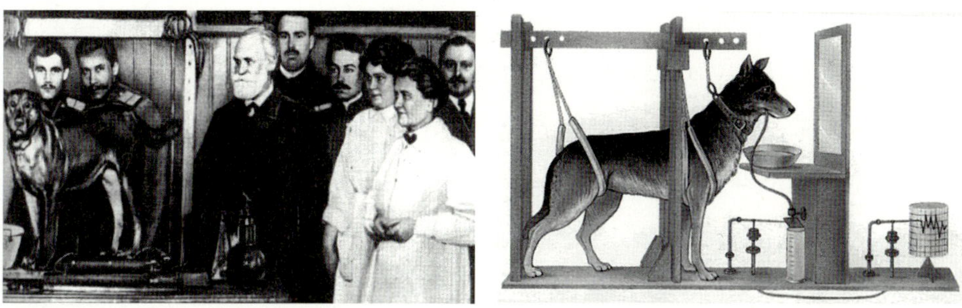

[그림 7-2] Pavlov의 고전적 조건형성 실험 장치

이상에서 일련의 조건화 형성 과정을 도식화하면 [그림 7-3]과 같다.

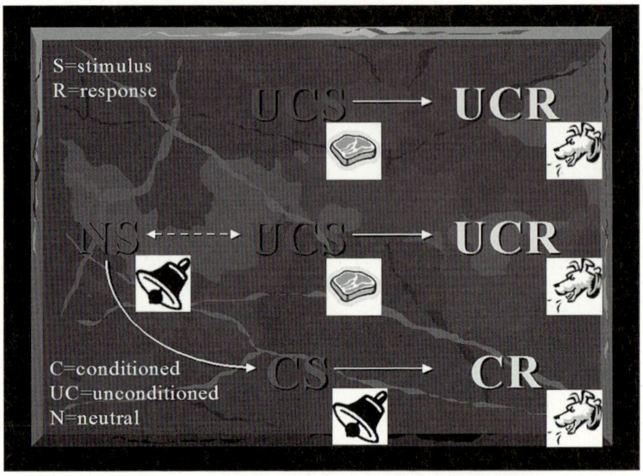

[그림 7-3] **고전적 조건 형성 과정의 도식**

2) Watson의 고전적 조건형성

Watson은 고전적 조건반사(classical conditional reflex)의 원리를 통해서 이전에는 정서반응을 보이지 않았던 중성자극(S)에 대하여 정서(R)가 어떻게 조건화되는지를 연구하였다. 그는 연구를 실시하기 전까지 Pavlov의 학습이론에 관심을 가지고 있었으며, 인간의 기본적 정서만을 제외하고는 모든 행동은 학습된 것으로 믿었다. 특히, 학습은 하나의 자극을 다른 자극과 대치시켜 줌으로써 조건반응을 형성하는 과정으로 보았다.

그는 연구를 위해 9개월 된 Albert라는 어린아이를 대상으로 흰쥐에 대한 공포반응을 조건화시키는 실험을 하였다([그림 7-4] 참조). 실험 과정은 흰쥐를 Albert에게 접근시키고 실험자는 망치를 이용해 아이 뒤에서 동시에 큰 소리를 냈고, 이때 아이는 큰 소리에 놀라는 행동을 나타내 보였다.

이와 같은 방법으로 흰쥐를 아이에게 접근시킬 때마다 망치 소리를 반복하자 아이는 마침내 흰쥐를 보면 공포 반응을 보이기 시작한다. 1주일 간격을 두고 흰쥐를 다시 보여주자 아이는 울면서 빠르게 기어서 도망치는 공포 반응을 나타냈다. Watson은 Albert의 조건형성 된 공포 반응을 소거시키려는 계획을 하였으나, Albert의 어머니가 병원에 아이를 데리고 가는 바람에 공포반응을 제거시키는 조건형성을 실시하지 못하였다(Harris, 1979).

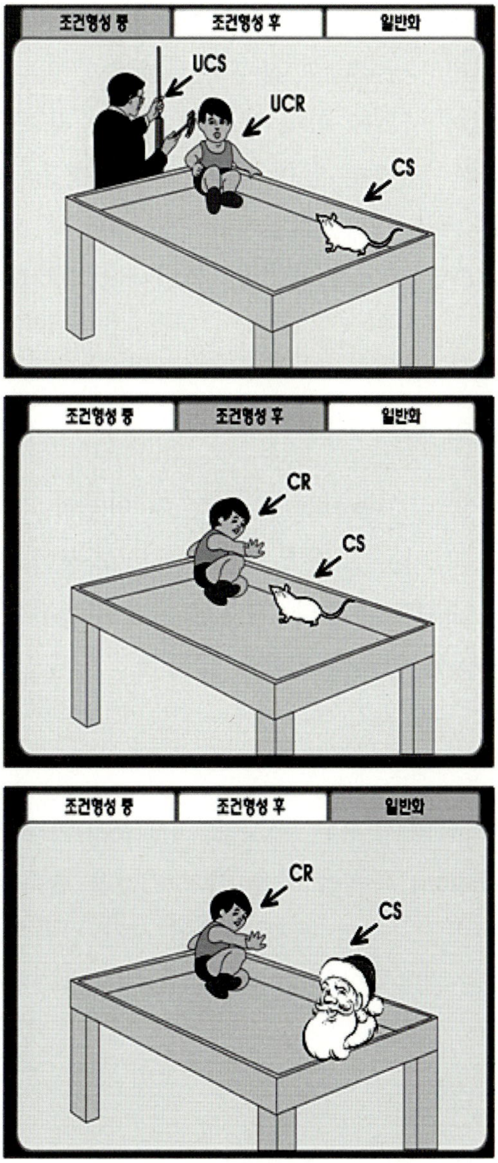

[그림 7-4] Watson의 실험 장면

이 연구를 통해서 Watson은 심리학에서 이전까지 사용되었던 내성법을 반대하고 자극과 반응에서 측정하는 행동만이 심리학의 전제가 되어야 한다는 과학적 방법론을 재구성하였다. 그는 조건반사이론의 기본원리들은 일상생활에서 조건화된 부적응 행동, 특히 불안이나 특정대상에 대한 공포증을 탈조건 형성에 의해 불안과 공포를 억제 또는 극복하게끔 조건 형성을 돕고자 했다.

그러나 Watson의 이러한 노력에도 불구하고 학계의 두 가지 관점의 비판이 일었다. 하나는 행동주의의 시초에 있어 행동의 개념을 자극요소와 반응요소의 말초적 사상들에게만 국한시켰다는 점과, 다른 하나는 행동주의에 대한 그의 주장은 단순성과 명료성을 제공하기는 하였지만 연구 대상이 기계나 동물이 아닌 인간이라는 점을 간과함으로써 심리학을 물리학이나 생리학과 동일한 영역으로 접근시켰다는 점이다.

3) 고전적 조건형성의 주요 개념

고전적 조건형성은 아주 간단한 학습 과정으로 간주할 수 있다. 하지만 단순하고 기계적인 과정으로 보이는 고전적 조건화형성 과정이지만, 여기에는 학습과 관련된 많은 변인들이 포함되어 있다. 따라서 고전적 조건형성을 더 깊이 이해하기 위하여 몇 가지 특징을 살펴볼 필요가 있었다.

(1) 습득

조건자극과 무조건자극의 반복된 제시를 시행(trial)이라고 하며, 유기체가 두 조건 간의 연합(association) 학습을 하는 일정 기간을 습득(acquisition) 단계라고 말한다. 조건자극과 무조건자극의 제시 사이의 시간 간격은 변화될 수 있다. 이 경우에 조건자극과 무조건자극의 시간적 접근(contiguity)이 학습 성립의 중요한 조건으로 된다.

(2) 강화 및 소거

무조건자극을 조건자극에 시간적으로 접근시켜서 제시하는 절차를 강화(reinforcement)라고 하며, 만일 조건형성된 행동이 강화되지 않으면 조건반응은 점차 사라진다. 강화 없는 조건자극의 반복을 소거(extinction)라고 한다. 하지만 소거 후 다시 조건자극을 제시하면 조건반응을 보일 수 있다. 이것을 자발적 회복(spontaneous recovery)이라고 한다. Pavlov의 조건 형성에 대한 강화와 소거의 효과를 제시하면 [그림 7-5]와 같다.

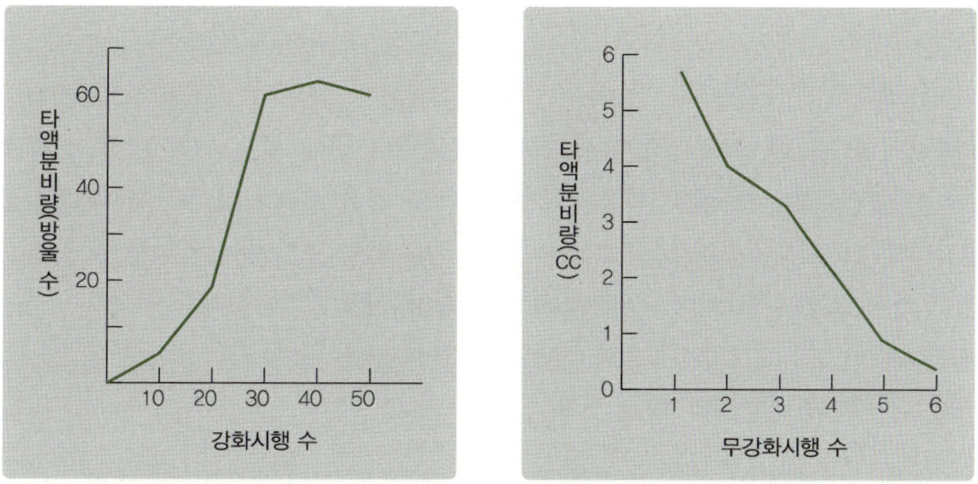

강화시행 수(획득)

▲ 조건자극이 제시된 30초 동안 개의 타액분비량은 시행이 증대됨에 따라 증가한다. 그러나 30초 시행 이후에는 더 이상 증가하지 않는다(Anrep, 1920).

무강화시행 수(소거)

▲ 조건반응을 하였음에도 강화가 뒤따르지않자 조건반응의 양이 점차로 감소되어 실험 전의 상태로돌아갔다 (Pavlov, 1927).

[그림 7-5] 고전적 조건형성의 강화 및 소거 효과

(3) 자극 일반화

원래 조건자극이 아닌 자극이라도 조건자극과 유사한 다른 자극에 동일한 조건반응이 나타나는데, 이와 같은 현상을 자극 일반화(stimulus generalization)라고 한다. 예컨대, '자라보고 놀란 가슴 솥뚜껑 보고 놀란다.'는 속담은 두 자극 사이의 유사성에 의해 자극의 일반화가 일어나는 현상을 나타낸다.

(4) 자극 변별

유기체가 무조건 자극과 짝지어지는 자극과 짝지어지지 않는 자극을 구분하는 학습을 자극 변별(stimulus differentiation)이라고 한다. 예컨대, Pavlov 실험에서 높은 음의 종소리를 들려줄 때는 음식을 주고 낮은음의 종소리를 들려줄 때는 음식을 주지 않을 경우, 개는 높은음 종소리에만 침을 흘렸고 낮은음 종소리에는 침을 흘리지 않았다.

(5) 고차적 조건형성

종소리에 조건형성된 개에게 종소리를 들려주기 전에 빛을 먼저 비춰 주고 종소리를 들려주면 나중에는 빛을 비추기만 해도 침을 흘리게 된다. 즉 학습된 조건자극이 다시 무조건자극으로 작용하여 또 한 번의 조건형성이 되는 것으로 이를 고차적 조건형성(higher-order conditioning)이라고 한다.

4) 고전적 조건형성의 학습 원리

고전적 조건형성의 학습 원리를 제시하면 다음과 같다(문은식 외, 2007).

① 시간의 원리: 조건자극과 무조건자극 사이의 시간적 관계가 중요하다. 조건자극은 무조건자극과 동시에 제시될 수 있고(동시조건형성), 무조건 자극보다 먼저 제공될 수도 있다. 하지만 조건자극이 무조건자극보다 먼저 제시되었을 때 조건 반응이 쉽게 형성된다.

② 강도의 원리: 무조건자극은 조건자극보다 같거나 조금 강해야 한다.

③ 일관성의 원리: 조건자극은 조건화가 성립되기 위해서는 일관되게 주어져야 한다.

④ 계속성의 원리: 자극과 반응의 결합 관계가 반복되는 횟수가 많을수록 조건화가 잘 된다.

5) 고전적 조건형성의 교육적 시사점

고전적 조건형성은 비교적 간단한 메커니즘(mechanism)을 가지고 있다. 교실 장면에서 교사가 무심히 지나쳐버리거나 혹은 학생의 개인차에 원인을 돌려버리는 수많은 문제들은 조금만 관심을 기울이면 해결의 실마리를 발견할 수 있다. 과거에 실패를 겪었거나 두려움을 경험한 학생들은 그와 유사한 상황을 회피하려는 경향을 보인다. 예컨대, 다른 학생 앞에서 발표하는 것에 두려움을 느끼는 학생은 쉬운 주제에 대하여 발표하게 하거나 소집단에서 발표할 기회를 주어 점차적으로 그 상황에 적응해 나가도록 지도할 필요가 있다.

2.2 조작적 조건화 이론

1) Thorndike의 시행착오 학습

Thorndike는 문제상자(problem box)를 이용하여 다음과 같은 실험을 하였다[그림 7-6]. 상자 안에는 공복 상태인 고양이가 들어가 있으며, 밖에는 먹이가 놓여 있다. 고양이가 문밖에 있는 먹이를 취하기 위해서는 상자의 문과 연결된 노끈을 당기거나 페달을 밟아야만 가능하도록 실험이 고안되어 있다. 이런 상황에 놓인 고양이는 밖으로 나가기 위해 닥치는 대로 할퀴거나 물거나 하며 이리저리 난폭하게 굴다가 우연히 노끈을 당기게 된다. 그러자 문이 열리고 밖으로 나가서 먹이를 취할 수 있게 된다. 이러한 시행을 몇 번이고 반복하는 가운데 점차 고양이의 시행착오적 행동은 감소되고 보다 효율적으로 상자 밖으로 나올 수 있게 된다. Thorndike는 고양이의 이런 일련의 학습을 '통찰'이 아닌 '시행착오적'으로 반응하는 가운데서, 우연히 잘 이루어진 반응만이 자극과 결합하여 강화된 것으로 본다. 이와 같은 학습 과정을 '시행착오 학습'이라고 명명하였다.

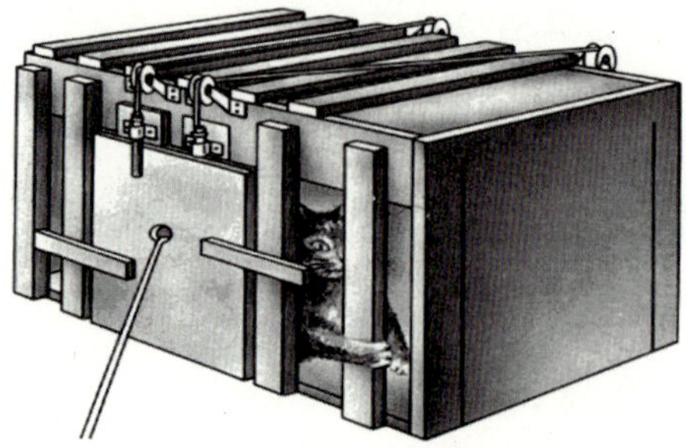

[그림 7-6] Thorndike의 실험상자

그리고 고양이가 밖으로 나가서 먹이를 취할 수 있도록 하는 반응, 소위 쾌가 수반되는 반응은 다음에도 계속 발생될 경향성이 높지만, 불쾌가 수반되는 반응은 상대적으로 낮다고 볼 수 있다. Thorndike는 이를 '효과의 법칙(law of effect)'이라고 부르면서 시행착오 학습의 성립에 있어 이 법칙이 기본적 원리가 된다고 보았다.

Thorndike의 이 실험은 도구적 조건 형성(instrumental conditioning) 연구의 선구자적인 연구라고 볼 수 있다. '도구적'이라는 명칭은 문제 상자에서 학습된 '노끈을 당기는 행위'가 상자 밖으로 나오거나 먹이를 취하기 위한 '도구(수단)'가 된다는 의미에서 붙여진 말이다.

Thorndike는 위의 실험을 통해 세 가지의 기본 법칙을 발견하였다. 그의 이론은 자극과 반응의 연합으로 이루어졌다고 하여 일명 '연합주의(connectionism)'라고도 한다.

(1) 시행착오설의 학습원리

① 효과의 법칙

효과의 법칙(law of effect)은 어떤 반응의 강도가 과거에 그 행동이 초래했던 결과(효과)에 따라 좌우된다는 것이다. 즉 행위가 만족할 만한 환경변화로 이어지면 그 행위가 비슷한 상황에서 반복될 가능성이 증가하지만, 불만족스러운 환경의 변화가 뒤따르면 행동이 반복될 가능성이 줄어든다.

② 연습의 법칙

연습의 법칙(law of exercise)은 빈도의 법칙 또는 사용의 법칙으로도 불린다. 연습이나 시행이 거듭될수록 정확한 반응은 많아지고 부정확한 반응은 적어진다. 즉 문제 해결을 위한 반응을 빈번히 사용하기 때문에 자극과 반응 간의 결합이 강화된다는 것이다.

③ 준비성의 법칙

준비성의 법칙(law of readiness)은 학습할 준비, 목표지향적인 행동을 할 준비가 되어 있을 때 학습이 만족스럽게 이루어질 수 있다고 보는 관점이다. 학습자가 학습할 준비가 되어 있을 때 학습한다면 효과를 얻을 수 있고, 반대로 학습할 준비가 되어 있지 않을 때 학습한다면 학습의 효과를 얻을 수 없다는 것이다.

(2) 시행착오설의 교육적 시사점

시행착오 학습은 일상생활에서도 얼마든지 찾아볼 수 있다. 하지만 대개의 경우 우리 인간은 문제상자의 고양이처럼 처음부터 무작위로 반응하는 것이 아니라, 타인의 행동을 모방하거나 부모 혹은 교사의 지도에 따라 일정한 방향으로 반응하는 가운데 적절한 반응만이 강화되어진다. 또한 각각의 반응에 대해 나타나는 효과도 자연스런 상황에 의해 수반되는 것이 아니라, 부모나 교사가 의도적으로 상·벌을 제시하는 경우가 많다. 거기에다 상·벌의 특성도 동물처럼 성취감이나 패배감과 같은 사회적 욕구와 관련된 경우가 많다.

이 효과의 법칙에서 쾌(快)의 반응을 강화시키는 힘과 불쾌(不快) 반응을 약화시키는 힘 가운데 어느 것이 보다 강력한지의 문제는 교육 장면에서의 상·벌의 효과와도 관련되기 때문에 중요하다. 이 문제에 대해서는 상이나 벌의 종류와 강도에 따라 그 효과가 각기 다르기 때문에 한 마디로 결론을 내릴 수는 없다. 하지만 이와 관련된 많은 연구의 결과는 벌보다는 상이 효과적이라는 사실을 내놓고 있음을 인식할 필요가 있을 것이다.

2) Skinner의 조작적 조건형성

도구적 조건형성에 관한 연구를 보다 발전시킨 사람이 Skinner이다. 그는 동물의 행동을 조직적으로 연구하면서 보다 효율적으로 자료를 얻기 위하여 [그림 7-7]과 같은 '스키너 상자'라는 독창적인 실험상자를 고안해 냈다. 스키너 상자에는 페달과 먹이 접시가 달려 있으며, 페달을 누르면 알약처럼 정제된 형태의 먹이가 하나씩 굴러 나왔다. 공복 상태인 상자 속의 흰쥐는 처음엔 이리저리 움직이다가 우연히 페달에 닿게 되면서 이것을 누르게 된다. 그러자 먹이가 나오고 흰쥐의 공복은 해결된다. 이런 과정을 반복적으로 경험하는 가운데 점차 페달을 밟는 시간의 간격은 단축되어 간다.

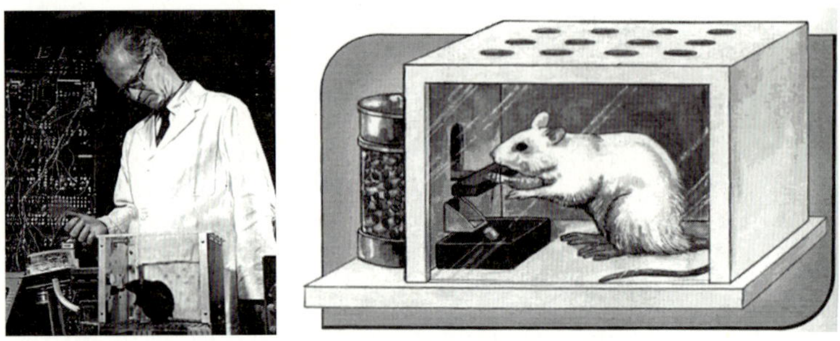

[그림 7-7] Skinner의 실험상자

흰쥐가 페달을 밟는 반응은 어디까지나 흰쥐의 자발적 반응이며, 고전적 조건형성처럼 이 반응을 강제적으로 발생시키는 무조건적 자극이 존재하는 것은 아니다. 이 반응은 동물이 환경에 대해 작용(operate)하는 행동이라는 의미에서 operant라고 부른다. 스키너 상자는 상자 안에서의 여러 행동 가운데 페달을 밟는 특정의 반응에 대해서만 선택하여 강화한다. 여기에서 조건반응에 제시되는 먹이를 강화자극이라 하며, 이렇게 하는 조작을 '강화'라고 말한다. 이와 같은 반응과 강화 자극의 관계를 수반성(contingency)이라 하며, 이 둘 사이의 시간 간격이 짧을수록 조건형성의 효율은 그만큼 높아진다.

일반적으로 operant 조건형성에서 강화의 기능으로 사용되었던 먹이 이외에도 강화 자극은 학습자의 욕구를 충족시켜주는 것이라면 무엇이든 상관없다. 예컨대,

인간의 경우에는 언어 자극이 강화 기능을 하기도 한다. 대화 장면에서 상대방이 적극적으로 자신의 의견에 대해 맞장구를 쳐주면 점차 상대방의 발언 빈도가 높아지는 경우를 볼 수 있는데, 이런 경우는 상담 장면에서도 발견할 수 있다. 한편, operant 조건 형성이 성립된 후에 조건반응이 생성되더라도 강화자극(먹이 등)을 전혀 제시하지 않으면 조건반응의 빈도는 점차 감소되면서 마침내 거의 반응이 나타나지 않게 된다. 이것이 operant 조건형성에서의 소거 현상인 것이다.

이처럼 operant 조건형성은 하나의 행동에 의해 후속적으로 발생하는 결과에 따른 그 행동의 발생 빈도가 높아지기도 하고 낮아지기도 하는 현상에 대한 이론이라고 할 수 있다. 즉, 이 조건 형성은 '결과에 의한 학습'이라고 말할 수 있다. 예컨대, 심리학 수업을 청강하던 학생이 수업에 대해 상당히 흥미를 느끼게 되자 매 시간 한번도 빠지지 않고 수업에 참석하게 된다든지, 몇 번이고 정성을 다하여 엽서를 보냈지만 답장이 오지 않아 결국 엽서를 쓰지 않게 되는 경우 등은 이런 조건형성의 한 원리로서 설명할 수 있는 행동이다.

한편 operant 조건형성은 반응에 대해 항상 강화를 하지 않아도 성립되기도 한다. Skinner 상자에서 흰쥐가 페달을 밟을 때마다 먹이를 주지 않고, 몇 번에 한 번꼴로 먹이를 제공하여도 페달을 밟는 행동이 사라지지 않고 지속되는 현상을 발견할 수 있는데, 이를 부분강화라고 한다. 부모가 가끔씩 칭찬했음에도 불구하고, 자녀의 바람직한 행동이 유지되는 현상은 이런 강화의 한 예라고 볼 수 있다. 부분강화에는 반응 횟수에 따라 강화하는 방법, 시간에 따라 강화하는 방법, 또는 횟수나 시간을 고정하는 방법, 무작위로 하는 방법 등 다양한 방식이 있다. 이런 강화의 방식을 '강화 스케줄'이라 부른다. 조작적(도구적) 조건형성의 활용법을 살펴보면 다음과 같다.

(1) 조작적 조건형성의 주요 개념

① 강화

강화(reinforcement)란 어떤 반응이 일어나는 것을 조건부로 하여 강화자극을 제공함으로써 그 반응이 다시 나타날 가능성을 높이는 조작이다. 따라서 강화의 가장 기본적인 원리는 '반응(R)→강화 자극(S)'으로 표현할 수 있다. 조작적 조건 형성에서 강화의 개념은 가장 중요한데, 이 기간 동안 유기체의 반응과 강화 자극 사이의 연합을 통해서 학습이 이루어지기 때문이다. 이를테면, 행동을 강화시킴으로써 반응율을 증가시킨다거나, 혹은 벌을 통해 행동을 약화시킴으로써 반응율을 감소시킨다. 강화에는 정적 강화와 부적 강화로 구분된다.

- 정적 강화(正的 强化: positive reinforcement): 어떤 반응이 조건부로 제시되었을 때 반응을 강화하는 모든 자극을 말한다. 즉 어떤 자극이 가해져서 이 조작의 결과로 반응의 빈도가 증가한다면 이를 '정적 강화'라고 말할 수 있다. 흔히 사용되는 정적 강화에는 음식물, 돈, 승진, 인정, 주목, 칭찬, 자유시간, 사탕 등 어떤 어드밴티지(advantage)를 주는 것이다.
- 부적 강화(負的 强化; negative reinforcement): 어떤 반응이 조건부로 제거되었을 때 반응을 강화하는 모든 자극을 일컫는다. 이를테면, 다음 반응이 제거되면서 반응 확률을 증가시키는 자극이다. 예컨대, 무더운 여름에 옷을 벗어서 더위라는 자극이 없어지고 시원해진다면 그 다음부터 더위라는 자극을 없애기 위해 자꾸 옷을 벗는 행동이 증가되는 것을 의미한다. 부적 강화는 자신이 갖고 싶어 하는 것들(용돈, 물건, 자유 시간 등)을 잃게 되거나, 하기 싫은 것들(화장실 청소, 방과 후 학습 등)을 피할 수 있다는 점에서 정적 강화와 다르다.
- 강화 계획(schedules of reinforcement): 인간을 포함한 모든 유기체에게 적극적이고 지속적인 행동을 학습시키고 유지시키는 데 그 목적이 있다. 강화는 계속(연속) 강화와 간헐(부분) 강화로 구분할 수 있다.
  - 연속 강화(continuous reinforcement)란 반응이 발생할 때마다 강화를 하는 것으로 어떤 반응을 학습시키는 데 가장 빠른 방법이기는 하지만, 실제로 일상생활에서의 완전한 연속 강화는 거의 어렵다. 이것이 어떤 반응을 유지하는 데 가장 효과적인 방법만은 아니라는 것이다. 때로는 어떤 반응이 나타낼 때마다 간헐적으로 강화하는 부분 강화(partial reinforcement)가 더 효과적인 때도 있다.
  - 부분 강화를 통해 습득된 반응은 계속 강화에 의해 습득된 반응보다 소거

에 대해 더욱 저항적이다. 즉 부분 강화에 의해 습득된 반응은 매번 보상이 주어지길 기대하지 않기 때문에 보상을 중단하더라도 얼마간은 반응이 소거되지 않는다. 이것을 '부분 강화 효과'(partial reinforcement effect)라고 한다.

–강화 계획은 경과한 시간의 양(간격계획: interval schedule)이나 반응이 출현한 횟수(비율계획: ratio schedule)에 따라 네 가지 유형으로 구분한다.

고정간격 계획(fixed interval schedule: FI)

고정간격 계획에서의 강화는 마지막 강화에서부터 측정된 시간 간격이 지난 후에 방출 전 첫 반응 뒤에 주어진다. 일정한 시간적 간격을 두고 강화를 주는 것이다. 시간 예측이 가능하므로 주어진 바로 다음의 수행 수준은 떨어지고 강화가 일어날 시간이 가까워지면 다시 회복되는 경향이 있다.

고정비율 계획(fixed ratio schedule: FR)

일정한 횟수만큼 일어날 때 강화를 주는 것으로, 이 경우도 유기체는 몇 회의 반응이 있은 후에야 강화가 주어진다는 것이 예측 가능하므로 일단 강화를 받으면 일시적으로 수행 수준이 떨어지기도 한다.

변동간격 계획(variable interval schedule: VI)

변동적인 시간간격으로 강화를 주며 소거에 대한 저항력이 가장 강해서 비교적 항상적인 반응 비율을 보이는 경향이 있다.

변동비율 계획(variable ratio schedule: VR)

불규칙적인 반응 횟수에 따라 강화를 주는 것으로 유기체는 언제 강화가 있을지 모르기 때문에 계속해서 반응을 시도한다. 이 경우 때때로 동물은 이미 얻은 먹이를 먹는 것조차 잊은 채 다음의 강화를 얻기 위해 반응 행동에 몰두하기도 한다.

위의 강화 계획에 대하여 Borich와 Tombari(1995)의 강화 계획을 예시로 제시하면 [그림 7-8]과 같다(김희수, 2010).

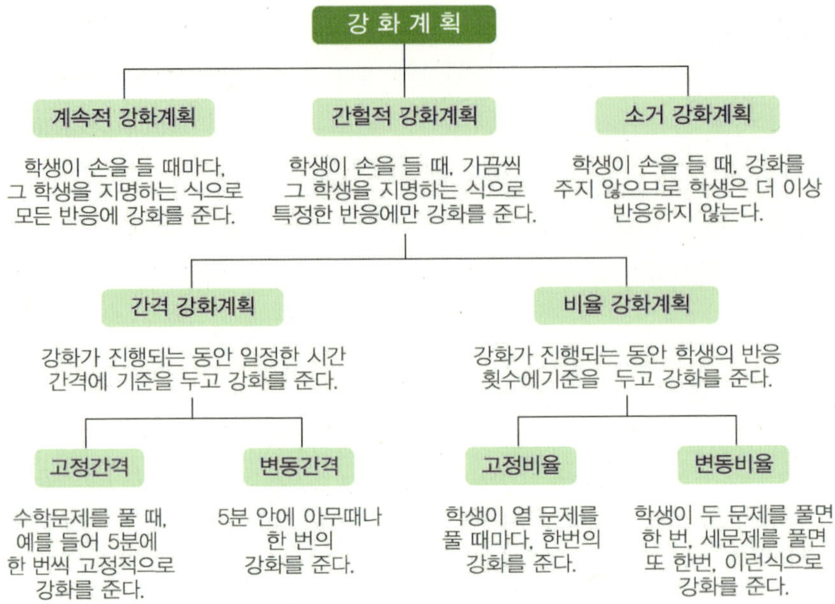

[그림 7-8] 강화 계획의 예

② 소거

소거(extinction)란 강화를 통해 조건형성된 행동이 강화되지 않으면 조건반응은 점진적으로 사라진다. 이 같이 강화 없는 조건자극의 반복을 흔히 '소거'라고 말한다. 또한 이 소거는 생략(time-out)으로 대신할 수 있다. 이는 일정기간 강화가 반복되지 않은 점 때문이다. 예컨대, 어느 학생이 본드를 습관적으로 흡입할 경우, 교사가 이를 차단하기 위해 일정기간 유해 환경을 소거해주는 것도 중요하다. 하지만 그보다는 소거된 환경에 학생이 다시 처할 때, 그 같은 행동을 반복하거나 유혹에 빠지지 않도록 하기 위한 대책, 즉 새로운 환경의 생성과 연합이 요구된다.

③ 처벌

처벌은 어떤 행동에 후속되어 그 행동이 재발될 확률을 감소시킬 수 있는 자극이다. 스키너는 이 벌을 현대 생활에 있어 행위를 통제하는 가장 일반적인 기법이라고 말한다. 만약 어린애가 잘못을 하면 매를 맞거나 야단(욕)을 맞는다. 또한 학생이 시험을 볼 때 부정행위를 하면 재적을 당한다. 어른이 도둑질을 하면 벌금을 물거나 감옥에 간다. 벌은 어떤 반응을 강화해 주기보다는 최소한 일시적으로 그 반응이 다시 발생할 가능성을 감소시킨다. 벌의 목적은 사람이 그 방법으로 다시 행동하지 못하도록 유도하는 데 있다. 하지만 심한 무기력한 불안, 행동의 제한, 그리고 반사회적 행동은 처벌이 갖는 부정적 산물의 일면이다. 불유쾌한 통제로 생기는 위협은 역시 그들이 처음에 처벌받는 행동보다 더 심한 부정적 행동의 발달을 조장할지도 모른다. 예컨대, 행동이 옳지 못하고 학교 성적이 나쁜 아이를 신체적 처벌로 다스리는 부모를 생각해 보라. 그 후에 부모가 없으면 그 아이는 더욱 부정적인 또 다른 행동인 학교를 빼먹거나 낙제를 하거나 일탈하는 행동 등을 할 가능성이 있다. 즉 긍정적인 기대와는 달리 처벌이 내담자의 바람직한 행동을 유도하는 데 분명히 한계가 있음을 주지할 필요가 있다.

(2) 조작적 조건형성의 교육적 적용

조건형성의 원리를 실제 학습장면에 적용한 대표적인 예는 프로그램 수업(programmed instruction: PI), 컴퓨터 보조학습(computer assisted instruction: CAI 혹은 computer based learning: CBI), 그리고 'keller Plan'이라고 알려진 개별화 교수체제(personalized assisted instruction: PAI)는 도구조건 학습의 원리를 이용한 대표적인 교육공학의 한 예이다.

① 프로그램 학습

프로그램 학습(programmed instruction: PI)의 창시자는 Skinner(1961)로서 자신이 도구조건 형성의 실험절차와 그 결과를 보통의 책이 아닌 자신의 이론에 적합하게 프로그램 학습 자료로 개발하였다.

Skinner식의 프로그램은 강화이론을 기초로 하여 만들어진 것으로 직선형 프로그램(linear programing)이라고 한다. 직선형 프로그램에서 학생은 답을 써넣게 되어 있고, 낮은 개념의 수준에서 점차 높은 수준의 개념으로 가급적 실패하지 않고 넘어가도록 구성된 계열적인 프레임(frame)을 따라 학습이 진행된다. 또한 모든 프레임은 학생들이 정답을 쉽게 알 수 있도록 단서나 암시를 포함하고 있다. 그리하여 자신이 반응한 답과 비교해 볼 수 있는 정답이 나타나게 되어, 자신이 행한 반응과 정답을 비교함으로써 강화를 받게 된다.

반면, Crowder의 분지형 프로그래밍(branching programing)은 학생들에게 선택지를 주고 정답을 찾게 한다. 학생이 정답을 한 경우는 다음 프레임을 해결하도록 안내하지만, 오답인 경우 이를 교정해 주는 보충적인 프레임을 학습하고 나서 다시 프레임으로 복귀하도록 한다. 이러한 분지형 프로그램의 장점은 우수한 학생들은 모든 프레임을 빠르게 진행할 수 있고, 열등한 학생은 자신의 능력에 맞게 천천히 진행할 수 있다는 점이다.

② 컴퓨터 보조수업

컴퓨터 보조수업(computer assisted instruction: CAI)은 학생들이 컴퓨터를 교과 학습에 활용하고 컴퓨터 프로그래밍을 배우는 것이다. CAI에서는 학습자가 모니터에 나타나는 학습 내용을 읽거나 음성 정보를 들으면서 학습을 진행해 나간다. 또한 컴퓨터가 지시하는 내용에 따라서 키보드를 치거나 모니터에 비치는 문자나 그림의 정답에 광학문자 판독기, 광선 펜 또는 손가락으로 반응함으로써 컴퓨터와 대화를 한다. 뿐만 아니라 학습자와 육성으로 답함으로써 그 소리가 녹음되어 컴퓨터에 전달되기도 한다.

한편, 컴퓨터는 학습자의 반응에 대해 즉시 피드백을 제공함으로써 모든 학습자가 특정한 시간에 자신이 어느 정도의 수준에 있는지 혹은 이전의 준거점에서 얼마만큼 진보가 이루어졌는지를 알려준다. 학습자는 이러한 형태의 수업을 통해 학습 내용을 숙지하게 되고, 자신의 수준에 맞는 학습 진도를 조절해 나갈 수 있다.

컴퓨터는 정보 저장 능력도 크고 저장된 정보를 쉽게 이용할 수 있기 때문에 학생들의 반응이 다양하더라도 일일이 거기에 적합한 반응을 한다.

2.3 고전적 조건화와 조작적 조건화의 비교

고전적 조건형성과 조작적 조건형성은 절차와 개념상에서 차이를 보이고 있다. 이러한 차이점은 <표 7-1>과 같다.

〈표 7-1〉 **고전적 조건화와 조작적 조건화의 비교**

구 분	고전적 조건형성	조작적 조건형성
명칭	Respondent Conditioning Pavlovian Conditioning	Instrumental conditioning Skinnerian conditioning Law of effect(Thorndike)
주창자	I. P. Pavlov J. B. Watson	E. Thorndike B. F. Skinner
적용사례	• 치과의사의 하얀 가운만 보고도 두려움을 느낌	• 어린아이가 울 때마다 부모가 과자를 준다면 아이는 과자가 먹고 싶으면 울게 된다(정적강화).
주요용어	• 무조건자극(unconditioned stimulus: US) • 조건자극(conditioned stimulus: CS) • 조건반응(conditioned response: CR)	• 강화(reinforcement): 정적강화 / 부적강화 • 강화인(reinforcer): 강화 계획 / 연속 강화 계획 / 부분강화 계획 • 벌(punishment)
주요 차이점	• 비자발적-반응적 행동 • CS는 강화인 UCS보다 먼저 나와야 함 • CR은 UCR과 같음	• 자발적(능동적)-작동적 행동 • 강화는 행동 후에 나타남 • 강화된 행동은 강화물에 대한 자연스러운 반응은 아님
유사점	• 소거(extinction) • 일반화(generalization)	• 자발적 회복(spontaneous recovery) • 변별화(discrimination)

2.4 신행동주의 관점: 사회학습이론

Bandura는 사회학습이론(social learning theory)이란 인간이 어떤 모델(동일시)의 행동을 보는 것만으로도 학습이 이루어진다는 입장이며, 이를 관찰학습이론(observational learning theory), 모델링(modeling), 또는 모방학습이라고 하였다. 즉 사회학습이란 사회적 맥락 안에서 타인의 행동을 모방하고 관찰함으로써 행동을 습득하게 되는 것을 의미하며, 그 영향은 쌍방향적인 것이다.

쌍방향적인 절차는 ① '모델행동(SD)'이 제시되면 학습자가 보게 되고, ② 학습자가 의도적 또는 무의식적으로 모델행동과 같이 반응(R)하게 되면, ③ 후속적으로 모델 행동과 같이 반응한 행동에 강화(SR)가 이루어지면서 모방학습이 일어난다는 것이다. 물론, 이 같은 일회적인 'SD-R-SR'과정으로 모방학습이 일어날 수도 있지만, 일관성 있게 반복적으로 일어날 때 모방학습이 일어날 확률은 더 높아지게 된다.

모방학습의 대표적인 실험은 공격행동의 모방효과로 Bandura와 Ross(1963)의 실험 결과를 제시한 것이다([그림 7-9] 참조). 실험의 개요를 간략히 소개하면 다음과 같다. 유치원 어린이들을 두 집단으로 구성하였다. 실험집단의 어린이들에게는 어른이 큰 인형을 때리고, 발로 차고, 던지는 등의 공격적 행동을 하는 모습을 필름으로 보여주었고, 통제집단의 어린이들에게는 아름다운 풍경과 같은 중립적 내용의 필름을 관람시켰다.

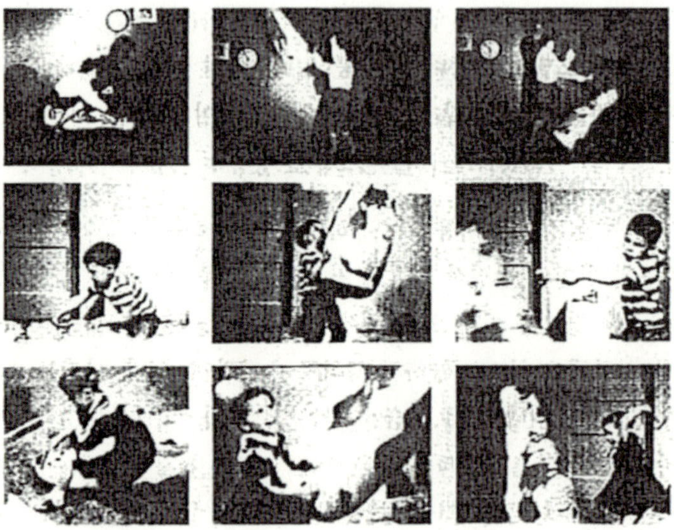

[그림 7-9] 모방에 의한 공격 행동의 학습

이 두 집단의 어린이들에게 영화에서 보여준 것과 같은 인형을 포함하여 여러 가지 장난감이 있는 방에 데리고 가서 놀도록 한 후 어린이의 행동을 관찰했다. 그 결과, 실험집단의 어린이들은 영화에서 본대로 인형을 때리는 공격적인 행동을 할뿐만 아니라, 도구를 사용하는 것과 같은 새로운 공격 행동을 창출해 내기도 하였다. 반면, 통제집단의 어린이들은 인형을 가지고 심한 공격 행동을 보이지 않았으며 정상적으로 놀았다.

1) 관찰학습의 과정

Bandura의 관찰학습과정은 [그림 7-10]처럼 일련의 4단계에 걸쳐 이루어지는데, 이들 단계는 주의집중과정, 파지과정, 재생과정, 동기화과정순이다.

(1) 주의집중과정

주의집중과정(attention process)은 학습하기 이전에 먼저 모델에 주의집중하는 과정을 말한다. 관찰자의 선택적 주의집중은 과거의 강화에 의해 영향을 받게 되는데, 여러 연구결과에 의하면 주의집중이 높은 경우는 모델의 성이나 연령 등이 관찰자와 비슷할 때, 존경을 받을 수 있을 때, 지위가 높을 때, 유능할 때, 매력적일 때 등이다.

(2) 파지과정

파지과정(retention process)은 관찰에서 획득한 정보를 사용하기 위하여 기억하는 과정으로, 흔히 이 과정은 심상이나 언어적 방법의 상징적 기호로 저장한다. 심상으로 저장된 기호는 모델링 한 경험의 실제 모습을 저장한 것이고, 이것은 관찰학습이 일어난 뒤 오랜 시간이 경과해도 인출 가능하며 행위로 옮겨질 수 있다. 파지를 오랫동안 하기 위해서는 시연(rehearsal)이나 연습을 하는 게 좋다.

(3) 재생과정

재생과정(reproduction process)은 인지적 표상인 기억을 실행으로 옮기는 과정이다. 재생과정의 중요한 요소 중의 하나는 '피드백(feedback)'에 의한 정교화(elaboration)이다. 심상을 행동으로 처음 변환할 때 발생하는 오류는 행동을 교정하는 단서로 이용하는 게 중요하다. 특히 운동기능의 학습은 매우 중요하다. 그 행동을 수행할 수 있다는 신념이 바로 자기효능감이고, 이는 동기부여에 직접적인 영향을 미친다.

(4) 동기화과정

동기화과정(motivation process)은 관찰한 것을 실제 행동으로 옮기려는 강한 욕구 과정이다. 이 과정에서는 두 개의 강화적 기능을 갖는다. 첫째, 모델과 같이 행동하면 자신도 강화를 받게 된다는 기대와 둘째, 학습을 수행으로 전환시키면 유인가(incentive value)를 얻게 될 것이라는 기대가 발생한다. 학습자는 자신의 행동 혹은 타인의 행동결과를 관찰함으로써 정보를 획득한다. 획득된 정보는 사용할 필요성이 생길 때마다 여러 장면에서 활용될 수 있다.

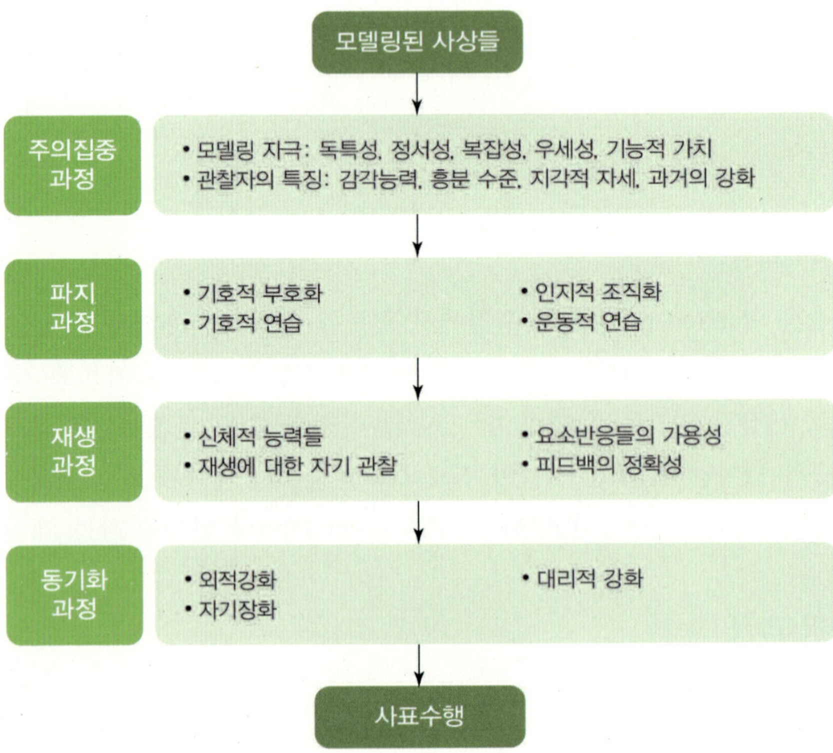

출처: Bandura(1977).

[그림 7-10] **관찰학습의 과정**

대부분의 관찰학습은 모델이 하는 것을 모방하면 강화 받을 수 있다는 기대에 의해 동기화되지만, 다른 사람들이 어떤 행동을 한 것에 대해 강화를 받는지 혹은 벌을 받는지를 봄으로써 학습한다는 것에 유의하는 것도 중요하다. Bandura는 이같은 강화를 직접강화, 대리강화, 그리고 자기강화로 구분하였다(문은식 외, 2007).

① 직접강화(direct reinforcement): 바람직한 행동을 한 학생에게 직접 보상을 주는 것이다.

② 대리강화(vicarious reinforcement): 타인이 강화 받는 것을 관찰함으로써 자신의 행동도 강화되는 것이다. 예컨대, 같은 학급 친구가 숙제를 완벽하게 해 와서 선생님께 칭찬받는 것을 본 학생은 이후 열심히 하여 다음 시간 선생님의 칭찬을 받기 위해 노력한다.

③ 자기강화(self-reinforcement): 스스로 자기행동을 강화하는 것으로, 다른 사람의 보상에 의존하지 않고 자신의 목표수준에 도달하고자 노력하는 것이다. 예컨대, 고등학생이 워드 프로세서를 잘하는 같은 반 친구처럼 뛰어난 워드 프로세서 실력을 보여주고자 하는 내적인 욕구 때문에 열심히 노력하는 것이다.

이상과 같은 관찰학습이 효과적으로 수행되기 위해서는 관찰학습과정의 각 단계를 고려해야 하며, 실제 교육장면에서 다양한 교육적 경험들을 모델링하기 위해서는 시청각 자료의 이용, 실제 모델 제시, 시연 등에 관심을 가져야 한다.

3 인지주의 학습이론

앞서 행동주의 학습에서는 관찰할 수 있는 객관적인 행동이 변화되는 원리를 잘 설명해 주었다. 하지만 학습은 외현적 행동뿐만 아니라 내재적 정신과정의 변화도 포함하므로 인간의 학습은 자극-반응이라는 조건화된 연합만으로는 설명하는 데 한계가 있다. 인지심리학자들은 인간학습에서의 인지(cognition)의 중요성을 강조한다. 우리들이 어떤 문제를 해결하고자 할 때, 조건형성에서와 같이 실제로 행동을 시행해보지 않고도 정신적으로 해결책을 탐색하다가 곧바로 원하는 행동이나 해답을 찾을 수 있는 것이다. 뿐만 아니라 다른 사람의 행동을 관찰하거나 이야기를 들음으로써 자신의 행동을 변화시키는 데 내적 사고 과정이 개제된다. 여기서 인지학습(cognitive learning)의 몇 가지 대표적 이론을 살펴보기로 하자.

3.1 Köhler의 통찰학습이론

Köhler의 통찰학습(insight learning)은 행동주의 학습이론의 S-R이론과는 달리 학습을 반응의 변화가 아니라, 지식의 변화로 보며 목적, 통찰력, 이해와 같은 정신적 과정을 강조하고 성공적 수행은 과거의 경험보다 현재 상황 속의 관계를 이해하는 데 더 밀접한 연관성을 갖는다.

Köhler는 침팬지를 대상으로 실험을 하였는데, 그는 침팬지가 손을 펼쳐서 닿을 수 없는 천장에 바나나를 매달아 놓고 침팬지의 행동을 관찰하였다. 실험실 안에서 침팬지들은 시행착오적 행동을 하였으나 실패하였다. 그러기를 반복하다가 별안간 상자를 끌어다 받침대로 하여 그 위에 올라가서 바나나를 따먹는 데 성공하였다. 실험대상의 침팬지는 과거에 상자를 사용해 본 경험이 없었다. 그 후에 침팬지를 다시 실험실에 들여보냈을 때 천장에 매달려 있는 바나나를 따는 데 전날보다 시간 사용이 줄어들었다. 이를테면, 침팬지는 전날 단 한번의 경험으로 상자를 끌어다 놓고 그 위에 올라가서 바나나를 따먹는 방법을 학습한 것이다. 어떤 침팬지는 바나나에 도달하기 위해 상자를 올려놓기도 하였고, 또 다른 침팬지는 막대기를 들고 상자 위에 올라가기도 하였다. 어느 침팬지이든 문제를 처음으로 해결할 때까지는 많은 시간이 경과되었으나 두 번째 시도부터는 문제를 즉시 해결하였다([그림 7-11] 참조).

[그림 7-11] Köhler의 통찰학습 실험

Köhler에 의하면, 침팬지는 어느 순간에 문제 해결의 통찰(insight)을 얻어 주변 상황의 관계성을 파악하게 되었다는 것이다. 다시 말해서 처음에 침팬지에게는 상자, 막대기, 바나나는 서로 관계가 없는 요소들이었으나 어느 순간 이들의 관계성을 파악하고 재구성함으로서 인지구조가 변하게 되었다. 이상의 실험 결과를 제시하면 다음과 같다(박아청, 2002)

첫째, 통찰은 문제 상황의 배열에 달려 있다. 적절한 과거 경험도 필요하지만 해답을 보증하지는 못한다. 해답에 필요한 요소들이 정리되어 그들의 관계가 지각될 수 있을 때에 비로소 통찰을 쉽게 할 수 있을 것이다. 예컨대, 침팬지는 막대기가 먹이와 함께 실험실의 같은 쪽에 있었다면, 막대기 문제를 더 쉽게 해결했을 것이다. 만약 침팬지가 막대기를 보기 위해 먹이에서 눈을 돌려야 한다면 문제 해결은 더 어려워 질 수 있다.

둘째, 일단 통찰로 해답이 나오면 그것은 즉각적으로 반복될 수 있다. 침팬지가 바나나를 끌어당기는 데 막대기를 사용했다면, 침팬지는 다음에도 바나나를 끌어내리기 위해 막대기를 찾을 것이다.

셋째, 통찰로 달성된 해답은 새로운 사태에 적용될 수 있다. 통찰실험에서 학습된 것은 조건화된 연합의 특수한 세트가 아니라 목적과 수단 간의 인지적 관계이다. 따라서 한 수단은 또 다른 수단을 위해 대치될 수 있다.

3.2 정보처리이론

정보처리 접근(information processing approach)은 인지 이론을 통해 발전되어 왔다. 행동주의 이론이 인간의 학습이나 사고에 대한 이해를 향상시킬 수 없다는 생각과 함께, 1970년 이후 정보처리 모형이 발전을 이루게 된다. 정보처리 연구자들은 인지체계(cognitive system)를 통해 정보의 흐름을 연구한다. 이 흐름은 인간의 정보처리 체계로 투입(input)을 시작으로 하여 투입된 정보에 대한 정신적 조작을 거쳐 산출(output)로 나타낸다. 이러한 과정을 '정보처리'라고 한다. 정신과정은 정보를 등록하여 그 정보를 가지고 조작을 수행하고, 그것을 저장하는 컴퓨터 작업과 여러 가지 면에서 유사하다. 일반적으로 정보처리 심리학자들은 인간이 정보를 적용하는 데 어떤 정신적 과정이 이루어지고 있는지, 그리고 그 결과로서의 정보를 어떻게 변형시키고 조작하고 이용하는지를 연구한다.

이러한 접근방법은 컴퓨터 모의실험(simulation)을 통한 인간의 사고모형 개발에 관심을 갖게 되었다. 정보처리 심리학자들은 컴퓨터 유추를 통해 정보의 흐름 속에서 상세한 정보를 얻어내려고 노력하였다. 정보처리 모형은 결국 인지처리 조직을 하나의 시스템으로 특징지어 설명하려는 것이다.

1) 정보처리모형

정보는 어떤 물리적 에너지 형태로 그 에너지의 형태는 가장 민감한 수용기에 의하여 수용된다. 이 수용기들은 전기 화학적 자극형태로 감각등록기(sensory register)에 전달된다. 또한 감각정보가 표상되는 과정에서 그 중 일부가 단기기억(short- term memory; STM)에 저장되며, 나머지 정보들은 유실된다. 단기 기억장치는 매우 작으며 지속시간도 짧다. 단기기억에서 반복 연습된 것은 장기기억(long-term memory ; LTM)에 저장되는 데 장기기억 장치는 무한정의 용량을 가지고 있으며 오랫동안 저장이 가능하다. 그리고 장기기억에 저장된 정보는 반응산출에 이용된다. 일련의 정보처리과정에서 단기기억 단계는 다른 말로 작동기억(working memory: WM)이라고 한다. 이는 정보의 지속시간에 대한 강조보다는 기억저장고의 기능적 측면을 강조한다. 이러한 정신적 조작을 거쳐 정보를 처리하는 과정을 학습으로 본다는 점에서 정보처리 이론은 인지학습이론에서 그 의의를 갖는다. [그림 7-12]는 Eggen과 Kauchak(1992)의 정보처리모형을 소개한 것이다.

모델 1

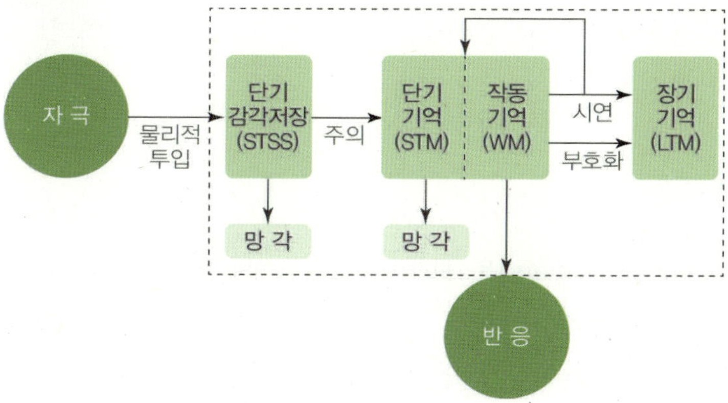

출처: Gage & berliner(1984).

모델 2

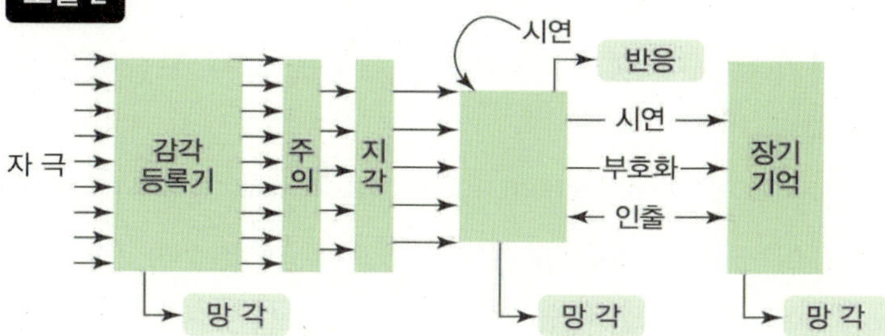

출처: Eggen & Kauchak(1992).

[그림 7-12] 정보처리모형

2) 정보처리모형의 구성요소

정보처리모형의 구성요소는 감각등록기, 작동기억과 단기기억, 장기기억으로 나뉜다. 정보처리모형의 구성요소에 대한 설명은 다음과 같다(변영계, 2001).

(1) 감각등록기

감각등록기(sensory register)란 학습자가 환경으로부터 눈이나 귀와 같은 감각 수용기관을 통해 정보를 최초로 저장하는 곳이다. 감각등록기는 자극을 아주 정확하게 저장하지만, 매우 짧은 시간 동안 저장한다는 특징을 가지고 있다. 시각의 경우 약 1초 정도, 청각인 경우 약 4초 정도 정보를 저장한다고 알려져 있다. 감각등록기는 수용량에 제한이 없지만, 투입되는 정보가 즉시 처리되지 않을 경우 그 정보는 곧 유실된다.

(2) 작동기억과 단기기억

작동기억(working memory)은 보통 단기기억(short-term memory)이라고 한다. 성인의 경우 보통 5-9개의 정보가 20초 동안 저장될 수 있는 곳이며, 이렇듯 단기간 저장이 가능하다는 이유로 단기기억이라고 한다. 작동기억은 간단한 암산과 같은 정신작용이 일어나기 때문에 붙여진 이름이다.

결국, 이곳은 서로 관련이 있는 두 가지 기능이 일어나는 곳이다. 따라서 작동기억과 단기기억은 서로 혼용되어 불리고 있지만, 이 저장소의 유능하고 기능적인 속성을 강조하기 위하여 이러한 두 가지 기능을 모두 포함하는 의미로 작동기억으로 불리게 된다.

작동기억의 가장 큰 특징은 정보의 양과 지속시간에 제한이 있다는 점이다. 따라서 작동기억에 있어 청킹(chunking)의 역할은 매우 중요한 의미를 갖는다. 청킹이란 분리되어 있는 항목들을 보다 큰 묶음과 의미 있는 단위로 조합하는 것을 말한다. 예컨대, 'r, u, n'이라는 세 글자는 작동기억 속에서 세 개의 단위로 자리하지만, 이들이 'run'이라는 단어로 조합되면 한 개의 단위로 자리하게 된다. 이와 같은 청킹의 적극적인 활용은 제한된 작동기억의 수용량을 증가시키는 좋은 방법이 되는 것이다.

(3) 장기기억

장기기억(long-term memory)은 무한한 정보를 영구적으로 저장할 수 있는 곳이다. 일반적으로 장기기억은 일상기억, 의미기억, 절차기억의 세 부분으로 구성되어 있다.

일상기억(episodic memory)은 주로 개인의 경험을 보유하는 저장소이다. 일상기억에서의 정보는 주로 이미지로 부호화 되며, 정보가 발생한 때와 장소를 기초로 조직된다. 이러한 일상기억은 기억되는 경험이 매우 의미 있는 경우가 아닐 때에는 종종 인출에 실패하는 경향이 있는데, 이는 보다 최근에 발생한 정보로 인해 인출이 방해를 받기 때문이다. 일화기억의 예로는 친구와 같이 시험공부를 하다가 어떤 개념을 서로 다르게 이해하고 있어서 논쟁을 하다 교사에게 질문하여 확인하였던 경험이 있었다면 그 개념과 관련된 내용은 오랫동안 기억에 남게 될 것이다. 따라서 교사가 수업시간에 학생들이 적극적으로 참여할 수 있는 활동을 조직해 낸다면, 학생들이 정보를 더욱 정확하고 지속적으로 기억하는 데에 도움을 줄 것이다.

의미기억(semantic memory)에는 문제 해결 전략과 사고기술 그리고 사실, 개념, 규칙 등과 같이 우리들의 경험을 통해 습득된 내용들이 저장된다. 따라서 학교에서 학습하는 대부분의 내용들은 장기기억 중 의미기억에 저장되는 것이다. 이때 의미기억에 저장되는 정보들은 서로 연관을 맺으면서 체계적인 네트워크를 구성하게 되는데, 이는 교육과 관련하여 매우 중요한 함의를 갖는다. 학교 수업장면에서 저장되는 기억의 유형 중에서 실제 많은 양을 차지하는 것이 의미기억이라 할 수 있다. 책을 읽고 그 내용을 이해하는 것, 중요한 용어의 개념을 정의하는 것, 여러 가지 개념 간의 관계를 규명하고 유사한 점과 다른 점 등을 파악하는 것, 새로운 정보와 익숙한 정보를 연결시키는 것, 학습 내용과 관련된 시각적 자료를 제시하는 것, 복잡한 추론과정으로 그림으로 설명하는 것 등 대부분의 수업내용은 의미기억으로 저장된다. 따라서 교사는 수업 내용의 개념을 체계적으로 조직하여 제시하고 개념 간의 관계를 심상으로 기억할 수 있는 도식이나 그림을 준비하는 것은 학생들의 의미기억에서의 저장을 용이하게 한다(신희경 외, 2009).

네트워크라는 말은 장기기억 속에 존재하는 정보들이 별개로 분리되어 존재하는 것이 아니라, 서로 관련성을 맺고 연결되어 있음을 의미한다. 이는 학습자가 단순히 설명된 아이디어들을 수동적으로 받아들여서 저장하는 게 아니라, 그들을 의미 있는 구조로 만들어 간다는 것을 나타낸다.

절차기억(procedual memory)은 일을 하는 방법에 관한 지식을 말한다. 특히, 신체적 활동을 포함하여 특정한 문제를 해결할 수 있는 구체적인 방법에 관한 지식을 기억해 내는 것이다. 예컨대, 자전거를 타는 방법, 핸드폰을 사용하는 방법, 종이로 학을 접는 방법, 테니스를 치는 방법, 된장찌개를 끓이는 방법, 인수분해를 하는 방법, 심폐소생술을 하는 방법 등에 관한 기억이 여기에 속한다. 이와 같은 절차기억의 내용은 주로 절차적 지식으로 구성되는데, 절차지식의 학습은 일종의 자극과 반응의 규칙에 의한 학습이라 할 수 있다. 왜냐하면 절차를 학습하는 것은 어떤 조건일 경우 어떻게 반응하는가를 학습하게 되는 것이며 이러한 절차를 연습하고 이에 숙달됨으로써 자극과 반응의 자동화 단계에 이르기 때문이다. 예를 들어, 내리막길에서 자전거가 너무 빨리 갈 경우 브레이크를 잡아야 하며, 테니스에서 공이 라켓의 중앙에 맞지 않을 경우 속도와 방향이 달라지는 것, 분수의 덧셈에서 가장 먼저 분모가 같은지를 살펴보고 같지 않을 경우에는 분모를 같게 만들어야 한다는 것을 자동적으로 기억하는 것이다. 이처럼 자동화된 절차기억은 학습의 효율성을 높이고 일단 학습하고 난 후 오랫동안 망각되지 않을 수 있는 장점을 가진다. 학생들에게 절차기억을 갖도록 하기 위해서는 무엇보다도 학습 활동에 대한 연습 시간을 충분히 보장해야 한다.

3) 정보처리 학습의 과정

정보처리 학습의 과정인 정보를 습득하고 기억하는 과정은 다음 세 단계로 구분할 수 있다(전성연, 2001).

(1) 자극의 주의

주의(attention)는 자극이 처리되는 방식에서 중요하다. 어떤 자극은 주의를 기울이지 않아도 일어난다. 그러한 과정들은 아주 광범위해서 의식적인 조절 없이 자동적으로 수행되어 온 것들이다. 한 예로 능숙한 독자에 의한 문자식별이 있다. 이와는 반대로 어떤 식별과제는 집중적인 노력과 의식적인 조절을 필요로 한다. 그것은 통제적 처리라고 부르는데, 세 자리수의 곱셈 같은 것이 그 예이다. 다시 말해서 친숙한 패턴의 인식은 자동적이고 낯선 패턴의 인식을 심사숙고하는 과정이 필요하다고 할 수 있다.

(2) 자극의 부호화

어떤 자극이 장기기억고에 불활성 상태로 저장되려면 부호화(encoding)과정이 필요하다. 이는 자극을 변형시켜 나중에 쉽게 회상될 수 있는 형태로 바꾸어 주는 것이다. 예컨대, 전화번호는 전화를 할 때만 기억 속에 남아 있고 곧 망각된다. 따라서 장기기억에 보관하려면 부호화과정이 요구된다.

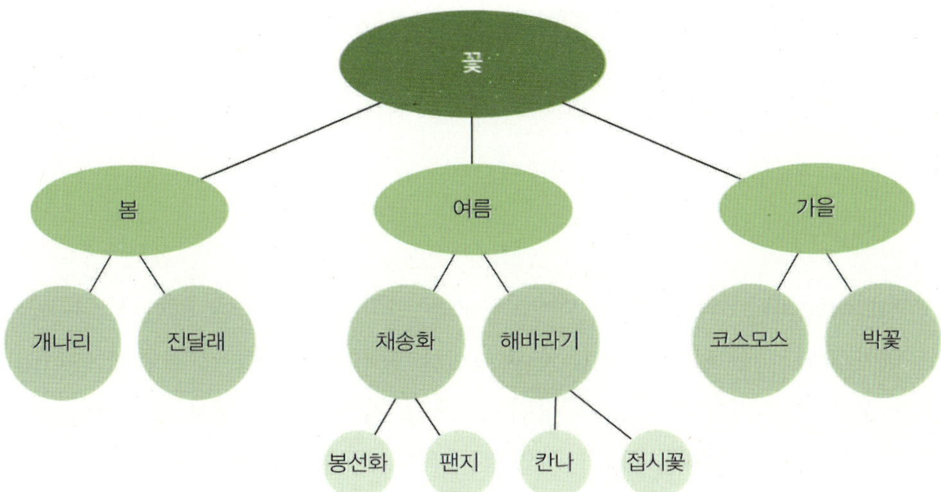

[그림 7-13] 꽃에 대한 위계망 구조

① 조직화

잘 조직된 정보는 학습하기가 쉽고 기억하기도 좋다. 자료를 조직화하는 데는 위계를 사용하는 방법과 기억술을 이용하는 게 바람직하다. 지식구조 중 표상하고 있는 대상의 속성과 관계에 따라 표상들을 관련짓는 기억구조를 '내용지식구조'라 하며 내용지식구조는 유치원 말부터 발달하기 시작하여 위계망 구조(hierarchical structure)를 형성하면서 발달하게 된다. 다음의 그림은 꽃에 대한 위계망 구조를 나타내는 것으로 상위개념과 하위개념의 관계가 표시되어 있고 이를 통해서 각 하위 개념에 속하는 계절 꽃이 무엇인지를 알 수 있다.

② 정교화

정교화는 새로운 정보에 다른 것을 더하거나 또는 그것을 이미 알고 있는 다른 것에 관련시킴으로써 기억하려고 하는 것의 정보를 확대시키는 과정이다. 학습자가 새로운 정보를 학습할 때 가능한 이미 알고 있는 사전 지식과 많이 연합될수록 정보가 장기기억에 저장될 수 있는 가능성이 높아지고 정보를 인출할 수 있는 단서도 더 많아지게 된다. 예컨대, 교사가 수업을 시작하기 전에 지난 시간에 배운 내용을 간단하게 복습하고 그 내용과 관련지어서 이번 시간에 배울 내용을 설명할 경우와 지난 시간에 배운 내용과의 관련성 없이 바로 오늘 배울 새로운 내용에 대하여 언급하는 경우를 비교한다면 학생들은 전자의 방식에서 그 내용을 이해하기가 더 용이할 것이다.

③ 시연

시연(rehearsal)은 되뇌기라고 하며 정보를 반복하는 활동을 말한다. 우리가 공연을 준비하면서 실제 공연에 앞서 리허설을 한다고 말하는 것처럼 연습하고 복습하는 과정을 의미한다. 정보가 장기기억으로 저장되기 위해서 무엇보다 반복연습이 필요하다는 것이다. 이러한 시연에는 유지 시연(maintenance rehearsal)과 정교화 시연(elaborative rehearsal)이 있다. 유지 시연은 정보를 기억하기 위한 단순한 반복활동이고, 정교화 시연은 정보를 특정한 방식으로 변형한다. 다른 상징으로 그 정보를 대치시킨다거나 회상할 때를 위해 추가정보를 보충시키는 방법 등을 적용한다. 정교화 시연은 정보를 반복 연습함에 있어서 반복하는 것이 아니라 이미 알고 있는 장기기억에서의 정보와 관련시켜서 기억하는 것을 연습하는 것이다. 예를 들면, 역사적 인물의 이름을 외워야 하는 데 그 사람이 내가 알고 있는 사람과 이름이 같다면 그 사람을 떠 올리면서 이름을 외우면 몇 번 반복하지 않아도 장기기억에 저장될 수 있다.

(3) 저장과 인출

부호화 과정의 목적은 장기기억 장치에 저장하기 위한 준비를 하기 위함이다. 이후의 접근과 회상은 그 정보의 저장 형태와 장기기억 내의 선행 정보의 범위에 의존한다. 예컨대, 프로기사는 체스판의 70-80%를 회상하지만 초보자는 단지 몇 조각만을 회상한다. 학습의 순간은 정보를 저장하는 과정이기도 하지만 동시에 장기기억에 저장된 이미 말고 있는 정보를 끊임없이 인출하고 새로운 정보와 연합하는 과정이기도 하다. 그러므로 정보의 인출을 통해 정보를 작업 기억으로 활성화시키는 것은 저장 못지않게 중요한 과정이다. 정보의 인출은 재인(recognition)과 회상(recall)의 두 과정을 통해 이루어진다.

재인은 저장된 정보를 꺼낼 수 있는 인출단서를 사용해 인출하는 것을 말하고 회상은 저장된 정보를 단서 상요 없이 인출하는 것을 말한다. 예컨대, 학생이 교사에게 질문을 하였을 때, 교사가 바로 답을 말해주지 않고 '지난 시간에 내가 OOO에 대해 설명하면서 세 가지 특징의 첫 글자를 따서 뭐라고 한다고 했지?'라고 인출단서를 주게 되면 학생은 그 단서를 사용하여 기억하지 못했던 내용을 기억하여 문제를 해결할 수 있게 되는 경우이다. 반면, 회상은 그러한 단서가 없이도 기억을 해낼 수 있는 것을 말한다. 교사가 학습 내용에 대한 배경 설명, 관련된 일화적 사례 등을 설명하는 것은 학생들로 하여금 그 내용을 쉽게 회상할 수 있게 돕는다.

3.3 인지주의 학습이론의 교육적 시사점

Snowman과 Biehler(2003)가 제시한 학습의 인지주의 관점의 교육적 시사점은 다음과 같다.

① 주의집중을 유지하고 흥미를 유발하는 다양한 기법을 활용한다. 그리고 학생들에게 주의집중을 유지하는 자신만의 기술을 세밀하게 하고 연습할 기회를 준다.
② 어떤 정보가 중요하고 이미 배운 것과 관련될 수 있다는 것을 알도록 지도한다.
③ 유의미화와 청킹에 비중을 두는 적당한 시연기술을 사용한다.
④ 학생 스스로 배운 것을 조직하도록 격려한다.
⑤ 가능한 유의미성을 강조한다.
⑥ 다양한 학습 전략을 설명하고 연습할 기회를 제공한다.
⑦ 학습하고 기억하는 방법에 영향을 미치는 다양한 조건들을 고려하여 학생들의 초인지 지식과 기술을 발달시키도록 격려한다.

3.4. 행동주의와 인지주의 학습의 비교

Phya와 Andre(1980)는 행동주의와 인지주의 학습이론의 차이를 <표 7-2>와 같이 구분하고 있다.

〈표 7-2〉 **행동주의와 인지주의 학습이론의 비교**

행동주의 학습	인지주의 학습
• 학습자는 피동적이며 환경에 지배됨 • 학습은 여러 자극들 간의 혹은 자극과 반응 간의 연합 때문에 일어남 • 지식은 어떤 형태의 연합이든 학습된 연합들로 조성됨 • 학습은 새로운 연합의 획득임 • 선수지식은 주로 장면들 간의 자극의 유사성으로 인한 정적 혹은 부적 전이와 같은 간접적인 과정을 통하여 새로운 학습에 영향을 미침 • 정신활동에 대한 논의는 불허함 • 강한 실험적 연구를 통해서만 검증 가능함 • 교육은 원하는 방향으로 연합이 이루어 질 수 있도록 자극을 배열하는 것으로 조성됨	• 학습자는 능동적이며 환경을 지배함 • 학습은 학습자가 능동적으로 환경(학습의 장)을 이해 및 탐색하려 시도하기 때문에 일어남 • 지식은 정신적 구조 및 절차의 조작된 형태로 구성됨 • 학습은 정신적 추리, 인지적 정보처리과정에 의하여 생성된 정신구조의 변화로 구성 • 새로운 학습은 새로운 장면을 이해하기 위하여 선수학습 지식을 사용하는 것이나 새로운 장면을 다루기 위한 선수학습지식의 구조를 변화시키는 것에 기초함 • 정신활동에 대한 논의는 인지심리학, 인공지능의 핵심적 쟁점임 • 전통, 관찰연구, 사고, 실험 및 논리적 분석이 사용될 수 있음 • 교육은 복잡한 환경에 대한 능동적인 정신적 탐색을 허용 및 긴장하는 것으로 조성됨

연구과제

1 행동주의 학습의 특징을 설명하시오.

2 고전적 조건형성과 조작적 조건형성을 비교·설명하시오.

3 Thorndike의 시행착오 학습의 세 가지 기본 법칙을 설명하시오.

① 효과의 법칙(law of effect)

② 연습의 법칙(law of exercise)

③ 준비성의 법칙(law of rediness)

4 다음 용어의 개념을 설명하시오.

① 정적강화(positive reinforcement)

② 부적강화(negative reinforcement)

③ 일반화(generalization)

④ 변별(discrimination)

⑤ 고정간격(fixed interval)

⑥ 고정비율(fixed radio)

⑦ 변동간격(variable interval)

⑧ 변동비율9variable ratio)

5 Bandura의 사회학습이론의 과정에 대하여 설명하시오.

6 정보처리 이론의 개념과 정보처리모형의 구성요소를 설명하시오.

7 행동주의와 인지주의 학습이론의 차이에 대하여 설명하시오.

8 〈보기〉 중 정교화와 조직화전략의 공통적인 기능은?

(2004학년도 초등교사 임용고사 시험문제)

<보기>

가. 수업 내용의 이해를 도와준다. 나. 작업 기억 공간을 유지시켜 준다.
다. 장기기억의 용량을 확장시켜 준다. 라. 정보인출을 용이하게 한다.

① 가, 다 ② 가, 라
③ 나, 다 ④ 나, 라

9 인지주의 학습이론을 가장 잘 반영한 것은?

(2004학년도 중등교사 임용고사 시험문제)

① 학습 동기 유발을 위해 토큰강화기법을 사용한다.
② 수업의 중점을 학습자의 사고기능과 탐구능력 신장에 둔다.
③ 학습 목표를 "인수분해 20문제를 제세했을 때 16문제 이상을 풀 수 있다."로 설정한다.
④ 수업에서 복잡하고 어려운 학습 과제를 최소 단위로 세분화하여 쉬운 것에서 어려운 것의 순서대로 제시한다.

10 다음 중 인지주의 학습 원리를 가장 잘 적용한 교사는?

(2002학년도 중등교사 임용고사 시험문제)

① 좋지 못한 학습 태도를 보일 때마다 꾸중을 하였다.
② 영어시간에 학생들에게 문장을 열 번씩 쓰게 하였다.
③ 학생에게 질문을 한 뒤 생각할 시간을 충분히 주었다.
④ 학생이 바람직한 행동을 할 때마다 칭찬을 해주었다.

11 학생들이 책을 읽는 동안 글자를 해독하는 데 지나치게 집중하면 읽고 있는 내용의 의미를 잘 파악하지 못하는 경우가 있다. 이런 현상이 나타나는 원인은?

(2001학년도 초등교사 임용고사 시험문제)

① 단기기억의 제한된 용량 ② 감각등록기의 제한된 용량
③ 장기기억의 무제한적 용량 ④ 초인지능력의 무제한적 용량

정답 8.②, 9.②, 10.③, 11.①

CHAPTER 08

수업이론

:: 학습 개요 ::

학교교육의 현장에 있어서 교사와 학생이 가르치고 배우는 일이야말로 가장 근원적이고 핵심적인 과정이라고 말할 수 있다. 일련의 가르치고 배우는 것을 우리는 교수-학습이라 하고, 그 과정을 교수-학습 과정이라고 할 수 있다. 앞서 살펴본 학습이 학습자 중심이라고 한다면 수업은 행위자인 교사의 역할을 의미한다. 만일 교사가 수업을 함에 있어 좋은 수업 설계나 수업진행방법, 특히 교수기술이 좋다면 학생들의 행동은 그렇지 않은 경우보다 학습욕구와 학습능력이 향상될 것이다. 그만큼 수업은 학생들의 학습과 밀접한 관련을 맺는다.

오늘날처럼 지식 정보 및 정보통신 기술의 발달은 수업의 장을 확장시키면서 학생들이 단순히 배우는 차원이 아닌 필요한 정보 및 지식을 사전에 얻을 수 있게 하였다. 수업은 이제 정보나 지식을 전달하는 차원이 아닌 교사-학생간의 새로운 협력체계로 변하는 것이다.

그러므로 수업을 담당하는 교사도 시대의 흐름에 맞추어 새로운 수업 방법과 기술을 적용해야할 것이다.

이 장에서는 교사들의 효과적인 수업을 위한 수업의 기초와 중요 이론에 대하여 살펴보고자 한다.

:: 학습 목표 ::

1. 수업의 개념과 수업 설계에 대하여 설명할 수 있다.
2. Bruner와 Gagné의 수업 이론의 특징과 교육적 적용을 이해할 수 있다.
3. 효과적인 수업 방법에 대하여 설명할 수 있다.

1 수업의 정의

우리는 수업에 관련된 몇 가지 용어들이 서로 혼용되고 있음을 본다. 이를테면, 수업과 교수가 그 대표적인 예이다. 수업과 교수는 우리말에서는 물론 영어에서도 마찬가지인 것 같다. 우리나라에서는 사람에 따라 teaching을 교수 또는 수업으로 번역하기도 하고 instruction도 같은 개념으로 번역하기도 한다. 이러한 혼란은 아마도 두 용어가 담고 있는 의미를 엄격히 구분하기 어렵다는 점을 말해준다. 두 개념이 서로 공통적인 부분을 내포할 뿐만 아니라 보는 관점에 따라 하나를 포괄하기도 하고 그 반대의 개념으로 설명될 수 있기 때문이다. 이 두 개념을 보다 명백히 구분하기 위하여 몇몇 학자들의 개념을 살펴보자.

우선, 수업에 대하여 살펴본다. Corey(1971)는 수업이란 학습자가 특정한 조건하에서 특정한 행동을 학습할 수 있도록 학습자의 환경을 계획적으로 조정하는 과정이라고 하였으며, Gagné(1970)는 수업이란 학습이 일어날 수 있도록 내외적 조건을 체계적으로 조정하는 것이고, 타인의 학습을 유발하기 위한 의도를 가지고 행하는 활동이라고 하였다(Robertson, 1987).

이를 종합해 보면, 수업은 여러 다양한 수단들을 동원하여 학습자의 성장과 발달을 돕고 학습을 최적화하기 위한 환경의 정비라고 말할 수 있다.

다음으로, 교수에 대한 개념이다. Corey(1971)는 교수란 개인이 특정한 조건하에서 특정행동을 수행하기 위하여 학습할 수 있도록 개인을 둘러싼 환경을 의도적·계획적으로 조작하는 과정이라고 정의하였으며, Reigeluth(1983)는 교수란 설계, 개발, 실행, 관리, 평가를 포함하며, 수업보다 포괄적인 개념이라고 하였다. 이는 수업이 교수의 한 영역으로서 교사의 적용과 실행에 중점이 주어지기 때문이다.

이러한 관점에서 볼 때, 교수는 수업보다 포괄적이며 수업의 결과로 학습자의 행동 양식을 바람직한 방향으로 변화되도록 학습의 전 과정을 안내, 통제, 발전시켜 나가는 일체의 행위라고 할 수 있으며, 수업은 학습자의 지적 탐구 특성을 주로 자극하는 내용을 전달하는 데 적용된다고 볼 수 있다.

또한 기존의 교수나 수업의 개념이 가르치는 입장에 있는 교사 중심이었다면, 최근에는 학습자가 중심이 되는 개념으로써 학습지도라는 용어를 더 많이 사용한다. 전통적인 교육에서는 교사의 역할이 지식 전달에 치우쳤고, 그에 따라 교사의 권위가 중시되었던 시대의 산물로 교수라는 용어가 일반적으로 통용되었다. 그러나 최근에는 학습자를 존중하며, 학습자의 학습을 돕고 안내한다(신해우 외, 1994)는 의미의 학습지도의 개념으로 통용되고 있다.

이상의 개념들을 기초로 수업을 정의하면, 수업이란 수업 목표로 설정한 행동 변화(학습)가 일어나도록 학습자의 내적 상황에 맞게 그의 외적 상황과 조건을 설계하고 개발하고 관리하는 과정이라고 말할 수 있다.

다음으로, 수업과 학습을 [그림 8-1]에서와 같이 몇 가지 기준으로 구분할 수 있다.

일정한 목표	있다	있을 수도 있고, 없을 수도 있다.
변수	독립 변수 (혼자 가능)	종속 변수 (수업을 받으면 생김)
해석	열의적 (가르치는 방식은 하나)	다의적 (배우는 학습자에 따라 다름)
행동 기술	처방적 (학습 방법이 다를 수 있음)	기술적 (변화된 성적을 볼 수만 있음)
수업 연구	있는 그대로의 수업 연구	대부분 동물을 대상으로 연구 (예: 퀄러의 침팬지 연구)

[그림 8-1] 수업과 학습의 차이

첫째, 수업에는 일정한 목표가 있으나 학습에는 목표가 있을 수도 있고 없을 수도 있다. 수업에 목표가 있어야 한다는 말은 수업은 의도적인 작용이라는 것이며, 학습은 외적인 경우도 있고 아무 의미도 없는 상태에서도 이루어진다는 것이다. 즉 수업이 있는 곳에는 반드시 학습이 있으나 수업이 없는 곳에서도 학습은 이루어진다는 것이다. 아이들은 가정에서, 거리에서, 또는 잡지나 TV에서 많은 것을 배운다. 그러나 그것은 반드시 의도적인 수업 결과는 아니다. 수업보다 학습이 넓은 개념임을 알 수 있다.

둘째, 수업은 독립변수이고 학습은 종속변수이다. 독립변수라 함은 작용하는 변수이며, 종속 변수는 작용하는 결과에 나타나는 변수이다. 수업은 작용하는 것이며, 학습은 작용결과로 나타나는 행동의 변화를 뜻한다. 좋은 수업이란 독립변수에 예상되는 종속변수가 나타남을 의미한다. 하지만 흔히 작용하는 목표가 분명치 않거나 작용하는 방법이 잘못되었거나, 또 의도한 이외의 변인이 너무 강해서 나타난 결과, 학습은 다른 방향으로 가게 되는 경우가 종종 있다.

셋째, 수업의 일의적이지만 학습은 다의적이다. 교사가 가르치는 것은 하나이지만 학생은 제각기 다르게 배우는 것이다. 한 학급에서 70명의 학생이 있을 경우에 동일 교사의 행동에서 영향을 받은 학생의 학습은 70개의 다른 것일 수 있다는 것이다. 학생들은 제각기 준비성이나 출발점 행동이 다르기 때문에 교사의 수업을 학생은 모두 달리 해석한다.

넷째, 수업은 처방적이지만 학습은 기술적이다. 수업은 학생의 문제점을 찾아내어 이를 고치기 위한 처방적 행동이라고 할 수 있다. 또한 목표에 접근시키기 위한 처방적 행동이라고 할 수 있다. 그러나 학습은 학생 행동의 변화된 모습을 있는 그대로 기술할 뿐이다.

다섯째, 수업 연구는 있는 그대로의 수업 상태를 대상으로 하나, 학습 연구는 동물을 대상으로 하는 경우가 많다. 그러나 사실은 기술 결과에 따라 새로운 처방을 취하게 되므로 양자는 분리된 관계가 아니라 밀접한 상호 관련성이 있는 관계인 것이다. 실제 교실장면에 있어서는 학습 내용이 잘 진단되어 기술되면 이에 적절한 처방이 가해져 좋은 성과가 나오게 된다. 그러므로 교수와 학습은 불가분의 관계에 있다.

2 수업 설계

2.1 수업 설계의 정의

수업의 목적이 학습촉진과 관련되므로 좋은 수업 행동을 통해서 생산적인 학습이 되어야 한다. 의도적으로 실시되는 수업 활동은 수업 목표 달성을 위해서 가르치고 배우는 과정이므로 보다 체계적이고 구체적인 수업 설계가 이루어져야 한다.

따라서 수업 설계에는 교사와 학습자가 접하는 교육상황, 학습자의 상호작용과 변화될 행동유형 등 세 가지의 핵심적인 변인들을 고려해야 한다. 여기에서 행동유형을 구체적으로 지정한다는 것은 수업 과정을 통해 학생들에게 일어나기를 바라는 학습 성과이고, 이를 흔히 '수업 목표'라고 지칭한다. 환경적 상황이란 학습 성과를 낳게 하는 여러 조건(수업사태, 미디어, 교사의 수업행동, 과제자료) 등을 마련한다는 것이며, 상호작용이란 학습자가 이와 같은 상황조건과 더불어 주고받는 여러 활동을 의미한다.

이런 측면에서 볼 때, 수업 설계란 Berliner와 Cohen이 주장하고 있는 과제-특성-처치 상호작용(task-trait-treatment)의 모형과 일맥상통한다. 즉 수업의 상호작용에서 학습 과제(목표), 학습자의 특성과 처치(수업 절차)의 중요성을 강조한다. 따라서 수업의 효과는 학습 과제 또는 목표의 성질과 학습자의 특성을 충분히 고려하여 이에 최적한 수업 절차를 마련해야 한다. 이러한 상호작용을 고려하지 않은 수업 목표, 학습자 및 수업 절차는 비록 그 하나하나의 요소에 대한 주의가 잘 이루어졌다고 하더라도 수업 효과는 높아지지 않을 것이다(박아청, 2002).

따라서 수업 설계는 구조화된 환경과 참여하는 학생의 상호작용 과정이 반드시 포함되어야 할 것이다.

2.2 수업 과정의 구성원

수업의 효과성을 높이기 위해서는 체계적인 수업 설계가 중요하다. 그러기 위해서는 수업 설계 간에 포함될 구성요소를 알아야 하는데, 어떤 것들이 있는가를 살펴보자.

Gagné과 Briggs는 수업 설계간 최우선적으로 어떤 조건에서 학습이 발생하는지를 검토해야 하고, 학습의 내적 조건을 밝히고, 외적 조건을 마련하는 일이 수업 설계 작업의 중심이라고 간주하여, '학습자가 무엇을 학습할 것인가?' 즉 수업 목표의 여하에 따라 학습조건이 달라지고, 또 다르게 정비되어야 함을 강조하였다. 그리고 수업 절차를 확인 및 설계하는 논리적 단계로서 일곱 가지를 제시하였다.

첫째, 수업에서 달성해야 할 능력이 어떤 것인지를 구체적으로 설정하는 일이다.

둘째, 수업의 결과로 나타나는 인간의 능력을 관찰할 수 있는 행동으로 세분화하는 일이다.

셋째, 학습자의 내적 조건인 전수학습의 종류와 정도, 그리고 외적 조건을 설정하는 일이다.

넷째, 수업 계열을 확정하고 매체를 선정하는 일이다.

다섯째, 학습 결과를 평가하는 일과 전체적으로 수업을 설계하는 일이다.

2.3 효과적인 수업 설계의 원칙

1) 수업 목표와 과정의 적절성

수업 목표와 과정의 적절성은 수업 설계를 위한 일차적인 고려사항이다. 교수-학습 목표의 적절성 여부 중의 하나는 교수하고자 하는 목표 자체의 질과 연관되어 있다.

우선, 구체적인 수업 목표는 교사가 교실에서 횡설수설하지 않게 해주고 수업 시간을 절약해 주며, 중요한 학습 요구를 고려하도록 보장해 준다는 점에서 수업을 계획하고 조직하는 교사들에게 도움이 된다.

수업 목표는 국가·사회·조직·학습자가 기대하는 목표와 수업 활동을 관련시켜 줄뿐만 아니라, 교실에서 수행되는 활동에 명세성과 구체성을 부여해 준다. 수업 목표가 행동 목표의 형태로 명세화 되지 않을 경우, 학생들은 기대하는 것과 자신이 배운 행동의 수행가능성 정도를 혼동할 수 있다. 이것이 바로 목표-학습요구-조직-방법의 조화(match)가 수업 계획에 중요한 이유이다. 구체적인 수업 목표 형태로 진술된 학습 결과는 가장 짧은 시간에 가장 효율적인 수업이 일어나는 데 도움이 되는 특정한 학습요구, 조직 패턴, 교수 방법 등과 밀접한 관련을 맺는다.

그러므로 행동목표를 진술할 때 가장 중요한 것은 그 행동이 제대로 의사소통이 될 수 있도록 명확히 해야 한다는 점이다. 즉 목표를 진술하는 사람이 자기 마음속에 가지고 있는 어떤 상(像)을 전달했을 때 다른 사람도 그것을 보고 동일한 상을 갖게 된다면 그 의사소통은 성공한 것이며, 이러한 목표의 진술은 의미 있는 것이다.

반면, 의사소통이 실패하는 주요 원인은 한 낱말 속에 다양한 의미가 포함되어 있는 경우가 많아서 교사가 목표 진술 시 사용한 용어가 여러 가지로 해석될 수 있는 데도 그것이 유일하다고 생각하여 적용하기 때문이다. 그러한 의미에서 <표 8-1>은 행동목표 진술 용어로 눈여겨 볼만하다(정우현 역, 1972).

〈표 8-1〉 행동목표 진술 용어

여러 가지로 해석할 수 있는 진술 용어들		해석의 범위가 좁은 용어들	
• 안다.	• 이해한다.	• 쓴다.	• 읽는다.
• 진실로 이해한다.	• 인식한다.	• 규명한다.	• 확인한다.
• 충분히 인정한다.	• ~의 의미를 파악한다.	• 해결한다.	• 작성한다.
• 즐긴다.	• 믿는다.	• 열거한다.	• 비교한다.
• ~을 신뢰한다.		• 대조한다.	

행동목표 진술은 <표 8-1>과 같이 관찰가능하게 명세화된 목표를 사용하는 것이 바람직한데, 이를 '명세적 목표'라고 한다. 이렇게 구체화된 목표는 수업 과정이나 평가 과정을 결정하는 준거가 된다(황정규, 1973). 따라서 평가의 준거가 되는 행동목표의 진술 방법을 몇 가지로 요약해 보면 다음과 같다(홍성윤·김유미, 1999).

첫째, 교사의 행동이 아닌 학생의 행동으로 진술해야 한다.

둘째, 그 수업시간과 그 단원의 학습행동 중에 나타나는 학생의 행동을 강조하기보다는 그 수업시간이나 그 단원이 끝났을 때, 나타날 수 있는 학생의 변화된 행동과 관련되어야 한다.

셋째, 학습 내용과 기대하는 행동은 동시에 진술해야 한다.

넷째, 기대하는 학생의 행동은 누구나 같은 뜻으로 해석할 수 있도록 관찰 가능한 행위동사로 표현해야 한다.

다섯째, 도착점 행동의 성취기준을 구체적으로 제시하여야 한다.

뿐만 아니라, Mager가 제시한 행동목표 진술의 세 가지 조건을 반영하여 다음과 같이 작성하는 게 바람직하다.

첫째, 수업에서 나타나기를 기대하는 도착점 행동을 확인한다.

둘째, 그 행동이 발생한다고 전제할 중요한 조건을 제시한다.

셋째, 학생의 도착점 행동의 도달이 어느 정도로 정확할 때 목표가 달성되었다고 판정할 수 있는지에 대한 준거(도달기준)를 제시한다.

다음으로, 과정의 적절성이란 가르치고자 하는 목표와 교육 방법 간에 적합성과 일관성이 있느냐의 여부라 할 수 있다. 그리고 수업 절차가 얼마나 개방적이며 민주적인지와 관련된다.

2) 학습자의 특성 고려

효과적인 수업을 하기 위한 특징을 학습자와 관련하여 살펴보면 다음과 같다.

첫째, 학습자는 목적을 추구하는 유기체이다. 따라서 수업에 있어서 미래의 비전을 제시하고 이를 학습자에게 확인시키도록 해야 할 것이다. 인간행동에 있어서 목적이 없는 행동이란 거의 없다. 항상 목적을 앞세우고 이를 달성하기 위하여 노력하는 게 인간이다. 따라서 목적이 뚜렷하고 강할수록 실현을 위하여 더욱 많은 노력을 기울이게 된다. 인간행동의 목적에는 장기적인 목적과 단기적인 목적이 있으며 여기에서 중요한 것은 장기적인 목적의 수립이다. 학습자들 중에 미래에 관한 장기적 목적이 있는 학습자와 없는 학습자 간의 학습 동기에 있어서 현저한 차를 나타내 보인다. 학습자의 내재적인 측면에는 장기적인 목적이 잠재해 있다. 교사는 수업 설계 간 이를 필히 고려해야 한다.

둘째, 학습자는 통합된 전인적인 존재로서의 유기체이다. 따라서 수업에 있어서도 지적 발달, 정서적 발달, 사회적 발달, 신체적 발달이 조화적으로 이루어질 수 있도록 고려되어야 할 것이다. 인간은 어떤 자극을 받으면 전인적인 유기체로서 이에 반응을 하게 된다. 예컨대, 어떤 사람에게 매를 맞으면 왜 때렸는지에 대한 지적 분석을 하고 그 정당성 여부를 판단하게 될 것이며, 정서적으로 흥분한 상태에 도달하게 되고, 사회적으로는 그 사람과의 관계가 악화될 우려가 있으며, 신체적으로는 고통을 느낄 것이다. 이와 마찬가지로 교수-학습과정에 있어서도 학습자가 통합된 유기체로서 반응한다는 것을 전제해야 할 것이다. 지적으로 아무리 좋은 학습을 하였다 하더라도 그것이 정서적·사회적·신체적 영역에서 볼 때 바람직하지 못하다면 결코 좋은 수업이라 할 수 없다.

3) 교수공학의 활용

교수공학(technology of teaching)은 그 개념이 광범위하여 한마디로 정의할 수는 없으나, 현대 기술·공학의 발전성과를 교수-학습에 적극적으로 응용함으로써, 교수-학습의 효율성을 기하고자 하는 일련의 분야라 할 수 있다. 이를테면, 교수공학은 인간의 모든 학습에 내포된 여러 가지 문제점을 분석하고 이에 대한 해결점을 기획·실행·평가·처리하기 위한 절차, 개념, 시설, 조직 등을 포함하는 복합적 통합과정을 말한다. 교수공학에 있어서 문제 해결은 학습이 일어나게 하기 위하여 고안되고 선택되며 활용되는 여러 형태의 학습 자료, 즉 교수내용, 교수요원, 교수자료, 교수시설, 교수기법 및 환경조건 등으로 구성된다.

교수공학의 발전은 교수매체의 발전과 그 맥을 같이 한다고 볼 수 있다. 교수공학의 발달 과정은 일반적으로 시각 교육, 시청각 교육, 시청각 통신, 체제적 접근과 교수개발, 교수공학, 교육공학 등으로 발전되었으며(박석규 외, 1996), 현대

과학 기술이 급속도로 발달하기 시작한 1920년대 이후부터 급속히 발달해 왔다.

교수공학은 하드웨어 적인 것과 소프트웨어적인 것 모두를 포함한다고 볼 수 있다. 즉 TV, 라디오, 컴퓨터, 영사기, 위성시스템 등과 같은 공학적 기구를 교수-학습에 활용할 뿐만 아니라 이러한 기재를 활용하기 위한 프로그램, 원리들을 포함하고 있다.

교수공학의 목적이 교수공학의 적용을 통해 교육의 질을 향상시키는 것에 있기 때문에, 바람직한 교수-학습의 설계를 위해서는 현대 교수공학의 발전성과를 적극적으로 활용할 필요가 있음은 두말할 나위가 없다. 특히 개별화 수업을 위한 전략, 교수매체의 활용을 위한 전략 등에 있어서 교사는 교수공학의 발전성과를 이해하고, 그것을 적극적으로 활용하는 노력이 요구된다고 할 것이다(노승윤, 2000).

4) 교수-학습 및 교육과정의 상호연계성

수업은 학습 내용으로서의 '교육과정', '가르치는 행위로서의 교수', 그리고 '가르침을 받는 행위로서의 학습'과 밀접한 관계를 맺고 있다.

수업이란 교육과정에 명시된 내용을 적절하게 교수함으로써 학습자에게 목표한 변화를 일으키는 과정이라고 할 수 있으므로, 이 세 가지 요소가 적절히 관련 맺어야한다. 이러한 관계를 도식으로 나타내면 [그림 8-2]와 같다.

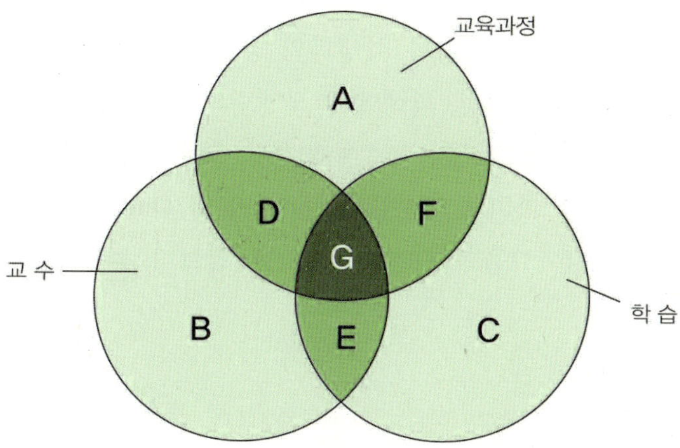

[그림 8-2] 교육과정·교수·학습과의 관계성

[그림 8-2]에서 A는 교육과정만 있지 교수나 학습행위가 없는 부분이고, B는 교육 내용과 관계없이 교수행위는 있으나 학습되지 않은 부분이라 할 수 있다. C는 교육과정에 관계없고 학습만 되어 있는 부분을 말하며, 이 부분을 일반적으로 '잠재적 교육과정'이라 할 수 있다. D는 교육과정에 의해서 교수행위가 이루어지거나 학습되지 않는 부분이며, E는 교육과정과 관계가 없지만 교수행위에 의해서 학습이 되는 부분이다. 그런데 G는 교육과정의 내용을 교사의 교수행위에 의해서 학습이 이루어지는 부분으로 진정한 의미에서 제대로 된 수업이라고 할 수 있다.

결국, 수업을 설계하는 교사는 항상 가르칠 내용으로서의 적절한 교육과정의 문제, 학습자들의 행동변화로 나타나야 할 학습의 문제, 그리고 교육과정과 학습자의 학습을 효율적으로 연계시켜 주는 적절한 교수행위의 문제를 관련지어서 생각해야 할 것이다.

3 효과적인 교수기술

3.1 태도

일반적으로 교사의 긍정적인 태도(attitude)는 학생의 높은 동기수준을 이끌어 낸다. 그것은 학생에 대한 자상함과 학생과의 공감대 형성, 학생에 대한 높은 기대수준, 교수에 대한 높은 열정, 학생에게 모델링의 전형이 된다는 의식 등이며, 이러한 교사의 태도는 학생의 동기수준에 영향을 줄뿐만 아니라 궁극적으로 학생의 학업 성취에 영향을 미치게 된다(Driscoll, 1978; Otteson & Otteson, 1980). 따라서 훌륭한 교사들은 그들이 사용하는 교수기술보다 능동적인 태도가 우선시 된다.

3.2 의사소통

의사소통(communication)은 교수-학습 간에 하나의 흐름 또는 과정이라 할 수 있으며, 의미전달 간 왜곡되거나 문제가 발생되는 것은 의사소통 간에 장애가 발생하기 때문이다. 이런 연유에서 교사행동과 학생의 학업 성취 사이의 관계를 연구하는 데 있어 가장 많이 다루어지는 변인 중의 하나가 의사소통의 문제이다. 많은 연구들은 의사소통과 학업 성취가 매우 밀접하게 관련되어 있음을 밝혔다(Synder et al., 1991; Cruickshak, 1985; Land & Smith, 1979). 교사들은 학교 현장에서의 학생들에게 효과적인 의사소통이 되도록 노력해야 한다. 특히, 정확한 술어(precise terminology)의 사용과 전환 신호(transition signal)의 사용에 관심을 가져야 한다. 그리고 강조(emphasis)로 학생들의 정보에 경각심을 갖도록 한다.

3.3 모니터링

모니터링(monitoring)이란 교사가 수업 과정이 진행되는 상황을 이해하려는 목적으로 학생들의 언어 행동과 비언어 행동 모두를 계속적으로 관찰하는 것을 의미한다. 교사는 토론 준비시간에 교실의 학생들 사이를 돌아다니며 계획된 모니터링을 통해 토론 활동 준비에 대한 조언하거나 격려할 수 있다. 또한 교사는 계획된 모니터링뿐만 아니라 수시로 주의 깊게 학생들의 학습 수준을 모니터링 할 필요가 있다. 만일 교사가 학습 내용을 설명한 후에 학생들의 갸우뚱거리는 비언어적 행동을 발견하였을 경우에는 특정 학생에게 '이 내용이 무엇인지 설명 한번 해볼까?' 라고 말하는 것은 주의 깊은 모니터링의 결과이다. 그러므로 효과적인 수업을 위하여 교사는 지속적으로 학생들의 행동과 반응에 주의를 기울여야 할 필요성이 있다(Goetz, Alexander & Ash, 1992).

3.4 피드백

피드백(feedback)이란 미래의 수행을 향상시켜 주기 위하여 사용하는 현재 행동에 관한 정보의 제공을 말한다. 피드백이 학습 증진에 긍정적인 역할을 한다는 것은 매우 일반적인 사실로 받아들여지고 있다. 학습자들은 어떤 주제나 과제를 수행하든지 간에 자신들의 수업수준에 대한 정보를 필요로 한다. 피드백은 문어적 피드백과 구어적 피드백의 두 가지로 그 유형이 구분된다. 문어적 피드백(written feedback)에는 보고서, 평론, 서면 등으로 작성한 질의서 등이 있는데, 이것을 작성하기에는 너무나 많은 시간과 노력이 요구되기 때문에 구어적 피드백과 절충하여 사용하는 게 효과적이다. 구어적 피드백(verbal feedback)은 질문과 대답 과정에서 전달되는 것으로 '좋아', '맞았어!'와 같은 간단한 반응에서부터 대답의 정확성과 수준에 따라 보다 확장된 반응에 이르기까지 다양하게 제공된다.

3.5 조직화

조직화(organization)는 수업에 있어 시간 배분의 문제와 관련되어 있다. 주어진 수업시간을 어떻게 활용하느냐는 수업 중 학습 활동이 어떻게 진행되는가의 문제로 귀결된다. 교수에 있어서 보다 조직화된 형식으로 수업을 이끌어 가는 교사가 덜 조직적으로 수업을 이끌어 가는 교사보다 학생들의 학업 성취에 더 긍정적 영향을 준다는 연구들이 있다(Bennett, 1978).

조직화는 크게 두 가지로 분류하는데, 하나는 개념상 조직화(conceptual organization)로서 학생들에게 분명하고 논리적 유형으로 개념을 제시하는 것이다. 구조화된 방법으로 제시된 개념들은 단편적으로 제시된 정보들에 비해 파지와 재생에 효과적이다. 다른 하나는 관리상 조직화(management organization)로서 교실관리 측면이다. 수업을 정시에 시작하기, 교수 진행절차, 수업 이외의 혼란 최소화 등이다.

3.6 점검과 정리

점검(review)은 이전의 학습을 요약하고 이미 배운 내용과 앞으로 배울 내용을 연결하는 과정이다. 이를 통해 학생들은 스스로 학습의 연계성을 갖게 되고 학습을 정교하게 준비할 수 있게 된다. 점검은 주로 학습의 시작과 종결 부분에 이루어지지만 요점을 제시할 필요가 있을 때는 수업 중 어느 때라도 가능하다.

정리(closure)는 학습의 종결 부분에 이루어지는 점검의 한 형태이다. 이 부분에서는 학습된 주요내용이 요약되고 구조화되며 완성된다.

3.7 질문하기

효과적인 교수에서 질문하기(questioning)는 매우 중요한 기술 중의 하나이다. 교사는 질문을 통해서 학생의 사고를 자극하고, 학생 간의 관계 형성을 도와주며, 기초적인 학습 내용의 습득을 강화시키고, 소극적인 학생들을 학습에 참여시키고, 산만해지는 학생들의 주의를 집중시키고, 학생들로 하여금 자기평가를 강화시킬 수 있다. 질문의 빈도와 학업 성취와의 관계 연구들(Brophy & Evertson, 1976)은 효과적인 교사들이 보다 많은 질문을 한다고 하였다. 그러나 단순히 질문의 빈도를 높인다고 효과적인 학업 성취가 이루어지는 게 아니고, 동기화가 잘 되지 않는 학생이나 수업 참여에 소극적인 학생 등 모든 학생에게 골고루 질문을 던져 수업에 관심을 갖도록 해야 한다. 또한 일부 학생들은 질문에 답하지 않는 사고를 갖고 있기 때문에 질문을 답변할 시간을 충분히 주고, 답변이 없을 시 평소 성적에 반영하는 등 수업에 모두가 동참할 수 있는 방안을 구비해야 한다.

4 수업이론

4.1 Glaser의 교수이론

Glaser(1962)의 교수이론은 학습 내용을 일종의 정보로 간주하고 수업 과정을 신속하고 정확하게 정보를 처리하는 컴퓨터의 구조와 기능에 유추시킨 것이다. 그는 수업의 과정을 하나의 체제(system)로 보고, 체계적이고 계획적인 교수모형을 최초로 개발하였다. 그는 수업의 과정을 수업 목표의 설정, 출발점 행동의 진단, 수업 절차, 그리고 학습평가로 구분하였다. 그리고 각 단계에 대한 피드백이 이루어져 그 산출을 평가하고 수정하도록 하고 있다.

즉, 수업의 과정을 하나의 시스템으로 볼 때 교육 목표는 시스템 목표(system input)가 되고, 수업 절차는 시스템 조정자(system operator)가 되고 성취도 평가는 산출 조사자(output monitor)가 되는 셈이다.

Glaser의 교수모형을 도식화 하면 [그림 8-3]과 같다.

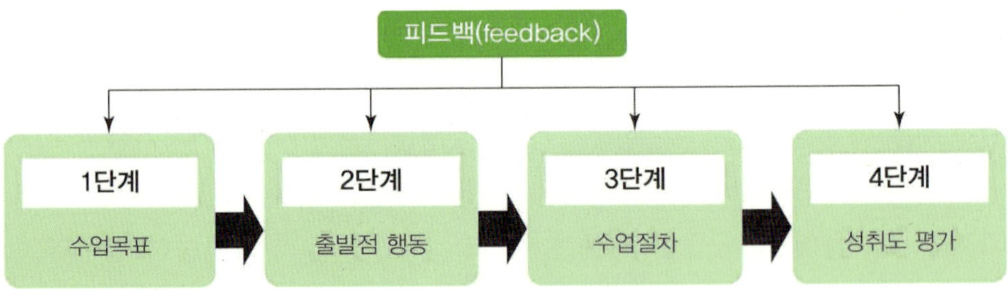

[그림 8-3] Glaser의 수업모형

이 모형의 특징은 수업의 한 단계 한 단계가 바로 후속 하는 단계들의 활동을 결정하는 계속적인 결정과 수정의 모형이다.

즉 ① 한 단원의 수업 목표가 결정되면, ② 수업 목표의 달성에 관련된 학생들의 출발점 행동의 양상이 정확히 예진되며, ③ 그에 따라 학생들에게 어떤 학습 지도가 이루어져야 할 것인가가 처방되고, ④ 최종적으로 학습 지도의 성과가 평가되도록 되어 있다.

Glaser의 수업모형은 컴퓨터의 구조와 기능에서 아이디어를 얻었을 뿐만 아니라 피드백 회로를 강조한 것을 보더라도 두뇌공학의 원리를 많이 이용하고 있음을 알 수 있다. 그의 수업이론은 두뇌공학원리(theory of cybernetics), 정보처리이론(information processing theory), 그리고 의사결정론(decision making theory)에 입각하여 개발되었다. 따라서 컴퓨터 프로그래밍 과정에서 흐름표(flow chart)를 작성하듯 수업 과정의 흐름을 흐름표로 설계하는 수업이론과 모형들은 모두가 Glaser의 수업모형과 본질적으로 같다고 볼 수 있다.

물론, Glaser의 수업모형이 너무 개괄적인 면이 있기 때문에 실제 적용할 때는 문제가 없는 것은 아니지만, 커리큘럼과 학습지도, 교육평가를 하나의 통일된 시스템에서 이해하려고 한 점에서 수업이론의 정립에 큰 공헌을 하였다. 오늘날 개발되어 있는 수업모형은 거의 대부분이 이 이론에서 출발하였다는 점에 높이 평가하여야 할 것이다.

모형의 각 단계에 대하여 보다 구체적으로 내용을 살펴보면 다음과 같다.

1) 수업 목표

수업 목표는 교육이 궁극적으로 달성해야 할 가치실현의 인간행동을 포함하는데 컴퓨터의 입력 장치에 해당된다고 볼 수 있다. 컴퓨터에서 입력 장치를 통해 정보나 자료가 투입되듯이 수업에서 내용선정의 기초가 되는 수업 목표가 설정되어야만 한다. 이때 수업 목표는 도착점 행동(terminal behavior)으로 설명될 수 있다. 도착점 행동이란 어떤 교수과정이 끝났을 때 학생들이 보여줄 수 있는 성취를 의미한다. 수업 목표는 반드시 구체적이고 행동적인 수업 목표, 즉 명세적 수업 목표로 진술되어야 한다. 만약 수업 목표가 모호하게 진술되면 수업 과정을 컴퓨터처럼 정확하게 운영할 수 없게 된다.

2) 출발점 행동

출발점 행동은 투입행동(input behavior)이라는 말로 사용되며, 학생들이 새로운 특정 도착점 행동을 습득하기 전에 우선 습득해 있어야 할 행동을 의미한다. 즉 준비성의 개념과 일치한다. 출발점 행동진단의 단계는 학습자가 이미 습득하고 있는 학습 내용에 대해 진단함으로써 실제 수업상황에서 학습자의 특성과 개인차를 고려한 수업을 진행해야 함을 시사한다.

중요하게 고려되는 출발점 행동은 선행학습의 정도, 적성, 지능 등의 인지요인과 흥미, 태도, 자아개념과 같은 정의적 요인이 있으며, 이들은 학습의 결과에 중요한 영향을 미친다. 수업 절차에 앞서서 출발점 행동의 진단을 위한 진단평가를 하여 학습 결손아를 발견하고 해결 방안을 강구할 필요가 있다. 그리고 수업 절차에서의 학습 지도 방법이 모색되어야 한다.

3) 수업 절차

수업 절차는 교사의 수업전개 활동을 포함하고 있으며, 학습자의 출발점 행동에서 출발하여 학습자가 수업을 종료하고 그 상황을 떠나기 전까지의 과정으로서 학습지도의 장, 즉 가르치고 배우는 수업 과정을 의미한다. 수업의 절차에는 목표 달성을 위한 수업의 계획으로서 수업 활동, 집단유지의 결정, 시청각 매체의 활용 등에 대해서도 고려하여야 한다.

수업 절차 단계는 일련의 수업 과정 중에서 가장 중심적인 단계로서, 교사는 자신이 수립한 수업 계획에 따라 수업을 전개해 나간다. Glaser는 설정된 수업 목표에 점진적으로 접근시킬 수 있는 보조 행동의 활용을 강조한다. 이 단계에서는 학습 지도 방법과 형성평가에 의한 교정 학습이 중요시 된다.

4) 성취도 평가

학습 성과의 평가 단계는 컴퓨터의 출력장치에 해당한다고 할 수 있다. 수업 절차가 종료된 후에 설정된 수업 목표에 비추어 학습평가를 하는데, 이때의 평가는 총합평가로서 도착점 행동의 성취를 알아보는 것이다. 또한 이러한 일련의 과정 체제에서 평가에 의한 계속적인 피드백이 제공된다.

5) 피드백

피드백(feedback)은 수업 과정에서 각 단계의 작업 결과를 평가하고 수정·보완하는 데 필요한 정보를 송환하는 기능을 의미한다. 송환회로(feedback loop)는 학습자가 수업 목표에 도달하였다는 사실이 판명될 때까지 계속 가동되며, 수업 목표에 도달했음이 확인되고 다음 수업 목표가 세 개라고 가정한다면 일련의 과정이 세 번 반복되어져야 함을 의미한다.

4.2 Carroll의 학교학습모형

학교에서 이루어지는 여러 가지 형태의 학습 가운데 지적 학습에 작용하는 중요 변인들을 추출한 다음 그들 변인간의 상호관계를 기초로 하여 학교학습의 방안을 조직적으로 체계화시킨 것이 Carroll(1963)의 교수모형이다.

Carroll의 교수모형은 학교에서 이루어지는 지적 학습을 결정하는 변인들을 추출하여 이론화하는 데에 있지만, 그보다는 완전학습의 가능성을 뒷받침하는 이론적 기초를 제공한다. Carroll의 학습 정도는 학습자가 주어진 과제를 해결하기 위해 필요로 하는 시간량에 비추어 실제 학습에 사용한 시간의 비율로 나타낸다. 여기서 학습의 정도는 수업 목표에 대한 실제 학업 성취도를, 학습에 사용된 시간량은 단순한 수업 경과 시간이 아니라 학습자가 능동적으로 학습 과제에 주의집중하며 학습에 열중한 시간량을, 학습에 필요한 시간량은 주어진 과제를 도달점까지 학습하는 데 요구되는 총 시간량을 말한다.

Carroll의 교수모형에서 중요한 역할을 하는 변인들로는 적성·지속력·학습기회·수업의 질·수업의 이해력을 들 수 있다. 학습에 필요한 시간을 결정하는 변인에는 적성·수업의 이해력·수업의 질이라는 세 가지 변인이 포함되고, 학습에서 사용된 시간을 결정하는 변인에는 학습 기회와 지속력이 있다. Carroll은 적성·수업의 이해력·학습의 지구력을 개인차 변인(individual variables)이라 하였고, 수업의 질과 학습 기회를 수업변인(instructional variables)이라 하였다. 이 같은 Carroll의 명제를 방정식으로 나타내면 다음과 같다.

$$\textbf{학습의 정도} = \frac{\text{투입한 시간}}{\text{필요한 시간}} = \frac{\text{학습기회, 지구력}}{\text{적성, 이해력, 수업의 질}}$$

(점선 원) 개인차 변인(individual variables)

(음영) 수업변인(instructional variavbles)

위 공식에 의거 학습의 정도를 백분율로 표시하면, 그것은 학습자가 주어진 과제를 도착점까지 학습하는 데 필요한 시간에 비해서 '학습에 얼마만큼의 시간을 사용했느냐'를 의미한다. 학습에 필요한 시간은 학습자의 적성·수업의 이해력·수업의 질이라는 세 변인에 의해서 결정된다. 수업의 질이 낮아질수록 요구되는 수업 이해력이 커지며, 그에 따라 학습에 필요한 시간도 증가한다.

한 학습자에게 있어서 실제로 학습에 사용한 시간량이 학습에 필요한 시간량과 같을 때 학습의 정도는 1로서 완전학습이 되며, 실제로 학습에 사용되는 시간량이 학습에 요구되는 시간량에 비해서 줄어들수록 학습의 정도는 그만큼 낮아진다는 것을 보여준다. Carroll의 교수모형에서 제시되는 제 변인들에 대하여 보다 구체적으로 살펴보면 다음과 같다.

1) 적성

적성이란 최적의 수업조건하에서 주어진 과제를 완전학습 하는 데 필요한 시간을 뜻한다. 어떤 과제를 학습하는 데 있어서 적성이 높으면 주어진 과제를 보다 빨리 학습해 낼 수 있고, 반대로 적성이 낮으면 그만큼 학습하는 데 소요되는 시간이 길어진다. 학습자의 학습적성이 완전학습을 하는 데 필요한 시간량을 결정해 준다.

2) 수업의 이해력

수업의 이해력은 학습 과제의 성질과 교사의 수업 절차를 이해하는 데 필요한 시간을 의미한다. 따라서 수업의 이해력은 학습절차나 교과 또는 교재의 이해를 위해서 필수적인 것이다. 수업의 이해력을 결정하는 중요한 하위요인으로는 학습자의 일반지능과 언어능력을 들 수 있다. 수업내용의 대부분은 교사의 언어적 설명에 의해 이루어지므로, 교사가 제시하는 각종 학습 자료를 해석하고 이해하는 언어능력이 학습에 필요한 시간량을 결정하는 주요 요인이 된다.

3) 수업의 질

학습 과제(내용)와 제시단계, 교사의 교수 방법 등을 포함하여 교수하는 내용과 방법이 학습을 쉽게 할 수 있도록 정비되어 있느냐의 문제이다. Carroll은 수업의 질을 특정한 학습자에 대한 '교수자의 학습 과제 제시, 설명 및 조직화가 최적에 접근된 정도'로 보았다. 수업의 질과 관련된 변인으로는 교사언어의 적절성, 학습자의 수업매체, 학습 자료에 대한 적절한 접근성, 학습 과제 제시 순서와 순서의 적절성, 그리고 수업과제의 적합성 등을 들 수 있다. 따라서 수업의 질은 학습자 개개인의 학습 능력과 수준을 고려하여 준비되어야 한다.

4) 학습기회

학습자들이 그들에게 주어진 특정 과제를 학습할 수 있도록 허용된 총 시간량을 의미한다. 학습기회는 Carroll의 교수모형에서 완전학습을 성취하는 데 가장 필요한 변인으로 고려된다. 이는 학습시간이 충분히 확보되지 않는다면 학습 정도는 낮아질 수밖에 없기 때문이다.

5) 지구력

지구력이란 지속력이라고도 하며, 학습자가 스스로 인내를 갖고 학습에 투자하는 시간을 최대화하려는 학습 의욕과 태도를 의미한다. 일정한 수준의 성취를 이룰 때까지 학습자가 학습에 적극적으로 사용하는 시간으로써 학습 동기 또는 흥미와 높은 관련이 있다. 학습 지구력은 학습자에 따라 달라지며 동일한 학습자라 할지라도 학습 과제에 따라 다르게 나타나기도 한다.

앞서 살펴본 Carroll이 제시한 다섯 가지 변인은 개념상으로 상호독립적인 것으로 보이지만, 실제는 이들 변인 간에 상호작용이 있고, 변인 간의 중복이 있다는 점을 간과해서는 안 된다. Carroll은 적성과 수업 이해력을 구별하고 학습자 개인이 갖는 여러 과제에 대한 적성은 서로 다를 수 있으나, 수업의 이해력만큼은 원칙적으로 여러 유형의 수업장면에서도 불변한다고 생각하였다. 하지만 실제 수업장면에서는 이 두 가지 변인이 반드시 구별되는 것은 아니며, 경우에 따라서는 전적으로 동일한 요인이 될 수도 있음을 인식해야 한다.

4.3 Bruner의 발견식 수업이론

Bruner

Bruner(1978)는 1960년 이후 미국의 교육과정 및 수업의 개혁운동에 가장 큰 영향을 주었으며, 지식의 구조화에 대한 중요성과 당위성을 강조하였고 학문중심 교육과정에 지대한 공헌을 하였다. Bruner는 학습이론이나 발달이론은 근본적으로 기술적인 성격을 가지고 있는 반면, 교수이론은 처방적이고 규범적이어야 한다고 주장하였다. 이는 교수이론이 지식이나 기능을 성취하는 데 가장 효과적인 방법을 제시해 주어야하며 특정 교수-학습 방법을 평가할 수 있는 기준을 마련해 주어야 함을 의미한다.

교수이론은 학습자에게 학습되어야 할 지식이나 기술 수준의 준거(criteria)는 물론 정해진 학습 목표에 도달하는 데 필요한 조건을 제시해 주어야 한다. 그 조건들이 학년별로 교과에 따라 하나하나 개별적으로 명시되어서는 안 되고, 모든 학년에 공통적으로 적용되는 일반성(generality)의 관점에서 수준 높게 진술되어야 한다고 주장하였으며, 이를 '규범적'이라고 정의하였다. 그러므로 Bruner의 교수이론은 학생들에게 지식이나 기능을 학습시키는 가장 효과적인 방법에 관한 일반적인 원리와 규칙을 제시해 주는 처방적·규범적 이론이라 할 수 있다. 이러한 면에서 Bruner의 교수이론은 네 가지 특징인 선행경향성·지식의 구조·학습계열·강화를 관리하는 방법과 법칙을 탐색하는 데 중점을 두고 있다.

1) 선행학습 경향성

선행학습 경향성(predisposition to learning)이란 학습하고자 하는 의욕 또는 경향성을 뜻하며 사회계층, 인종과 같은 문화적 특징, 내·외적 동기체제, 그리고 학습자의 개인적 요인들과 관련된다.

학습 경향성에 관하여 Bruner가 가장 중요시하는 것은 '여러 가지 가능성을 탐색하는 경향'이다. 교수활동에서는 경향을 극대화하려는 조건을 필히 마련해야 한다. 이 조건을 세 가지로 구분하여 설명할 수 있다. 즉 가능성의 탐색을 자극하는 것, 그 영향을 계속 유지하는 것, 그리고 가능성 탐색의 방향을 제시하는 것이다. 그러기 위해서는 선행경향성에 대한 적어도 세 가지 가정이 전제되어야 한다. 첫째, 교사와 학생의 관계로서 학습자의 사전 성향은 교사와 학생의 관계로부터 영향을 받는다. 수업은 교사와 학생의 상호작용이라는 사회적 관계에서 출발하는 것이므로 교사와 학생의 관계를 어떻게 규정하느냐에 따라 학습의 성격이나 학습 능력 등에 영향을 미친다. 둘째, 학생들의 학습 활동 방식, 유형 및 태도는 사회 계층이나 성, 연령, 그리고 종족에 따라 다르므로 수업이론은 이미 주어진 문화적 행동양식의 적절한 활용 방안에 중점을 두어야 한다.

[그림 8-4] 선행학습 경향성

셋째, 수업은 학습자의 문제 해결 능력을 개발하고 촉진할 수 있어야 하며, 이를 위해서는 활동성, 지속성, 그리고 방향성 등이 상호 유기적으로 조화를 이루어야 한다.

Bruner가 제안한 발견 학습은 교사가 학습 과제를 최종적인 형태로 제공하는 것이 아니라 학습자 스스로 답을 찾아 조직해 나가는 과정에서 이루어지는 학습이기 때문에 과제에 대하여 학습자가 탐구하려는 선행학습 경향성은 매우 중요하다.

2) 지식의 구조

Bruner는 지식구조(structure of knowledge)를 '학습해야 할 많은 정보들을 몇 개의 기본 개념이나 아이디어로 정형화한 것'이라고 규정하였다. 이를테면, 지식의 구조는 지식의 영역에서 가장 기본적이며 핵심적인 개념이나 법칙, 원리, 그리고 아이디어라 할 수 있다. 교수활동에 있어서 지식의 구조는 중요하게 작용하는데, 브루너는 학생들에게 가르칠 내용은 교과내용이 아니라 지식의 구조라고 강조하면서 그 이유를 다음과 같이 설명하였다.

첫째, 어떤 관념이나 문제 또는 지식들을 특정 학습자가 충분히 이해할 수 있도록 단순화시켜 제시해야 한다. 어떤 교과든지 지적으로 적절한 형태를 제시함으로써 각 발달 단계의 학생들에게 효과적으로 전달할 수 있다. 이를 위해서 교육과정은 나선형으로 조직될 필요가 있는데, '나선형 교육과정'이란 동일한 개념이나 원리 등을 점진적으로 그 깊이를 더하고, 그 폭을 넓혀가면서 심화되도록 조직하는 것을 말한다. 둘째, 어떤 영역에서든 지식 구조의 특징은 '표현양식·표현의 경제성·표현의 생성력'으로 대별할 수 있으며, 이는 학습자의 나이, 학습스타일, 그리고 학습 과제에 따라 달라진다.

표현양식(mode of representation)에는 사물의 활동을 통해 결과를 얻는 작동적 표상(enactive representation), 그림이나 심상으로 결과를 얻는 영상적 표상(iconic representation), 법칙이나 원리에 지배되는 상징체제로부터 나온 상징이나 논리적 명제로 결과를 얻는 상징적 표상(symbolic representation)이 있다. 발달 단계를 고려한다면 '유아기'에는 작동적 표상 방법이 효과적일 것이고, '아동기'에는 영상적 표상이, 그리고 '성인기'에는 높은 추리와 문제 해결력이 요구되는 상징적 표상이 보다 효과적일 것이다.

[그림 8-5] 표현 양식

경제성(economy of representation)이란 어떤 문제를 해결하거나 이해하는 데 학습자가 소유해야할 정보의 양으로, 정보의 양이 적거나 처리단계가 적은 지식일수록 경제적이다. 예컨대, 물리학이나 수학과목에 비해 사회과학의 교과목들은 간단하게 표현하기가 힘들며, 작동적 표상보다는 상징적 표상이 더 경제적이다.

표현의 생성력(power of representation)은 일련의 명제나 지식이 그와 관계되는 다른 명제나 지식을 찾아내기 쉬운 정도를 말한다. 즉 학습자가 학습한 명제들이 얼마나 응용력이 있으며 전이가 높은지를 의미한다. 구조화된 교과 지식을 학습할 때 경제성과 생성력이 극대화될 것이다.

3) 학습의 계열화

학습의 계열화(sequence of learning)란 학습자가 학습 내용을 이해·변형·전이하는 능력을 스스로 발휘할 수 있도록 조직된 학습 과제의 제시 순서를 말한다. 학습 과제의 제시 순서는 학습 과제의 모호성과 난이도를 좌우하게 되며 학습장면에서 문제 해결의 가능성을 탐색하려는 학습자의 의욕과 태도에 많은 영향을 주게 되므로, 주어진 문제의 이해·변형·전이가 용이하도록 조직되어야 한다. 학습의 계열을 결정할 때 고려해야 할 기본 전제는 다음과 같다.

① 모든 학습자에게 적용되는 단일한 계열은 없다. 계열은 학습자들의 학습경험, 발달 단계, 학습 자료의 성격, 그리고 개인차 등에 따라 다르게 조직되어야 한다.

② 학습자들의 지적 발달을 고려해야 한다. 일반적으로 학습 과제는 작동적 표상으로부터 상징적 표상 순으로 나타내는 것이 좋다.

③ 적절한 수준의 불확실성과 긴장 수준을 유지할 수 있는 계열을 조직하는 것이 필요하다. 이를 통해 학습욕구와 동기를 유발시킬 수 있기 때문이다.

④ 계열을 선정할 때 학습의 속도, 망각에 대한 저항, 전이 가능성, 표현양식, 학습 내용의 경제성 및 생성력 등의 준거를 고려해야 한다.

4) 강화

Bruner는 학습의 증진을 위해 상과 벌의 성격과 그 적용으로서 강화(inforcement)가 필요하다고 하였다. 이러한 강화는 내적 보상과 외적 보상에 의한 두 가지 형태로 구분된다. Bruner는 내적 보상에 의한 강화를 우위에 두고 있으며, 학습을 통하여 경험하게 되는 발견의 희열과 성취감을 바탕으로 하는 내적 보상은 다른 어떤 외적 보상보다 강화력이 크다고 하였다.

이상에서 살펴보았듯이, Bruner의 교수이론은 수업내용과 수업 과정을 개방하는 동시에 규범적이어야 한다는 데 새로운 의미를 부여하였다. 하지만 수업이론의 일반성은 처방적인 기능을 약화시킬 우려도 있으므로 보다 세분화되어야 하는 측면도 고려되어야 할 것이다.

4.4 Ausubel의 설명식 수업이론

1) 유의미학습

Ausubel

Ausubel(1963)은 언어적인 정보 혹은 관념들 간의 관련성이나 결합을 통해서 유의미한 학습이 발생한다고 설명하였으며, 인지구조와 학습 과제 두 변인을 상호관련 짓고 있다. 그에 따르면 인지구조(cognitive structure)란 지각하는 현상을 통합적·위계적으로 조직화한 것을 의미한다. 즉 학습자가 지닌 구조화된 개념이나 관념의 집합체가 인지구조인 것이다. 새로운 학습 내용이 인지구조에 포섭될 수 있는 관련성이 있으면 학습은 촉진되고, 기존의 지식은 새로운 지식을 포섭하여 지식의 폭을 넓혀간다. 이러한 유의미학습이 이루어지기 위해서는 우선 학습자의 인지구조가 갖추어져 있어야 한다. '인식구조'란 학습자가 특정과제를 학습하는 데 있어서 언제라도 사용할 수 있는 현재의 지식체계를 의미한다.

다음으로, 학습자에게 제공되는 학습 과제가 학습자에게 유의미해야 하는 데, 학습 과제가 유의미하다는 것은 그 과제가 실사성과 구속성을 띠고 있다는 것이다. '실사성'(substantiveness)은 그 어느 명제나 과제를 어떻게 표현하더라도 그 본질이 변하지 않는 성질을 의미한다. 예컨대, 법칙, 이론, 명제의 본질적 속성이나 전류, 전압, 저항 등의 개념과 그 관계는 어떤 부호나 문장 및 언어로 표현하더라도 그것의 본질적 속성은 변하지 않는 것이다.

'구속성'(nonarbitrariness)이란 어떤 대상의 성질과 인지구조와 관계가 확고하여 임의로 변경될 수 없는 성질을 의미한다. 예컨대, '정삼각형은 내각의 합이 180°이다.' 또는 '사물에 어떤 이름을 부여할 경우 나중에는 그 사물과 이름이 서로 분리되지 않고 하나로 인식된다.' 등이다.

이와 같은 개념을 통해서 학습된 것은 기계적 암기를 통해서 학습되었다고 볼 수 없다는 것이 유의미 학습이론이다.

2) 선행조직자

수업 설계에 있어서 선행조직자란 학습 과제를 제시하기 전에 제시되는 일종의 언어적 설명 자료로 학습 과제보다 더 높은 수준의 포괄적, 추상적, 일반개념이나 명제이다. '선행조직자'는 사전에 학습한 내용, 즉 인지구조에 새로운 학습 과제를 관련시키고 설명하며, 통합시키거나 변별시키는 일을 한다.

가장 효과적인 선행조직자란 적절한 설명과 유추, 그리고 학생이 이미 알고 있는 개념이나 원리를 사용하여 만들어진 조직자이다. 예컨대, 학습지도안 작성을 설명하는 수업에서 선행조직자는 교수·학습 방법, 교수 방법의 유형, 교수매체 등을 중심으로 조직될 수 있다. 이러한 선행조직자는 학습 과제의 성질 및 학습자의 기존 인지구조의 수준 등에 따라 설명조직자와 비교조직자로 활용될 수 있다. 설명조직자는 학습 과제와 인지구조 사이에 전혀 관련성이 없을 때 사용하는데, 보다 구체적인 내용을 설명하기 전에 일반적인 관계를 우선하여 설명함으로써 개념의 정착 근거지를 마련해 준다. 비교조직자는 학습 과제와 인지구조 간에 어떤 유사성이 있을 때 사용하는데, 양자 간의 유사성과 차이점을 지적하고, 전후 과제 간의 상호 변별력을 증대시킬 목적으로 사용한다.

설명조직자	학습과제와 인지구조 사이에 전혀 관련성이 없을 때 사용하는데, 보다 구체적인 내용을 설명하기 전에 일반적인 관계를 우선하여 설명함으로써 개념의 정착 근거지를 마련하기 위함
비교조직자	학습과제와 인지구조 간에 어떤 유사성이 있을 때 사용하는데, 양자간의유사성과 차이점을 지적하고, 전후 과제 간의 상호 변별력을 증대시킬 목적으로 사용

[그림 8-6] 설명조직자와 비교조직자

3) 학습 과제의 제시방법

유의미학습에 있어서 학습 과제를 보다 효과적으로 인지구조에 정착시킬 수 있도록 학습 과제 또는 교과내용을 구안할 때, 교재 내용의 조직 원리로 점진적 분화의 원리와 통합적 조정의 원리가 제안된다.

선행조직자 제시 | 학습과제와 자료 제시 | 인지 강화

• **점진적 분화의 원리**

-학습과제의 위계상 상위에 위치하고 있는 포괄적이고 일반적인 지식을 먼저 제시하고, 그 다음에 점진적으로 세부적이고 특수한 것으로 분화시켜 나가는 것

-포괄성이 높은 지식이 포괄성이 낮은 지식을 포섭하는 종속적 포섭형태가 가장 능률적이며, 또한 인지구조도 그에 따라 위계적인 형태를 갖추기 때문

• **통합적 분화의 원리**

-먼저 제시된 학습과제와 그 다음에 제시되는 과제 간의 중요한 유사점이나 차이점을 인식시켜 불일치한 점이 사전에 조정되도록 학습과제를 조직하고 제시하는 방법

➡ Ausubel의 교육이론은 학습자가 이해하도록 쉽게 설명하고 이를 돕기 위한 선행자료의 제시와 학습자의 인지 수준을 고려한 수업을 해야만 진정 의미 있는 학습으로 본다.

[그림 8-7] 학습 과제의 제시 방법

'점진적 분화의 원리'란 학습 과제의 위계상 상위에 위치하고 있는 포괄적이고 일반적인 지식을 먼저 제시하고, 그 다음에 점진적으로 세부적이고 특수한 것으로 분화시켜 나가는 것을 말한다. 그 이유는 포괄성이 높은 지식이 포괄성이 낮은 지식을 포섭하는 종속적 포섭형태가 가장 능률적이며, 또한 인지구조도 그에

따라 위계적인 형태를 갖추기 때문이라는 것이다.

'통합적 조정의 원리'란 먼저 제시된 학습 과제와 그 다음에 제시되는 과제 간의 중요한 유사점이나 차이점을 인식시켜 불일치한 점이 사전에 조정되도록 학습 과제를 조직하고 제시하는 방법을 의미한다.

이와 같이 선행학습자를 적절히 활용하여 새로운 학습 과제를 관련시킬 수 있는 포섭자를 학습자의 인지구조에 도입하거나 기존의 인지구조를 조정시키고, 교과 내용을 학습자의 발달 단계에 적합하게 선정하여 점진적 분화의 원리를 통합 조정의 원리에 따라 조직하고 제시하면 중학교 이상의 학생들에게 설명적 교수가 구체적 경험이나 직관에 의한 교수 방법보다 훨씬 효과적일 수 있다.

4.5 Gagné의 학습위계 이론

Gagné(1977)의 학습위계 이론은 인간의 학습이 단순한 것에서 복잡한 것으로, 저차원에서 고차원으로 발전하는 위계를 이루고 있으며, 한 단계의 학습은 다음 단계의 학습에 필수적인 선행요건이 된다는 학습위계(learning hierarchy)에 기초를 두고 있다. Gagné의 학습위계이론은 교수목표 분석, 학습 과제 분석, 그리고 교수이론의 정립에 기여하는 바가 크다.

Gagné는 학습 유형을 여덟 가지로 분류하였는데, 신호학습(signal learning), 자극반응학습(stimulus response learning), 운동연쇄(motor-chaining), 언어연상(verbal association), 변별학습(multiple discrimination), 개념학습(concept learning), 규칙학습(rule learning), 문제 해결 학습(problem solving learning)이다.

[그림 8-8] Gagné의 학습 유형

이들 여덟 가지 학습 유형은 학습위계가 낮은 것으로부터 높은 것으로 열거되었다.

Gagné에 따르면, 학습 과제는 위계적으로 구성되어 있으며, 위계 순서가 다른 학습 과제는 유형이 다른 학습 형태를 요구하므로, 주어진 학습 과제를 효과적으로 학습시키기 위해서는 무엇보다 그 학습 과제를 면밀히 분석하여 그것을 학습하는 데 필요한 학습 유형을 밝혀야 하며, 이후 그것을 위계적 순서에 따라 정리해야 한다고 강조하였다. 또 그는 여러 가지 종류의 학습된 능력을 축적하기 위해서는 각기 다른 학습 조건이 수업을 통해서 제공되어야 하며, 그러한 수업이 수행되기 위해서는 각 학습단계에서 학습자를 자극하고 지원해 주는 내·외적 조건이 우선적으로 선행되어야 한다고 하였다.

내적 조건이란 선행학습, 학습 동기, 자아개념, 주의집중 등을 의미하고, 외적 조건은 자극과 반응의 연결 및 제시 방법, 반복과 연습, 강화 계획 등을 말한다. 특히 Gagné는 학습의 결과로 획득된 능력을 '학습된 능력'이라 하였고, 이를 운동기능(psycho-motor skill), 언어정보(verbal information), 지적기능(intellection skill), 인지전략(cognitive strategy), 태도(attitude)의 다섯 영역으로 분류하였다.

지적기능 영역은 문제 해결을 위하여 개념과 규칙들을 활용하는 것이며, 인지전략 영역은 문제에 대한 새로운 해결방안을 모색하는 것, 즉 자신의 사고나 학습과정을 통제하기 위한 다양한 방법들을 활용하는 것이다. 언어정보 영역은 정보를 진술하는 것, 태도 영역은 독특한 방식으로 행동할 것을 선택하는 것이며, 마지막으로 운동기능 영역은 신체적 운동을 순조롭게 그리고 적절한 계열에 따라 실행하는 것을 그 실천내용으로 한다.

Gagné가 개발한 9단계의 수업의 단계들은 최소 단위의 수업조건, 즉 부분수업의 절차를 나타내 줌으로써 특정 수업에 있어서 이루어지는 수업 활동 등을 말한다. Gagné의 수업 활동 절차 아홉 단계를 제시하면 다음과 같다.

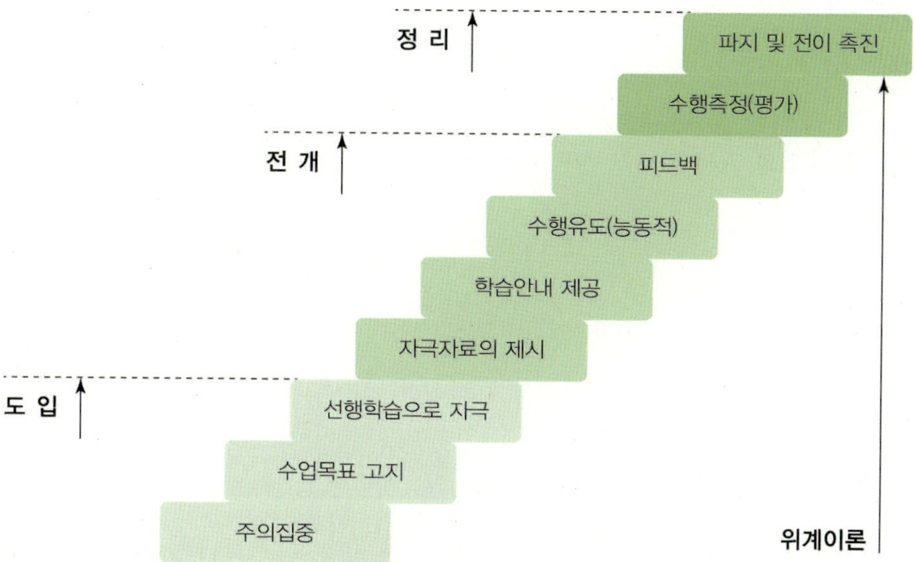

[그림 8-9] Gagné와 Briggs의 교수모형과 수업사태

연구과제

1 교수와 수업의 개념을 비교 설명하시오.

2 효과적인 교수 기술에 대하여 설명하시오.

3 Carroll의 학교학습모형에 대하여 설명하시오.

① 개념

② 모형을 구성하는 다섯 가지 변인

③ 교육적 적용 및 함의

4 Bruner의 교수이론에 대하여 설명하시오.

① 개념

② 네 가지 구성요인

③ 교육적 적용 및 함의

5 다음 용어의 개념을 설명하시오.

① 학습의 계열화

② 포섭이론(subsumption theory)

③ 실사성(substantiveness)

④ 구속성(nonarbitrariness)

⑤ 모니터링(monitering)

⑥ 처방적(prescriptive)

⑦ 지식구조(structure of knowledge)

6 Gagné가 제시한 인간의 학습된 능력(학습 결과)과 그에 해당하는 사례가 적절하게 연결되지 않은 것은?
(2007학년도 중등교사 임용고사 시험문제)

① 언어정보 - 중학생인 한솔이는 삼각형의 넓이를 구하는 공식을 회상하여 진술할 수 있다.
② 지적 지능 - 초등학생인 민아는 부모님에 대한 고마움을 적절한 비유법에 맞게 글로 표현할 수 있다.
③ 태도 - 고등학생인 혜진이는 가족 나들이 중 차 안에서 가족 모두 참여할 수 있는 게임을 창안해 낼 수 있다.
④ 운동 기능 - 학령 전 아동인 윤아는 연필을 사용하여 낱글자 쓰기를 포함하여 특정한 조류의 그리기를 할 수 있다.

7 〈보기〉는 수업이론에 대한 Bruner의 견해이다. (가)와 (나)에 알맞은 단어들을 순서대로 연결한 것은?

(2007학년도 초등교사 임용고사 시험문제)

<보기>
수업이론은 주어진 교육목표를 달성하기 위한 가장 효과적인 수업의 절차를 제시해야 한다는 점에서 (가)이다. 또한 학습자가 어떤 조건에서 어느 정도 학습해야 하는지 그 조건과 준거를 제시해야 한다는 점에서 (나)이다.

① 간접적 - 기술적
② 규범적 - 간접적
③ 처방적 - 규범적
④ 처방적 - 기술적

정답 6.③, 7.③

CHAPTER 09

기억과 전이

:: 학습 개요 ::

인간은 성장가능성이라는 잠재적 역량이 학습을 통해서 이루어진다. 학습은 인간을 새로운 환경에 적응하게 하고, 인지적·정의적 발달을 이루게 하며, 자아실현의 기회를 제공한다. 이러한 행동적 변화를 위한 학습 활동 못지않게 중요한 것은 습득된 학습 내용을 '어떻게 하면 보다 오래 기억할 수 있는가?'의 문제이다.

기억은 현재의 문제를 해결할 수 있는 값진 경험을 제공해 주기 때문이다. 그러나 인간은 학습된 내용을 100% 기억할 수 없다. 결국 획득된 지식은 시간이 경과함에 따라 사라지는 안타까운 망각 현상이 진행된다.

이 장에서는 우리 모두에게 관심이 되고 있는 기억과 망각, 그리고 전이에 대하여 살펴보기로 한다.

:: 학습 목표 ::

1. 기억과 망각의 개념을 설명할 수 있다.
2. 기억을 강화하는 일반적인 방법을 설명할 수 있다.
3. 전이이론의 개념과 이론 간의 장·단점을 비교·설명할 수 있다.

1 기억과 기억과정

기억에 관한 일련의 정보처리 과정은 컴퓨터 시스템으로 볼 수 있다. 컴퓨터와 같이 정보를 받아들이고, 받아들인 정보의 형태와 내용을 변화하기 위하여 다양한 조작 및 처리를 하고 정보가 필요할 때 인출하거나 적절한 반응을 생성해 낸다. 여기서 정보를 받아들이는 과정은 학습에 경험한 내용을 획득하는 과정이고, 받아들인 정보를 변화하기 위하여 조작 및 처리하는 과정은 그러한 경험 내용을 저장하고 재생산하는 일련의 과정인 기억(memory)인 것이다.

이와 같이 기억의 과정은 네 개의 과정으로 분류된다. 즉 기명(memorizing), 파지(retention), 재생(reproduction or recall), 그리고 재인(recognition)이다. 기명은 경험 내용을 머릿속에 새기는 각인(imprinting) 과정을 의미하며, 파지란 기명된 것을 일정기간 기억흔적(memory trace)으로 간직하는 것을 말한다. 재생은 파지된 것을 의식화하는 것을 의미하고, 재인이라 함은 기명된 내용과 재생된 내용의 일치 여부를 의식함을 말한다.

이러한 일련의 기억과정에서 기명된 학습 내용을 재생하지 못할 때 우리는 망각(forgetting)이라고 한다. 망각은 우리의 기억 속에서 경험이 완전히 사라진 것은 아니고 재생될 수 없는 경험으로 의식화되지 못하고 있을 뿐이다.

학습이론이 정보처리이론으로 설명되는 것은 기억 혹은 정보처리 이론에 따르며 기호화(encoding), 저장(storage), 그리고 인출의 세 단계로 구분되기 때문이다.

여기서는 기억에 대한 이론으로 Atkinson과 Shifflin(1968)의 기억 구조론에 대한 세 가지 이론인 감각기억(sensory memory), 단기기억(short-term memory), 그리고 장기기억(long-term memory)을 살펴보기로 한다.

1.1 감각기억

감각기억(sensory memory)이란 주변 환경이나 외부로부터의 정보들이 감각수용기(sensory receptors)를 통해 극히 짧은 시간 동안에 기억됨을 의미한다. 경우에 따라 정보는 1초 이내에 곧바로 사라지기도 한다.

우리는 감각수용기를 통해 들어오는 수많은 정보 중에서 선택적 주의(selective attention)로 자신에게 필요한 정보만을 부호화(coding)하여 단기기억에 저장한다.

감각기억은 그 이전 단계로 우리가 책을 읽고, 음악을 듣고, 혹은 물건을 만져 볼 때 그 순간 경험 내용을 감각적으로 의식하고 있으나 곧바로 사라진다. 이렇게 오감(五感: 시각·청각·후각·미각·촉각)에 의해 감각적으로 유입된 정보는 극히 짧은 시간동안만 저장된다. 일반적으로 시 감각 기억은 약 1초이며, 청 감각은 4-5초 동안 유지되는 것으로 알려졌다.

학교 현장에서 감각기억에 중요한 영향을 미치는 교사는 교수-학습 활동 중에 어떻게 하면 학생들로 하여금 학습 활동에 주의를 기울이도록 할 것인가에 관심을 가져야 한다. 예컨대, 교사가 학생과 시선을 마주하기, 유색 백묵 사용하기, 핵심내용 밑줄 치기, 중요 어휘 판서하기, 억양의 고저 등은 학생들의 주의를 집중시킬 수 있는 좋은 방법들이다.

결국, 교사가 교수-학습 과정에서 학생들의 주의집중을 적절히 높여주는 행위는 학생들의 감각기억 학습 내용을 단기기억으로 옮아가게 하는 긍정적 영향을 줄 수 있다.

1.2 단기기억

단기기억(short-term memory: STM)은 감각수용기를 통해 유입된 후 의식화되어 극히 짧은 시간인 20-30초 동안 감각기계에 머물러 있다가 흔적으로 남게 된다. 단기기억은 한 번에 담을 수 있는 정보의 양이 제한되어 있으며 정상적인 성인의 경우에 즉시 파악할 수 있는 폭은 무의미 숫자로 7±2의 용량(chunk: 묶음)인 것으로 알려져 있다(Miller, 1956).

이렇게 의식으로 잠시 동안 기억되는 유형의 것을 단기기억이라고 한다. 그러므로 사람들은 기억내용의 단기화를 지양하기 위해 암송하거나 실제로 시연(rehearsal)해 봄으로써 기억의 소멸을 방지하거나 다음 단계의 기억으로 저장되도록 할 것이다. 만일 이러한 단기기억이 보다 장기적으로 저장되지 못하고 그

흔적이 의식화되지 못하면 망각현상이 일어나게 된다.

앞서 언급했듯이, 단기기억에서 정보의 지속시간은 짧은 20여 초에 불과하다. 언뜻 생각해보면 이토록 짧은 시간의 제한된 기억체계는 그다지 쓸모없는 것으로 생각할 수 있다. 하지만 우리에게 이러한 기억체계가 없다면 문장의 첫 부분에서 읽은 내용이 마지막 부분에 도달하기도 전에 잊혀지고, 이렇게 되면 전체 문장을 이해하기가 매우 어렵게 될 것이다. 즉 단기기억도 장기기억 못지않게 중요하다는 것이다. 따라서 학생들마다 단기기억을 확장하는 데 노력을 기울일 필요가 있다.

예컨대, 영어로 단기기억을 'short-term memory'라고 기억했을 때, 우리의 기억공간을 너무 침범하므로 곧 망각하게 된다. 이럴 경우, 각 단어의 머리글자만 사용해 STM으로 이해하면 좀 더 기억이 오래될 수 있다.

또 묶음(chunk)을 이용하면 단기기억의 제한된 용량을 어느 정도 극복할 수 있다. 즉 정보 단위를 묶어서 그 크기를 늘리면 보다 많은 정보를 담을 수 있기 때문이다. 예컨대, 0, 3, 6, 4, 1, 3, 5, 8 이라는 8개의 숫자를 기억하고자 할 때 1자리 숫자로 기억하려고 하면 어렵다. 그렇다고 2자리 숫자 4개의 단위(03, 64, 13, 58)로 기억하는 것도 어렵다. 이럴 때 4자리 숫자 2개 단위(0364, 1358)로 묶어서 외우는 것이 쉬우며, 가능하다면 8개의 숫자를 하나의 묶음으로 외우는 것은 단기기억을 위해 더 좋은 방법이 될 것이다.

이처럼 감각을 통해 유입된 자극이나 정보를 단기기억 과정을 거쳐 장기기억화할 때에는 일반적으로 기호(code)로 변화시키는 게 좋다. 그것은 의미화된 부호(semantic code)일 수도 있고, 심상화된 기호(imagery code)일 수도 있다. 즉 장기기억은 이러한 기호를 체계적으로 조직화하여 저장하는 것이다.

1.3 장기기억

장기기억(long-term memory: LTM)이란 감각수용기를 통해 유입된 정보가 감각기억과 단기기억의 과정을 거쳐 장기적으로 저장되는 경우를 말한다. 이렇게 장기 기억화된 정보나 지식은 비교적 장기간 혹은 일생동안 저장하게 된다. 하지만 단기기억으로부터의 모든 정보가 장기기억으로 저장된 것은 아니다. 흔히 우리가 말하는 기억은 '장기기억'을 의미하며 '기억이 잘 나지 않는다'라든가, '모르겠는데'라고 하는 것은 장기기억화 되지 못하였음을 의미한다.

인지심리학자들은 장기기억을 의미기억(semantic memory), 일화기억(episodic memory), 절차기억(procedure memory)으로 구분한다.

'의미기억'은 '해는 동쪽에서 떠서 서쪽으로 진다' 혹은 '삼각형의 합은 180°이다' 등의 보편적인 지식의 기억을 말한다. 이런 보편적인 지식은 언제, 어디서, 어떻게 학습 되었는지의 갈등은 없다. 단지 정확하게 받아들여졌는지가 관건이다.

'일화기억'은 사건이 발생한 시점과 장소에 관련된 정보, 특히 개인의 일상생활에서 일어나는 여러 가지 상황을 기억하는 것이기 때문에 사건의 발생 순서를 그대로 담아야 한다. 예컨대, 한국 문학의 변천사에 대한 학습으로서 학습 내용의 사실적 정보의 기억도 중요하지만, 그러한 정보들의 회상에서 그 발생의 시간적 순서가 정확하지 못하다면 그 지식의 가치는 인정되지 않을 것이다.

'절차기억'은 일의 수행방식에 대한 기억이다. 수영이나 테니스를 하는 운동기능학습이나 수학의 방정식을 학습하는 경우로, 학습하는 데 제법 많은 시간이 소요되지만 일단 학습이 이루어지면 쉽게 잊히지 않는 특징이 있다.

이와 같이 사람들은 자신이 사용하는 장기기억을 의식하지는 않지만 누구나 사용하고 있는 것이다. 그러므로 이러한 기억이론을 자신의 능력과 특성에 적합하게 재조직하고 정교화 시키는 의식적인 노력이 필요하다. 즉 자신에게 적합한 기억전략(memory strategy)이 필요하다는 것이다.

그러나 최근에는 기억과정에 정서가 중요한 역할을 하고 있는 것으로 밝혀지고 있다. Brown과 Kulik(1977)는 기억과정의 연구에서, 돌발적인 사건을 당하여 정서적인 충격으로 아무 것도, 심지어는 자기 이름조차도 회상할 수 없는 경우가 있다고 하였다. 또 극심한 불안상태에서는 모든 것이 정상적 회상이 이루어지지 않거나 전혀 회상이 일어나지 않는 경우가 있다고 하였다. 이는 정서가 기억에 영향을 미치고 있음을 단적으로 나타낸 것이다. 따라서 학습 간에 적당한 불안은 기억이나 학업 성취를 높일 수 있으나, 지나친 불안은 그 반대 현상이 나타날 수 있음을 암시하고 있다.

2 망 각

망각(forgetting)이란 장기기억으로 정보를 다시 의식화시키지 못하는 상태이다. 즉 반응 기회가 없어서 학습된 내용이 잊혀가는 변화가 발생함을 말하며, 이와 반대의 개념으로 학습된 내용을 보존하는 것을 파지(retention)라고 말한다. 또 과거의 학습경험이 어떤 형태로든 현재와 미래의 행동에 영향을 주는 작용을 말한다. 이처럼 학습된 행동이 지속되는 것을 파지라고 하며 이 행동이 지속되지 않고 상실되는 것을 망각이라고 한다. 우리는 기대하는 것과 달리 학습된 내용을 모두 파지할 수는 없다. 학습한 후에 시간이 경과함에 따라 학습 내용의 많은 부분은 망각된다. 시간의 경과에 따른 파지량(量), 즉 망각량의 변화를 최초로 연구한 사람은 독일의 Ebbinghaus(1850-1909)이다. 그의 파지 곡선(혹은 망각 곡선)을 살펴보면, 학습 직후에 가장 많이 망각되고 시간이 경과함에 따라 망각의 정도는 적어짐을 알 수 있다. [그림 9-1], <표 9-1>은 Ebbinghaus의 망각 곡선 및 파지율이다.

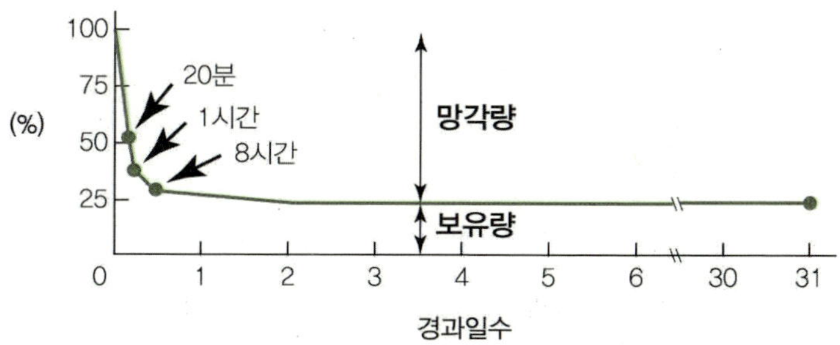

[그림 9-1] Ebbinghaus의 파지 곡선

〈표 9-1〉 시간경과에 따른 파지율 및 망각률

경과시간	파지율(%)	망각률(%)
0.33	58.2	41.8
1	44.2	55.8
8.8	35.8	64.2

경과시간	파지율(%)	망각률(%)
24	33.7	66.3
48	27.8	72.2
6x24	25.4	74.6
31x24	21.1	78.9

2.1 기억흔적 쇠퇴설

흔히 망각은 시간이 경과함에 따라 나타난다고 말한다. 사람마다 학습한 내용이나 유입된 정보는 뇌 속에 기억흔적으로 남게 되는데, 그것을 사용하지 않으면 기억흔적은 점차 쇠퇴되거나 소멸하기 때문에 망각현상이 나타난다. 바로 이 주장을 기억흔적 쇠퇴설(memory trace decay theory)이라고 말한다. Thorndike는 이미 S-R 결합설에서 제시한 바와 같이 그의 세 가지 법칙 중 연습의 법칙을 강조하였다.

그것은 학습에서 자극-반응의 결합을 사용하면 할수록 강해지고 사용하지 않으면 않을수록 약화된다고 했다. 그만큼 학습에서 연습은 중요하다. 마찬가지로 저장된 정보도 사용하면 사용할수록 재생의 효과는 더 강화된다. 정보를 사용하지 않기 때문에 점차 기억흔적은 쇠퇴하거나 사라진다.

그래서 용불용설, 즉 정보의 지속적 사용이나 반복 사용만이 기억흔적의 쇠퇴나 퇴락을 방지해 준다.

그러나 기억흔적이 쇠퇴하거나 퇴락하여 재생할 수 없게 되었을지라도, 최면(hypnosis) 상태나 무의식 과정에서 기억내용이 재생되는 경우가 있어 망각을 쇠퇴이론으로 단정하기에는 한계가 있다는 지적도 있다.

2.2 간섭이론

획득된 학습 내용이 시간이 경과함에 따라 쇠퇴하거나 퇴락한다는 기억흔적 쇠퇴설과는 달리 간섭이론(interference theory)은 어떤 정보를 재생하게 될 때 다른 정보의 유입으로 인하여 회상이 방해받기 때문에 망각이 일어난다는 것이다. 즉 학습된 내용이나 기억된 정보는 다른 학습이나 정보에 의하여 간섭받지 않는 한 온전히 기억흔적으로 남아 재생할 수 있지만, 다른 새로운 학습 내용이나 정보의 유입으로 인하여 망각현상이 발생할 수도 있다는 것이다.

이러한 간섭설에는 순행제지(proactive inhibition)와 역행제지(retroactive inhibition)가 있다.

첫째, 순행제지는 선행 학습 내용이나 이미 유입된 정보에 의하여 후행하는 학습의 정보가 방해받아 재생되지 않고 망각되는 현상을 말한다. 둘째, 역행제지란 순행제지와 반대 개념으로 후행하는 학습이나 정보에 의하여 선행학습이나 정보가 재생되지 않는 경우를 말한다.

이러한 간섭설은 우리들의 생활 속에서 자주 나타난다. 우리는 가족 생일을 장기기억화 하여 재생할 수 있었음에도 그 이후 유입된 정보, 즉 친구들의 생일에 간섭을 받아 회상이 곤란한 역행제지로 바뀜에 따라 망각이 일어난다. 또 선행학습이 너무 완벽하게 이루어져 후행학습 경험이 회상되지 않는 순행제지의 경험을 갖기도 한다. 하지만 이와는 달리 후행하는 학습이나 정보의 유입이 없음에도 그것이 망각되는 현상을 체험한다. 이렇게 간섭 없이 일어나는 망각현상에 대하여 간섭이론은 설명이 곤란한 점도 있다.

또한 우리의 경험내용이나 정보가 정서적으로 유쾌했던 것들은 흔히 잘 기억되고, 불쾌하고 부정적이었던 정보 등은 쉽게 망각되는 경향이 있다. 정서적으로 혼란되었을 때나 혹은 긴장, 당황한 상황에서는 저장된 정보의 재생이나 인출에 장애가 있었음을 생각해 볼 수 있다. 이는 기억이나 망각에 정서적 문제가 관계되어 있음을 짐작케 한다(임승권, 2000).

2.3 맥락설

학습은 다양한 자극상태인 특정한 맥락 속에서 형성된다. 학습이 이루어지는 상황 내의 특정 자극은 학습된 정보를 재생하는 데 단서로 작용한다. 만약 재생하고자 할 때 적절한 맥락단서가 부재하면 기억수행은 자동적으로 지연될 수밖에 없다. 이 같은 현상을 흔히 맥락설(theory of context)이라고 부른다.

이와 같은 현상은 일상생활에서 쉽게 접할 수 있다. 취업 준비를 하는 학생이 취업 면접시험을 준비하기 위하여 예상 면접 내용을 충분히 연습하여 논리 정연하게 개념 정립을 했음에도 불구하고, 실제로 면접관 앞에 섰을 때 동일한 내용의 질문이나 유사한 질문에 더듬거리는 경우가 있다. 우리는 보통 이런 현상에 대하여 그 학생이 초조하였기 때문이라고 한다. 하지만 적어도 그 이유의 일부는 면접 내용을 혼자 연습하거나 실제 면접 현장과 다른 장소에서 연습한 차이에서 기인한다. 학습하던 장소와 회상하는 장소 간의 맥락상에 차이가 클수록 망각율은 그만큼 비례하여 증가하게 된다.

Smith 등(1978)의 연구에 따르면, 자료를 어떤 방에서 학습한 학생들이 그와 유사한 방에서 시험을 치를 때 전혀 다른 새로운 방에서 시험을 치를 때보다 더 높은 점수를 받았다는 사실이 이를 입증한다.

2.4 동기적 망각

기억과 망각의 과정에서 인간의 의지가 작용하기 때문에 기억하고 싶으면 기억되고 기억하고 싶지 않으면 쉽게 잊어버린다는 것이다. 이를 동기적 망각(motivated forgetting)이라고 지칭한다. 흔히 우리가 일상생활에서 기억하고 싶지 않은 사건을 경험하면, 의도적으로 그 사안을 기억하려고 하지 않을 것이며, 그렇게 되면 결국 잊히게 된다는 것이다. 이처럼 우리가 기억하지 않으려는 마음에서 발생하는 것을 일반적으로 동기적 망각이라고 말한다.

이러한 동기적 망각은 우리의 일상생활에서 자주 접할 수 있고 경험하게 된다. 이를테면, 이성친구와 전화로 만날 것을 약속한 날짜, 시간, 장소 등은 수첩이나 메모지에 기록을 별도로 하지 않더라도 한 번 입력된 내용에 대하여 잊히지 않는다. 이는 잊어버리지 않으려는 의도가 잠재적으로 내재되어 있기 때문이다. 이와는 반대로 학과에서 실시하는 세미나나 어떤 행사가 계획되어 있을 경우, 일반적으로 일정이나 장소 등을 메모지에 남기지 않으면 깜박 잊는 경우가 발생한다. 이는 잊어버리지 않으려는 의도가 그만큼 약화되었거나 참석하고 싶은 마음이 내면에 작용하지 않았기 때문이다.

3 기억의 강화

학습된 정보를 어떻게 하면 오랫동안 정확하게 기억하고 또 그 정보를 훗날 필요할 때마다 정확하게 회상해낼 수 있을까 하는 문제는 학생, 교사, 그리고 부모 모두의 관심사이다. 파지를 높일 수 있는 방법에는 어떤 것이 있는지 살펴보기로 한다.

3.1 Loci 법

이 방법은 장소를 의미하는 라틴어의 로커스(locus)에서 유래되었다. 고대 희랍이나 로마의 웅변가들이 웅변의 요점을 잘 기억하기 위하여 사용했고 현대에도 많이 사용되는 기법의 하나이다. Loci법은 자기 집이나 공부방과 같이 아주 친숙한 장소를 머릿속에 떠올린 후 특정한 장소(위치)를 지정한다. 어떤 목록을 기억하고자 할 때 이 장소들이 각 항목을 지정한 장소에 걸어둘 못으로 이용한다는 의미에서 유형법(類型法, peg-type method)으로 지칭하기도 한다. 즉 기억할 내용이나 정보를 자기가 알고 있는 장소나 거리, 혹은 잘 알고 있는 대상과 관련시켜 기억하고 재생하는 방법이다.

예를 들면, 어떤 학생이 문구점에 가서 빨강 볼펜, 투명테이프, 지우개, 30cm 자를 구입하려 한다고 가정하자. 책상 위에 놓인 영어사전 표지색의 '빨강 볼펜'을, 방문에 '투명테이프'를 붙이고 나오려는데, 문지방 위에 '자'가 놓여 있어 밟지 않으려고 하다가 문틀에 매달린 '지우개'에 이마를 부딪치는 장면을 연상하는 장면이다. 문방구에 가서 사려는 물건이 잘 기억나지 않을 때 조금 전 문방구에 오기 위해 공부방을 떠나는 모습을 상상해 보면 구입하고자 하는 물건들이 쉽게 재생될 수 있다.

3.2 중심어법

중심어법(keyword method)은 핵심어법이라고도 하는데, 이 기법은 학교 학습 상황에서 가장 많이 적용되는 기억술로 단어의 발음이나 의미 등을 연합하며 단서로 사용하는 것이다.

예컨대, 영어 초보자에게는 주방을 의미하는 Kitchen(키천)과 닭을 나타내는 Chicken(치킨)을 구별하는 데 어려움을 겪기도 한다. 이럴 경우 주방의 전기밥솥에서 밥이 다 되었다고 증기가 새는 '키-'소리가 난다; 키천-Kitchen, 닭고기는 '칠기다(질기다; 치킨-chicken)'와 같이 나름대로 발음과 의미를 단서로 조합하여 사용하는 것이다. 조선왕조의 임금이름을 '태정태세문단세…'로 외운다거나, 무지개 색을 '빨주노초파남보'로 외우는 것도 그 한 예이다.

3.3 약어법

약어법(acronym)이란 여러 개의 어휘로 구성된 하나의 명칭을 첫 번째 글자(머리글자)를 따서 단축된 하나의 단어를 만들어 내는 것을 말한다. 이는 정보를 장기간에 걸쳐 기억하는 데 널리 사용하는 방법이다. 예를 들면, 졸업 준비 위원회를 '졸준위'로 한다거나 World Treaty Organization을 'WTO'로 표현하는 것이 그 예이다.

3.4 정보의 의미화

정보의 의미화는 기억해야 할 정보를 그 정보와 관련되어 있는 의미와 관련지어 기억하는 방법이다. 우리의 주변에서 흔히 발견되는 센터의 전화번호는 2424, 공인중개사의 전화번호는 4989, 서울역 안내 전화는 그 번호가 칙칙폭폭 7788임을 기억하고 있다. 이는 전화번호로 그 정보가 갖는 의미를 숫자화 한 것이다. 이런 경우 전화번호를 기억하는 것보다 의미만을 파악하고 있다면 그 재생은 훨씬 용이하고 빨리 이루어진다. 단지 어떻게 의미하느냐가 정보 의미화의 질을 결정하게 되는 것이다.

3.5 PQ4R 기법

우리가 학습을 하는 이유는 두말할 것도 없이 읽은 내용을 이해하고 정리하여 기억에 오랫동안 남기기 위해서이다. 책을 어떤 방법으로 읽어야 그 내용이 기억에 오랫동안 많이, 그리고 정확하게 남는가? 즉 효과적인 독서법에 대하여 여러 가지가 제안되어 왔으나, 가장 오래된 체계적인 독서법은 Robinson(1962)이 개발한 SQ3R(survey; 개관, Question: 질문, Read: 읽기, Recite: 암송, Review: 복습)이다. 여기에서 소개하고자 하는 PQ4R(Preview, Question, Read, Reflect, Recite, Review)은 SQ3R을 변형시킨 새롭게 권장하는 독서법이다(Thomas & Robinson, 1972).

1) 사전개관

본 내용을 읽기 전에 그 장의 주요 내용을 사전에 개관하여 도식화하라. 그러려면 그 장의 차례, 각 절의 제목과 소제목 혹은 요약을 먼저 읽어야 한다. 이러한 절차는 본문을 읽을 때 사전에 구축한 도식을 활성화시킴으로써 다음에 이어지는 내용들을 이해하고 기억하는 데 도움을 준다. 이 사전개관(preview)은 각 절을 어떤 목적을 갖고 읽게 하는 데 도움을 준다.

대학생을 피험자로 하여 실험집단의 학생들에게는 이 같은 사전개관의 절차를 밟게 하였고, 통제집단의 학생들에게는 이 절차를 생략하고 본문만 읽도록 하였다. 결과는 실험집단의 학생들이 통제집단의 학생들에 비하여 이해하면서 읽는 속도와 이해의 정확성 면에서 24%를 앞섰다고 한다.

2) 의문

문장이 길든 짧든지 간에 혹은 이해가 되든 그렇지 않든 간에 본문을 읽기 전에 '이 제목에 무슨 내용이 담겨 있을까?' 하는 의문(question)을 제기하라. 한 가지 구체적인 방법은 모든 제목을 질문의 형태로 바꾸는 것이다. 여러분이 지금 읽고 있는 이 글의 소제목이 PQ4R이다. 'P와 Q는 어떤 단어의 첫 글자일까?' 혹은 '4R은 R로 시작되는 단어가 네 개인데 어떤 단어들일까?' 이렇게 하면 호기심이 유발되어 읽을 때 주의를 집중하게 되고 과거에 학습한 관련 지식이 회상되어 지금 읽고 있는 내용을 신속하고 정확하게 이해할 수 있게 해준다.

대학생을 피험자로 한 실험집단 학생들에게서는 본문을 읽기 전에 본문의 내용과 관련된 20개의 질문을 읽게 하였고, 통제집단의 학생들에게는 그러한 질문을 제공하지 않았다. 두 주일 후에 40개의 문제로 두 집단의 이해의 정도를 측정한 결과 기존의 20개 질문에 대해서 뿐만 아니라 새로운 20개의 질문에 대해서도 실험집단 학생들의 이해 정도가 통제집단 학생들의 이해 정도보다 통계적으로 의미 있게 높았다.

3) 읽기

이제 학습의 첫 단계인 본문을 읽기(read) 순서가 되었다. 본문을 읽음으로써 앞서 제기한 의문들에 대한 답을 찾을 수 있다. 학문적 전문 서적에는 어려운 내용들이 담겨져 있다. 수동적으로 글줄을 따라 눈을 옮기면서 읽어서는 내용을 이해하는 데 결코 도움이 되지 않는다. 이때에는 정신을 몰두하여 제기한 의문들에 대한 정답을 찾아내려고 능동적으로 탐색하면서 읽어야 한다. 책을 읽는 제일의 목적은 내용의 이해이지 속도가 아님을 알아야 한다. 결코 서둘러서도 안 된다. 또한 내용의 난이도에 따라 읽는 속도를 조절할 필요가 있다.

4) 숙고

책을 읽으면서 자신의 주변에서 발견될 수 있는 실례를 생각해 보거나 읽은 내용의 심상을 머릿속에 그리면 기억하는 데 도움이 된다. 이를 숙고(reflect)라고 한다. 이것은 책에 나온 개념들 간에 관계를 그림으로 그리는 기법과 맥을 같이 한다. 즉 인과관계, 비교 및 대비 관계, 그리고 실례들을 표시하는 개념지도(concept mapping)를 만들면 회상률이 증가한다. 또한 지금 읽어서 알게 된 것과 이미 알고 있었던 내용을 정교화 시켜 서로 연결 짓는 것도 의미 있는 시도이다.

5) 암송

각 절을 다 읽으면 처음에 가졌던 의문들에 대하여 다시 생각해 보도록 한다. 책을 보지 않고 각 질문에 답할 수 있는가? 방금 읽은 절에 관하여 아무 것도 기억나는 것이 없다면 그 내용이 자신에게 너무 어려워서 이해되지 않거나, 아니면 다른 생각으로 주의를 분산시키면서 읽었기 때문일 것이다.

암송(recite) 은 방금 읽은 절에 대한 이해의 정도를 파악하고 다음 절로 넘어가기 이전에 다시 읽어야 할 부분을 알려주는 역할을 한다. 암송은 제목이 붙은 절을 읽은 후에는 반드시 해야 하지만, 어려운 내용의 글을 읽을 때에는 필요에 따라 여러 번 나누어 암송할 수도 있다.

암송하는 데는 두 가지 형태를 생각할 수 있다. 가장 흔하고 학습자들이 손쉽게 넘기는 방법은 마음속으로 하는 정신적 암송으로 이 방법은 이해의 정도가 어렴풋이 남을 뿐이다. 이보다 더 효과적인 방법은 언어화(verbalization)를 수반하면서 중요한 어구와 용어를 약기하는 방법이다.

6) 복습

효과적인 복습(review)은 새로운 정보를 장기기억 속으로 완전하게 저장시키는 역할을 한다. 학습이 진전됨에 따라 복습은 이미 읽은 절과 장의 내용을 전부 망라해야 한다. 또 반복하여 읽는 것도 일종의 복습이지만 책을 보지 않고 중요한 질문에 답해 보는 것도 좋은 복습방법이다. 답이 틀렸다면 시험보기 전에 어떤 부분을 더 공부해야 할지를 알 수 있을 것이다. 책을 덮고 상위의 중요 항목을 암송하고 확인하는 것이 좋다. 다음에는 각 상위 항목들에 대하여 하위 항목을 회상하고 내용을 되새겨 보도록 한다. 물론 정확성의 확인이 뒤따라야 한다.

3.6 부분학습 및 분산학습

부분학습(part learning)이란 학습된 내용이나 정보가 처음, 중간, 마지막 부분 중에서 어느 한 부분이 잘 기억되지 않는 경우가 있는데, 이러한 경우는 처음 부분부터 마지막 부분까지 전체적 개념으로 학습하기보다 부분적으로 내용 전체를 재조직하여 작은 단위로 암기 또는 이해하는 것이 효과적인 방법이 된다.

분산학습(distributed)이란 부분학습에서처럼 긴 학습 과제를 암기하고 이해하는 또 다른 전략으로 과제를 이해함에 있어 집중적으로 한꺼번에 몰두하여 하는 것보다 몇 개의 소과제로 분할하여 중간 중간에 휴식을 취하면서 효과적으로 학습하는 방법이다.

예컨대, 어떤 학습 과제 60분 동안 연습한다고 할 때, 60분 동안을 쉬지 않고 단숨에 연습하는 집중학습(massed practice)보다는 휴식시간을 두며 20분씩 3회에 걸쳐 연습하는 분산학습(distributed practice)을 하는 것이 좋을 수 있다. 분산학습이 집중학습보다 더 효과적인 이유는 너무 오랫동안 학습하는 데서 오는 피로감을 덜어주고 쉬는 시간 동안에 학습한 내용을 시연할 수 있기 때문이다.

4 망각의 방지

Ebbinghaus의 파지 곡선에서 학습 내용은 학습한지 불과 20분이 경과한 시점으로부터 40%를, 1시간이 경과했을 때는 50% 이상이 망각되고, 하루가 지나면 학습한 내용의 1/3 밖에 기억되지 않는다는 것을 알 수 있었다. 물론 망각은 자연적이고 불가피하게 나타나는 현상이긴 하지만 기억술이 있고, 어떤 방법에 따라서는 재생에 도움이 될 수 있다. 학교학습에서도 망각을 방지하거나 학습 내용을 장기 기억할 수 있는 노력이 요구된다. 여기에서 Biehler(1978)의 학교 학습과 관련하여 망각 방지를 위한 방안들을 소개하면 다음과 같다.

① 암송과 반복: 정서적 문제를 야기하지 않으면서 암송이나 다양한 방법으로 반복함으로써 기억 흔적의 쇠퇴를 막는다.

② 의미성의 강조와 변별 학습: 맹목적인 암기 학습과 반복 학습을 배제하며 간섭현상으로 인한 기억의 혼란을 줄이기 위하여 기억 내용에 의미가 포함되도록 학습한다.

③ 즐겁고 유쾌한 학습장면의 설정: 억압현상이 나타나지 않도록 가능한 한 학교생활과 학습장면이 즐겁고 유쾌하도록 노력한다.

④ 간섭의 최소화: 학습 간에 간섭을 최소화하기 위하여 충분한 학습이 되도록 적절한 학습 기간을 설정하며, 교과의 특성에 따라 전습법이나 분습법을 사용한다.

⑤ 요점에 주의: 교사는 칠판이나 노트, 책의 중요한 부분이나 요점에는 색깔로 표시하거나 밑줄을 긋는다거나 색다른 표시로 다른 부분과 차이점이 나타나게 한다. 그렇지 못할 때는 구두, 즉 언어로라도 강조하여 학습자들이 그것에 주의하도록 한다.

⑥ 학습 내용이나 정보를 기호화 혹은 상기화: 학습 내용의 의미를 강조하면서 이미 학습한 것과 계속 관련 지우면서 기억하는 방식을 제시하고 계속 상기하도록 한다.

⑦ 내용의 구조화, 형태화, 체제화: 학습 내용을 나름대로 구조화하거나 형태화 혹은 체제화 하는 데 주의를 갖도록 한다.

5 학습의 전이

5.1 학습전이의 의미

학습전이란 어떤 한 가지 내용을 학습한 결과 그 효과가 다른 학습을 하는 데 직접 또는 간접적으로 영향을 주는 것을 의미한다. 이러한 전이는 흔히 경험하는 것으로 예컨대, 초등학교에서 덧셈을 배운 어린이가 집에서 상점의 물건을 사는 심부름을 하였을 때, 바르게 셈하여 정확히 거스름돈을 받아온다거나 학교에서 배운 고운 말을 집에서 정확히 사용한다는 것 등을 생각할 수 있다. 이처럼 전이의 문제는 교육 효과 전반에 걸치는 것이다. 즉 우리가 바라는 학교교육의 목표는 여러 가지 면에서 생각해 볼 수 있지만, 그중에 하나는 학습 내용을 다른 장면에 응용하는 능력을 기르는 것이다. 이러한 학습전이는 세 가지 측면으로 생각할 수 있다. 첫째, 선행학습이나 경험이 후행학습이나 경험을 촉진하거나 조정하게 되는 경우를 긍정적 전이(positive transfer) 혹은 적극적 전이라고 한다. 둘째, 선행학습이나 경험이 후행학습을 방해했거나 억제했을 때 이를 부정적 전이(negative transfer)라고 한다. 셋째, 선행학습이나 경험이 후행학습에 어떤 영향도 미치지 않았다면 그것을 영전이(zero transfer)라고 한다.

한편, Gagné(1970)는 수평적 전이(lateral transfer)와 수직적 전이(vertical transfer)로 구분하고 있다. '수평적 전이'는 선행학습이나 경험과 내용이 다르기는 하지만 비슷한 수준에 있는 것이어서 영향을 미치는 현상을 말한다. '수직적 전이'는 선행학습과 후행학습 간에 내용이나 특성 면에서 어떤 위계관계가 있어 영향을 미친다고 한다. 그러므로 학교학습은 그 자체가 긍정적이든 부정적이든 간에 혹은 수평적 수직적이든 간에 전이의 문제에 관심을 두게 되는 것이며 일반적으로는 긍정적 전이에, 또는 긍정적 전이의 값이 보다 크게 되는 데 관심을 두게 되는 것이다. 그것은 앞의 기억의 문제에서 학습 내용의 기억효과를 크게 하는 것과 마찬가지이기 때문이다.

이와 같은 학습전이에 대한 이론은 크게 네 가지로 구분하며 다음과 같다.

5.2 형식도야설

20세기 초반까지만 해도 전이 현상을 설명하는 데 있어서는 형식도야설(theory of formal discipline)이 기본적 견해로 유지되어 왔다. 이러한 견해를 가진 사람들은 인간의 정신은 기억, 추리, 판단, 변별, 상상 등의 작용을 하는 제능력(諸能力)에 의해서 이루어지는 것으로 보았다. 학습의 정신작용, 즉 인간이 지니고 있는 능력설을 연마하는 행위로 본 것이다. 따라서 형식도야설은 다른 말로 능력연마설(theory of mental discipline)이라고 부른다.

형식도야설은 기억작용의 능력을 잘 연마시키면, 여러 가지 문제 해결에 정확한 판단력을 동원하며 객관적인 문제 해결 능력이 생긴다고 보는 관점이다. 그밖에 모든 작용도 매한가지로 각각의 발달능력을 발달시키는 작용이 곧 학습이라는 것이다.

5.3 동일요소설

동일요소설(theory of identical elements)이란 선행 학습경험과 후행학습 경험 사이에 같은 요소가 있을 때는 상호 연합 혹은 연결 현상이 일어남을 말한다(Thorndike, 1906). 즉 수학에 있어서의 추리가 논리학의 추리에 전이하는 것은 내용이 유사하기 때문이고, 라틴어의 학습은 라틴어의 어원을 가진 영어에 대한 전이가 가능하다고 본다. 또 수학 학습이 문학 학습에 전이를 가져오기 어려운 이유는 내용이 비슷하지 않기 때문이다. 전이가 발생하려면 자극의 유사성, 단어의 유사성, 원리의 유사성이 있을 때 더욱 활발히 일어난다.

5.4 일반화설

Judd는 제1학습과 제2학습 사이에 일치하는 원리가 통찰적으로 올바르게 행하여지는 경우에 전이가 일어난다. 이를 일반화설(theory of generalization)이라고 말한다. 한 가지 장면에서 학습한 경험적 원리가 다른 장면에 응용되면 전이가 된다. 즉 두 가지 학습사이에 놓여 있는 일반적 원리가 유사할 때 학습의 전이가 이루어지게 된다. 또 학습 지도 방법이나 학습 방법에 있어서 한 교과의 학습 순서나 방법을 잘 알게 되면, 다른 교과를 학습할 때 효과적이다.

다음으로, 학습 태도가 전이된다는 관점이다. 한 교과목의 바른 학습 태도가 이루어지면 기타 학습을 할 때 그 학습 태도가 전이된다고 한다.

5.5 형태이조설

Gestalt학파 학자들은 특정의 학습장면에서 일어나는 역학적인 관계를 이해하는 형태나 관계가 다른 학습에도 적용되게 됨으로써 전이가 이루어진다고 주장한다. 즉 선행학습과 후행학습 간의 단편적인 요소나 원리의 공통성에 의하여 전이가 일어나는 것이 아니라, 학습을 이해하는 형태나 관계성에서 전이를 설명하는 이론을 형태이조설(transposition theory)이라고 말한다.

Gestalt 심리학자들은 명암의 차이가 있는 A, B 두 장면을 설정하고, 닭이 더 밝은 B장면을 선택하였을 때만 모이를 줌으로써 닭들이 먹이를 얻기 위하여 밝은 쪽을 선택하도록 학습시키는 것이다. 닭들이 이를 학습한 후에 B장면보다 더 밝은 C장면을 설정하고 닭의 행동을 관찰한바 B장면이 아닌 보다 밝은 C장면을 선택하는 사실을 알게 되었다.

만일 동일요소설에 의하여 전이가 이루어진다면 학습한대로 B장면을 선택해야 했음에도, 이 실험에서 A와 B장면의 명암관계를 이해하고 그 관계성을 B와 C장면에서도 적용된 것으로 본다. 즉 선행경험의 구도 속에 포함된 인지구조가 새로운 경험의 인지구조 형성으로 옮겨져 전이현상이 나타난다는 것이다.

연구과제

1 기억과 기억 과정에서 감각기억, 단기기억, 장기기억에 대하여 설명하시오.

2 다음 망각이론에 대한 개념을 설명하시오.

① 기억흔적 쇠퇴설(memory trace decay theory)

② 간섭이론(interference theory)

③ 맥락설(theory of context)

④ 동기적 망각(motivated forgetting)

3 기억을 강화하는 일반적인 방법 중 PQ4R기법을 설명하시오.

4 Biehler(1978)가 언급한 망각의 방지를 위한 방법을 제시하시오.

5 다음의 전이이론에 대하여 개념을 설명하시오.

① 형식도야설(theory of formal discipline)

② 동일요소설(theory of identical elements)

③ 일반화설(theory of generalization)

④ 형태이조설(transposition theory)

PART

IV

정신건강과 상담에 대한 이해

현대사회는 가면 갈수록 복잡하고 그 변화의 속도가 엄청나게 빠르다. 이런 변화의 흐름 속에서 인간은 점점 문명의 노예가 되어가고 있다. '자아'를 돌아보고 생각할 여유조차 없다. 정글의 법칙만이 존재하는 삶 속에서 생존을 위한 사투를 하고 있는 게다. 학생들 역시 낭만적인 대학생활보다는 입학과 동시에 졸업 후 취업을 걱정하며 살아간다. 이와 같은 사회 분위기는 학생들이 스트레스를 많이 받게 한다.

이에 효과적으로 대처하지 못하는 학습자들은 삶을 힘들게 지탱하다가 중도 탈락을 한다든지, 학교 부적응학생으로 전락할 수밖에 없다. 제4부에서는 학생들의 정신적 스트레스 요인에는 어떤 것이 있고, 어떻게 스트레스와 정신건강을 관리하며, 부적응 학생들의 상담적 개입은 어떤 방식으로 해야 하는지에 대하여 이론적 고찰을 하고자 한다. 여러분은 이 단원을 마치면, 적어도 학교에서의 스트레스 관리와 상담적 개입을 위한 기초 지식을 습득할 수 있을 것이다.

CHAPTER 10

정신건강과 스트레스

:: 학습 개요 ::

현대사회의 정보통신기술과 과학기술의 급속한 발전은 교육에도 영향을 미쳐 탈인간화를 가속화시키고 있다. 인간이 갖는 교육목표의 최종점은 정신건강, 건전한 성격, 그리고 인격의 성숙에 근간을 두고 있다 해도 과언이 아닐 것이다. 그중에서도 정신건강은 학교적응과 학업 성취 등에 밀접한 관련이 있다.

인생을 준비하는 가장 중요한 시기에 있는 학생들에게서 현재의 건강한 정신은 미래의 건강한 정신적, 사회적, 지적 발달 등을 형성하는 밑거름이 될 것이다. 따라서 심리적 측면에서 학생들이 학교생활 간에 스스로 문제나 학업, 진로 등에서 건강한 정신과 건전한 가치관을 갖도록 학교와 가정, 그리고 사회 모두가 지속적인 관심을 가질 필요가 있다.

이 장에서는 정신건강에 대한 제반 기초 이론을 살펴봄으로써 학생들의 건강한 정신과 가치관을 형성하는 데 도움을 주고자 한다.

:: 학습 목표 ::

1. 정신건강과 스트레스 관리를 위한 방법을 설명할 수 있다.
2. 정신건강과 관련된 학교교육의 요인들과 그 영향에 대하여 설명할 수 있다.
3. 건강한 인간의 특성을 설명할 수 있다.

1 정신건강의 개념

정신건강(mental health)이란 용어는 본래 정신질환의 유무를 지칭하기 위해 정신 병리학적인 개념에서 시작되었으나, 현재는 정상적인 개인의 정신 상태를 나타내기 위한 다각적인 측면에서 보편적 용어로 그 개념을 정의하고 있다(박지희, 1987).

1946년에 제정된 세계보건기구(WHO) 헌장에서는 정신건강이라 함은 정신적인 저항력을 말하는 것으로 신체적·정신적·사회적 안정 상태라고 하였으며, 1947년 IPC(International preparatory commission)는 정신건강이란 다른 사람과 조화되는 신체적·지적·정신적 측면에서 최적의 발달 상태라고 하였다. 즉 정신건강은 정신뿐만 아니라 신체적·지적 측면까지도 포함해야 한다는 것이다.

또한 Fromm(1974)은 정신건강을 사회적 환경과 인간과의 관계에 초점을 두었으며, 정신적으로 건강한 사람을 기술하였는데, 생산적이고 자신을 세계와 관계시키는 사람, 객관적으로 현실을 파악하는 데 이성을 사용하는 사람, 자기 자신을 유일한 개체로서 경험하며 동시에 자신의 친구로도 느끼는 사람, 비합리적인 권위에 복종하지 않으며 양심과 이성의 합리적인 권위를 받아들이는 사람, 살아있는 한 항상 새로 태어나는 과정에 있음을 아는 사람, 인생이라는 선물을 가장 가치 있는 것으로 여기는 사람이 바로 정신적으로 건강한 사람이라고 하였다. 즉 정신이 건강하다는 것은 인간관계에 있어 이성적이고 합리적이며, 긍정적·적극적인 삶을 사는 것이라고 할 수 있다.

한편, Maslow(1954)는 인간이 갖는 목표의 최종점을 정신건강, 완전한 성격, 그리고 인격의 성숙에 근간을 두고 정신건강의 중요성을 설명하였으며, 권이혁(1986)은 환경에의 적응을 가지고 정신이 건강한지 불건강한지 판단할 수 있으며 정신이 건강한 사람은 성공적으로 적응할 수 있는 일련의 습관을 가진다고 하였다.

이상의 개념을 종합해 볼 때, 정신건강이란 건강한 삶이 자아정체성을 잘 인식하고 자신의 목적과 변화하는 현실에 대처하려는 의도에 부합된 행위를 하고, 타인을 이해·포용하며 이성관계에서도 서로 만족을 얻을 수 있고, 성취 추구에 있어 지속적인 인내심과 노력을 태만하지 않은 태도와 행동을 보인다고 할 수 있다. 이와 반대 개념의 현상을 보이거나 내재해 있는 사람은 불안전한 정신건강을 보인다고 볼 수 있다.

2 정신이 건강한 인간의 성격 특성

심리학자나 정신과 의사들은 비정상적인 성격에 관심을 두고 그 동안 정상적 측면에는 거의 관심을 갖지 않았다. 그러나 최근 들어 이러한 경향이 변화하여 정상 혹은 건전한 성격에 대한 이해와 노력이 활발하게 전개되고 있다. '정상'이라는 말이 의미하는 것은 통계적·경험적 평균 개념에 의해서 '보통'이라는 의미를 부여하고 있다. 즉 표준이라는 용어로 설명될 수 있고, 반대로 이상(異常)이란 정상으로부터 이탈의 정도를 의미한다. 이를테면, '정상' 혹은 '건전한 성격'에는 균형의 의미가 포함되었다고 말할 수 있다. 따라서 균형을 이룬다는 것은 자신과 타인의 조화를 요구하기도 하는 것이다.

Seeman(1966)은 건전한 성격을 인격 통일(personality Integration)이라고 전제하고, 인격 통일에는 여러 하위 행동체가 있으며 상호작용의 관점에서 인격 통일된 사람에 대한 세 가지 특질로 ①적극적인 자아개념 ②보다 많은 환경접촉 ③지적 효율성을 들었다. 이 의미는 인격체가 바람직하게 형성되기 위한 조건으로써 정체성과 더불어 환경접촉과 지적 효율성이 중요하다는 것이다.

Cattell(1956)은 건전한 성격에 대한 전인으로서의 만족을 얻을 수 있고 개인 가치뿐만 아니라 사회·문화적 가치에 의해 여러 행동을 통제하도록 잘 구성된 성격구조를 지적하고 있다.

Maslow(1954)는 자기 현실이 잘 성취된 사람으로 평가되는 사람들을 역사적 인물들이나 현존하는 인물들 중에서 찾아내어 그들의 정신적 성격 특성과 일반인의 성격 특성을 비교하여 다음과 같은 14가지 특성을 제시하고 있다.

- 보다 더 적합한 현실 자각을 한다.

- 사고·정서·행동 등에 있어 보다 자발적이다.
- 자기가 타인이나 자연을 있는 그대로 받아들인다.
- 문제 중심적이다.
- 자율적이고 초월적이다.
- 문화와 환경으로부터 독립적이다.
- 사물에 대한 인식과 이해가 늘 새롭다.
- 무한한 수평선을 갖는다.
- 사회·공동체감을 갖고 있다.
- 친구나 사랑하는 사람들과 아주 긴밀한 관계를 맺고 있다.
- 민주적인 성격 구조를 갖고 있다.
- 도덕·윤리성이 강하다.
- 적개심이 없는 유머와 센스를 갖고 있다.
- 독창적이고 창조적이다.

이상을 종합해 볼 때, 건강한 성격의 소유자를 일의적으로 정의하기는 쉽지 않지만, 적어도 현실 적응 과정에서 융통성 있게 대처하여 자신의 인생을 만족스럽게 이끌어 나가려는 역동적 의지를 말할 수 있다. 즉 건전한 성격의 소유자는 정신적으로 건강하다고 볼 수 있으며, 건전한 성격과 정신적 건강과는 상호작용의 관계에 있다고 말할 수 있다.

3 정신건강의 요인

앞서 살펴보았듯이, 정신건강은 개인의 정서적 성숙과 관계가 있으며, 역동적 균형을 유지하여 내외갈등에 대한 순응력과 융통성을 요구하는 능력으로서 정신건강은 다음과 같은 요인들과 밀접한 관련이 있다.

3.1 인간발달과 정신건강

발달심리학에 따르면, 인간은 태어나면서부터 죽을 때까지 일정한 발달 단계를 거친다. 여기서 발달 단계란 인간의 성장과정을 일정한 기간으로 구분하여 부르며 이를테면, 유아기·아동기·청년기·성인기와 같은 것이다.

이러한 인간의 발달과 정신건강은 발달 단계에 따라 밀접한 관련을 맺고 있다. 그러나 인간발달의 이론들은 발달 단계마다의 강조점이 다른바 건강한 정신에 영향을 미치는 시기 또한 다양하게 나타난다.

Freud(1905)는 정신분석학적 입장에서 유아기를, Piajet(1959)는 유아기에서의 인지적 경험과 인지적 발달의 중요성을, 그리고 Carroll(1965)과 Bloom(1971)은 학교학습이 시작되는 아동기에서의 학습 활동의 확대 경험을 강조하였다.

또한 Erikson(1968)은 자아정체감에 의한 청년기의 위기 경험을 중요시하였으며, Havighurst(1972)는 '발달과업과 교육'이라는 저서에서 인간발달에는 각 단계에 습득해야 할 행동형태가 있으며, 이를 습득하게 되면 다음 단계에 적응력이 생기고 정신적으로 건강할 수 있으나, 그렇지 않으면 부적응 상태에 처하게 될 가능성이 높다며 각 발달 단계에서 습득해야 할 발달과업의 범위를 중요시하였다.

이처럼 인간의 발달 단계에서의 습득해야 할 발달과제는 인간이 전인으로서의 발달을 지향함을 의미하는 것이다. 그러므로 발달 단계에 따른 발달과제 및 문제점 등과의 관계성을 면밀히 파악하여 바람직한 정신건강이 형성될 수 있도록 지도해야 한다.

3.2 가정환경과 정신건강

가정은 인간이 태어나 최초로 접하는 환경으로 가족 구성원과 친밀한 인간관계를 통해서 서로의 애정과 신뢰, 위안과 존경 등 심리적인 안정감과 정서적인 만족을 충족시킬 수 있는 곳이다. 그러므로 가정이라는 공간은 가족들이 그들의 신념이나 안정을 통하여 정서적 만족을 얻는 심리적 분위기를 포함한다고 볼 수 있다.

이러한 심리적 분위기는 정신건강과 관계되며, 가정이 정신건강에 미치는 영향은 매우 크다 하겠다.

가정에서의 부모의 사망, 재혼, 이혼, 별거 등과 같은 가족구조의 변동이 정신건강에 영향을 주게 되고(Lidz, 1965), 부모의 잦은 폭언과 폭행, 가족 간의 불신과 갈등 등과 같은 상호작용도 자녀들의 정신건강에 부정적인 영향을 미친다.

영·유아기의 가정환경과 초기 환경에서의 경험이 인간의 지능을 결정하는 중요한 요인이 되며(Hunt, 1961), 부모의 양육방식에 따라 자녀들의 사고 발달이 긍정적·부정적으로 변화될 수도 있고(Vygotsky, 1962), 인지적 발달은 정의적 특성과 상호작용을 통해 성취와 바람직한 가치관이 형성되기도 하는데, 가정에서의 자녀에 대한 지적·정의적 특성을 위한 노력이 절실히 요구된다(김희수, 2003).

예컨대, 아동의 성격 형성에 미치는 가족 구성원의 영향과 부모의 양육태도는 매우 밀접한 상관이 있다. 부모의 거부적 태도, 지나친 기대, 과보호, 방임적 태도, 자녀에 대한 과대평가, 안정되지 못하고 거친 부모의 성격 등과 같은 부모의 태도와 행동은 자녀의 바람직하지 못한 심리적 행동특성의 원인이 된다. 이는 아동의 적응곤란, 공격성, 신경증, 불신, 정서불안 등의 특성을 나타낸다.

이처럼 가정환경과 정신건강의 상관은 높다. 특히 가정에서 가장 큰 영향을 미치는 부모는 자녀의 정신건강에 매우 중요한 사람이다. 부모와의 관계가 원만하지 못한 가정환경에서 성장한 자녀들은 인격발달의 측면에서 충동을 조절하지 못하여 자아나 초자아의 형성을 어렵게 만들고, 동일시 대상의 왜곡과 상실 등으로 인해 성장과정에서 정상적인 사고를 갖는데 방해를 받는다.

가정환경이 부적절한 상태에서 자라나는 자녀들은 학교적응, 사회적응, 직장적응, 대인관계 등에 좋지 않은 영향을 미칠 가능성이 높은 만큼 가정환경의 중요성을 인식해야 할 것이다.

3.3 학교환경과 정신건강

학교환경은 자녀들의 정신건강과 밀접한 상관이 있다. 학교문화에의 적응, 학업 성취, 교사와의 관계, 그리고 교우관계 등을 들 수 있다.

학교학습에 있어서 학업 성취와 정신건강 사이에는 유의한 상관이 있고, 정신건강 증세의 약 2/3정도가 학업성적 때문임을 보고하고 있다. 초등학생의 경우 학업성적이 4-5년 정도 우수하게 지속되면 학습자는 학습상황과 자신에 대해 적합하다는 느낌을 갖게 되고, 그럼으로써 정신적 질병에 강한 면역성을 갖게 된다. 그러나 계속적인 실패의 경험은 자신에 대한 부적합 느낌을 누적시켜 정신건강에 부정적인 영향을 주게 된다(Carroll, 1969).

뿐만 아니라 교사와 학생과의 관계에서 교사의 태도는 학생들의 정신건강에 깊은 영향을 미친다. 예컨대, 교사의 상벌효과에서 공정성과 객관성을 잃게 되면 오히려 학생들의 태도에 나쁜 영향을 미칠 뿐만 아니라, 학업성적에도 부정적인 영향을 미치게 된다. 이러한 교사의 영향력은 고학년으로 올라갈수록 보다 많은 영향을 미치게 되며 학생들의 성격형성과 학습 동기에 큰 영향을 미친다(MarJorie, Ainsworth & Batten, 1971).

학교의 물리적 환경 역시 학생들의 정신건강에 중요한 영향을 미치고 있다. 물리적 환경의 구성요소는 온도, 광선, 건물, 기류, 소음, 도로 등이며 이러한 환경요소들은 대부분 인간과 관계를 맺고 상호 작용하여 인간의 행동 변화에 작용한다. 예컨대, 학교의 규모에 따른 교실 공간의 크기라든가 좌석의 배치 상태 등은 학생의 정서적 변화에 영향을 줄 수 있는 것이다.

3.4 스트레스와 정신건강

스트레스란 일반적으로 불쾌한 것을 의미하는 것으로서, 사람들이 일상생활에서 느끼는 각종 압력에 대하여 야기되는 감정상태, 즉 불안, 두려움이나 좌절 등의 긴장상태로 정의할 수 있다.

Organ과 Bateman(1991)은 스트레스가 장기간 지속되게 되면 기능저하와 유사한 상태로서 학업과 관련하여 육체적 피로, 수면 방해, 학업동기 결여, 무기력감과 무용감, 그리고 학업과 관련하여 좌절 및 포기 등의 징후가 나타난다고 하였다.

인간은 전 생애를 통해 수많은 스트레스를 경험하게 되지만, 이처럼 스트레스를 자기 스스로 극복하거나 해결하지 못함으로써 심한 좌절과 포기 상태에 이르기도 한다. 이와 같은 스트레스는 결국 자녀들의 정신건강에 부정적인 영향을 미칠 가능성이 매우 크다.

스트레스의 일반적인 요인으로는 첫째, 인간발달 과정의 각 발달 단계마다 스트레스가 존재한다. 예컨대, 유아기에는 부모의 양육 방식에 따라 스트레스를 경험하게 된다. 아동기에는 학교 내에서 교사나 또래 집단 간의 대인관계에 의한 적응 과정에서 스트레스를 경험하게 되고, 청년기에는 사춘기 동안의 복잡한 정신적·신체적 변화들이 스트레스의 원인이 된다. 또한 성인기에는 독립된 사회인으로서의 역할 수행 과정에서 스트레스를 경험하게 된다. 둘째, 가정에서의 스트레스 요인을 생각해 볼 수 있다. 현대 사회의 핵가족화 현상은 전통적인 부모-자녀관계, 형제관계 등 가족관계의 변화를 가져왔으며, 이는 많은 갈등의 원인이 되고 있다. 또한 가정 내 폭력, 이혼의 증가 역시 스트레스의 중요한 요인이 된다. 셋째, 현대사회의 변동 과정을 스트레스 원인으로 들 수 있다. 도시화, 가치관의 변화, 문화의 대중화, 소외감의 증가, 일탈 행위의 증대 등은 현대의 학생들에게 스트레스의 중요한 요인으로 작용한다. 이러한 요인들로 인한 스트레스는 비행, 가출, 미혼모, 자살, 약물남용, 성폭력 등 다양한 사회병리 현상의 원인이 되고 있다(임규혁, 2001).

따라서 자녀들이 스트레스를 일으키는 각종 상황에 대처할 수 있도록 도움을 주는 스트레스 관리가 필요하며, 스트레스 징후군을 발견 시에는 원인을 확인하고, 이해하고, 해결해 주는데 관심을 기울여야 할 것이다.

3.5 신체와 정신건강

사람은 신체 면에서 다양한 개인차를 가지고 있다. 즉 키가 큰 사람이 있고 뚱뚱한 사람도 있고 홀쭉한 사람도 있다. 또 힘이 센 사람도 있고 약한 사람도 있으며, 또한 인상이 남에게 호감을 주는 사람도 있고 불쾌감을 주는 사람도 있다. 이러한 신체적 차이는 물론 당사자에 대하여도 중요하지만 상대방에게도 대단히 중요하다. 그것은 신체를 고려한 학습 활동이나 학교활동 등을 고려해야 하기 때문이다. 이러한 신체적 특징은 정신건강에 영향을 미치는데, 자기 스스로의 신체 특징에 대하여 지나치게 부정적이거나 자신감을 상실하게 되면 부정적 감정, 절망감 등을 갖게 될 가능성이 높아진다.

Havighurst(1972)는 청년기의 발달 단계와 발달과업에서 "신체적 발달 특성과 개인적 차이를 인정해야 한다."고 하였는데, 이는 신체와 정신건강 측면에서 중요한 의미를 더해주고 있다.

4 학교교육과 정신건강

4.1 학교환경과 정신건강

학교환경이란 학생과 교호작용하는 학교의 다양한 요소들을 의미한다. 학교의 물리적 환경, 교사-학생의 관계, 교우관계, 그리고 학업 성취 등은 정신건강에 영향을 미치는 학교환경의 핵심 변인들로 임규혁(2001)은 다음과 같이 설명하고 있다.

1) 교사와 학생간의 관계

지금까지 교사와 학생의 관계에 대한 많은 연구들이 교사와 학생 간의 상호작용을 강조한다. 즉 학생에 대한 교사의 역할 인식이 교사의 행동에 영향을 미치며, 교사의 행동 역시 학생들의 인지적·정의적 측면에 영향을 준다(김병성, 1985; Rutter, 1979; Brophy & Good, 1970).

말하자면, 교사와 학생의 관계는 학생의 학업 성취, 학교에 대한 태도, 학문적 자아개념, 그리고 정신건강 등에 직접적인 영향을 주게 되는 것이다.

이러한 관점에서, 교사와 학생간의 관계를 바탕으로 형성되는 교실의 분위기나 학생의 행동변화에 영향을 준다는 연구결과(Lewin, Lippit & White, 1939)는 교사들에게 많은 함의를 제공한다. 연구자들은 교실의 분위기 유형을 전제형, 민주형, 방임형의 세 가지로 구분하여, 각각의 분위기에 따라 학생들의 행동특성에 차이가 있음을 밝혔다. 이를테면, 전제적 분위기에 속한 학생들은 서로에 대하여 적

대심이나 반항심을 보이는 반면, 민주적 분위기의 학생들은 친밀감과 협동성을 보이고 활발하게 활동하는 경향성을 보였다. 또한 방임적 분위기의 학생들은 활발하기는 하지만 무기력하고 태만한 모습을 나타냈다. 이처럼 교사와 학생 간의 관계를 기초로 하여 형성되는 교실의 분위기는 교사에 의해 주도되는 경향성이 높다. 그러므로 교사는 학생과의 바람직한 관계형성을 위해 노력해야 하며, 이를 위해 학생의 행동을 지도 할 때는 다음과 같은 점을 고려해야 한다.

① 교사는 자신의 기준으로 학생을 판단하지 말아야 한다.
② 학생의 발달 수준이나 상황을 고려해야 한다.
③ 문제 행동의 원인을 다각적으로 분석해야 한다.
④ 행동이 반복적인가 혹은 습관적인가를 고려해야 한다.
⑤ 특정한 문제 상황이 다른 행동과 어떻게 연결되어 있는가를 종합적으로 판단해야 한다.
⑥ 학급 친구들과의 관계나 교우관계를 고려해야 한다.
⑦ 학생 자신이 자신의 문제를 어떻게 지각하고 있는가를 살펴야 한다.

뿐만 아니라, 교사의 교육 활동에 대한 태도는 교사의 정신건강과 관련되어 있다. 교사의 정신건강이 교육 활동에 대한 직무 만족도, 학교의 조직건강, 학급규모, 학급풍토 등에 의해서 형성된다는 연구결과(권기욱, 1991)는 교사의 정신건강이 중요하게 고려되어야 함을 설명하고 있다. 교사와 학생 간의 상호작용에는 지적인 교류와 함께 감정적인 교류가 수반되기 때문에 교사의 정신건강은 학생의 정신건강과 밀접하게 관련된다.

결과적으로, 교사는 자신의 정신건강을 우선적으로 고려해야 하고, 학생들을 독립된 개인으로 볼 수 있는 안목이 있어야 하며, 학생의 지적 능력에 대한 획일적인 평가 방법을 삼가하고, 각 학생들이 보여주는 행동의 의미와 원인을 이해하려고 노력해야 한다. 즉 교사는 학생에 대한 심리적 이해를 할 수 있는 조건을 갖춤으로써 정신건강을 증진시킬 수 있어야 한다.

2) 교우관계

학생들은 동료 친구들과의 관계를 소중하게 생각한다. 인간은 사회적 동물이며, 학교 역시 학생들을 주요 구성원으로 하는 사회라는 점을 생각한다면 교우관계의 중요성을 파악할 수 있다.

그러므로 학교생활에서 학생들 간의 사회적 관계의 성공 여부는 학업 성취 요인만큼 중요한 의미를 갖는다. 학생들 간의 사회적 관계를 연구할 수 있는 대표적인 방법이 사회측정방법(sociometric technique)이다. 이 방법은 집단 내 또는 학급 내에서 학생들 사이에 존재하는 수용과 거부의 유형을 측정하여 학생 간의 사회적 관계를 분석하는 것이다. 이러한 방법을 사용한 연구들은 가장 문제가 되는 아동을 학교에서 사회적 관계를 실패한 고립아동이라 밝히고 있다.

학령기의 발달 단계를 아동전기, 아동후기, 청년전기, 청년후기의 네 단계로 볼 때 고립아동은 학년이 높아질수록, 즉 청년후기로 갈수록 더 많이 나타나고 있다. 이러한 현상의 원인은 학년이 높아질수록 학업에서의 경쟁의식, 긴장의식과 자아존중감 등의 심리적 현상으로 인해 교우 간에 배타적인 면을 보이기 때문이라고 생각할 수 있다.

이러한 교우관계의 성패여부는 지적인 면과 성격적인 면의 양 측면으로부터 영향을 받는다(Mussen, 1973). 따라서 학년이 높아질수록 교우관계에 실패하여 고립관계에 놓이게 되면 학업 성취에도 부정적인 영향을 미치며, 또한 정신 건강의 문제도 발생할 수 있으므로, 교사는 학생들의 교우 관계를 주의 깊게 관찰하여 건전한 관계형성에 도움을 줄 수 있어야 한다.

3) 학교의 물리적 환경

학교의 물리적 환경은 크게 실내 환경과 실외 환경으로 구분된다. 실내 환경은 책상과 의자의 크기 및 배치 상태, 벽면에 부착된 게시물, 유리창의 크기와 모양, 칠판의 상태, 교실의 통풍, 채광, 습도, 소음 등을 들 수 있다. 그리고 실외 환경으로는 학교 주변의 교통·소음·공기 오염 상태 등과 운동장의 배치, 화단의 모양이 건물의 배치 등이 고려된다. 이러한 학교의 물리적 환경요소들은 학생의 생리적 욕구나 신체적 건강에 영향을 미칠 뿐만 아니라(이정복, 1980), 정신활동과 정서적 반응에도 영향을 준다(Cohen, 1967).

인간과 환경의 상호작용은 단순한 자극-반응 관계 이상의 체계이다(Ittelson, 1973). 즉 학교규모에 따른 교실 공간의 크기, 좌석 배치의 상태, 책상 크기와 같은 물리적 환경은 학생들의 잠재적 교육과정에도 중요한 영향을 미칠 수 있다. 따라서 적합한 물리적 환경 변인과 바람직한 사회·심리적 환경 변인이 함께 주어질 때 학생의 정신건강은 보다 증진될 것이다.

학생이 교실 내·외의 구조적 대상물이나 사물들에 대해 적절한 만족감을 갖게 되면 정서적으로 안정감을 느끼고, 활동성이 높아짐으로써 능률적인 학습 활동을 하게 될 것이다. 그러나 학교의 물리적 환경에 만족하지 못하게 되면, 학교생활이 권태로워지고 예민한 반응을 보이게 되어 결국 성숙한 인격형성에 부정적인 영향을 미치게 된다.

이와 같이 학교의 물리적 환경은 매우 다양한 형태로 개인의 행동특성에 영향을 주며 학생의 정신건강에 중요한 변인으로 작용하게 된다.

4) 학업 성취

학생들 대부분은 학교생활에서의 학업 성취를 가장 중요한 심리적 문제로 인식하고 있다. 그리고 교사나 학부모들도 교실에서의 학습 활동과 학업 성취 과정에 큰 비중을 두고 있다. 학생들은 가정과 학교와 사회로부터 우수한 학업 성취를 강요받고 있는 것이다. 이는 학생의 학업 성취수준을 중심으로 상급 학교로의 진학이 이루어지며, 학력에 따라 사회적 지위가 등급화 되는 현실을 반영하기 때문이다. 이와 같은 현실은 동료 간의 경쟁심을 유도하고, 학업 성취의 결과에 대한 과도한 긴장감을 불러일으키기 때문에 학생들의 정신건강에 깊이 관여한다.

학업 성취에서의 계속되는 실패와 그로 인한 좌절의 경험은 학생들에게 부정적인 자아개념을 형성시킬 것이다(Bloom, 1967). 따라서 학습 과제에 대한 적절 혹은 부적절한 경험이 누적될 경우 그 학생은 긍정적이거나 또는 부정적인 자애개념을 갖게 된다. 결국 지속적인 학업 성취의 성공 혹은 실패 경험의 누적은 한 개인의 정신건강에 중요한 영향을 미치게 되는 것이다.

그러나 학업성적과 정신건강에 대한 경험적 연구는 두 요인의 관계를 일반화시킬 만큼 충분하지는 않다. 그중 Stringer와 Glidewell(1967)이 초등학교 2-6학년 학생을 대상으로 실시한 종단적 연구에서 학생의 학업 성취와 정신건강의 증후 간에는 유의한 상관이 있음을 밝히고 있다.

4.2 학교 스트레스

인간은 외부 환경과의 접촉 과정에서 다양한 스트레스를 경험한다. 특히 장기간의 학교생활을 거쳐야 하는 학생들에게는 학교환경이 스트레스의 중요한 원인이 된다. 그러나 스트레스가 꼭 부정적인 영향을 미치는 것은 아니다. 이를테면, 적정 수준의 스트레스는 인간의 성장을 위한 원동력이 되기도 한다. 오히려 스트레스가 전혀 없는 상태는 인간의 활동을 저하시킬 가능성이 있다. 열악한 환경에서 누적되는 부정적인 스트레스는 개인의 정신과 행동에 장애를 주기도 하며, 그 정도가 심해지면 정신질환이나 신체질환을 일으키기도 한다.

학생들은 학교생활을 통한 학업 성취과정에서의 성취욕구 혹은 학업실패로 인한 좌절, 지나친 경쟁의식, 그리고 교사와 친구들과의 인간관계, 그 밖의 부적절한 학교환경 등으로 스트레스를 경험하게 된다.

이와 같은 학교 스트레스를 이해하고 대처하는 내용에 관하여 임규혁(2001)은 다음과 같이 제시하고 있다.

1) 학생 스트레스의 이해

Cohen, Kessler, Gordon(1995)에 의하면, 스트레스는 심리적인 견지에서 보았다. 한준상(1995)은 청소년의 스트레스 유발인자를 인지발달과정 스트레스, 자기중심성 스트레스, 자립성 확인 스트레스, 자아정체성 발달 스트레스, 신체적 성숙 스트레스 등의 다섯 가지로 분류하였다. 첫째, 인지발달과정 스트레스는 인지구조에 의해 외부 세계에 대한 새로운 시각과 비판을 가지며 기존의 가치와 규범에 대해 저항하는 과정에서 청소년들이 스스로에게 유발시키는 스트레스를 의미한다.

둘째, 자기중심성 스트레스란 청년기에 접어들면서 유아기나 아동기 때의 자기

중심성과는 또 다른 자기중심성으로서의 심리적 특징이 나타나 스트레스를 유발시킨다는 것이다. 고도의 인지 발달에 의한 사고에 대해서 타인이나 대상에 대해 객관적인 사실마저도 추상화시키게 되므로, 스스로의 판단과 단정으로 슬퍼하기도 하고 즐거워하기도 하며 더 나아가 역설적인 생각으로 스트레스를 받게 된다.

셋째, 자립성 확인 스트레스는 청소년으로 성장한 학생들이 가진 특유의 독립된 개체를 찾으려는 경향이다. 이를테면, 간섭을 받고 있다고 생각하는 부모나 보호자, 기타 간섭자로부터 벗어나 자신들만이 공유할 수 있는 문화와 가치를 만들려는 것이다.

넷째, 자아정체성 발달의 스트레스는 자신에 대한 인식을 시작함으로써 자아정체성이 형성되는 과정에서 경험하게 되는 스트레스를 말한다. 스스로에 대한 인식은 새로운 불안을 초래하여 현실과 이상 사이의 자아에 불균형이 발생하고, 어렵게 하고 그 과정에서 스트레스를 겪게 된다.

다섯째, 신체적 성숙의 스트레스는 청소년기에 급격히 나타나는 신체발달이 인지발달이나 성격발달과 균형을 이루지 못하여 불안과 초조감을 갖게 되고, 그로 인해 경험하게 되는 스트레스이다. 청소년기는 사춘기 고유의 특성을 보인다.

이와 같은 스트레스는 청소년뿐만 아니라 아동의 경우에도 학교에서 다양한 스트레스를 경험하게 된다. 처음 학교생활을 시작하는 아동은 가장 먼저 학교환경에 대한 적응으로 인해 스트레스를 경험하게 되고, 일부 학생들의 경우 전학을 하게 되어 새로운 환경에 적응하는 과정에서 스트레스를 받기도 한다. 전학 아동은 공상, 신체적 접촉, 부정적인 언어사용, 감정적·즉흥적 행동, 심장 박동률, 질병의 발생률이 높았고 식사 습관과 잠버릇까지 변한다(Field, 1984). 예컨대, 읽기 능력의 부족 때문에 생기는 불안(Swain, 1985), 수학 문제를 해결하는 과정에서의 시간적 압박, 실수에 대한 부끄러움, 정답을 하지 못한 좌절감과 무능력감 등이 아동 스트레스의 원인으로 제시되었다(Humphrey, 1993).

학교 스트레스 연구 결과를 종합한 Sears와 Navin(1983)은 등교 불안, 불량 학생, 전학, 교사와의 갈등, 높은 성적과 상을 받기 위한 경쟁, 수업 중 여러 사람 앞에서의 발표나 보고, 학부모의 학교 성적에 관한 무관심, 학습장애, 숙제, 형제들보다 우수해야 한다는 강박관념, 친구의 놀림, 학업 성취에 대한 부모의 기대,

시험에 대한 걱정, 친구들보다 우수한 능력 발휘해야 한다는 부담 등의 다양한 요인을 보고하였다. 이러한 여러 가지 원인으로 발생하는 아동의 학교 스트레스 요인을 분석한 결과들(홍광식, 1994; Helms & Gable, 1990; Phillips, 1978: p.238)은 아동이 학교에서 경험하게 되는 스트레스 요인을 성취관련 요인·공부문제·학문적 자아개념 등 공부와 관련된 요인들과, 교사관계·친구관계 등의 대인관계 관련 요인들로 나누어 볼 수 있다(정동화, 1995).

이상과 같이 스트레스는 발달 단계에 따라 다른 특징으로 나타나기도 하고 공통된 의미로 나타난다. 특히, 학교 스트레스는 공통점이 많다. 교사들은 스트레스의 원인과 과정을 이해하고 이에 대처할 수 있어야 한다.

2) 학교 스트레스 과정

한준상(1995)은 일상생활에서 학생들이 심리적으로 압박을 받는 요인은 학교생활적응과 진로결정, 그리고 이것을 기초로 하는 정서확립의 세 가지 영역을 말하였다. 특히 학업성적의 부진, 학습흥미 상실, 학급친구들과의 관계, 교사와의 관계를 포함하고 있는 학교생활의 적응 문제가 학생들에게는 매우 큰 스트레스 요인으로 작용하고 있다. 즉 학생의 스트레스는 학교의 특성, 학교의 분위기, 교사와 친구들과의 관계, 그리고 학업 성취에 대한 압력 등에 의해 현저하게 나타나는 것으로 볼 수 있다. 예컨대, 대학입시를 철저히 강조하는 인문계 고등학교의 분위기에서 매일 시험을 치르거나 입시위주로 지도하는 선생님과 학생들과의 관계, 친구들과의 경쟁의식 등이 학교 스트레스의 시발점이 되는 것이다. 만약 이러한 상황에서 학교생활에 적응하지 못한다면 학생은 진로 결정을 포기하거나 자기정체감 상실 상태에 빠지게 된다. 오늘날 단순히 학생문제 또는 청소년 문제 등으로 인식되고 있는 문제들은 학교 내에서 학교환경에 대한 구체적인 적응 문제와, 학교생활의 적응이 심리적 스트레스와 정신건강 차원으로 확산될 수 있음을 고려해야 할 것이다.

이와 같은 내용을 이해하는데 있어 임규혁(1986)은 학교생활을 중심으로 한 학생의 정의적 행동 발달에 대한 이론을 토대로 정신건강의 개념을 모형화 하였다. 이를 제시하면 [그림 10-1]과 같다.

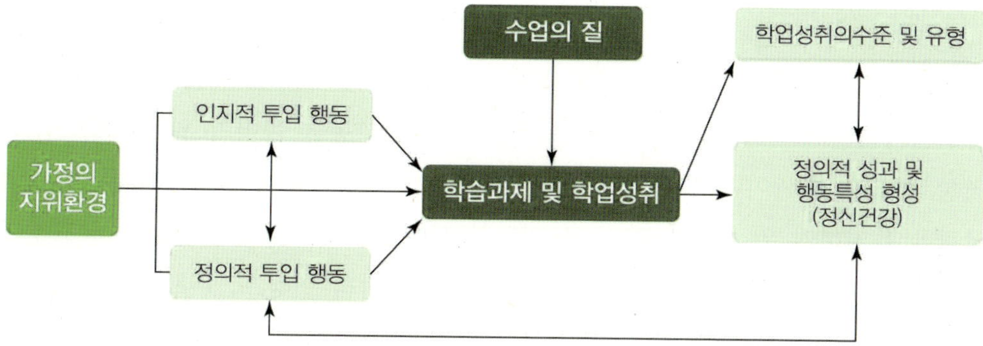

[그림 10–1] 가정·학업 성취·정신건강의 관계 모형

위의 모형을 살펴보면, 가장 핵심적인 요인 학업 성취 압력과 학업 스트레스이고, 이와 같은 현상을 반복적·누적적으로 할 경우 학생은 정신이 건강하지 못한 상태가 될 수 있다고 지적하였다.

3) 학교 스트레스의 대처–1

일반적 의미로서의 스트레스 대처(coping)란 일상적으로 직면하는 생활의 문제들로 인하여 개인의 균형이 깨어질 때, 불균형한 상태를 회복시키고 다시 일상에 적응하는 과정을 의미한다(Selye, 1982). Lazarus(1966)는 스트레스 대처 방식과 적응에 대하여 우선, 스트레스는 환경적인 압력이 개인의 적응 범위를 넘어서는 상태라고 보았으며, 스트레스 대처 방식을 단기적인 대처 방식과 장기적인 대처 방식으로 분류하였다. 그에 따르면, 스트레스란 고정된 것이 아니라 시간과 장소에 따라 유동적인 것이라고 간주하였다. 그러나 부단히 변화하는 상황에 대처하기 위하여 상황과 자기역량을 비교하여 대처 방식을 선정하는 평가 과정이 수반되어야 하므로 인지과정으로 이해될 수 있다. 대처 방식의 중요부분이 인지과정이라면 스트레스 대처 방식은 의도적인 노력으로 보아야 할 것이다. 따라서 일상생활 속에서 습관적으로 나타나는 적응 과정을 스트레스 대처라고 단정 지을 수는 없을 것이다. 그러면 여기서 스트레스 대처 방식을 좀 더 구체적으로 이해하기 위하여 방어적 대처와 문제 중심 대처로 구분하고 스트레스의 부정적 영향을 완충시켜 주는 사회적 지지(social support)를 살펴보기로 하자.

(1) 방어적 대처

방어적 대처는 상황 자체를 변화시키기 보다는 스트레스로 인한 정서적 고통을 감소시키려는 노력을 의미한다. 이를테면, 마음의 고통을 줄이기 위한 운동, 음주, 명상, 분노의 발산이나 정서적 지지를 구하려는 행동을 하게 된다. 인간은 희망과 낙관을 유지하기 위해, 사건의 실제 의미를 부인하기 위해, 발생한 일의 중요성을 낮게 인식하기 위해 정서 중심적 대처를 한다(김정희·이장호, 1985).

하지만 이러한 과정은 의식적이기보다는 무의식적인 경우가 많다 이러한 무의식적인 대처 과정에서 인간은 방어기재를 사용하여 심리적인 안정을 찾으려 한다. 방어기제(defence mechanism)란 Gestalt학파에서 처음 사용하였다(<표 10-1> 참조). 즉 부적응 상태나 스트레스를 받는 상황에서 스스로를 보호하기 위하여 사용되는 기제이다. 이는 불안으로부터 벗어나기 위해 사용되었다.

〈표 10-1〉 방어기재의 종류와 내용

방어기재	내 용
보상 (compensation)	자신의 열등감과 무력감을 극복하기 위하여 다른 행동과 태도를 선택하는 것을 말한다.
합리화 (rationalization)	스스로 용납할 수 없는 자신의 행동에 적당한 이유를 제시하여 불안을 극복하고 사회적으로 인정 받으려는 것을 말한다.
투사 (projection)	자신의 결점이나 무능력의 원인을 타인에게 전가하거나 타인 역시 그러한 결점이 있다고 생각하여 자신의 열등감을 극복하려는 것을 말한다.
승화 (sublimation)	사회적으로 가치 있는 일을 성취하려고 노력함으로써, 자신이 억압당하고 있는 욕구를 만족시키는 것을 말한다.
동일시 (identification)	다른 사람의 행동 특성이나 심리 특성을 자신의 특성처럼 받아들여, 스스로가 겪고 있는 불안과 좌절을 극복하려는 것을 말한다.
반동형성 (reaction formation)	사회적으로 용납될 수 없는 또는 수치스러운 욕구가 외부로 나타나지 않도록 욕구와 반대되는 행동과 태도를 보이는 것을 말한다.
치환 (displacement)	특정 대상에 대한 태도, 욕구, 충동 등을 다른 대상으로 옮기는 것을 말한다. 공격적인 대치와 애정적인 대치의 양상으로 나타난다.
퇴행 (regression)	만족이 주어졌던 발달 초기의 수준으로 돌아가 미숙한 반응을 나타내어 불안이나 위협을 극복하려는 것을 의미한다.

(2) 문제 중심적 대처

문제 중심적 대처는 스트레스를 일으키는 상황을 평가하고 변화시키기 위한 노력을 뜻한다. 다시 말해서 문제를 규정하고, 해결책을 모색하며, 적절한 대안을 선택하여 행동하는 것이다. 이러한 스트레스 대처방안은 환경의 압력·장애물·자원·절차 등을 바꾸는 환경 지향적 전략과 열망 수준의 변화·대안적인 만족 구하기·새로운 행동기준의 개발·대인관계 기술과 같은 새로운 기술의 습득 등 내부지향적인 전략을 포함한다. 문제 중심적 대처는 비교적 상황 특수적 성향을 띄고 있어서 스트레스 요인과 유형에 따라 대처 전략이나 방식이 다르게 표출된다. 스트레스에 효과적으로 대처하기 위하여 다음과 같은 사항을 고려해야 한다.

첫째, 평소에 대처능력을 향상시키는 예방적인 준비가 필요하다. 이를테면, 적응력을 개발하고 증진하는 노력이 필요하고, 성장 지향적인 생활방식으로의 변화, 자존감의 향상이나 능력계발, 원만한 인간관계를 위한 기술 등을 갖추고 있어야 한다.

둘째, 특정한 스트레스 상황에 적절하게 대처하는 방법을 익히는 것이다. 무한하게 전개되는 특정상황에 따른 대처 방식을 완벽하게 배울 수는 없기 때문이다(원호택, 1991).

셋째, 스트레스와 직접 관련이 되는 도전이나 위협을 다루려고 노력하는 방법을 시도해야 한다. 이를 위해 사회 공학적 대처방법, 심리 공학적 대처방법, 명상법, 근육 이완법, 바이오 피드백, 신체활동을 통한 스트레스 해소법 등을 이용할 수 있다.

뿐만 아니라 스트레스에 의한 대처방법을 다양한 기준에 의거 구분할 수 있지만 사람들은 보통 어느 한 가지 전략을 집중적으로 사용하지는 않는다. 대부분의 사람들은 방어적 대처와 문제 중심적 대처를 절충으로 사용한다(Lazarus & Folkman, 1980).

(3) 사회적 지지

학생들은 스트레스 상황에서 자신을 도와줄 지원자를 찾고자 한다. 이때 학생에게 정서적·물질적 지원을 할 수 있는 사람이 있다면 학생들에게 미칠 수 있는 스트레스의 부정적 영향을 감소시킬 수 있을 것이다. 이처럼 사회적 지지는 개인이 대인관계에서 얻을 수 있는 긍정적 자원으로 보아야 한다(Cohen & Wills, 1985). 스트레스 상황에서 사회적 지지의 긍정적인 효과는 완충가설과 주 효과 모델에 따른다. 주 효과 모델에 따르면, 개인의 사회관계망이 광범위하면 개인은 일상생활에서의 긍정적 경험이 누적될 뿐만 아니라, 공동체 내에서 안정되고, 사회적으로 대우받는 역할체제를 제공하기 때문에 개인의 심리적인 안정에 도움이 된다고 하였다. 그리고 완충가설은 사회적 지지가 개인의 심리적인 안정에 도움이 된다고 하였다. 그리고 완충가설은 사회적 지지가 스트레스 조건에 의해 생겨난 영향을 완화시키는 역할을 한다는 가설이다(Cohen & Wills, 1985). Cohen과 Wills(1985)가 제시한 [그림 10-2]의 모형을 통해 완충가설에 대하여 구체적으로 살펴본다.

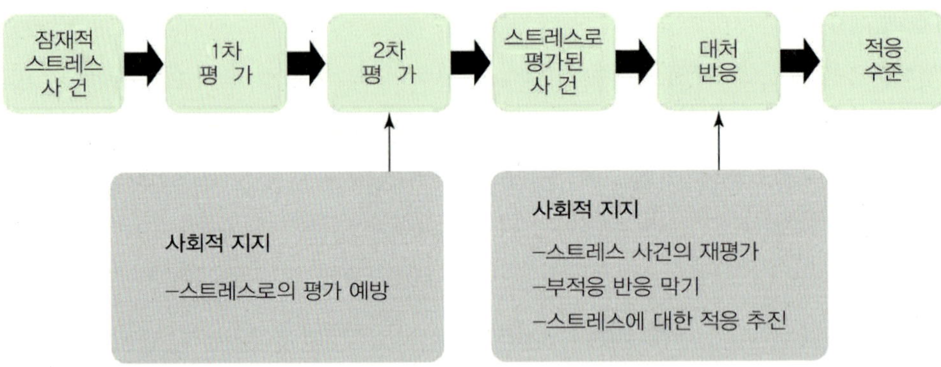

출처: Cohen & Wills(1985).

[그림 10-2] 사회적 지지의 스트레스 완충 모델

[그림 10-2]의 모형에서, 잠정적 스트레스 사건이 평가되는 단계에서 사회적 지지가 작용하여 스트레스 평가를 예방할 수 있으며, 일단 스트레스로 평가되어 부적응으로 연결되는 중간의 대처과정에서 스트레스를 재평가하거나, 부적응의 억

제 또는 적응적인 대처 행동의 추진을 통하여 그 영향을 완화시킬 수 있다. 이때 학생들에게 정서적·물질적 지원을 할 수 있는 사람은 누구이겠는가?

학생들을 일차적으로 지원할 사람은 부모를 포함한 가족구성원, 친구 및 교사일 것이다(Dubow & Tisak, 1989). 특히 교사의 지지는 학생들에게 가장 의미 있는 영향을 미친다고 볼 수 있다(Wener & Smith, 1982). 그리고 사회적 지지의 내용은 정서지지, 정보지지, 물질적지지, 존경지지 등이 있다. 이상에서와 같이 스트레스 대처 방안들의 효과적인 활용과 학교 스트레스에 대한 가족, 친구 및 교사 등으로부터 제공되는 사회적 지지에 의하여 학생들은 학교 스트레스를 완화시키거나 현명하게 대처할 수 있을 것이다.

4) 학교 스트레스 대처-2

앞서 학교생활 간 학생들의 스트레스 대처 방식을 살펴보았다. 여기서는 학교 스트레스의 또 다른 대처법을 소개하고자 한다. 학생들이 여러 가지 스트레스에 효과적으로 대처하기 위한 방법은 다음의 두 가지로 생각해 볼 수 있다(원호택, 1991). 첫째, 스트레스에 대한 학생들의 대처 능력을 향상시키는 것이다. 이는 예방적 차원으로서 학생들의 적응 능력을 개발·증진시켜 성장 지향적인 생활 방식으로 변화시키는 방법이다. 그리하여 학교 내에서 발생하는 문제들은 현명하게 처리할 수 있도록 해야 한다. 둘째, 학교 스트레스에 대처하는 방법을 익히는 것이다. 학교생활 중에 부딪히는 특정한 스트레스에 대처하는 방법을 한마디로 명제화할 수는 없지만 기본 방향을 생각해 볼 수 있다.

(1) 근원인식

자신이 스트레스에 대하여 잘 알고 있을 때, 이를 더 효과적으로 다루어 갈 수 있다. 물론, 교사나 동료 등과 커뮤니케이션이나 상담을 통해서 스트레스는 해결할 수도 있으나, 주체는 학생들 자신이기 때문에 자신의 근본적인 인식이 없이는 효과적인 해결이 제한될 수밖에 없다. 따라서 스트레스에 관한 항목 표를 작성해 보는 것이 자신의 스트레스를 이해하는 데 아주 좋은 경험이 된다. 예컨대, 다음과 같은 질문을 스스로 던져보고 생각해보는 것이다(신응균 외, 2000).

- 내가 지금 무슨 일을 하고 있는가?
- 무슨 갈등을 경험하고 있는가?
- 압력은?
- 좌절은?
- 변화는?
- 나를 죄책감에 빠지게 하는 것이 무엇인가?
- 부끄럽게 하는 것은?
- 두렵게 하는 것은?
- 우울하게 하는 것은?

이러한 질문에 답하면서 자기 자신이 느끼는 스트레스를 확실히 정리하고 항목화하여 알아보는 것이다. 항목 표를 작성하는 것은 중요한데, 이는 우리가 경험하고 있는 스트레스의 유형을 알지 못하고서는 스트레스를 다루어 가는 효과적인 전략을 개발할 수 없음이다. 항목 표를 작성할 때 자신의 스트레스를 근원과 이유에 따라 조직하는 것도 도움이 된다.

- 그것이 학습에 관계된 것인가 혹은 대인관계에 의한 것인가?
- 외부의 압력이나 요구에서 온 것인가 혹은 개인적 기대와 같은 내부에서 온 것인가?
- 왜 이 상황이 나를 혼란시키는가?
- 나를 불안하게 하거나, 죄책감이 들게 하거나, 화나게 하는 것이 무엇인가?

이와 같은 질문에 스스로 응답함으로써 자신의 스트레스 뒤에 무엇이 있는가를 분명하게 파악할 수 있을 것이며, 이를 통해 해결의 실마리를 발견할 수 있다.

(2) 관점 변화

기본적으로 스트레스를 어떤 관점에서 바라보는가에 따라 긴장감을 완화하여 적응에 도움을 얻을 수 있다. 도움이 되는 몇 가지 관점을 정리하면 다음과 같다.

첫째, 스트레스를 인생의 일부로 받아들인다. 스트레스는 회피할 수 없는 인생의 한 부분이다. 그것은 자연스럽고, 불가피하며, 우리 모두가 예상하고 있는 것이다. 우리의 생활은 불가피하게 요구와 압력이 존재하고 있음을 인식해야 한다. 우리는 현실을 수용해야 한다. 우리가 인생에서 현실을 수용한다는 것은 당황하거나 화내거나 격분하지 않고 현실적으로 존재하는 것들을 인식한다는 의미이다.

우리는 높은 표준을 가지고 발전하려는 노력을 하면서도 자기수용을 할 수 있다. 더 나아지려는 노력을 하면서도, 현재의 자기 자신을 받아들일 수 있다. 특히 학생은 자아성찰과 지속적인 노력, 그리고 현실인식이라는 자기수용을 갖추어 가는 시기이므로 더욱 중요하다.

둘째, 불평보다는 문제 해결적인 태도를 택하는 것이다. 일단 스트레스를 자연적인 생활의 한 부분으로 인정한다면 스트레스에 대한 문제 해결적 태도를 가질 수 있게 된다. 스트레스 상황에 대해 문제 해결적 접근을 택하게 되면, 그 문제에 관해 단순히 생각하는 것에서 무엇인가 해보는 방향으로 바뀌게 된다. 일반적으로 사람들은 어떤 어려움을 다루어 가는 시도를 하기보다는 걱정하고 안달함으로써 스트레스를 더욱 증가시킨다. 학생들은 경험과 기초 지식이 아직은 덜 축적되어 있는 관계로 자신보다 연장자인 교사와 상의해 보는 것도 좋다.

셋째, 성장을 위한 기회로 스트레스를 대하는 것이다. 우리는 스트레스를 나쁜 것으로만 생각하기 쉽다. 그러나 스트레스도 선용될 수 있다. 그러므로 스트레스를 다루어 가는 한 가지 방법은 스트레스 상황을 성장을 위한 기회로 이용하는 것이다.

이상에서 살펴본 학교 스트레스 대처 방안들을 적절히 이용한다면, 학교 내에서 교사와 학생간의 적절한 상담은 사회적 지지를 제공할 수 있는 좋은 기회가 되며 동시에 학교 스트레스에 효과적으로 대처하는 방법이 될 수 있다.

연구과제

1 정신건강에 대한 개념을 설명하시오.

2 정신건강과 관련된 학교교육의 요인들과 그 영향에 대해 설명하시오.

3 다음에 제시된 용어를 설명하고 적절한 예를 들어보시오.

· 보상(compensation)

· 합리화(rationalization)

· 투사(projection)

· 동일시(identification)

· 승화(sublimation)

· 반동형성(reaction formation)

· 치환(displacement)

4 Maslow(1954)가 제시한 건강한 인간의 성격 특성을 일곱 가지만 설명하시오.

5 학교 스트레스에 대한 대처에서 근원 인식과 관점 변화에 대하여 설명하시오.

CHAPTER 11

생활지도와 상담

:: 학습 개요 ::

교육의 실천에 해당하는 학습지도와 함께 중요한 위치를 점하고 있는 하나는 생활지도와 상담이다. 즉 생활지도와 상담은 학습지도와 더불어 인간의 전인적 인간 양성을 위해서 필수적으로 이루어져야 하는 과업이다. 현대사회의 교육의 문제는 물질문명의 발달로 인한 비인간화에 있으므로 학습지도 못지않게 인간 교육의 필요성이 요구된다.

비인간화에 의해 병든 시대의 병든 인간을 치유하는 길은 무엇인가? 현대인의 정신적 병을 고치며 인간의 본래의 모습으로 회복하는 길은 인간과 인간의 올바른 관계형성, 즉 만남을 통하여 회복될 수 있다.

이런 점에서 생활지도와 상담은 만남이라는 매개를 통해 인간과 인간, 교사와 학생, 학생과 학생의 관계를 원활하게 해줄 뿐만 아니라 학습과의 관계에서도 많은 영향을 미친다.

이 장에서는 생활지도와 상담에 대한 전반적인 개념 및 이론에 대하여 살펴보고자 한다.

:: 학습 목표 ::

1. 상담과 심리치료를 비교·설명할 수 있다.
2. 상담이론의 중 인간 중심 상담 기법을 적용할 수 있다.
3. 생활지도의 영역 및 역할에 대하여 설명할 수 있다.

1 생활지도

1.1 생활지도의 정의

생활지도라는 말은 영어의 guidance에서 유래되었으며 개념상으로 안내, 교도, 지도, 혹은 향도 등의 뜻을 가진 교육 용어의 하나이다. 대영백과사전에서는 어떤 개인이 자신의 교육적·직업적·심리적 잠재 가능성을 발견하고 발달시킴으로써 개인적 행복과 사회적 유용성을 적정 수준에 도달할 수 있도록 도와주는 과정으로 정의하고 있다. 또 우리나라의 교육학 사전에서는 학생의 건전한 성장과 발달을 촉진하기 위하여 생활과정에서 나타나는 현실적 문제를 개인의 특성에 맞게 지도하는 일로 정의하면서 개인생활과 사회생활에서 만족, 행복·효능성을 증진하고 개인의 자아실현을 도모한다고 하였다.

박성수(1986)는 생활지도란 인간 개개인의 인지적·정의적·신체적 특성과 잠재 가능성을 올바르게 이해하고 발달시켜서 개인이 교육적·직업적·사회적·심리적 발달을 가능한 최고 수준까지 도달할 수 있도록 원조하는, 즉 자아실현을 원조하는 봉사활동이라고 하였다. 따라서 생활지도는 이런 봉사활동에 관한 학문적 이론과 실증적 연구의 총체로서 봉사활동의 과정과 절차를 모두 가리키며, 또한 목적을 달성하기 위해 제공하는 모든 교육적 경험을 포함한다. Shertzer와 Stone (1974)은 생활지도란 개인들이 자기 자신과 자신의 세계를 이해할 수 있도록 도와주는 과정이라고 하였다.

이상의 견해를 종합해 볼 때, 생활지도는 학생 자신의 노력으로 자신의 행복과 사회적 유능성을 발견하고, 또 그 가능성을 발달시켜 계속 건전하게 성장할 수 있도록 도와주는 기술적이고 체계적인 과정이라고 말할 수 있다. 이와 같은 생활지도의 의미 속에는 다음을 포함한다. 첫째, 인간 발달의 전체 과정에서 개인이 직면한 모든 삶의 문제를 대상으로 한다. 둘째, 개인의 전인적 발달과 함께 사회적 존재로서 개인의 자아실현을 도모한다. 셋째, 권위적이거나 전체적 지도 방식에 의존하는 것이 아니라 인간을 위한 봉사활동이다. 넷째, 학문의 체계이며 실천적 과정인 동시에 실천의 구체적인 내용을 의미한다(박성수, 1986).

1.2 생활지도의 필요성

현대 사회는 매우 빠른 속도로 변화하고 있다. 물론 경제적인 풍요와 더불어 가치관도 변화하고 있다. 오늘날 청소년들에게서 우리 고유의 도덕이나 사회규범을 찾아보기가 어려울 정도이다. 이러한 사회적 규범과 도덕성의 상실은 학교도 예외는 아니다. 그러다 보니 과거 어느 때보다도 생활지도의 필요를 절감하고 있다. 그것은 학생의 행동 문제가 있을 때마다 항상 생활지도가 운위되고 있는 것을 보면 알 수 있다. 하지만 생활지도의 의미를 무엇에서 찾으려 하는가에 따라 필요성 또한 달라질 수 있다(<표 11-1> 참조).

〈표 11-1〉 **생활지도의 필요성**

구분	필요성
교육 이념상	• 교육은 전인적 발달을 기대한다. –아동의 건전한 발달과 전인적 성장 강조 –교육을 사회화 혹은 자아실현의 가치추구로 인식 • 교육은 학생들의 생활적응이나 문제 해결에 기여할 수 있어야 한다. –학생들의 실생활 적응과 적응된 행동양식에 대한 노력 추구 –인간학적인 지식 요구
사회적 측면	• 인간 자원의 개발과 적절한 활용을 위한 요구이다. –학교는 사회발전의 원동력인 무한한 지식 자원의 보고임 –사회적 요구에 부응한 인적자원 양성 • 변화하는 사회에 적응할 수 있는 인간의 양성문제이다. –현실적이고 풍부한 경험 축적 –올바른 가치관 및 태도 함양 • 청소년들이 일으키는 사회 문제에 대한 요구이다. –탈선, 반사회적 문제, 반인륜적 문제에 관한 사회적 요구 해결 –학생 인구의 급증과 교육의 확대로 야기되는 각종 문제 해결에 필요 –교육의 지나친 학력화로 인플레이션 현상 가속화
개인적 측면	• 개인의 특성이나 요구의 발견을 통한 지도자로서의 생활지도가 필요하다. –개인의 특성이나 요구를 과학적이고 합리적인 방법을 통해 신장 및 발달 • 학생 개개인의 건전한 성격 형성을 도와주어야 한다. • 자아발견과 자아실현 도와주어야 한다. • 학생들의 인간적 권리의 향유를 위하여 필요하다. –인간적 독립된 개체로서의 인격과 권리를 존중

이와 같이 생활지도는 교육 이념상, 사회적인 측면, 개인적인 측면에서 필요성이 대두되고 있는바 그 중요성이 높아지고 있다.

1.3 생활지도의 목표

앞서 언급했듯이, 생활지도의 목표는 학생으로 하여금 자신의 능력과 흥미를 파악하여 개인적인 발전을 도모하는데 있다. 생활지도는 사회에서 원만하고 가치 있는 삶을 영위하고 더 나아가 민주사회의 바람직한 구성원으로 사회복지를 위해 기여할 수 있도록 하는데 있다. 생활지도의 목표는 크게 두 가지로 구분되는데, 하나는 학생과 직접 관련된 목표이고, 다른 하나는 학교 및 교사와 관련된 목표이다.

1) 학생과 직접 관련된 목표

학생과 직접 관련된 목표는 다음과 같다.

① 학생들이 자기 자신에 대한 이해를 통하여 자율적이고 자주적인 생활습관을 갖도록 하며 사회에 최대한 공헌하도록 하는 것이다.

② 학생들이 직면하는 자신의 문제 상태를 정확하게 파악하고 해결할 수 있도록 하는 것이다.

③ 학생들이 문제 상태에 직면할 경우 현명한 선택과 상황에 적응할 수 있도록 해야 한다.

④ 학생들이 가능한 한 자신의 노력으로 그들의 타고난 다양한 자질을 발견하여 개발할 수 있도록 해야 한다.

⑤ 학생들이 신체적·지적·정서적·사회적 모든 면에서 안정되고 조화로운 삶을 누릴 수 있도록 해야 한다.

2) 학교·교사와 관련된 목표

학교·교사와 관련된 목표는 다음과 같다.

① 교사들은 학생들을 보다 명확하게 이해할 수 있어야 한다.
② 교사들은 학생의 행동을 분석하고 이해하는 과정을 통해 학생에 대한 긍정적인 태도를 가질 수 있어야 한다.
③ 교사 자신이 취급하기 곤란한 문제를 가진 학생을 발견하면 그 학생을 전문적인 상담자에게 위탁할 수 있다.
④ 학교 행정가들이 생활지도를 통하여 학생의 요구를 반영할 수 있어야 한다.
⑤ 생활지도는 교사교육연구와 학교 자체의 연구 활동에도 많은 도움을 주어야 한다.

1.4 생활지도의 원리

생활지도는 모든 학생을 대상으로 실시하고 있다. 생활지도에서 교사가 고려해야 할 일반적인 원리는 다음과 같다.

첫째, 생활지도는 정상적인 모든 학생들을 대상으로 하는 활동이다. 이는 극히 일부의 문제를 일으키는 학생의 선도나 부적응 행동이나 이상 행동을 나타내는 학생들의 치료적 지도가 아니라 정상적이고 건전한 모든 학생을 대상으로 하는 적극적인 교육 활동이다.

둘째, 생활지도는 학생의 자율적·자발적 행동을 돕는데 있다. 학생들이 당면한 문제를 교사가 대신 해결하는 것이 아니라, 학생 스스로가 해결할 수 있도록 기회를 마련해 준다. 즉 학생의 자율적 행동에 가치를 두며 스스로의 행동에 대한 책임이 수반되는 자기지도(self-guidance)를 할 수 있게 도와준다.

셋째, 생활지도의 기본성격은 처벌이 아닌 지도노력이라는 점이다. 과거의 지도는 흔히 훈육(discipline)이라는 활동으로 특징 지워지는 것으로 바람직하지 않은 행동에 대하여, 권위에 의하여, 행동으로 나타난 결과에 대한 조치로, 기존의 질서에의 동화를 기하기 위하여, 때로는 벌을 사용함으로써 지도하였으나 이와는 구별되는 특징이 있다. 생활지도는 개개인의 인격이 존중되며 그의 특성에 관심이 주어지며 도와준다는 교육적이고 인간적인 지도노력인 것이다.

넷째, 생활지도는 예방을 목적으로 한다. 생활지도는 학생들의 일상생활에서 발생할 수 있는 교육적, 사회적, 정서적 문제가 야기되기 전에 예방 활동에 치중하는 것이다. 이를테면, 심리적 문제를 제거하거나 교정하는 일도 중요하지만 성장하는 세대의 바람직한 발달을 돕는 것은 더욱 중요한 일인 것이다. 따라서 생활지도는 당면 문제의 해결보다는 예방의 기능이 강조되고 있다.

다섯째, 생활지도는 심리학적이고 과학적인 근거로 편견이 없는 정확하고 객관적인 절차에 의해 이루어져야 한다. 생활지도 활동은 복잡한 학생들의 행동 문제와 관계 된 것이다. 학생들을 이해하기 위하여 다양한 검사를 실시하기도 하고 심층적인 자료를 수집하기도 한다. 여러 가지 도구와 방법, 객관적인 분석을 통한 계획적 노력에 의해 그 지도효과를 기대할 수 있는 것이다.

1.5 생활지도의 영역 및 활동

생활지도의 관심 영역에는 일반적으로 그 기능에 따라 활동 내용에 따른 분류와 활동 영역에 따른 분류로 구분 짓는다.

1) 활동 내용에 따른 분류

(1) 교육지도

일반적으로 교육지도(educational guidance)는 학생들의 학업 지도와 관련된 활동으로 신입생 지도, 학교생활 지도, 각종검사 및 교육 정보의 제공, 진학이나 장학과 관련된 지도, 또는 학습 방법 및 기술의 지도 등이 해당된다. 즉 학생이 학교생활에 보다 잘 적응하고 이를 효과적으로 지속해 가도록 하는 것을 목적으로 한 일체의 학교 내 생활을 지도하는 영역을 의미한다.

(2) 진로지도

학생들의 장래 직업과 관련된 직업준비, 진로, 직업 정보의 제공, 직업 알선 등의 활동을 말한다. 이와 같은 진로지도(vocational guidance)에는 크게 진학지도와 직업지도로 나뉜다. 진로지도는 학생 개개인의 적성, 능력, 흥미, 환경적 조건에 따라 상급학교 진학이나 직업의 선택, 계획, 적응을 돕는 활동이고, 직업지도는 상급학교에 대한 정보와 직업 세계에 대한 정보제공, 진학 및 취업을 위한 상담, 기능계발, 현장지도, 실습지도, 추수지도 등이 포함된다.

(3) 인성지도

인성지도(personality guidance)는 개인의 심리적·인성적 문제를 다루어 적응에 도움을 주는 활동이다. 학생들의 건전한 성격의 형성, 발달과 관련된 활동 등으로 고도의 전문성과 기술이 요구된다. 이를테면, 개인이 원만한 성격의 소유자로 발달하도록 지도하는 것으로 개인적 습관과 태도, 생활의 목표와 계획, 개인의 적응 문제에 관한 지도를 말한다.

(4) 건강지도

건강지도(health guidance)에는 신체적 건강과 정신적 건강의 지도가 모두 포함된다. 신체적 건강에는 신체적 장애에 대한 상담, 각종 질병의 예방 및 허약체질 개선, 건강한 신체유지를 위한 보건 및 건강교육, 사고의 예방을 위한 안전지도 및 교육이 해당된다. 정신적 건강에는 극심한 불안, 노이로제, 정신질환에 대한 이해 및 예방, 정신위생 및 정신건강 교육 등을 포함한다. 또한 신체 및 정신적 건강 모두에 관련된 흡연, 음주, 약물 복용에 대한 지도도 여기에 속한다. 즉 학생들의 신체적 혹은 정신적 건강과 관련된 일체의 지도를 말한다.

(5) 사회성지도

학생들의 사회적 관계에서 갖게 되는 제 문제들, 교우관계나 이성관계, 가족 혹은 대인관계에서 나타나는 문제들에 대한 지도가 사회성지도(social guidance)에 해당된다.

(6) 여가지도

여가지도(leisure-time guidance)는 일반적으로 학교에서 주어지는 교과활동 이

외의 일체의 개인적 혹은 집단적으로 행해지는 과외활동이며 최근에 주목을 받고 있다. 이는 단순히 쉬는 게 아니라 자기발견 및 창조를 통한 자아실현의 기회이기도 하다.

2) 활동 영역에 따른 분류

(1) 학생이해 활동

학생이해의 기초 자료를 수집하는 활동으로 학생조사활동이라고도 부른다. 생활지도가 개인지도이든 집단지도이든 간에 본래의 관심은 개인의 이상적 생활을 도우려는 것이다. 성공적이고 효과적인 생활지도를 위해서는 교사나 카운슬러는 학생 개개인에게 도움이 될 정보나 자료를 필요로 한다.

실제 학생이해 방법은 매우 다양하다. 각종 표준화 심리검사, 학업 성취도 검사, 환경조사, 교우관계, 질병검사, 행동의 관찰기록 및 기타 필요하다고 생각되는 자료수집 등이 포함된다. 생활지도의 장면에서는 하나의 방법만 사용하는 게 아니라 여러 가지 방법을 함께 활용한다. 따라서 학생이해 활동에서 유의해야 할 점은 다음과 같다.

첫째, 객관적이고 신뢰도가 높은 방법을 사용한다.

둘째, 생활지도의 목적에 일치해야 한다.

셋째, 여러 가지 가능한 방법이나 기법을 종합적으로 활용해야 한다.

넷째, 조사 결과를 기록, 정리, 보관하여 실제 지도에 활용될 수 있도록 해야 한다.

(2) 정보활동

정보활동(information services)은 학생들이 요구하는 일체의 교육적, 직업적 정보를 수집, 정리, 보관할 뿐만 아니라 그들의 요구에 부응하여 그것을 제공하고 조언하는 활동 방법을 말한다. 여기에는 교육정보, 직업정보, 개인 및 사회정보가 있다.

① 교육에 관한 정보

- 상급학교 진학에 관한 정보

- 장학금 지급에 관한 정보
- 학습 방법 및 전략에 관한 정보
- 학교생활에 관한 정보
- 도서관 이용에 관한 정보

② 직업에 관한 정보

- 직업 적성에 관한 정보
- 직업 전망에 관한 정보
- 직업의 분류 혹은 직업의 종류에 관한 정보

③ 개인 및 사회적응에 관한 정보

- 자기이해에 관한 정보
- 성(性)에 관한 정보
- 가족관계에 관한 정보
- 대인관계에 관한 정보

(3) 상담활동

상담활동(counseling services)은 학생들이 당면한 개인적 문제를 상담 과정을 통하여 스스로 해결할 수 있도록 지도하는 방법이다. 오늘날 상담활동은 직업지도, 개인 및 사회지도, 직업지도 등으로 확대되어 가고 있으며 상담활동이 생활지도에 차지하는 비중이 커지고 있다.

(4) 정치활동

정치활동(placement services)은 학생들의 교육적·직업적·사회적 배치와 관련된 활동을 말한다. 이를테면, 진학, 학급편성, 학급배치와 같은 교육적 정치(educational placement)나 직업 선정 및 알선, 취업과 같은 직업적 정치(vocational placement)가 이 영역에 속한다.

이와 같은 정치활동은 개인과 사회의 요구에 따라 이루어지기 때문에 각종 조사활동, 정보활동에서 얻은 자료를 근거로 해야만 합리적인 정치활동을 기대할 수 있다.

(5) 추수활동

교육적 측면에서 재학생, 졸업생, 그리고 중도탈락자나 포기자들을 대상으로 시행한 생활지도 활동의 효과에 대한 정보 수집 및 계속 지도활동을 말하며, 과거의 지도 받은 결과에 대한 평가노력도 요구되는 것이다. 다시 말해서 추수활동(follow-up services)이란 일정기간 생활지도를 받았던 학생들이 진학하거나 또는 졸업한 후 건전하게 사회적 적응을 하고 있는가를 지속적으로 확인해 보고 지도·평가하는 활동이다. 또한 추수활동은 학생들의 계속적인 발전에 관심을 가진 상담자가 학교에서 생활지도의 효과성을 알아보기 위해 실시되기도 한다.

2 상 담

2.1 상담의 정의

상담(counseling)이라는 용어는 라틴어의 consulere라는 말에서 그 어원을 찾을 수 있다. 이 말은 본래 '고려하다(to consider)', '반성하다(to reflect)', '숙고하다(to deliberate)', '조언을 구하다(to ask counsel of)' 등의 뜻을 지니고 있다. 이것이 고대 프랑스어로는 couseil 또는 conseil로 사용되었고, 현재 우리가 사용하고 있는 뜻으로 쓰여 지기 시작한 것은 Willamson이 1939년에 출판한 'How to Counsel Student(학생 상담법)'란 책에서 카운슬링을 인격적 작업(personal work)의 한 단계로 지칭한 때부터라고 한다(박아청, 2001).

Patterson은 상담이란 단순한 정보의 제공, 충고 제안 및 권장, 설득 유도 및 권고, 훈육, 일이나 활동의 선택 및 할당, 그리고 직접적인 대화나 면담은 상담이 아니고, 내담자(client)가 전문적 훈련을 받은 사람인 상담자(counselor)와의 대면 관계에서 생활과제의 해결과 사고, 행동 및 감정 측면의 인간적 성장을 위해 노력하는 학습과정이라고 하였다(patterson, 1971).

Rogers는 상담은 개인적 자율성과 통합성을 직접 목표로 하고 있다. 따라서 문제를 해결하는 것이 목적이 아니고, 개인을 건전하게 성장하도록 도와주고 현재의 문제나 장래의 문제에 대해서 통합된 방법으로 적응할 수 있도록 하여 주는 것이 목적이다(한승호 역, 1979).

이러한 상담의 정의에서 보듯이 상담은 생활지도의 핵심이면서도 그것과 꼭 일치하지 않고 독자적인 영역을 확보해 왔다. 또한 상담과 비슷한 개념으로 심리치료(psycho therapy)가 있다. 이는 보다 심각한 심리적 장애를 겪는 사람을 치료적 관점에서 도움을 주는 것을 말한다. 이들을 구분하기 위해 생활지도, 상담 및 심리치료의 관계를 그림으로 제시하면 [그림 11-1]과 같으며, 상담과 심리치료의 차이점을 비교한 결과는 <표 11-2>와 같다.

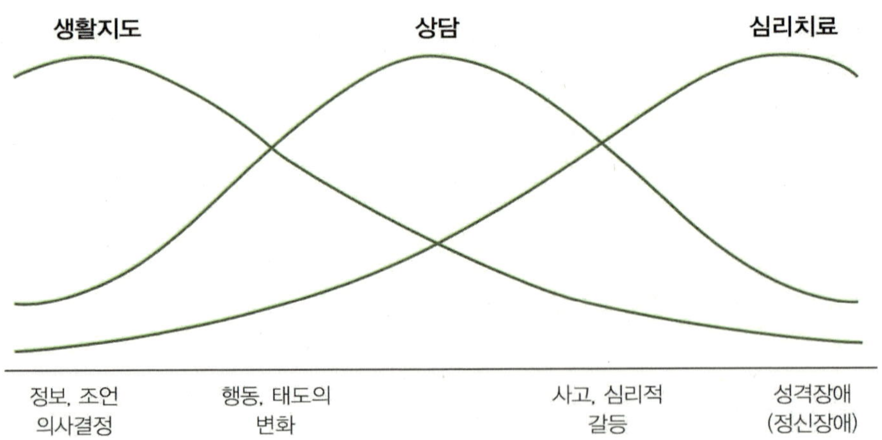

[그림 11-1] 생활지도, 상담 및 심리치료의 관계

〈표 11-2〉 상담과 심리치료의 비교

구분	상담	심리치료
대상	정상적인 학생, 내담자	개인 환자, 내부적 갈등
장소	학교, 지역사회, 봉사기관, 상담기관	환자, 가정, 병원, 진료기관
형태	교육적, 상황적 문제 해결, 의식 내용의 자각에 주력	재구성적·심층 분석적 문제 해결, 무의식적 동기의 자각(통찰)에 역점
문제의식	당면한 문제의 선택, 결정, 해결, 적응 문제	신경증 같은 정서적인 장애나 심각한 이상 행동에 관여하여 인성의 변화 촉진
방법	일시적인 욕구불만이나 갈등의 해결, 면접 중 조언	성격장애자의 치료와 교정
자료	현재적, 의식 자료	과거의 역사적 사실과 무의식적 자료
시간	단시간 소요 1~20회	장시간 소요 20~100회
전문가	카운슬러, 상담심리전문가	정신과 의사, 임상심리전문가
기타 비용	무료 혹은 유료	유료

2.2 상담의 목표

상담의 궁극적인 목표는 문제 해결에 있다. 교사가 학생의 문제를 해결하는 데 흔히 사용하는 방법이 상담이다. 문제를 가진 학생과 이를 해결하려는 상담자 사이에서 이루어지는 상호적인 관계로 내담자의 심리적인 문제를 제거하여 성장과 발달을 도와주는 조력적인 과정이다. 상담자와 내담자는 서로 믿고 신뢰하는 감정의 교류가 바탕이 되어야 하는데, 이를 래포(rapport)라고 한다.

Tyler(1969)는 상담의 목표를 개인의 장래 발달에 영향을 미치는 현명한 선택을 촉진하는데 있다고 하였으며, Arbuckle(1975)는 상담의 목표를 ①내담자의 문제를 해결해 주는 것 ②내담자를 행복하고 만족하게 해주는 것 ③내담자와 더불어 사회를 행복하고 만족하게 해주는 것 ④내담자로 하여금 어떤 결정을 포기하고 소위 바른 선택을 하도록 설득하는 것이라고 제시한다. 그리고 상담의 목표는 자기결정, 자기수용, 자기이해, 정직성, 내담자의 요구에 기초를 두어야 한다고 강조했다.

Goorger와 Chitiani(1981)도 상담목표를 ①행동 변화의 촉진 ②관계 수립과 능력 개선 ③내담자의 효율성 고양과 능력 향상 ④의사결정 과정의 증진 ⑤내담자의 잠재력 계발의 촉진 등으로 제시하고 있다. 또 상담의 궁극적인 목표는 학생 혹은 카운슬러로 하여금 자기 자신과 자신의 문제를 이해하고, 그것을 해결할 수 있는 능력을 배양하고 최대한의 자율적 성장을 할 수 있도록 돕는데 있다(이영덕·정원식, 1979).

이상의 견해를 종합해 볼 때 상담 목표는 다음과 같이 제시할 수 있다.

첫째, 상담은 행동의 변화를 가져온다. 가정과 학교, 사회생활 하는 가운데 내담자로 하여금 보다 생산적이고 만족한 삶을 누릴 수 있는 적극적이고 긍정적인 행동의 변화를 가져오게 한다.

둘째, 상담은 문제 해결을 가져온다. 상담자를 찾아오는 학생은 무엇보다도 자신의 문제를 해결함에 있어서 상담자가 자기에게 무엇인가 도움을 줄 것이라 믿기 때문에 상담이란 내담자의 문제 해결을 목표로 해야 한다.

셋째, 상담은 내담자의 잠재력 촉진과 개인의 효율성 증진을 도와야 한다. 상담은 내담자의 사고, 행동, 결정, 잠재력을 효율적으로 증진하는 데 목표를 두어야 한다.

넷째, 상담은 의사결정의 기초가 되어야 한다. 상담이란 개인에게 정보를 얻도록 도움을 주며, 의사결정에 관련되거나 방해를 받는 정서적 문제나 개인적 특징을 명료화하고 분류하도록 도움을 주는 것이다. 그래서 내담자가 스스로 자신의 문제에 의사결정을 내리도록 돕는데 목표가 있다.

다섯째, 상담은 자아정체감 확립과 긍정적 자아개념 형성을 도와야 한다. 자아정체감 확립은 청소년기의 가장 중요한 발달과업이며, 이를 성취하지 못하면 정체감 위기를 경험하여 문제 상황에 빠지게 된다. 긍정적인 자아개념을 갖게 되면 매사에 자신감을 갖고 행동할 수 있으며 삶을 보다 긍정적으로 바라보게 된다.

여섯째, 상담은 적극적인 정신건강을 증진하는데 있다. 상담은 정신질환의 원인이 되는 여러 가지 병리요소를 제거하거나 수정해야 할 문제를 제시하여 여러 가지 고민이나 부적응 행동을 정상적인 방향으로 치료해 줌으로써 적극적인 정신건강을 유지하는 데 초점을 둔다.

2.3 상담의 과정 및 기법

1) 상담의 과정

상담은 상담자와 내담자가 만나서 상담관계를 형성하고 문제 해결을 위해 노력하는 일련의 제 과정을 말한다. 이러한 상담의 과정을 효율적으로 진행하기 위하여 전략을 세웠는데, 여기서는 Rogers(1952)와 이장호(1986)의 과정을 살펴보기로 한다. 물론 상담과정의 단계는 내담자, 문제 상황, 상담목적, 상담의 특성에 따라 어떤 단계가 생략될 수 있고 순서가 다르게 진행될 수 있다.

(1) Rogers의 상담과정

- 1단계: 내담자가 도움을 받으러 온 것을 분명히 하기
- 2단계: 상담 상황을 정의하기
- 3단계: 내담자가 문제에 대한 감정을 자유롭게 표현하도록 격려하기
- 4단계: 내담자의 부정적 감정을 받아들이고 인정하고 정리하기
- 5단계: 성격 성장에 도움이 되는 긍정적 감정과 행동을 나타내도록 하기
- 6단계: 이러한 긍정적 감정을 인정하고 받아들이기
- 7단계: 부정적·긍정적 감정을 경험하고 자기이해, 자기수용의 통찰을 나타내도록 하기, 내담자는 감정으로 가려졌던 현실을 볼 수 있고 수용하게 된다.
- 8단계: 통찰에 의한 의사결정을 현명하게 할 수 있도록 안내하기
- 9단계: 내담자가 긍정적인 행동을 하게 하기
- 10단계: 보다 깊은 통찰과 성장에 의해 행동을 발전하도록 도와주기
- 11단계: 더욱 통찰된 긍정적인 행동을 많이 하도록 하기
- 12단계: 내담자가 상담자의 도움이 덜 필요하다는 것을 느끼고 상담을 종결할 생각을 하도록 유도하기

(2) 이장호의 상담과정

- 1단계: 문제의 제시 및 상담의 필요성에 대한 인식, 명확한 문제를 파악하고

기대와 감정 등을 명료화하기

- 2단계: 촉진적 관계 형성, 내담자가 상담자를 신뢰할 수 있는 촉진적 관계를 형성하기 위하여 상담자는 공감적 이해, 성실한 자세, 수용적 존중 및 적극적 경청하기
- 3단계: 목표설정과 구조화하기. 상담자는 내담자에게 상담에 대한 확실한 인식을 시켜주는 내담자 교육이 필요하다. 이때 인식시켜야 할 사항은 상담의 성질, 상담자의 역할과 책임, 내담자의 역할과 책임, 상담의 목표 등이다. 구조화는 상담이 진행되면서 재구성할 필요를 느끼면 상황에 따라 재규명하기
- 4단계: 문제 해결을 위한 노력, 내담자의 감정 표현을 촉진하고 제시된 문제를 구체적으로 정의하기
- 5단계: 자각과 합리적 사고의 촉진, 내담자가 상담목표에 도달하기 위해 필요한 자기이해와 합리적 생각을 갖출 때까지 상담에 적극 참여해야 한다. 이 과정에서 내담자가 자기탐색 및 사고의 변화 요구에 심리적 부담을 느껴 상담을 그만 두려고 하거나 저항이 발생할 수 있으므로 의사소통에 신중하기
- 6단계: 실천 행동의 계획, 이 단계에서 이루어져야 할 것은 내담자의 구체적인 행동 절차를 협의하고 세부적인 실제 행동 계획을 작성하기
- 7단계: 실천 결과의 평가와 종결, 상담자와 내담자가 합의하여 결정하게 되는데, 이 단계에서는 지금까지의 성과를 요약·검토한다. 상담이 목표에 도달하지 못했을 때에는 다음 목표로 새롭게 계획할 수 있다.

2) 상담의 기법

① 촉진적 관계: 상담자와 내담자가 만나서 대화를 나눌 때 상호 신뢰감을 갖고 우호적인 관계에서 이루어져야 한다. 이런 관계는 생산적이고 솔직한 의사 교류를 가능하게 만든다. 상담자가 수용적이고 온화한 태도로 명랑 친절하게, 진지한 관심을 갖고 내담자를 영접할 때 빠른 시간 내에 래포(rapport)가 형성될 수 있다.

② 이완: 상담은 근본적으로 긴장한 상태에서는 부드럽게 이어지기가 어렵다. 상담자가 일상의 대인관계처럼 편안하고 이완된 부드러운 분위기를 조성해

야 한다. 특히 초기 면접에서는 상호 긴장하기 쉬우므로 상담자는 편안하고 온화한 분위기를 만드는데 노력해야 한다.

③ 반영: 일반적으로 반영은 내담자가 표현한 내용과 태도를 새로운 용어로 부연해 주는 것이다. 상담자는 내담자의 내면 감정을 파악하여 내담자에게 전달해 주어야 한다. 반영은 정보 제공이나 해석이 시작되기 전 초기 단계에서 이뤄진다.

④ 경청: 경청은 내담자에게 주목을 하고 상대방의 언어, 비언어적 커뮤니케이션을 지각하고 그것을 나타내 보이는 시도이다. 경청은 총체적 메시지에 응답하는 아주 능동적인 과정을 포함한다. 관심을 갖고 내담자의 자유로운 표현을 이끌어내는 방법이다.

⑤ 요약: 내담자의 분산된 표현을 듣고서 표현된 생각과 감정을 하나로 묶어 정리하는 것이다. 내담자 말을 일목요연하게 정리하기 위해서는 말의 내용, 말할 때의 감정, 그가 한 말의 목적, 시기, 효과 등에 대하여 주의를 기울여야 한다. 그중 핵심 내용과 감정을 통합하여 전달한다.

⑥ 명료화: 명료화란 내담자의 진술 내용을 반영해 주는 특별한 방법으로 내담자가 이야기 한 것을 명확하게 요약해 주는 것이다. 내담자의 말이 애매모호하거나 불분명할 때, 다시 정리하여 표현해 주기를 요구하고 상담자의 반응으로 내담자의 반응을 명료화 한다.

⑦ 해석: 내담자로 하여금 자기의 문제를 새로운 각도에서 이해하도록 상담자가 생활 경험과 행동의 의미를 추리하여 설명해 주는 것이다. 해석할 때는 상담자가 내담자에게 새롭고 보다 기능적인 참조 체계를 제공한다. 해석은 상담자가 내담자의 성격 및 문제 배경을 파헤쳐 새로운 통찰을 갖도록 내담자의 참조 체계로 의미와 표현을 해석할 수 있어야 한다.

2.4 상담의 기본원리

상담의 과정은 어떤 문제의 수집을 토대로 하여 개인의 문제 해결 실마리를 찾도록 하는 데 상담의 초점이 맞춰진다. 이 과정에서 상담자는 인간의 기본적인 욕구를 이해할 수 있어야 하고 또 상담자로서의 기본적인 태도를 지녀야 한다. 예컨대, 인간 가치의 존중, 인간의 가능성에 대한 신념, 개인 선택의 자유와 책임을 인정하고 상담에 임하여야 한다. 따라서 상담자는 다음과 같은 상담의 기본적인 원리(김충기·강봉규, 2001)를 염두에 두고 상담을 진행해야 할 것이다.

1) 개별화의 원리

인간은 개인차가 있으므로 개인의 욕구 충족에 따르는 행동의 권리를 갖고 의무를 다하는 개인을 존중하는 데 의미가 있다. 상담자는 개인의 개성과 개인차를 인정하는 범위 내에서 상담이 전개되도록 관심을 기울여야 한다.

2) 수용의 원리

상담자는 내담자에게 따뜻하고 명랑하며 친절하면서도 수용적이어야 한다. 내담자를 하나의 인격체로서 존중하고 말로나 행동으로, 특히 비언적 단서인 얼굴 표정에 잘 전달되어야 한다. 상담자는 내담자의 의견에 동의하지 못할 경우에는 동의하지 않는다는 사실을 분명히 전달하고, 그 표현이나 자세는 어디까지나 온화해야 한다. 이를테면 상담자와 내담자간에 의견이 일치하지 않는 것과, 내담자를 수용하지 않거나 거부하는 것과는 구분되어야 한다.

3) 자기결정의 원리

상담은 상담자가 개인의 가치와 존엄성을 존중하고 자기 힘으로 문제를 해결해 나갈 수 있다는 신념의 기초에서 출발하여야 한다. 또한 상담자의 어떠한 지도와 충고에도 내담자는 무조건적으로 응하기 보다는 자기 판단을 토대로 자기방향과 태도를 결정하여야 한다. 그렇게 하기 위해서 상담자는,

① 내담자가 자기수용을 잘할 수 있도록 도와주어야 하고

② 내담자의 잠재능력, 즉 장점과 능력을 발견하고 활용함으로써 인격적 발달을 도모할 수 있게 자극해 주어야 하며

③ 내담자에게 법률, 제도, 사회 시설 등의 광범위한 사회적 자원을 알게 함으로써 자기선택, 자기결정의 참고 자료로 삼도록 해야 할 것이다.

4) 비심판적 태도의 원리

내담자는 자기의 잘못이나 문제에 대하여 결과를 나무라거나 책임을 추궁하거나 잘못을 질책하는 것을 두려워한다. 그들은 죄책감, 열등감, 불만감, 고독감 등을 가지고 있기 때문에, 타인의 비판에 예민하여 그들 자신을 방어하려 하거나 안전을 추구하려는 것은 당연한 일인지도 모른다. 따라서 상담자는 내담자를 객관적으로 그의 행동·태도·가치관을 평가하여야 하며, 어떤 문제에 대하여 '유죄이다, 무죄이다, 책임져야 한다, 나쁘다 등'의 과격한 언어로 다루어서는 안 될 것이다. 이에 상담자는,

① 선입감의 지배를 받아서는 안 되고
② 내담자의 발언을 자주 가로막고 성급한 결론으로 이끌어서도 안 되며
③ 내담자를 어떤 유형의 틀로 집어넣으려는 생각을 갖지 말아야 하고
④ 내담자가 상담자에게 부정적인 감정을 가질 수 있다는 생각도 해야 한다.

5) 정서관여의 원리

상담자는 내담자의 정서의 변화에 민감하게 반응하여 이해하고 적절한 대응책을 마련할 태세를 갖추고 적극적인 관여가 요구된다.

6) 감정표현의 원리

상담자는 내담자의 감정 표현을 비난이나 낙심시켜도 안 되고, 인내로써 경청토록 해야 한다. 내담자의 자기표현을 유감없이 발휘할 수 있도록 상담자는 최선의 노력으로 감정표현에 민감해야 한다.

7) 비밀보장의 원리

상담과정 중 가장 중요하게 명심해야 할 사실은 상담자가 내담자의 대화의 내용을 아무에게나 이야기하는 습관을 버리고 반드시 비밀을 지켜야 한다. 상담은 기본적으로 내담자가 상담자를 믿고 신뢰하는 가운데에서 출발한다. 즉 상담자는 비밀을 지켜 줄 윤리적 의무가 있다. 따라서 상담자의 윤리 가운데 가장 중요한 것은 무조건 내담자의 비밀을 보장하는 것이다.

2.5 상담이론

1) 정신분석적 접근

Freud

정신분석적 상담은 Freud에 의해 창시·개발되었고 상담과 심리치료에서 최초로 체계화되어 적용된 이론이다.

정신분석학적 접근은 비정상적인 행동을 이해하고 치료할 뿐만 아니라 정상적 인간행동을 이해하고 인간의 무의식적, 의식적인 정신생활 내면을 탐구하기 위한 접근방법으로도 중요한 역할을 하고 있다. Freud는 의식만을 대상으로 하는 종래의 전통적인 심리학으로 인간행동의 동기를 탐구하는 데는 부적당하다고 비난하고 인간의 사고와 행동을 지배하는 보다 큰 힘을 무의식으로 간주하였다. 무의식 속에 숨어있는 본능을 중심으로 인간 정신생활의 내면을 깊이 분석하였다.

Freud는 인간의 정상적 성격 발달은 성 심리의 발달 단계, 즉 구강기(oral)→항문기(anal)→남근기(phallic)→잠복기(latency)→성기기(genital)의 성공적인 해결과 통합에 기초한다. 그리고 성격구조의 기초는 쾌락원리에 따르는 원초적 본능(id), 현실원리에 따르는 자아(ego), 또 이상적 원리에 따르는 초자아(super-ego)에 의해 이루어진다. 한편, 불안한 기본적 갈등의 억압결과로 퇴행, 합리화, 투사, 반동형성, 승화 등을 들었고, 이들 자아 방어기제는 불안을 통제하기 위해 발달된 수단들이다.

여기에서 치료의 목표는 무의식을 의식화하는 것이고, 기본적인 성격을 재건하는 것이며, 과거의 초기경험을 재생하여 억압된 감정을 해소함으로써 지적 각성에 이르게 하는 것이다.

정신분석가와 내담자의 관계를 보면 내담자는 정신분석가에게 자신의 마음을 투사한다. 어릴 때의 미련(unfinished business) 때문에 현재를 왜곡하며 분석가에게 전이를 하는 가운데 그리고 합리적인 통제를 하는 가운데 발생하는 저항감, 즉 무의식적인 것을 산출하여 치료를 방해하는 것에 초점을 둔다. 내담자는 장기간 집중적인 분석을 받으며 갈등을 발견하기 위해 자유연상(free association)을 한다. 그리하여 내담자는 말하는 가운데 통찰력을 얻는다. 분석가는 과거의 경험과 연결된 현재 행동의 의미를 가르쳐 주기 위해 그에 대한 해석을 가한다.

정신분석학에서 주로 사용되는 치료 기법은 해석, 꿈의 분석, 자유연상, 저항 및 전이분석 등이다. 정신분석학적 상담과정을 제시하면 다음과 같다.

첫째, 상담관계의 시작으로 내담자의 문제를 듣고 상담의 목표를 세운다.

둘째, 전이의 발달 단계로서 내담자는 상담 장면에서 갈등과 부정적 감정을 표출하기 시작하며 신경증적 증세를 보인다.

셋째, 전이의 해결로서 내담자는 상담 장면에서 부정적·신경증적 표출이 심해지며 상담자는 그 행동을 해석한다.

넷째, 전이의 해결로서 상담자는 내담자의 반응을 격려하고 내담자는 차츰 신경증적 반응이 감소되고 이성적 자아의 통찰에 의한 현실적이며 합리적인 태도를 보인다.

그리고 상담의 주요 기법으로는 다음과 같다.

① 자유연상법: 내담자를 편안한 긴 의자에 눕히고 떠오르는 대로 자유롭게 말하게 한다. 내담지가 표현한 말 가운데 무의식적 동기의 단서가 되는 것을 찾아내고 해석하는 자료를 찾는다.

② 해석: 상담자가 내담자의 꿈, 자유연상, 상담관계, 자유연상 등에서 나타난 행동의 의미를 지적하고 설명하는 정신분석적 상담의 기본절차이다. 그러므로 내담자의 자아를 일깨워 무의식적 갈등을 찾아내도록 촉진하게 된다. 상담이 진행되는 가운데 상담자는 해석의 수준을 심화시켜 저항과 방어를 지적하고 무의식적 감정과 갈등까지도 해석한다.

③ 꿈의 분석: 무의식적으로 억압된 문제를 찾아냄으로써 내담자로 하여금 무의식적 욕구를 알게 하여 통찰력을 얻게 하는 절차이다. 잠자는 동안에는 방어가 약해져 억압된 감정들이 표면화 된다. 꿈은 내담자가 부딪치는 갈등과 장애의 반영이므로 꿈을 분석할 때는 꿈의 내용이 아닌 꿈에서 나타나는 상징적 의미에서 갈등을 찾는다.

④ 저항의 분석: 저항은 상담의 발전을 저해시키고, 내담자가 무의식적 욕구를 표출하는 것을 방해하는 것이다. 그러므로 상담 시간을 어기거나 엉뚱한 핑계를 대거나 트집을 잡는 등 여러 가지 부정적 표현을 하게 되는데, 이는 자신의 무의식이 노출되는 것이 불안하기 때문이다. 이에 상담자는 내담자로 하여금 이러한 저항에 용감하게 직면하고 자신을 통찰, 수용할 수 있도록 유도한다.

⑤ 전이의 분석: 전이란 내담자가 과거에 중요한 인물에게 느꼈던 감정을 상담자에게 옮기는 것이다. 상담이 진행됨에 따라 내담자는 과거에 경험한 타인과의 관계, 특히 부모-자녀 간에 이루어졌던 관계를 상담자에게 옮겨가게 되는데, 이러한 전이가 정신분석적 상담의 고비가 된다. 이때 상담자는 내담자를 이해하고 전이를 해소시켜 줌에 따라 내담자는 과거의 영향으로부터 벗어나게 되며 이후에 차차 자아가 성숙하게 된다는 것이다.

2) 행동주의적 접근

Pavlov와 Watson의 고전적 조건화와 Thorndike와 Skinner의 조작적 조건화에 기초한 행동주의 학습이론을 특정의 행동장애의 치료에 적용하는 상담적 접근법이다. 이를테면, 행동이라는 학습조건을 조작하여 새로운 학습조건을 제시함으로써 변화시킬 수 있다고 본다. 그러므로 모든 부적응 행동도 조건형성의 여러 가지 법칙, 즉 강화, 소거, 그리고 일반화와 변별의 원리에 따라 소거시킬 수 있으며 바람직한 새로운 행동을 형성할 수도 있다. 이를테면, 학습을 통해 문제 해결이나 성장을 촉진시키고 새롭게 형성시킨 바람직한 행동을 발달시킨다. 무엇보다도 조건화와 강화 개념을 중요시하고 새로운 태도와 행동을 발달시킬 뿐만 아니라 부적응 행동을 치료하고자 하는 것이 특징이다.

행동주의 접근의 상담과정으로는,
첫째, 변화시켜야 할 행동을 분명히 하고 이를 자세한 행동용어로 구체화 한다.
둘째, 바라는 목표 행동의 방향을 설정하고 이를 자세한 행동용어로 구체화 한다.
셋째, 목표 행동이 일어나도록 상담상황을 조정하며,
넷째, 내담자에게 강화될 수 있는 자극이나 사건을 확인한다.
다섯째, 바람직한 목표 행동이나 그 행동에 접근하는 행동을 강화하고,
여섯째, 목표 행동의 변화를 기록하여 검토함으로써 상담 효과를 평가한다.

이 상담에서 많이 사용되는 기법으로는 인지적 모델링과 사고 통제, 체계적 둔감법과 근육이완 훈련, 토근법, 인지적 재구조화 등이 있다.

① 인지적 모델링과 사고통제: 상담자가 제시한 과제를 모델로 하고 내담자는 그 모델이 되어 자기 스스로를 지도하게 된다. 자신에게 큰 소리로 모델의 모습을 말하며 과제를 수행해 나간다. 사고통제는 내담자가 비생산적이거나 강박적인 사고를 통제하기 위해 사용된다. 상담자가 명령적 지도를 할 수도 있고 내담자가 자기 자신에게 제시하는 방식으로서 과제수행에 접근한다.

② 체제적 둔감법과 근육이완 훈련: 내담자에게 불안을 가중시키는 상황을 상상하게 하여 불안상황을 고조시켜 나가는 동시에 불안으로 긴장된 근육을 이완시키면서 불안을 제거하는 것이다. 근육이완훈련은 정신적 불안과 신체 근육의 이완이 양립할 수 없다는 이론에 근거하여 내담자의 불안치료를 위하여 근육이완 훈련을 실시하게 되는데, 이때 강도가 낮은 불안부터 점차 높은 단계로 상상하며 동시에 근육이완훈련을 하면 작은 불안에도 민감하게 긴장하던 근육이 점차 둔해지며 불안에 저항이 강해지게 된다.

③ 토근법: 토근법은 Skinner의 강화원리에 의한 조작적 조건형성을 적용시킨 것으로 행동주의 기법 중 가장 광범위하게 사용되고 있는 기법 중의 하나이다. 바람직한 행동을 보일 때 직접적으로 강화하지 않고 내담자가 원하는 여러 가지 물건과 교환할 수 있는 토큰을 보상으로 준다. 토근법은 전문가나 문외한에 관계없이 폭넓게 창의적으로 사용할 수 있지만 수정된 행동을 어떻게 유지시키느냐가 관건이 된다.

④ 인지적 재구조화: 내담자가 부정적이고 자기 패배적인 사고 대신에 긍정적인 자기 진보적 사고를 갖도록 지도하는 체계적 기법이다. 따라서 자신의 마음속에 부적 자기 자신의 모습 대신 대응적인, 즉 건설적이고 생산적인 모습을 자기 진술하는 과정이다.

3) 인본주의적 접근

Rogers

인본주의적 입장에서의 인간 해석의 핵심은 개개인의 독특한 특성에 대하여 지대한 관심과 중점을 둔다. 인본주의적 접근의 주요 관심사는 Rogers가 언급하였던 인간의 존재와 성장에 있다. 그에 따르면, 인간은 계속 성장하고 있는 역동적인 생명체이며, 각기 독특하게 성장하는 과정을 가지는 특수체인 것이다.

Rogers에 의하면, 인간은 본래 선하며 개인의 견해와 태도에 따라 환경의 영향을 받기 때문에 인간에게 인본주의적으로 창의성과 자기발전을 할 수 있는 환경을 조성해 주면 선하게 능동적으로 성장되어 갈 수 있다는 것이다.

따라서 인간은 심리적 부적응상의 요인들을 자각하는 능력과 부적응 상태에서 벗어나서 심리적 적응의 상태로 향하는 능력과 경향성을 가진다고 전제하고, 이러한 능력과 경향은 상담관계에서 길러진다고 보는 것이다. 따라서 상담은 이미 인간에게 존재하는 능력을 해방시켜 주는 것이다. 즉 상담은 내담자로 하여금 자기 자신에 대한 통찰과 자기이해를 발달시키도록 돕는 과정이다. 이와 같이 위협이 없고 허용적인 분위기에서 이루어지는 의사소통 및 인간관계의 경험을 통하여 자아의 발견과 수용을 이룩하는 상담이다. 따라서 상담전문가와 내담자 사이에 이루어지는 만남의 인간관계와 내담자의 개인적 세계를 선악의 판단 없이 있는 그대로 이해하고 수용하려는 상담전문가에 의한 온화하고 관심 있는 태도의 의사소통을 가장 중시한다. 따라서 상담전문가의 말과 행동 자체보다는 인간관계 경험을 더 강조한다.

인본주의적 접근 상담에서 내담자에게 지켜야 할 세 가지를 제시하면 다음과 같다.

① 진실성: 상담자의 태도를 진실성 혹은 일치성에 의미를 둔다. 진실성이란 상담면접 동안에 두 사람의 관계가 진지하고 진실하게 일치를 보이는 것을 의미하며, 자유로운 분위기에서 거짓 없이 의사소통될 때 내담자는 자아개념과 일치하는 상태로 모든 것을 설명할 수 있기 때문이다.

② 정확한 공감적 이해: 상담과정에서 의사소통 내지는 상호작용 하는 동안 내담자의 경험과 감정에 대하여 민감하고 정확하게 이해하는 노력과 능력을 의미한다. 상담자가 인내심을 가지고 정확한 감정을 파악하려는 주의력으로 내담자의 말에 귀를 기울이는 노력이 있을 때 문제의 핵심이 발견될 수 있다.

③ 무조건 긍정적 존중: 상담관계에서 상담자가 내담자를 차별, 비교, 편견, 평가, 비판 등의 관점으로 보지 않고 내담자의 모든 면을 있는 그대로 받아들이며 소중히 여기고 존중하는 상담자의 태도를 말한다.

4) 합리적-정서적 접근

합리적·정서적 상담(rational-emotive therapy: RET)은 잘못된 사고와 신념체계가 개인 문제의 근원이라고 보며, 이에 부합한 상담 및 심리치료기법을 뜻한다. 이 방법은 임상심리학자인 Ellis에 의해 제안되고 널리 보급된 기법인데, 매우 적극적·지시적·교육적이다. 또한 인지적·정의적·행동적 접근을 종합한 느낌을 준다. 이 접근 방법의 기본철학은 인간의 심리적 고통을 대부분 잘못된 사고와 신념체계에 의한 부정적 정서반응으로 보고, 사고와 신념체계를 합리적으로 개선함으로써 부정적인 정서, 즉 적개심, 분노, 열등감, 죄책감, 불안 등을 제거하거나 감소시키는 상담 및 심리치료의 기법이다(Gilliland, 1984).

그러므로 본 상담에서는 사고·판단·분석·행위·재결정은 인간의 인지적·행동적 측면을 강조하며, 치료방법은 전반적으로 교훈적이고 재교육의 과정처럼 보인다. 즉, 내담자들의 사고 형태를 교정하고 비합리적인 사고를 합리적인 사고로 대치시킴으로써 정신건강을 유지하도록 돕는다.

이 접근 방법의 치료 목표는 내담자의 자기 패배적 인생관을 제거하고 더욱 통상적이고 합리적인 인생관을 획득하도록 돕는 것이다. 그 결과 인지적·정의적·행동적으로 조화된 삶을 영위하도록 하는데 있다.

인간이 불행함을 느끼거나 신경증 발생, 그리고 심리적으로 병들게 되는 것은 비합리적인 신념 때문이라고 주장하며, 이와 같은 현상은 다음과 같은 몇 가지의 관점에서 찾아볼 수 있다(박성수, 1986).

첫째, 인간은 모든 중요한 사람으로부터 사랑받고 인정받아야 한다.

둘째, 인간은 스스로 가치 있다고 생각하려면 모든 영역에서 빈틈없이 유능하고 성공을 거두어야 한다.

셋째, 나쁘고 사악한 사람은 벌을 받아야 한다.

넷째, 원하던 일이 실패로 돌아가면 끔찍하고 슬픈 일이다.

다섯째, 인간의 불행은 외적 조건에 의한 것이고 사람은 자신의 불행을 극복할 능력이 없다.

여섯째, 위험한 일이 일어날지도 모를 때에는 관심을 갖고 실제 일어날 것에 철저히 대비해야 한다.

일곱째, 삶의 어려움이나 책임질 일은 직면보다 회피하는 것이 더 쉽다.

여덟째, 인간은 타인을 의지해야 하며 자신이 의지할 수 있는 강력한 사람이 필요하다.

아홉째, 인간은 문제가 있을 때, 완전한 해결책을 찾아 해결하지 못하면 슬픈 일이다.

열째, 인간은 과거 영향에 의해 현재 행동의 결과를 초래하고 그것은 계속될 것이다.

이처럼 Ellis는 비합리적인 신념들이 부모에게서 배우고 사회에서 강화된 것으로 인간이 이러한 것에 계속 시달리게 되면 결국 정서적 장애를 일으키는 것으로 본 것이다. 결과적으로, 상담자는 내담자에게 자기 왜곡된 지각과 비합리적 사고에 의해 심리적인 문제가 발생하게 된 것을 일깨워주고 현실적이고 융통성 있는 사고로 재조직하도록 교육하는 것이다.

일련의 상담체계를 도식화와 예로 제시하면 다음과 같다.

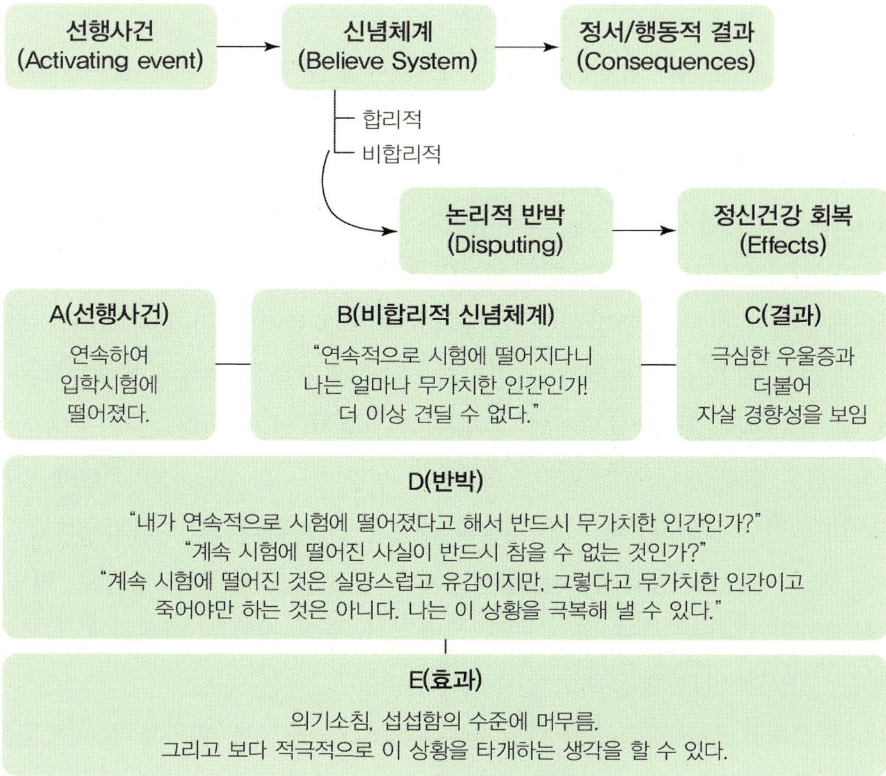

[그림 11-2] **RET 상담체계**

5) 현실 치료적 접근

현실 치료적 접근기법은 Glasser가 제안하였으며, 그는 정신과 의사로서 정신질환에 대한 당시 개념을 비판하면서 정신병과 신경증 같은 증상을 보이는 환자의 행동을 기술하고자 하였다. 현실치료의 목표는 자신에 대한 무책임한 사람으로 하여금 책임감을 갖도록 도와주는데 있다.

치료와 상담의 목표는 내담자로 하여금 현실적이고 책임 있는 행동을 학습하여 성공적 정체감을 발달시키도록 하는 것이다. 또한 행동에 대한 가치판단을 하도록 돕고, 동시에 변화를 위한 행동 계획을 결정하도록 하는 것이다. 이 접근에서 상담자 혹은 치료자의 주요 과제는 내담자를 도와 현재의 행동을 평가하고 현실에 직면하게 하는 것이다. 그러므로 내담자가 바라는 특정의 변화가 정해지면 계획이 수립되고 실천되며 결과가 평가된다.

이 접근법은 기본적으로 적극적·지시적·교육적 방법의 하나로 볼 수 있다. 여기에서는 흔히 약속이나 행동계약이 사용된다. 그러나 의학적 진단이나 평가는 사용되지 않는다. 주로 내담자 자신이 해석을 하고 가치 판단을 한다.

Glasser는 모든 환자들은 자신의 주위를 둘러싸고 있는 현실을 부정하는 공통적인 특징이 있으므로, 환자의 현실세계의 요구에 대해서 성공적으로 대처하도록 도움을 제공해야 한다고 주장했다. 현실치료에서 치료자는 환자로 하여금 현실세계를 수용하도록 도와줘야 할뿐만 아니라 그의 욕구들을 충족시켜야 한다. 이렇게 될 때 환자는 장차 현실세계의 존재를 부정하지 않게 된다.

이 접근법은 현재 초·중등학교에서 교사들의 생활지도 및 상담, 심리치료에 널리 사용되고 있다. 현실치료 상담의 기본 과정과 특징을 요약·정리하면 다음과 같다.

첫째, 현실 치료적 상담에서는 정신장애나 신경증을 독특한 병으로 인정하지 않고 무책임의 결과로 본다. 그러므로 심리검사 등의 진단은 배제하고 있으며 정신건강은 책임감 있는 행동으로 간주한다.

둘째, 현실치료에서 정신분석 상담자는 감정보다 태도를 태도보다는 행동을 중시한다. 현재의 행동이 현실적으로 목표달성에 적합한가를 지각하게 하여 행동변화에 따른 태도변화를 주장한다.

셋째, 현실치료는 과거에 초점을 두지 않고 현재에 역점을 둔다. 과거는 고칠 수 없지만 현재와 미래는 변화 가능하다고 본다.

넷째, 현실 치료적 상담은 가치관을 강조한다. 그러므로 내담자가 자신의 행동을 판단할 수 있고 가치관에 따라 새로운 선택할 수 있도록 돕는다.

다섯째, 현실 치료적 상담은 상담관계에서 서로 인격적이고 진지한 관계를 구축함으로써 현재의 욕구를 성취시키는데 조력자가 될 수 있다.

여섯째, 현실 치료적 상담은 의식적인 면을 강조하여 성공적인 정체감을 위해 어떤 행동을 할 것인가를 일깨우는 적극적이고도 지시적인 교육방법이다.

일곱째, 현실치료에서는 체벌, 질책 등을 배제하고 행동 결과가 어떻게 되는가를 스스로 알게 한다.

여덟째, 현실치료에서는 책임감을 강조하며, 책임감은 욕구를 충족시키는 방법임을 알게 한다. 결국 중요한 개념은 인간의 기본욕구, 정체감, 책임, 욕구충족, 현재의 행동, 행동 대 감정, 태도, 정서, 관여, 성장력, 대안, 학습 등을 중요시 한다.

연구과제

1 학교에서의 생활지도의 필요성을 설명하시오.

2 생활지도 영역 및 활동의 두 가지 관점에 대하여 설명하시오.

① 활동내용에 따른 분류

② 활동영역에 따른 분류

3 상담과 심리 치료를 비교·설명하시오.

4 Rogers의 상담 과정에 대하여 설명하시오.

5 다음의 상담 기법에 대하여 설명하시오.

① 래포(rapport)

② 이완

③ 반영

④ 경청

⑤ 명료화

6 상담의 기본원리 일곱 가지를 설명하시오.

7 정신분석적 접근의 상담 개념을 정의하고 주로 사용되는 상담치료 기법에 대하여 설명하시오.

① 정의

② 자유 연상법

③ 해석

④ 꿈의 분석

⑤ 저항의 분석

⑥ 전이의 분석

8 행동주의적 접근에서 주로 사용되는 치료 기법과 그 예를 들어 보시오.

PART

V

교육평가에 대한 이해

수업평가는 수업을 통해 수업의 목적이 얼마나 달성되었는지, 달성되지 못했다면 그 이유가 무엇인지를 파악하여 다음 수업의 계획에 반영하도록 하기 위해서 수행하는 활동이다. 바람직한 수업평가는 단순히 수업의 목적 달성여부를 확인하는 수준에 그치는 것이 아니라 활동과정에 대한 감독의 기능을 수행할 수 있다. 학생에게는 자신의 학습과정과 학습결과가 관련되어 있음을 알게 해주는 피드백 정보를 줄 수 있다. 또한 교사에게는 수업의 목표가 적절하게 설정되었는지, 수업내용이나 자료의 난이도, 분량, 속도, 양식 등이 적절했는지 등의 정보를 제공해 줌으로써 수업 목표 설정과 수업 과정에 대한 효율성을 점검할 수 있는 피드백을 줄 수 있을 것이다. 따라서 제5부를 마치면 수업평가의 제이론에 대하여 접목할 수 있어야 한다.

CHAPTER 12

교실에서의 학업평가

:: 학습 개요 ::

교육평가는 일반적으로 교육활동의 결과를 일정한 기준에 의해 평가하는 과정으로 교육활동에서 교육목적이 얼마만큼 달성되었는지의 수행 정도를 파악하고, 앞으로의 교육 계획을 수립하는 데 필요한 각종 자료를 얻는 제반 활동이다. 특히 학교교육에서 교육평가는 학습자의 학습 발달을 가져오는 기초 자료 및 보정 자료가 된다는 점에서 매우 중요하다.

따라서 이 장을 통해서 평가의 유형과 평가방법의 정확한 개념을 이해하고 실천적 적용 능력을 기르는 데 도움을 주고자 한다.

:: 학습 목표 ::

1. 평가와 측정의 개념을 구분하고 설명할 수 있다.
2. 평가 문항의 유형을 이해하고 제작할 수 있다.
3. 신뢰도와 타당도를 비교·설명할 수 있다.

1 교육평가의 정의

일반적으로 교육평가(educational evaluation)란 교수·학습 활동을 전개한 후 설정된 교육목표의 달성도를 평가하는 과정이라고 말할 수 있다. 이를테면, 교육활동의 효율성을 사전에 설정된 준거에 의해 평가해 보고, 이 평가를 통해 나타난 결과에 대한 가치를 판별하는 체계적 과정을 의미한다. 따라서 학생의 교육목표 달성도를 평가하고 교사 스스로 학습지도 방법 등을 평가하는 것은 교육활동 과정에서의 교육목적의 적절성, 학습 내용 선정의 타당성, 교수·학습과정 전개의 효율성을 평가하는 것들을 포함한다.

여기서 교육평가가 확인하려는 것은 단순히 외부로 표출된 외현적 행동(overt behavior)뿐만 아니라 내면적 행동(covert behavior)까지를 포함하는 개념이다. 그러므로 교육평가는 이처럼 광의의 개념인 인간행동 특성 모두를 측정해야 하기 때문에 인지적 영역뿐만 아니라 정의적·심동적 영역을 포함한 전체 행동의 변화를 확인해야 한다.

그러나 교육평가는 교육목표의 달성도만을 확인하는 것은 아니며 교육과정의 전반에 걸쳐 이루어진다. 교육과정은 일반적으로 교육목표의 설정 → 교수·학습 경험의 선정 → 교수·학습경험의 조직 → 교수·학습 활동의 전개 → 결과에 대한 평가 등 5단계로 구분된다. 교육평가는 교육목표를 설정하였으면, 이 목표 달성을 위하여 학생들에게 어떤 경험을 주어야 할 것인지를 생각하여 교수·학습경험을 선정하고 조직한 다음에 실제로 교수·학습 활동을 전개하고 그 활동의 결과가 과연 어느 정도 달성되었는지를 확인하는 과정이다.

이러한 평가 상황은 타당도·신뢰도·객관도·실용도를 중요시한다. 여기서 평가 상황을 살펴보기 전에 평가와 유사한 개념으로 사용되는 검사(test)·측정(measurement)·총평(assessment)의 개념을 살펴보고자 한다.

1.1 검사·측정·총평

1) 검사

검사(test)는 능력·지식·기능 이외의 심리적 특성의 유무나 정도를 밝혀내기 위하여 미리 정해진 문항이나 일련의 수행을 하도록 하는 검사 도구를 말한다. 검사의 목적은 개인차를 밝히고 집단 내에서 개인의 상대적 위치를 확인하는 데 있다. 검사란 협의의 개념에서는 표준화검사만을 의미하지만 광의의 개념에서는 교사제작검사 뿐만 아니라 관찰, 면접, 질문지 등을 모두 포함한다.

여기서 표준화검사(standardized test)란 특정행동 특성을 측정하기 위해 표준화된 절차를 거쳐 작성된 검사를 뜻하며 측정에 사용되는 검사절차, 채점방법 등이 표준화되어 있는 검사를 의미한다. 따라서 표준화검사와 교사제작검사는 제작과정이 크게 다르다. 표준화검사의 가장 두드러진 특징은 여러 가지 조건이 다른 피험자에게 동일한 검사를 실시하여 얻은 점수를 의미 있게 상호 비교할 수 있도록 검사의 작성에서부터 실시에 이르기까지의 모든 조건을 일정하게 하였다는 점이다.

2) 측정

측정(measurement)은 일정한 규칙에 따라 사물의 속성에 수를 부여하는 것이다. 교육에서 측정은 학습자가 내재하고 있는 잠재적 개인특성을 양적으로 표현하는 것이다. 측정은 기본적으로 학생이 지니고 있는 특성들 예컨대, 학력·적성·지능·태도·흥미 등의 정도를 언어적으로 기술하는 것이 아니라 숫자로 나타내는 것이다. 교사들은 흔히 어떤 학생에 대해서 '키가 크다' 혹은 '영재'라고 표현한다. 그러나 측정을 통해서 '키가 크다'는 몇 ㎝로, 그리고 '영재'는 I.Q 얼마로 바꾸어 표현할 수 있다. 이렇게 측정은 학생들의 특성 정도를 정확하고 객관성 있게 수량화한다.

또한 측정에서는 신뢰성과 객관성을 강조한다. 측정에서 사용하는 도구는 검사·척도 등 여러 종류가 있다. 이 중에서 가장 보편적인 도구가 검사(test)이다. 따라서 측정은 검사(testing)를 포함하는 개념이다.

3) 총평

총평(assessment)은 평가보다 더욱 광범위한 의미를 가지고 있으며 모든 자료를 종합하여 이루어지는 총체적인 평가라고 할 수 있다. 사정은 학습자와 환경과의 상호 분석을 중요시하며 질적·양적 정보를 동시에 필요로 하며, 신뢰도보다 타당도를 중요시한다. 최근 교육현장에서 확대 적용되고 있는 수행평가(performance assessment)도 사정의 의미로 해석되어야 한다. 이러한 의미의 사정 혹은 총평이나 분석은 입학사정·졸업사정·요구분석 등에서 널리 사용되고 있다.

1.2 평가의 기능

학교교육에서 교육평가는 중요한 역할을 하게 된다. 교수·학습에 직접적인 피드백을 줄 수 있으며 교육의 발전에 기여를 한다. 이러한 교육 평가가 수행하는 수많은 기능 중에서 핵심적인 기능을 살펴보면 다음과 같다.

① 교육목표 달성도의 확인은 평가를 통해서 이루어지게 된다. 교육평가의 주된 기능은 일정한 목표를 설정해 놓고 그 목표의 달성을 위해 다양한 교육적 방법을 동원 및 적용하고 활동을 전개해서 얻어진 교육적 성과를 평가해 내는 것이다. 즉 교육평가는 교육목표의 달성도에 관한 증거와 정보를 수집함에 일차적 관심이 있다. 교육목표가 어느 정도 달성되었는지 알아보기 위한 교육평가의 기능은 학생의 현재 상태와 학생의 진보과정을 평가하는 것뿐만은 아니다. 교육목적 실현의 주체로서의 교사도 역시 자신에 대한 평가가 강조되지 않으면 안 된다. 이와 같은 평가를 통해 평가 결과가 기대 수준에 미달될 경우, 그 원인이 어디에 있는가를 규명하여 적절한 사후조치를 취함으로써 향후 보다 수월한 목표를 달성하는 데 기여하도록 해야 한다. 그러므로 교육평가는 항상 교육목표와 같이 존재하는 함수 관계에 있으며, 교육목표가 명확하게 정의되고 구체화되었을 때 비로소 교육평가도 제 구실을 다할 수 있는 것이다.

② 학생의 진단과 치료는 평가를 통해서 이루어지게 된다. 학생 행동 변화의

증거를 수집하기 위하여 평가를 실시하게 되는데, 이는 학습자 개개인마다 변화를 파악할 수 있다. 이러한 기능에 충실한 평가가 이루어질 때 평가는 학생들의 능력을 구체적으로 진단하여 치료해 줄 수 있을 것이다. 또한 학생이 가진 장·단점을 파악하여 교정하거나 보상해 줌으로써 학습 동기를 유발할 수 있다.

③ 교육평가는 교수·학습과정 개선에 도움을 준다. 교육평가는 넓은 의미에서 교육의 과정, 좁은 의미로는 교수·학습 과정을 개선하는 데 도움이 된다. 학생들의 학력 상태의 파악, 학습 곤란의 진단, 목표 달성의 확인, 개인차의 식별 등에 기초하여 교사는 교수·학습과정을 개선할 수 있다.

④ 교육평가는 학습 동기를 유발하고 강화하는 기능이 있다. 학습 동기는 크게 내재적 동기와 외재적 동기로 구분된다. 평가는 대부분의 경우 외재적 동기와 관련 있다. 예컨대, 학습 과제를 하게한다든지 시험에 대비한 공부를 수행케 하는 것이 이에 해당한다. 일종의 사회적 압력을 가하여 동기를 유발시키는 방법이다.

⑤ 교육평가는 교육 프로그램의 질적 개선을 유도하게 된다. 교육평가가 학교교육의 효과나 효율성을 확인할 목적으로 실시될 때이다. 최근 우리나라에서 이루어지고 있는 대학평가, 학문영역별 평가, 교사 양성 대학평가, 시·도 교육청 평가 등은 교육의 질을 확인하고 개선하기 위하여 실시되고 있으며, 이러한 목적의 평가를 도입함으로써 교육기관의 변화와 발전을 가져오고 있다.

⑥ 교육평가는 생활지도를 위한 기초 자료를 제공해 준다. 생활지도 활동에 있어서 학생 이해 활동이 대단히 중요한 위치를 차지한다. 학생의 인지적·심리적·사회적·신체적 측면에 관한 상세한 정보는 생활지도 및 상담활동에 도움이 된다.

⑦ 교육평가는 학생의 진로지도에 도움을 준다. 교육평가의 기능은 학생의 장래 진로 지도를 위한 자료를 얻기 위해서도 필요하다. 다시 말해서 진학지도, 취업지도를 하기 위하여 그 학생의 정서·능력·흥미·성격은 물론이고, 그 학생을 둘러싸고 있는 학급·가정·사회·환경에 대한 광범위하고 정확한 평가를 함으로써 학생에게 좀 더 신뢰할만한 정보를 제공해준다. 현대의 교

육적 관심사는 학생 개개인의 개인차를 존중하여 이에 부합된 최적의 교육 기회와 학습 환경을 부여하자는 것이 일반적인 경향이다. 교육정치란 이러한 교육발달 추세의 입장에서 학습자가 지닌 능력, 소질, 체력 등을 충분히 파악하여 그들이 지닌 능력이나 조건에 적합한 생활지도와 학습지도를 병행함으로써 교육목표 달성에 근접시키는 것인데, 교육평가는 이와 같은 학습자의 올바른 정치(定置)를 위한 자료 제공 기능을 수행한다.

⑧ 교육평가는 선발 기능이 있다. 선발의 대표적인 예로 각급 학교 입학시험, 고등학교 선발고사, 대학입학 수학능력 시험 등을 들 수 있다.

2 교육평가의 유형

교육평가는 적용하는 준거에 따라 여러 가지로 분류할 수 있다. 여기에서는 이해를 증진하기 세 가지 유형으로 분류한다.

① 교수·학습과정에 따른 분류: 진단평가·형성평가·총합평가

② 평가기준에 따른 분류: 규준참조평가·준거참조평가

③ 행동목표에 따른 분류: 인지적 평가·정의적 평가

2.1 교수·학습과정에 따른 분류

1) 진단평가

진단평가(diagnostic evaluation)는 계획된 목표의 달성을 위하여 교수와 학습 활동이 전개되기 전에 그 학생이 일정한 학습을 수용할 수 있는 어느 정도의 준비성이 이루어져 있는지를 진단해 보는 평가이다. 학생이 교육목표를 달성하는 데 교수와 학습의 외적 방해요인이 없는지 등을 진단하여 학습의 효율화를 이룩하려는 데 그 목적이 있다. 이러한 진단평가는 세 가지의 목적을 위하여 실시한다.

① 계획된 학습 단위의 목표를 성취하는 데 선행 조건이 되는 출발점 행동을 학습자가 얼마나 소유하고 있는가를 결정하는 것이다.
② 주어진 학습 단위 또는 교육과정의 목표를 학습자가 알고 있는지, 그리고 그 결과에 의거 높은 수준의 학습 프로그램을 제공해야 할 것인지 등의 여부를 결정짓는 것이다.
③ 학습자가 지니고 있는 흥미·적성·성격·선행학습 정도 등의 개인적 특성 등을 살펴봄으로써 그에 따라 적절한 교수 방법이나 교수전략을 세우기 위한 자료를 제공하기 위한 것이다.

이와 같은 진단평가는 다음과 같은 기능을 하게 된다(김정일 외, 2000).
① 학습자의 기본적인 학습능력, 학습 활동, 그리고 선수학습의 정도를 확인하는 기능을 한다. 특히 학생들의 학습 결손 유무를 파악하는 것은 현재 학습 활동 전개에 앞서 매우 중요하다. 선행학습의 결손은 후속하는 학습을 저해하는 이른바 누적적인 학습 실패를 가져올 수 있기 때문이다. 특히 논리적이고 위계적인 계열성이 강한 학습 내용일수록 이러한 문제는 심각할 수 있다.
② 학습실패의 교육 외적 원인의 파악이란 수업과 직접적인 관련이 없으면서 학습실패의 원인이 되고 있는 소위 학습장애의 요인을 밝히는 것을 뜻한다. 이러한 요인들은 대체로 신체적·심리적인 것으로 볼 수 있다. 학교 학습에서 가장 중요한 자아개념을 긍정적으로 갖지 못하거나, 가정에서의 어떤 영향이 지속되어 심리적으로 불안정하게 되면 학습에 전념할 수 없게 된다. 경제적인 빈곤과 문화결핍과 같은 환경적 요인은 학습장애 요소가 될 수 있다.

2) 형성평가

Scriven은 형성평가(formative evaluation)라는 용어를 처음으로 사용했으며, 수업이 진행되는 동안에 학습 진도를 탐지하는 것이며, 학습의 성공과 실패에 관해서 학생과 교사에게 지속적인 피드백(feed-back)을 하게 된다.

학생에게 피드백은 성공적인 학습을 강화하고 교정을 필요로 하는 학습결손을 확인하게 해주며, 교사에게 피드백은 수업의 일부를 변경하거나 개인과 집단에 대한 보충학습을 위한 처방을 할 수 있는 정보를 제공해 준다. 그러므로 형성평가는 수업의 각 단원과 장을 위해서 특별히 준비된 검사에 의존한다. 이와 같은 검사는 주로 교사에 의해서 제작될 수 있으며 관찰기술을 이용할 수도 있다. 형성평가는 교수·학습 과정을 개선하는 데 그 목적이 있기 때문에 일반적으로 그 결과를 성적평가에는 포함하지 않는다. 형성평가의 기능으로는 다섯 가지를 들 수 있다(권건일, 2000).

① 학습 활동의 조정이다. 형성평가를 통해서 적절하게 교정 혹은 보충수업의 기회를 가지게 되면 학습결손의 누적현상을 피할 수 있게 되며, 학습자는 새로운 학습 과제에서 성공적으로 학습을 계속할 수 있게 된다.

② 학습 활동의 강화이다. 형성평가를 통해서 설정된 학습 목표를 거의 달성하였다는 사실은 학습자가 확인하게 될 때 자신감과 만족감을 얻게 되어 보다 적극적으로 차후의 학습단원에 임할 수 있는 동기가 유발된다.

③ 학습곤란의 진단과 교정이다. 형성평가의 결과를 통해서 학생들은 자신의 학습곤란을 스스로 발견하며 그것을 제거해 나가는 데 힘쓰게 된다.

④ 학습지도 방법의 개선이다. 형성평가 결과를 통해서 교사가 정해놓은 일정 수준에 도달하지 못할 경우, 교사는 지도과정 중 어떤 부문에 허점이 있었는지를 찾아내어 재 지도를 해야 하며, 이러한 처방은 필요할 때마다 자주 시행해야 한다.

⑤ 학습 방향의 명시이다. 형성평가를 통하여 학생들에게 바람직한 학습의 방향을 명시하여 준다는 점들을 들 수 있다.

3) 총합평가

일정한 수업기간이 종료되면 일정한 수업의 양에 대하여 수업의 효과성을 포함한 종합적인 평가를 하게 되는데, 이를 총합평가(summative evaluation)라고 한다. 이를테면 교사들은 학기 말이나 학년 말에 학생들의 성적을 등급화하거나 점수를 부여하게 된다. 이러한 점수는 흔히 학교 생활기록부나 성적 일람표에 영구적으로 남게 된다. 총합평가는 다음과 같은 기능을 갖는다.

① 총합평가는 학생들의 성적을 부여한다. 수업 목표와 비교하여 준거참조평가를 실시할 수도 있고, 필요한 경우 규준참조평가를 실시할 수도 있다. 준거참조평가의 결과는 성공(pass) 혹은 실패(fail)로 할 수 있으며, 규준참조평가에서는 점수나 등위로 표시할 수 있다.

② 총합평가의 결과는 학생들의 학업 성취도를 예언할 수 있다. 일반적으로 미래의 성취도는 현재 학습 결과에 영향을 받게 된다. 현재의 학업 성취도는 미래의 성적과 높은 상관을 보이게 된다.

③ 총합평가는 교육성과를 비교할 수 있는 정보를 제공해준다. 이러한 목적의 평가는 Scriven이 강조한 비교평가의 기능을 가지게 된다. 비교의 규준은 학급, 학년, 지역 등에 따라 현저하게 다를 수 있다.

④ 총합평가는 학습지도의 장기적 질 관리를 하는 데 도움을 줄 수 있다. 학교에서 교육목적이나 수업 목표는 해가 바뀌어도 크게 변하지 않는 경우가 많다. 전년도의 총합평가는 새로운 학습계획을 수립하는 데 도움을 줄 수 있다.

4) 진단평가·형성평가·총합평가의 구분

진단평가·형성평가·총합평가의 차이와 특성을 제시하면 <표 12-1>과 같다.

〈표 12-1〉 진단평가·형성평가·총괄평가의 구분

구분	진단평가	형성평가	총합평가
기능	• 선행학습 수준 확인 • 학습 전 성취수준 결정 • 수업 전략을 위한 학생의 특성 확인 • 계속적 학습곤란의 원인을 결정	• 학습단위에 관련된 학생의 진보 상태를 교사가 확인 • 학생에게 피드백 • 학습단위의 구조에 따라 오류 확인 → 교수 방법의 대안제시	• 학습단위, 학기 및 학년말에 학생성적의 판정 및 자격부여
평가방법	규준참조평가 혹은 준거참조평가	준거참조 평가	일반적으로 규준참조평가이나 준거참조평가도 적용
시기	• 학습초기, 학기 및 학년 초기에 수준별 능력 배치를 위하여 • 수업시간에 정상수업만으로는 학생이 지속적인 학습의 도움을 받지 못할 경우	수업진행 간	일정한 학습단위가 종료된 후, 학기 및 학년 말

구분	진단평가	형성평가	총합평가
평가시 강조점	• 지적·정의적·심동적 행동 • 신체적·환경적·심리적요인	지적 행동	• 일반적으로 지적 행동 • 교과의 특성에 따라 심리적 행동 혹은 정의적 행동
검사도구의 형태	• 사전검사를 위한 형성평가 및 종합평가 도구 • 표준화 검사 • 교사제작검사	• 학습단위의 목적에 적합하게 고안된 형성평가 도구 • 교사제작검사	• 주요 교육목표의 달성 정도를 파악하려는 종합평가 도구 • 표준화검사 • 교사제작검사

2.2 평가기준에 따른 분류

1) 임의평가

임의평가란 평가기준이 객관적이고 과학적인 검토와 연구에 의해서 이루어진 게 아니라 교사의 개인적이고 주관적인 판단에 의하여 임의로 설정되고 평가되는 것을 말한다. 임의평가는 현대적인 교육평가 이전인 교육평가 이론의 부재 내지 공백상태에서 사용되었던 하나의 평가방법이라고 하겠다. 예컨대, 교사가 가르친 내용 중에서 교사가 임의의 기준에 의거 적당하게 문제를 출제해서 시험을 치르는 평가 형태를 의미한다. 평가기준 역시 교사의 고유 권한으로 교사의 주관적인 판단에 의해서 결정된다. 이 평가는 객관적이고 체계적인 평가기준이 없어 평가결과에 대한 판단이 일정하지 못한 단점을 가지고 있다.

2) 규준참조평가

규준참조평가(norm referenced evaluation)를 '상대평가'라고 한다. 즉 동일집단의 규준에 비추어 어느 정도 수준에 위치하고 있는가를 알아보기 위해 실시된다. 어떤 시험의 채점결과에서 얻은 원점수(raw score)를 표준점수 척도로 환산하여 이 표준점수 척도에 의거해서 평가하는 방법이다. 따라서 상대평가는 개인의 집단 속에서 위치를 다른 사람과 비교해서 상대적으로 판단하는 평가이다. 규준참조평가의 특징은 다음과 같다(김정일 외, 2000).

① 개인차 변별을 위해 널리 활용되고 있다. 개인차 변별을 위해서는 정확하게 측정해야 하고 성적 표시 또한 비교를 통해서 하게 된다.

② 규준참조평가는 비교를 하게 되므로 학생들을 동기유발 시킬 수 있다. 특히 이해관계가 높은 평가 상황일수록 이러한 평가유형을 채택하게 된다.

③ 규준참조평가는 비교를 위해서 원점수를 표준점수로 변화시켜 사용한다. 이러한 평가유형에 모두가 익숙하게 되면 인간의 자아실현이나 변화 가능성에 대한 신념은 약화될 수 있다. 모두가 1등을 할 수 없으며 누군가 꼴찌를 해야 하기 때문이다.

④ 규준참조평가는 비교집단의 상대적 위치에서 해석되기 때문에 오히려 능력의 향상에 대한 올바른 평가가 이루어지기 어렵다. 어떤 학생이 열심히 노력하여 지난번 평가에서보다 매우 높은 점수를 받았으나 규준집단과 비교를 하면 그렇게 높게 나타나지 않을 수 있다.

⑤ 규준참조평가는 지나친 경쟁의식을 조장하게 되어 정신 위생에 해로울 수 있다. 성적이 우수한 학생이 더 고민하거나 자살하는 경우도 있으며 성적이 낮은 학생 경우 항상 초조하게 되고 허탈감에 빠질 수 있다.

⑥ 규준참조평가는 교수-학습의 개선에 정보를 제공하지 못할 수 있다. 비교만을 목적으로 하기 때문에 교육목표의 달성도에는 관심을 가지지 않기 때문이다. 교육평가에서 개선의 기능은 매우 중요하다.

⑦ 규준참조평가는 학생들의 능력이 정상분포를 이루고 있다고 가정하므로 교육에 의한 학습자들의 능력의 변화를 인정하지 않는다. 교수·학습에 의한 학습자의 변화가 고려되지 않으므로 수업 방법이나 교육 효과를 기대하기 어렵다.

3) 준거참조평가

준거참조평가(criterion referenced evaluation)란 다른 말로 '절대평가'라고 지칭한다. 절대평가는 교과의 목표라든지 사회의 요구 등에 따라 학생 개개인이 그 목표나 요구를 어느 정도 성취하고 있는가의 정도에 따라 평가하는 방법이다. 이 평가는 교육목표와 학습 목표를 설정하고, 목표를 완전학습 혹은 성취할 수 있는 최저 수락 기준을 설정한다. 그리고 이 최저 수락 기준에 비추어 학생 개개인의 학업 성취의 정도를 확인하려는 것이 기본입장이다. 그러므로 학업 성취도는 동일집단 내의 학생들과 비교·평가하는 게 아니고 학생 개개인이 학습 목표나 교육 목표에 달성되었는지 여부에 따라 성적을 부여하는 방식이다. 이와 같은 준거참조평가의 특징은 다음과 같다.

① 검사의 타당도를 강조한다. 상대평가가 검사도구의 신뢰도를 크게 강조하는 반면에 준거참조평가는 타당도를 중시하여 수업 목표를 얼마나 충실하게 측정하고 있느냐가 강조된다.

② 부적 분포를 기대하게 한다. 이를테면, 준거참조평가는 모든 학생이 설정된 교육목표를 달성해 주기를 기대하고 있기 때문에 자연히 검사점수의 분포가 부적으로 치우쳐진 분포곡선이 될 것을 기대한다.

③ 준거참조평가에서 인간은 노력하기에 따라서 무한히 발전될 수 있다고 믿는다. 그렇기 때문에 학습자는 누구나 그에게 알맞은 교수·학습의 기회만 제공된다면 주어진 학습 목표에 도달할 수 있는 신념이 기저를 이룬다.

그러나 준거참조평가의 단점은 다음과 같다(권건일, 2000).

① 개인차의 변별이 용이하지 않다.

② 내재적 동기를 중요시하기 때문에 외재적 동기를 학습에 적용할 수가 없다.

③ 준거참조평가의 기준은 교수목표이기 때문에 타 집단과 비교가 어렵다.

④ 통계적 활용이 어렵다. 통계적 활용은 정상분포의 이론에서는 가능하지만 준거참조평가에서는 이 정상 분포를 부정하므로 절대기준평가의 점수를 활용할 수 없어 통계적 활용이 불가능하다.

⑤ 준거참조평가의 가장 큰 문제는 절대기준을 설정하는 학습 과제의 위계화 분석이 필수적으로 요구된다. 그러나 이러한 작업은 고도의 전문성을 요구된다. 교육에 있어서 절대기준은 교수목표이지만 이러한 교수목표를 누가 정하느냐 혹은 어떻게 정하느냐 하는 문제에 직면하게 된다.

4) 규준참조평가와 준거참조평가의 비교

규준참조평가와 준거참조 평가의 차이점을 제시하면 <표 12-2>와 같다.

〈표 12-2〉 **규준참조평가와 준거참고평가의 비교**

구분	규준참조평가	준거참조평가
교육관	선발적 교육관	발달적 교육관
의미	상대적 순위파악(상대평가)	교육목표 달성도 확인(절대평가)
장점	• 개인차의 변별가능 • 경쟁을 통한 외재적 동기유발 • 교사의 주관을 배제	• 교육목표에 대한 적극적 신념 • 협동적인 학습가능 • 정신위생에 공헌
단점	• 경쟁심을 조장 • 진정한 학업 성취도 판단 불가 • 정신위생에 나쁨 • 종합평가	• 성취도 수준 결정이 곤란 • 통계적 활용이 곤란 • 객관성과 신뢰성이 문제

2.3 행동목표에 따른 분류

1) 인지적 평가

인지적 영역은 지식의 재생과 재인(再認), 그리고 지적 능력과 기능의 개발 등을 포함한다. 이 영역에서는 주로 '복합성의 원칙'이 주가 되며, 인지적 행동에 필요한 개념이나 개념 능력의 단순성·복합성의 차원에 따라 다음 여섯 가지 인지적 행동형으로 분류되고 있다. 이를테면, 지식·이해·응용·분석·종합·평가이다. 이들 요소는 뒤쪽으로 갈수록 고등정신이 요구되며, 앞쪽의 요소는 인지적 행동형의 기초요소이다. 인지적 평가는 이들 6대 행동요소들의 학력수준, 난이도, 평가목적 등에 적합하게 구성되어야 한다.

2) 정의적 평가

정의적 영역은 감정·태도·가치에 있어서의 변화와 감상력·적응력의 개발 등과 관련되어 있다. 이 영역의 목표는 가치를 체득하는 형태가 되며 '내면화 원칙'에 따라 가치를 감지하는 하위수준으로부터 가치를 내면화하는 최상위 수준으로 옮아간다고 가정하여, 위계적 순서에 의거 감수·반응·만족·가치화·조직화·성격화로 분류한다. 이러한 정의적 평가는 주로 관찰법, 면접법, 질문지법, 사회성 측정법, 평정법 등이 사용된다.

3 평가도구의 기준

공정한 평가를 위해서는 무엇보다도 좋은 측정도구나 검사 도구를 사용해야 한다. 평가자는 검사 작성에 대한 전문적인 지식이나 소양을 갖추어야 하며 좋은 도구를 선정할 수 있는 식견을 가지고 있어야 한다. 이와 같은 검사도구가 지녀야 할 준거로 타당도·신뢰도·객관도·실용도 등을 들 수 있다.

3.1 타당도

타당도(validity)란 특정의 개인 또는 집단에 대해 그 도구가 평가하려고 하는 평가목표를 정확하게 잴 수 있는 성질을 말한다. 그러므로 타당도라는 개념에는 반드시 준거가 따르기 마련인 데, 결국 타당도란 '무엇에 비추어 본 기준'을 중심으로 판가름할 수 있는 것이다. 그렇다고 타당도는 언제나 재려고 하는 측정의 특수한 목적이나 경우에 모두 적용되는 일반적이고 추상적인 개념은 아니다. 이러한 타당도는 일반적으로 네 가지 종류, 즉 내용타당도·예언타당도·공인타당도·구인타당도를 들 수 있다.

1) 내용타당도

내용타당도(content validity)는 흔히 논리타당도(logical validity)라고 부르기도 한다. 이는 우선 측정하려는 개념이나 사물을 논리적으로 분석·종합하고, 한편으로는 실제 측정하고 있는 검토 문항들의 내용을 판단하여 이 둘이 어느 정도 합치하느냐의 정도를 비교·검토하게 된다. 그러나 여기서 의미하는 검토는 비교적 주관적인 논리적인 방법에 의한 것으로 실증적 방법으로 검증하게 되는 예언·구인·공인타당도와는 차이가 있다.

예컨대, 태도 측정의 내용타당도를 검토하는 경우 먼저 태도를 분석하며 인지적 영역·정의적 영역·기능적 영역 등 세분된 정의를 내리고 실제로 측정에 사용된 문항들이 이들 영역을 어느 정도 포괄적으로 순수하게 재고 있느냐를 비교·판단하는 것이다. 이때 만일 태도 측정이 한쪽 영역이나 또는 엉뚱한 것들을 재고 있음이 드러났다면 그만큼 측정의 타당도는 낮다는 말이 된다.

2) 예언타당도

예언타당도(predictive validity)란 검사에서 얻은 결과가 과연 앞으로의 행동을 얼마나 정확하게 예언하느냐를 검증하는 방법이다. 내용타당도가 내적인 기준에 비추어 검증하는 것이라면, 예언타당도는 외적인 기준에 비추어 타당도를 검토하는 것이다. 예컨대, 대학입학전형에서 고등학교 내신 성적과 대학수학능력 점수를 반영하는 이유도 바로 이러한 점수들이 대학에서 수학능력을 나타내는 평균평점과 높은 상관관계를 나타내고 있기 때문이다. 신뢰도가 낮으면 예언타당도가 낮아지게 된다.

3) 공인타당도

공인타당도(concurrent validity)란 한 측정의 점수와 어떤 준거 점수와의 상관관계를 통해서 타당도를 검사한다는 점에서 예언타당도와 같으나 준거점수가 앞으로의 효과가 아니라 현재의 성과라는 점에서 그 차이가 있다.

예컨대, 한 지능검사가 있다면 이 지능검사의 점수가 그 사람의 행동으로 나타난 지능의 정도와 실제로 어느 정도 일치하는가를 검토해서 그 검사의 타당도 여부를 가려내는 방법이다. 뿐만 아니라 한 측정의 결과와 과거에 이미 만들어진 정평 있는 측정도구로 잰 결과를 비교해서 두 측정결과의 합치성 여부를 상관계수 산출을 통하여 가려내는 것도 공인타당도 방법 중의 하나이다.

4) 구인타당도

구인타당도(construct validity)는 한 검사가 조작적으로 정의되지 않은 어떤 특성이나 성질을 측정했을 때, 그것을 심리학적 개념으로 분석하고 의미를 부여하는 과정으로 규정할 수 있다. 예컨대, '이 특성을 가진 사람은 X의 상황에서 Y의 행동이 보일 것이다.'라는 가설을 세운다. 그리고 가설을 검증하기 위하여 경험적 자료를 수집하며, 수집된 증거에 의하여 가설의 적합성 여부를 추론한다.

이는 구인의 성질에 관한 이론과 법칙을 정리하려는 과정이기 때문에 검사 자체보다 구인의 확인과 이론형성을 위한 타당화 방법이다. 구인타당도는 예언타당도와 같이 보편적으로 활용할 수 있는 실용성은 가지고 있지 않지만, 새로운 개념을 제안하고 이론적으로 검증하는 데 주로 사용되고 있다. 이를테면, Thurstone이 제시한 기본정신능력(primary mental ability)인 어휘력·수리력·공간력·지각력·기억력·언어 유창성도 지능의 하위구인이라고 할 수 있다.

3.2 신뢰도

타당도가 재려고 하는 그 무엇(What)을 제대로 재고 있느냐의 문제라면, 신뢰도(reliability)는 검사도구가 어떻게(how) 일관성을 가지고 있는지 혹은 안정성 있게 측정하는가의 정도를 나타낸다. 검사가 재려고 하는 속성을 오차 없이 측정했을 때 신뢰할 만하게 측정하였다고 할 수 있으며 신뢰도가 높다고 할 수 있다. 대부분의 신뢰도는 두 검사 점수의 상관계수를 근거로 산출되면 가장 클 때가 1이다. 신뢰도에는 검사-재검사신뢰도·동형검사신뢰도·반분 신뢰도·문항내적합치도가 있다.

1) 검사-재검사 신뢰도

검사-재검사 신뢰도(test-retest reliability)는 한 개의 검사 도구를 동일집단에서 동일 피험자에게 시간의 간격을 두고 2회 실시해 처음에 얻은 점수와 나중에 얻은 점수간의 차이를 상관계수로 나타낸다. 여기서 실시 간격을 어느 정도로 하느냐에 따라 상관계수는 달라질 가능성이 높다. 예컨대, 시간간격이 짧을 때는 처음 검사의 직접적인 영향을 받을 수 있는 것이고, 반대로 너무 길게 잡을 때는 피험자의 행동특성이 변할 수 있다. 이런 연유에서 검사-재검사신뢰도는 과대 추정되기 때문에 잘 사용되지 않고 있다. 만일 검사-재검사신뢰도를 사용할 경우 신뢰도 계수를 보고 시에 실시간격을 기록해 주는 것이 중요하다.

2) 동형검사 신뢰도

동형검사 신뢰도(equivalent form reliability)는 문항은 다르지만 같은 특성을 지닌 두 유형의 시험지로 동일 집단에서 검사하는 방법을 동형검사라고 한다. 즉, 동형검사 신뢰도는 문항 자체는 측정이론의 입장에서 두 검사가 동질적인 것을 묻고 있다고 보는 견해이다. 이 경우 신뢰도 계수는 표본검사의 적절성 여부를 나타낸다. 높은 신뢰도의 계수는 두 개의 독립적 평가도구가 유사하거나 같은 것을 측정하고 있음을 가리킨다. 반대로 낮은 신뢰도 계수는 두 평가도구의 형식에서 각각의 문항이 의심스러움을 말해준다. 이 검사는 시간적 요인을 감소시키므로 재검사신뢰도 보다 바람직하며, 동형검사신뢰도를 동형성 계수(coefficient of equivalent)라고도 한다.

3) 반분신뢰도

반분신뢰도(split-half reliability)는 한 개의 검사를 실시한 후 이를 두 개의 동등한 부분으로 나누어 독립된 채점을 하여 두 개의 반분된 검사간의 상관관계를 나타내는 것이다. 반분신뢰도에는 흔히 홀수 문항과 짝수 문항으로 나누어 그 분할된 두 부분의 상관을 산출하는 방법이 있다. 여기서는 하나의 검사 도구를 적절한 방법에 의해 두 부분으로 분할 후에 이 두 부분을 독립된 검사로 하여 상관을 측정하는 데 그 정도를 상관계수라고 한다. 반분신뢰도를 동질성 계수(coefficient of homogeneity)라고도 한다.

4) 문항내적합치 신뢰도

문항내적합치 신뢰도(inter item consistency reliability)는 검사 내에 있는 문항 하나마다 독립된 한 개의 검사로 간주하여 문항별 상관계수를 구하여 이를 종합하는 방법이다. 문항내적합치 신뢰도는 검사의 동형성 및 동질성을 측정하는 기초를 제공한다. 만일 동형검사 신뢰도 혹은 부분검사 신뢰도에서 다같이 높은 두 개의 검사가 내적 합치도 계수가 낮다면, 그것은 그 검사 속에 있는 문항의 동질도가 낮기 때문이라는 결론을 내리게 된다. 문항내적합치도 계산에는 Cronbach-α 계수가 가장 많이 사용된다.

3.3 객관도

객관도(objectivity)란 검사자의 신뢰도라 할 수 있는 데 검사의 채점자가 얼마나 객관적인 입장에서 어느 정도 일관되고 공정하게 채점하느냐 하는 문제와 관련된 것이다. 예컨대, 동일한 피험자의 답안지를 가지고 A라는 교사는 90점, B라는 교사는 70점, C라는 교사는 50점을 부여했을 경우, 객관도는 신뢰롭지 못하다. 이와 같은 경우는 보통 두 가지의 이유를 들 수가 있는데, 하나는 평가자 자신의 소양 문제이고, 다른 하나는 측정도구 자체의 불완전성의 결과로 볼 수 있다. 서답형 문항의 채점에서 객관도를 높이기 위한 방법은 다음과 같다.

① 많은 채점자들이 독립적으로 채점하여 이를 종합한다.
② 채점에 앞서 그 채점기준을 세운다.
③ 총체적 채점보다 분석적 채점을 한다.
④ 검사자의 인상, 편견, 추측, 착오 등 주관적인 요인을 최소한도로 줄여야 한다.

3.4 실용도

실용도(usability)란 검사 도구의 실용성을 의미한 것으로 경비와 시간, 구입, 실시, 해석 등에서의 노력을 최소화하면서 소기의 목적을 얼마나 달성할 수 있느냐의 정도를 뜻한다. 아무리 신뢰도, 타당도가 검증되고 객관도를 유지하는 검사자라 할지라도 검사를 실시하는 데 있어 실용성과 관련된 요인들로 부담을 받으면 어려움이 따르게 마련이다. 그러므로 지시사항이 간단하고 명확하며 검사 문항수가 적당하여 검사 실시가 용이해야 한다. 또한 채점이 용이해야 하고 결과 해석과 적용의 용이성, 그리고 검사비용의 적절성 등이 고려되어야 한다.

4 교육평가의 실제

교육평가 문항의 올바른 제작을 위해서는 우선적으로 문항 작성자가 측정하려는 교과목에 대하여 충분한 지식과 합리적이고 투철한 교육관을 가지고 있어야 한다. 문항작성자는 검사대상에 대한 심리적 상태를 잘 이해하고 자신의 생각을 정확하게 표현할 수 있는 문장 능력을 구비해야 하고, 문항 작성과 관련하여 평가하고자 하는 목적이 무엇이고 그 평가하고자 하는 측정 도구는 적절한지 등을 고민해야 한다.

또한 평가하고자 하는 평가도구가 어느 한 특정집단에 불이익이 작용하지 않고 모든 학생들에게 공정함을 보장할 수 있는지 등의 예상되는 문제점에 대하여 문항 작성 시 고려해야 한다.

우선, 평가목적과 관련하여 무엇을 위해 출제하며 그 평가결과는 무엇에 사용하려는지 명확한 목적을 세워야 한다. 이는 평가의 실제적 수단으로서의 문항개발과 관계된 제반활동, 즉 출제의 방향 설정·내용·방법 등이 결정될 수 있기 때문이다. 그리고 수업 과정에 따른 평가목적은 무엇을 위한 목적으로 실시하고자 하는가에 대한 물음으로 여기에는 배치고사를 위한 목적, 형성평가를 위한 목적, 진단평가를 위한 목적, 총괄평가를 위한 목적 등으로 구분될 수 있다.

이처럼 교육평가의 형태와 용도도 다양하다. 이 중에서도 개별 학생에게 주어진 학습 목표 및 교육목표를 어느 정도 달성했는가를 알아보는 학업 성취도 평가는 매우 중요하다. 이것은 교사가 학생들로 하여금 교육목표 및 학습 목표 달성도를 결정하는 것을 돕기 때문이다. 이런 목표달성 정도를 알아보는 검사에는 구술검사·작업검사·필답검사·관찰법·면접법·사회측정법·평정법 등이 있다. 이 중에서 가장 많이 사용되는 것이 필답검사이다.

그러나 필답검사가 교육목표 및 학습 목표의 달성도를 측정함에 있어 모두 적용될 수 있는 것은 아니다. 예컨대, 인지적 영역의 행동(지식·이해·적용·분석·종합·평가)은 이 검사로 어느 정도 측정해 낼 수 있으나, 정의적 영역의 행동(수용·태도·흥미·가치·감상)과 운동 기능적 영역의 행동(관찰·모방·연습·적응)의 측정은 제한적일 수밖에 없다. 그러므로 여기서는 인지적 영역과 정의적 영역의 행동 평가를 구분하여 살펴보기로 한다. 두 가지 평가를 살펴보기 전에 사전작업이라 할 수 있는 이원분류표 작성에 대해서도 살펴보기로 한다.

4.1 이원분류표 작성

평가의 목적이 결정되고 그에 따른 출제방향이 설정되면 출제내용의 범위가 정해진다. 바로 그 다음 단계가 출제계획, 즉 내용 및 행동 영역을 명확하게 하여 모든 평가문항 작성의 근거를 마련하기 위한 작업으로 우리는 이를 이원분류표라고 한다.

이 이원분류표는 수업 목표를 분류할 때 학습결과를 내용과 행동으로 도식화시켜 목표를 확인하고 분류하는 작업과정을 뜻하는 데 교육목표의 이원분류는 교육평가에서의 평가대상을 내용과 행동의 차원에서 그 성격을 분명히 하고 종합하는 기능을 해준다. 이원분류표에 포함될 요소는 출제 문항 수, 내용 영역별 문항표집 계획 및 그 비중, 행동영역별 문항표집 계획 및 그 비중 등이 구체적으로 제시된다. 여기서 이 두 가지 영역에 대하여 살펴보고 이원분류표를 제시하고자 한다.

1) 내용영역의 분류

① 내용의 분류는 원칙적으로 교육과정과 교과서를 바탕으로 작성한다. 단, 교과서의 특성에 따라 교육과정과 교과서의 단원구성이 현격히 차이가 있을 때는 출제위원들의 협의와 평가위원의 협의에 따라 교과를 포괄하는 영역 및 세부내용을 결정할 수 있다.

② 영역란에는 교육과정이나 교과서의 단원을 기입하되 단원분류가 제한되는 교과목은 해당 교과별 분류방법에 따라 기입한다.

③ 세부 내용란은 가능한 한 구체적으로 제시함으로써 특정부분 또는 특정 교과서에 편중되지 않았다는 실증적 증거를 보여준다.

2) 행동영역의 분류

행동영역을 구성하고 있는 교육목표는 크게 구분하여 인지적 영역, 정의적 영역, 그리고 심동적 영역으로 구분한다. 이를 세분화하면 ①인지적 영역(지식·이해·적응·분석·종합·평가) ②정의적 영역(감수반응·가치화·조직화·인격화) ③심동적 영역(관찰·모방·연습·적응)이다. 그러나 실제로 인지적 영역의 학력의 측정과 관련하여 행동의 분류는 원칙적으로 지식·이해·적용의 세 영역으로 구분하되, 교과목의 특성에 적합한 다른 분류방식도 적용 가능하다.

① 지식은 인지나 재생에 의하여 과거에 학습한 것을 회상해 내는 능력이고

② 이해는 자료, 기호, 혹은 언어의 의미를 파악하려는 능력이며

③ 적용은 과거에 학습한 내용을 새로운 구체적 사태에 적용할 줄 아는 능력이다.

이상의 내용영역과 행동영역에 따른 이원분류표(예)를 제시하면 <표 12-3>과 같다.

〈표 12-3〉 **이원 분류표(예)**

내용영역	문항 수	비율	행동영역	문항 수	비율
교육심리학의 기초	2	10	지식	4	20
인간발달	1	5	이해	10	50
개인차	2	10	적용	6	30
정의적 특성과 학습	2	10			
학습	2	10			
수업	2	10			
기억과 전이	1	5			

내용영역	문항 수	비율	행동영역	문항 수	비율
정신건강	2	10			
생활지도 및 상담	2	10			
교육평가	4	20			
총계	20	100		20	100

4.2 인지적 평가

인지적 영역의 평가는 학생들의 표현력·사고력·종합력·창의력 등 인간의 고등 정신기능을 측정하는 평가이다. 여기에는 논문형 검사 및 객관형 검사가 있다.

1) 논문형 검사

논문형 검사는 전통적으로 사용했던 시험방법으로 주제에 대하여 자유롭게 기술하는 방법이다. 이 방식은 20세기 초에 측정(measurement)이 강조되면서 주관적이라는 이유로 비판을 받다가 오늘날 평가전문가들의 연구에 힘입어 널리 사용되고 그 가치를 인정받고 있다. 문제는 비교적 적은 수를 출제하며 일반적으로 무엇에 대해 써라, 설명하라, 논하라, 요약하라, 분석하라, 비교하라, 비판하라, 구분하라, 기술하라 등의 서술어로 기술된다.

(1) 논문형 검사의 예문

- 【비교능력】 남한과 북한의 학제에 대하여 비교하라.
- 【관계의 이해】 학교교육이 사회발전에 어떤 영향을 주었는지를 기술하라.
- 【사태의 설명】 각인현상에 대하여 설명하라.
- 【요약능력】 제7차 교육과정의 내용을 간단히 요약하라.
- 【사태의 분석】 학생들이 선호하는 교사의 성격에 대하여 분석하라.
- 【지식·원리의 응용력】 자발성의 원리를 설명하고, 이 원리가 적용되고 있는 것을 열거하라.
- 【평가 비판력】 현행 대학교육제도의 개선방향을 기술하라.

- 【가치관】 학교와 지역사회의 정보네트워크 현안문제에 대하여 논술하라.

(2) 논문형 검사의 작성 간 유의점

- 교육목표를 분명히 하고 이와 관련된 정신작용을 고려해야 한다.
- 논문형 검사로 잴 수 있는 교육목표에 한하여 출제한다.
- 질문 요지를 분명히 나타내도록 문제를 출제한다.
- 학생의 정도를 고려한 자유도(自由度)를 규정한다.
- 곤란도를 조절하여 제한된 시간 내에 모든 문제를 해결할 수 있도록 쉬운 문제부터 배열한다.

(3) 논문형 검사의 장단점

① 장점

- 반응의 자유도가 높다.
- 복잡한 고등정신기능의 측정이 용이하다.
- 인성진단의 자료를 얻는 데 효과적이다.
- 학습 태도를 개선해주고 바람직한 학습 방향을 제시해 준다.
- 문항제작의 시간과 노력이 절감된다.

② 단점

- 문항의 표본이 제한된다.
- 채점 간 시간과 노력이 많이 소요된다.
- 채점의 신뢰도 및 객관도가 부족하다.

2) 객관형 검사

객관형 검사에서 일반적으로 많이 사용되는 검사는 진위형·선다형·완성형·단답형·배합형이 있다.

(1) 진위형

진위형(true-false type)은 어떤 문항의 진술된 문장이 맞고 틀리는지를 판단하게 하는 형식으로 옳은 진술에는 O, 틀린 진술에는 X 등의 기호로 표시한다.

① 진위형의 예문

1. 절대평가란 규준참조평가이다.(　　)
2. 신뢰도란 '무엇을 재고 있느냐'의 개념이다.(　　)

② 진위형 문항의 제작간 유의점

- 길고 복잡한 진술은 피한다.
- 교과서에서 따온 문장을 그대로 사용하지 않는다.
- 가급적 부정적인 문장은 삼간다.
- 반드시 진실이 아니면 거짓인 진술을 말한다.
- '절대로', '꼭', '반드시', '결코', '단' 등의 제약을 주는 용어는 피한다.
- 거짓과 진실의 문항은 거의 동일한 수로 하며, 문항배열 간 섞어 놓는다.

③ 진위형 문항의 장단점

- **장점**
  - 문항을 많이 낼 수 있으므로 광범위한 능력을 잴 수 있다.
  - 문항 작성이 쉽다.
  - 사실의 이해나 과학적 판단력 측정에 적합하다.

- **단점**
  - 정답에 대한 우연적 적중률이 객관적 검사 가운데 가장 높다.
  - 문항 구조가 간단하여 문항 초점이 불명확하게 되기 쉽다.
  - 고등정신기능의 측정이 곤란하다.

(2) 선다형

선다형(multiple-choice type)은 한 문항에 답지를 둘 이상 제시하여 이들 중에서 정답을 선택하게 하는 형식이다. 이 방식은 문항작성의 기술에 의해 단순지식이나 기초능력에서부터 자료 해석력, 판단력, 추리력 등 고등정신 기능까지도 측정할 수 있다.

① 선다형의 예문

1. 상담이론에서 행동주의적 접근 기법은?
   가. 자유연상　나. 가치판단　다. 꿈의 분석　라. 전이분석
2. 인지주의 학습이론에 적합한 학자와 동물은?
   가. 스키너-쥐　나. 파블로프-개　다. 쏜다이크-고양이　라. 쾰러-원숭이

② 선다형 문항의 제작간 유의점

- 문항과 답지는 의미상으로 잘 관련이 지어지도록 한다.
- 답지에 어려운 전문적인 용어를 사용하지 않는다.
- 문항은 의문형 혹은 미완성 문장으로 하되 간단명료하게 작성한다.

③ 선다형 문항의 장단점

- **장점**
  - 제작상의 기술에 따라서 고등정신 기능까지도 측정할 수 있다.
  - 채점이 객관적이며 쉬우므로 결과 처리를 신속 정확하게 할 수 있다.
  - 선택답지가 많으므로 진위형보다 우연적 적중률이 낮다.
  - 문항의 분량이 많아서 포괄도가 높다.

- **단점**
  - 동질적인 선택지의 선정에 시간이 많이 소요된다.
  - 표현력 및 작문 능력의 측정이 곤란하다.

(3) 완성형

완성형(completion type)은 문장의 일부를 공간으로 남기고 그 공란에 낱말이나 어구를 기입하게 하여 그 문장을 완성시키는 것이다. 일반적으로 지식이나 기억을 측정하는데 사용되며 세련되게 작성하면 고도의 이해력이나 판단력도 측정 가능하다.

① 완성형의 예문

1. 검사라는 말은 (　　　　　)을 의미한다.
2. (　　　　　)는 학생의 출발점 행동에 대한 평가이다.

② 완성형 문항의 제작 간 유의점

- 문장 속에 공간을 너무 많이 만들지 않는다.
- 공란은 가급적 같은 길이로 한다.
- 문장 속에 공란을 만들 때는 제일 중요한 부분을 생략한다.
- 정답이 반드시 하나인 것을 사용한다.

③ 완성형의 장단점

- **장점**
  - 추측에 의한 정답이 적다.
  - 비교적 고도의 이해력이나 판단력을 측정할 수 있다.

- **단점**
  - 단편적인 지식이나 기억력 위주의 측정에 그치기 쉽다.
  - 추리력·종합력·표현력을 평가할 수 없다.

(4) 단답형

단답형(short-answer type)은 질문에 대하여 간단한 답변을 하게 하는 형식으로 누가, 언제, 어디서 무엇을 등의 사실적 지식이나 간단한 기능을 알아내는 데 많이 사용된다.

① 단답형의 예문

1. 실학주의 교육에서 중요시하는 사상은 무엇인가? (   )
2. 루소는 청년기를 제2의 탄생기라고 했는데, 이는 무엇을 뜻하는가?(   )

② 단답형 문항의 제작 간 유의점

- 교과서에 나오는 문장을 그대로 인용하지 않는다.
- 정답이 하나만 나오도록 질문을 명료화한다.
- 정답에 부합되도록 충분한 공간을 주고 채점하기 쉽게 배열한다.
- 모범답안 또는 채점 기준을 문제와 동시에 작성한다.

③ 단답형 문항의 장단점

- **장점**
  - 초점을 질문하므로 정답을 명확히 쓸 수 있다.
  - 추측에 의한 정답을 찾기가 어렵다.
  - 문항 작성에 전문적인 기술이 필요 없으며 짧은 시간에 많은 문항을 작성할 수 있다.

- **단점**
  - 암기 위주의 학습을 유도할 우려가 있다
  - 정답이 여러 개 나올 수 있으므로 객관적인 채점이 곤란할 수 있다.
  - 이해력·판단력·추리력·응용력을 측정하기 어렵다.

(5) 배합형

배합형(matching type)은 선택형의 복합형식으로 전제(前提)와 답지(答紙)를 많이 만들어서 양쪽의 계열에서 서로 관계가 있는 것끼리 선을 그어 묶어 놓게 하는 방법으로 좌우 혹은 상하로 두 줄로 몇 개 사항을 배열하여 관계있는 것끼리 선을 긋게 하거나 번호를 표기하게 한다. 이런 방식은 일반적으로 연대, 책과 저자, 원인과 결과의 관계 등 지식과 이해를 측정하는데 사용된다.

① 배합형의 예문

❑ 서로 관계있는 것을 골라 (　　)속에 번호를 기입하라.

1. ① 등간척도　　학급 석차(　　)
   ② 명명척도　　습도계 눈금(　　)
   ③ 서열 척도　　중앙치(　　)
   ④ 비율척도　　야구선수 백넘버(　　)
   　　　　　　　CGS 단위(　　)

2. ① 표준화 검사　　평균치의 차의 유의성 검증(　　)
   ② 적성검사　　몰가치성(　　)
   ③ 교육측정　　예언(　　)
   ④ 형성평가　　측정치의 안정성(　　)
   　　　　　　　교사 자신이 제작한 도구(　　)
   　　　　　　　규준 점수(　　)

② 배합형 문항의 제작 간 유의점

- 양쪽의 항목 수를 서로 달리하여 2~3개 더 많도록 한다.
- 어떤 관계로 배합할 것인가를 명백히 지시한다.
- 양쪽의 계열이 서로 동질적인 것으로 한다.

③ 배합형 문항의 장단점

• **장점**

– 제작 기술여하에 따라서는 여러 가지 고등정신기능을 측정할 수 있다.

– 짧은 시간에 중요한 인물과 사건 및 시대를 동시에 관련지어 생각하는 능력을 측정할 수 있다.

• **단점**

– 피상적인 연상이나 기억 위주의 검사가 되기 쉽다

– 어떤 암시도 주지 않기 위한 동질적인 각 항목의 배열이 힘들다.

4.3 정의적 평가

정의적 영역의 평가는 정서, 수용 혹은 거부의 태도 등이 강조되는 내면적 심리의 목표를 말하며, 흔히 흥미·감사·태도·가치·적응·신념체계 등에 관련된 영역평가 간 정의적 영역을 인지적 영역보다 신뢰도·타당도·객관도 면에서 낮은 편이다. 이 영역의 평가가 인정을 받기 위해서는 검사도구의 기술개발이 요구된다. 정의적 영역의 평가방법으로는 주로 관찰법·면접법·질문지법·사회적 측정법·평정법 등이 있다.

1) 관찰법

관찰법(observation)은 분석하려는 관찰자의 오감을 통하여 직접적으로 조사대상이나 사물의 특성을 과학적으로 관찰 분석하려는 방법이다. 관찰법의 특징은 직접성과 현재성에 있으며, 현재 일어나고 있는 사태 혹은 조사대상의 행동이나 언어가 다른 사람의 관찰법의 특징은 다음과 같다.

① 조사 대상자의 자발적인 행동을 관찰할 수 있다.

② 현실적인 장면에서 폭넓은 행동을 볼 수 있다.

③ 값비싼 시설이나 도구가 필요 없다.

④ 한번 일어난 행동을 다시 관찰하려면 비교적 많은 시간이 소요된다.
⑤ 관찰자 자신의 선입견이나 편견이 작용할 수 있다.

이와 같은 관찰법은 특히 조사 대상자에게 관찰하고 있다는 의식을 주어서는 안 되며, 관찰기록의 방법이나 관찰의 시간, 그리고 관찰 장면의 선택에 대해서 사전에 신중한 계획을 세워야 할 것이다.

2) 면접법

면접법(interview)은 조사대상자와 직접 만나서 질의응답을 통하여 필요한 자료를 모으는 방법이다. 그러나 최근 들어 면접법은 높은 관심을 끌고 있다. 그 이유는 면접이 단순히 상대방으로부터 어떤 정보나 자료를 얻기 위한 차원을 넘어 면접과정에서 치료적 가치를 발견할 수 있기 때문이다. 다른 말로는 면접상담(Counseling interview)이라고 지칭한다. 면접법의 특징은 다음과 같다.
① 현재의 일 외에도 과거의 사실이나 미래의 희망까지도 파악할 수 있다.
② 면접과정에서 상대방의 태도나 표정을 통해 새로운 사실을 발견할 수 있다.
③ 질문을 자유자재로 할 수 있는 융통성을 가지고 있다.
④ 면접기술과 관련하여 고도의 기술과 훈련이 요구된다.
⑤ 결과를 통계적으로 하여 처리하는 것과 해석하는 것이 어렵다.
⑥ 면접 당사자 간 래포(rapport)가 형성되어야 한다.
⑦ 면접에 대한 요점을 기록하고 해석할 수 있어야 한다.
⑧ 면접과정에 나타난 비밀은 유지되어야 한다.

3) 질문지법

질문지법(questionnaire)은 보통 조사대상자가 설문을 읽고 회답을 직접 작성하는 '자기 보고식' 질문지법이라고 하며, 면접에 사용되는 것은 조사표라고 한다. 이를테면 조사대상자에게 제시하여 그들의 반응, 주된 태도와 의견 등을 알아보려는 것이 질문지법이고, 어떤 명확한 설명 없이 주로 사실적 문제를 확인하는 것이 조사표인 것이다.

최근 이 질문지법이 광범위하게 사용되고 있는데, 그 이유는 사회문제·인간문제·교육문제를 연구함에 있어 실험적 방법이나 관찰법·면접법만으로는 해결할 수 없는 문제들이 많이 있기 때문이다. 질문지법의 특징은 다음과 같다.

① 광범위한 문제에 대하여 많은 조사 대상자를 짧은 시간 내에 연구할 수 있다.

② 질문 및 자료를 엄격히 통제하거나 다룰 수 없기 때문에 자료에 대한 신뢰성이 낮은 편이다.

③ 질문지를 작성할 때는 가급적 간단하고 구체적이고 객관적인 것이 좋다.

④ 결과보고 시 사실만을 보고하는 게 바람직하다.

4) 사회성 측정법

사회성 측정법(sociometry)은 집단 내에서 개인의 사회적 위치 및 비공식적 집단형성의 구조를 알아내는 방법을 말한다. 집단 내에서의 구성원 개개인의 대인관계, 업무관계, 태도, 가치관 등에 대하여 상하 좌우의 구성원이나 동료로부터 상호 측정하는 방법이다. 이 사회성 측정법은 Moreno에 의해서 발전되었고, 최근 급속히 보급되어 교육현장 연구에도 사용되고 있다. 사회성 측정법의 특징은 다음과 같다.

① 문항작성이 쉬워 누구나 작성할 수 있으며, 검사시간이 5-6분으로 짧다.

② 결과의 응용범위 및 효과가 크다.

③ 인간관계나 집단의 구조는 유동성을 띠고 있음에도 불구하고 조사 결과의 해석에 있어서 고정적 현실의 관계로 생각하기 쉽다.

④ 선택 집단의 범위가 명확하고 조사대상자에게 의미 있는 특정한 기준을 마련해야하며, 무제한의 선택 혹은 거부를 허용하되 지시문은 친절하고 구체적이어야 한다.

5) 평정법

평정법(rating method)은 관찰결과를 어떤 척도상의 유목(類目)이나 숫자에 의거해서 기록하고 정리하는 방법으로서, 교육평가의 모든 분야에서 널리 쓰이고 있는 방법 중의 하나이다. 평정법은 평가자의 주관이나 편견 혹은 가치관의 차이 때문에 부정확하기 쉬운 관찰결과의 평가를 보다 엄밀하고 정확하게 평정해 낼 수 있으며, 다른 방법으로는 평가하기 어려운 복잡한 행동의 증거를 좀 더 세분해서 과학적으로 파악하고 평가할 수 있는 방법이다. 평정법의 특징은 다음과 같다.

① 여러 검사사태에 적용할 수 있다.
② 다양한 교육목표를 평가할 수 있다.
③ 평정자체가 실제적·이론적 준거가 될 수 있다.
④ 평정이 주관적 관점이 개입될 수 있어 평정의 타당도가 낮아질 수 있다.

그러므로 평정자는 관찰의 착오에서 벗어나도록 노력해야하며, 가능한 한 여러 평정자가 평정척도를 사용할 때 모든 평점단계를 사용하고, 평정척도에는 평정될 행동의 특성이 명백히 정의되어야 한다.

5 평가결과의 분석 및 활용

교육평가는 검사를 실시한 후 채점을 하여 분석을 통해 , 그 결과를 반드시 평가 목적에 적합하게 활용될 수 있어야 한다. 이때 중요한 것은 어떤 수준의 척도를 사용할 것인지를 결정하는 것이며, 얻어진 측정치를 분석하거나 해석할 때에도 어떤 척도를 통해 얻어진 것인지를 정확한 분석과 해석이 가능하다. 그리고 평가도구로 잰 측정치의 성질을 알아보기 위해 측정 단위의 종류, 점수 표시방법 및 기초적인 통계분석방법을 살펴보기로 한다(김대현, 김석우, 2001).

5.1 측정단위의 종류

1) 명명척도

명명척도(nominal scale)는 가장 낮은 수준의 척도를 뜻하며, 일반적으로 사물이나 사람을 구분·분류하기 위하여 사용하는 척도이다. 그러므로 수열의 연속성이 없기 때문에 척도의 구실을 제대로 못할 때가 있다.

예컨대, 성별 표시를 할 때 남자를 'M', 여자를 'F'라고 표시한다든지, 축구의 A라는 선수의 백넘버 '11'과 B라는 선수의 백넘버 '18'은 명명척도에 해당한다. 명명척도의 특징은 방향성이 없다. 다시 말해서 대상의 특성은 구분할 수 있으나 크기나 순서를 의미하지 않는다.

2) 서열척도

서열척도(ordinal scale)는 사물이나 사람의 상대적 서열을 표시하기 위하여 쓰이는 척도로서, 부여된 숫자 간에 순위나 대소를 결정하기 위해 사용된다. 예컨대, 학생들의 성적 등위, 몸무게 순위, 달리기 순위 등의 학업성적에 의한 석차를 부여하거나 일련의 순서에 의해 순위를 결정하는 것이 서열척도에 해당된다. 서열척도는 각 수치 사이에 양적인 대소나 서열은 성립되지만 서열 간의 간격이 동일하지 않으므로 측정단위의 간격 간에 동간성이 적용되지 않는다.

3) 동간척도

동간척도(interval scale)란 동일한 측정단위 간격마다의 동일한 차이를 부여하는 척도를 뜻하며, 등간척도라고도 한다. 동간의 의미는 척도상의 모든 단위사이의 간격이 일정하다는 의미이며, 이런 측면에서 동간척도는 서열척도와 마찬가지로 수치 사이에 대소 서열이 유지될 뿐만 아니라 수치들 사이의 간격이 동일하다. 동간척도의 예로는 달력의 날짜, 온도계의 섭씨나 화씨 등이 있다.

동간척도에는 상대적 의미만 지니는 기준의 영점은 있으나 절대 영점은 존재하지 않는다. 그러므로 동간척도에서는 가감만 가능할 뿐 승수의 법칙은 적용되지 않는다. 예컨대, 수학능력시험에서 60점을 받은 학생은 30점을 받은 학생보다 2배의 능력을 가졌다고 할 수 없으며, 0점을 받은 학생이라고 해서 학습능력이 전혀 없다고 할 수는 없다.

4) 비율척도

비율척도(ratio scale)는 서열성 및 동간성을 지니며 절대영점인 원점을 가지는 척도를 의미하며 무게나 길이 등을 예로 들 수 있다. 따라서 비율척도에서 어떤 특성이 영(零)이라는 것은 그 특성이 전혀 없는 아무 것도 존재하지 않는 절대영점을 의미한다. 결국 비율척도는 사물의 분류, 서열, 동간성, 비율을 나타내는 절대영점을 지니고 있다는 점에서 여러 척도 중 가장 완전하다. 비율척도는 가감승수가 가능하여 한 사물이 다른 사물의 몇 배라는 비율적 비교판단도 가능하게 된다. 예컨대, 길이 20cm와 10cm의 비율은 2:1로 나타낼 수가 있다.

5.2 점수 표시 방법

1) 원점수

원점수(raw score)는 어떤 검사에서 피험자가 획득한 원대의 점수를 결과 그대로 사용하는 방법이다. 이를테면, A라는 학생이 한 문항당 1점씩 채점되는 수학능력 평가에서 10문항 중 8문항을 맞추었다면, A라는 학생의 원점수는 8점이다. 즉, 원점수란 그 검사에 채점기준으로 채점했을 때 그 검사에서 받은 개수가 된다.

원점수는 피험자의 검사에 대한 수행능력을 숫자로 요약해 주기는 하지만, 다른 정보가 없을 경우 원점수 그 자체는 거의 무의미하다. 또한 여러 원점수들을 해석할 수 있는 기준이 없으므로 하나의 원점수의 상대적 위치를 알 수는 없다.

2) 백점만점 점수

백점만점 점수는 인위적으로 0과 100점을 기준점으로 하여 점수를 표시하는 방법이다. 만점을 100점으로 고정해 두기 때문에 편리하게 가장 흔하게 사용된다. 백점만점 점수는 인위적인 기준점을 제외하고는 그 특성이 원점수 표시방법과 같고, 척도의 단위에서 볼 때 서열척도나 그 이상의 동간척도에 해당하는 표시방법이다.

그러나 백점만점 점수는 유의미한 준거점이나 기준점이 없다. 예컨대, 관행적으로 90점 이상이면 우수, 60점 이상이면 기준 통과, 40점 이하면 불합격으로 해석하는 식의 합의가 이루어져 있으나 그 점수들의 배점을 위한 준거나 규준의 근거가 약하다. 또한, 점수의 안정성이 없어 객관성 및 일관성이 결여되어 있다. 즉 검사도구의 내용이 어렵거나 쉬움에 따라서 점수는 큰 차이를 보인다.

3) 등위점수

등위점수(rank-order score)는 원점수나 백점만점으로 표시된 점수들을 순서대로 배열해 놓고 점수가 제일 높은 것에서부터 제일 낮은 것까지 순위를 붙여 그 순위를 점수로 활용하는 방법을 뜻한다. 등위점수는 순위/사례수와 같은 분수모양으로 표시한다. 예컨대 30명의 피험자 집단에 대해서는 1/30, 5/30, 10/30 등으로 나타낼 수 있다.

등위점수는 집단 내에서의 한 학생의 상대적 위치를 직접 비교해 볼 수 있으며 또한 다른 검사와 결과를 서로 비교해 볼 수도 있다.

그러나 등위점수는 등위차이와 능력차이가 일치하지 않는다는 단점이 있다. 이를테면, 등위점수는 점수간의 동간을 유지하지 못하는 서열척도의 성질을 지니고 있기 때문에 능력의 차이를 동간적으로 해석할 수 없다.

4) 백분위점수

백분위 점수(percentile score)는 집단의 크기와는 관계없이 집단을 100으로 해서 등위를 매겨 성적을 표시하는 방법이다. 즉, 어떤 점수 아래에 전체 사례수의 몇 %가 혹은 어떤 점수 위에 전체 사례수의 몇 %가 있느냐를 말해준다. 예컨대, 어떤 검사에서 한 학생의 원점수가 70점으로 이에 해당하는 백분위 점수가 30이라면, 이 학생보다 점수가 낮은 학생들이 전체 사례 중 30%라는 뜻이다.

백분위 점수는 100이라는 공통기반이 있어 다른 집단의 점수분포나 다른 검사도구에 의한 점수분포에서 나온 비교가 가능하여 표준화 된 검사에서 규준으로 자주 사용된다.

백분위 점수의 장점은 다음과 같다.

첫째, 한 학생의 검사 점수가 집단 내에서 차지하는 상대적 위치를 알 수 있도록 해준다.

둘째, 등위점수는 집단이 다르면 직접 비교할 수는 없지만 백분위 점수는 같은 검사를 다른 집단에 실시했을 때도 비교할 수 있다.

백분위 점수의 단점은 다음과 같다.

첫째, 등위점수와 마찬가지로 등간성이 없어 백분위 점수의 차이로써 능력의 차이를 동간적으로 해석할 수 없다.

둘째, 원점수 분포를 백분위 점수로 전환할 때, 중간점수는 과소평가하고 상하의 극단 점수는 과대평가하는 경향이 있다.

백분위 점수의 계산 과정은 <표 12-4>와 같다.

〈표 12-4〉 **백분위 점수의 계산(예)**

점수	빈도(f)	누가빈도(cf)	백분위점수
70	1	50	100
68	2	48	96
65	3	45	90
58	6	39	78
54	2	37	74
.	.	.	.
.	.	.	.
.	.	.	.
30	3	4	8
20	1	1	2

① 전체사례(N: 50)에 대한 원점수를 높은 점수에서부터 낮은 점수의 순서로 첫 번째 행에 기록한다.
② 각각의 원점수에 해당하는 빈도(frequency: f)를 두 번째에 기록한다.
③ 분포의 밑에서부터 각 원점수의 아래에 있는 빈도를 합한 누가 빈도(cumulative frequency: cf)를 계산하여 세 번째 행에 기입한다.
④ 네 번째 행에는 누가빈도를 전체사례수로 나누어 100을 곱한 공식(cf/N) x 100을 적용하여 각각의 원점 수에 해당하는 백분위 점수를 기입한다.

5) 표준점수

표준점수(standard score)는 평균을 기준으로 평균과의 차이를 구하고 이를 다시 표준편차로 나누어 점수를 표시한다. 지금까지 앞서 제시된 점수 표시방법들의 단점을 최종 보완하여 만든 점수 표시방법으로, 표준편차를 단위로 하는 모든 변환점수척도를 표준점수라고 부른다.

표준점수의 공통적인 특징은 다음과 같다.

첫째, 원점수와는 달리 의미 있는 기준점이 있고

둘째, 능력의 동간성을 지니고 있으며

셋째, 표준편차를 단위로 하기 때문에 능력의 상대적 수준을 비교할 수 있고

넷째, 여러 검사에서 나온 결과를 의미 있게 비교할 수 있다.

이와 같은 표준점수의 종류는 다양하지만 여기서는 주로 적용되고 있는 Z점수, T점수만을 살펴보기로 한다.

(1) Z점수

가장 대표적인 표준점수로서 Z점수를 널리 사용하고 있으며, 이를 계산하는 공식은 다음과 같다.

$$Z = (X-X') \,/\, SD = d/SD$$

X: 각각의 원점수
X': 집단의 평균
d: 편차 점수
SD: 집단의 표준편차

위의 공식에서처럼 Z점수는 평균으로부터의 편차점수를 그 분포의 표준편차로 나누어 얻어지는 것을 알 수가 있다. 특히 한 분포의 원점수를 Z점수로 전환하면, 이 Z점수의 분포는 평균이 0, 표준편차가 1인 정상분포로 바뀌기 때문에 분포가 다른 점수들 간의 상대비교가 가능해진다.

예컨대, A라는 학생이 국어 70점, 수학 68점을 각각 받았다면, 그 성적은 서로

비슷하게 보이지만 실제 원점수간의 비교는 적절하지 못하다. 이럴 경우 A라는 학생이 소속된 학급의 국어와 수학의 평균과 표준편차를 적용하여, 이를 Z점수로 바꾸어 비교함으로써 적절한 비교를 할 수 있는 것이다.

구분	X	SD
국어	76	6
수학	55	5

Z점수(국어)=(70-76)/6=-1.0
Z점수(수학)=(60-55)/5=1.0

A라는 학생의 국어 70점에 해당하는 Z점수는 -1.0, 수학 60점에 해당하는 Z점수는 1.0이므로 평균 0, 표준편차 1인 단위 정상분포 상에서 보면 1.0이 -1.0보다 훨씬 상위에 있음을 보여 주는 것이다. 결과적으로 A라는 학생은 국어보다 수학을 훨씬 잘하였음을 볼 수 있다.

이 상에서와 같이 Z점수는 이론적으로 정교하고 유용한 척도이나 두 검사의 점수분포가 상호 비슷한 경우에 적절한 비교가 어려운 단점이 있다.

(2) T점수

T점수는 Z점수처럼 표준편차를 단위로 한다. 이러한 T점수는 Z점수를 보완한 것이다. 이를테면, Z점수는 원점수가 평균보다 작은 경우에 모든 음수로 표시되거나 대부분의 점수가 소수점으로 표시되는 불편함이 따른다. T점수는 Z점수의 불편한 점을 보완하여 평균 50, 표준편차 10으로 전환한 표준점수이다.

$$T = 10Z + 50$$

위 공식에서처럼 평균을 50으로 설정하여 음수부호가 없어지게 되고, 표준편차를 10으로 함으로써 소수점이 없어지게 됨으로 Z점수의 단점을 보완할 수 있다.

앞서 제시된 Z점수를 적용하여 T점수를 계산해 보면 다음과 같다.

T점수(국어)=10(-1.0)+50=40
T점수(수학)=10(1.0)+50=60

5.3 표준 점수들 간의 비교

정상분포 곡선을 기초로 하는 여러 표준 점수들 간의 관계를 나타내면 [그림 12-1]과 같다.

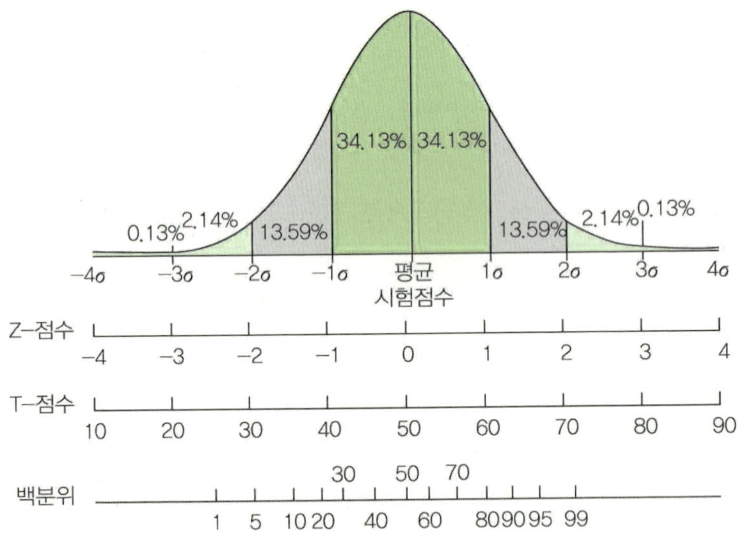

[그림 12-1] 정상분포 곡선과 표준점수

연구과제

1 평가와 측정의 개념을 비교·설명하시오.

2 평가의 기능에 대하여 설명하시오.

3 다음의 교육평가 유형에 대하여 설명하시오.

① 진단평가

② 형성평가

③ 총합평가

4 규준참조평가와 준거참조평가를 비교·설명하시오.

5 타당도와 신뢰도의 개념을 비교·설명하시오.

6 타당도의 네 가지 유형에 대하여 설명하시오.

7 신뢰도의 네 가지 유형에 대하여 설명하시오.

① 검사-재검사신뢰도

② 동형검사신뢰도

③ 반분신뢰도

④ 문항내적합치신뢰도

8 이원분류표의 개념을 정의하고 본 교재 10장을 범위로 하여 총 10문항의 이원분류표를 작성해 보고, 이를 기준으로 하여 인지적 평가문항을 제작해 보시오.

9 배합형 문항의 장·단점을 설명해 보자.

10 표준점수에서 Z점수와 T점수의 차이를 설명하시오.

11 다음의 지문을 읽고 과목별 Z점수와 T점수를 산출하시오.

> **【지문】**
> 영숙 학생은 금번 학기말고사에서 국어 68점, 수학 70점, 영어 60점을 각각 받았다. 영숙 학생은 소속 학급의 다른 급우들과의 상대적 비교를 통해 어느 과목이 높은 성적을 거두었는지 확인하고 싶어 한다. 결국 영숙 학생은 이를 해결하기 위해 Z점수와 T점수 계산공식을 적용하여 원점수를 표준점수로 환산하려고 한다.
>
> **【조건】**
> 과목별 학급평균/표준편차 국어 60/8
> 수학 62/4
> 영어 65/5

① 과목별 Z점수는?

② 과목별 T점수는?

③ 영숙 학생의 점수가 학급급우들과 비교하여 상대적으로 높은 과목과 낮은 과목은?

가변성(changeability) 개인의 성격은 일생동안 끊임없이 변화한다는 기본가정

가역성(可逆性, reversibility) Piaget에 의해 사용된 개념으로 특히 조작이라고 불리는 사고의 특징을 나타낸다. 가역성이란 어떤 심내 행위 +A가 그것의 역인 -A에 의해 없어지는 것을 나타낸다. 즉, +A+(-A)=0이 되면 그 사고는 가역적 사고(reversible thinking)라고 한다.

가족구도(family composition) 가족의 수, 순서 특성 등 가족 구도는 한 개인의 생활양식과 성격형성에 결정적인 역할을 한다.

각인(imprinting) 어린 동물이 최초로 본 비교적 큰 움직이는 대상을 따라가는 것을 학습하는 한 형태이다. 예컨대, 어린 새끼가 출생 후 11~18시간 내에 성숙한 암컷(대개는 어미)을 따라 다니는 것을 학습한다. 그러나 그때 그 오리 새끼들이 보는 대상은 어미가 아니라 다른 움직이는 물체라도 되며 그들은 그 후 계속해서 그 대상을 따라 다닌다.

갈등(conflict) 상반되는 두 개의 욕구 혹은 동기가 있을 때 경험하게 되는 심리적 상태로 스트레스의 중요한 근원이 된다. 갈등이 지닌 힘의 방향에 따라 접근-접근 갈등, 회피-회피 갈등, 접근-회피 갈등, 그리고 이중 접근-회피 갈등으로 나누어진다. 갈등(conflict) 모순되는 욕망, 욕구 혹은 환경 조건에 의해 생기는 심리적 긴장(psychological tension), 둘 또는 그 이상의 상호 대항적(相互 對抗的)인 충동이나 동기 또는 욕구가 동시에 발생하는 것을 말한다. 이것은 통상적으로 정서적 긴장이 수반된다.

감각화(sensitization) 감각경험에 따라 환경에 더욱 반응하려는 경향성을 의미한다.

감수성 훈련(sensitivity training) 내담자 및 자신의 내면세계에 대한 감수성을 개발하기 위한 상담자 훈련과정이며, 특히 산업심리(industrial psychology) 분야에서는 바람직한 대인관계 및 의사소통을 향상시키는 성인교육의 일종으로 활용되고 있다. 훈련기간 동안에는 참가자 자신들의 자유로운 정서표출이 가장 중요한 의미를 지니게 된다.

감수성(sensitivity) 자극의 수용에 포함되는 조건이나 능력과 자극의 강도 및 변화에 대한 개인의 반응성과 타인의 감정에 민감하게 반응하도록 만드는 특성.

감정전이(transference) 정신분석의 치료적 상황중의 하나로 환자가 무의식적으로 치료자를 정서적 반응의 대상으로 삼아서 치료자를 마치 자신의 과거에 의미 있는 인물, 흔히 부모인 것처럼 대하는 내담자의 감정이다. 가족 치료에서 전이는 치료자 혹은 다른 가족 구성원에 대한 왜곡(distortion) 및 가족 시스템 전체의 집합적 전이를 포함한다.

강화(reinforcement) 어떤 주어진 행동을 보상함으로써 그 행동이 일어날 수 있는 가능성을 증가시키는 것으로 모든 조건화(conditioning)의 기초이다. 여기에는 긍정적 강화(positive reinforcement)와 부정적 강화(negative reinforcement), 그리고 간헐적 강화(intermittent reinforcement)가 있다.

개념달성(concept attainment) 일반적으로 이미 갖고 있는 개념을 사용하여 새로운 개념을 구상하고 그 개념의 속성까지 정리하여 파악하는 것을 말한다.

개념유형(conceptual style) 개념의 형성은 여러 가지 사물이나 사상 속에서 공통적 성질을 끄집어내는 추상적 작용에 의해 이루어진다. 발달 단계에 의해 추상 능력이나 언어 능력이 다르기 때문에 개념형성의 과정이나 그 소산인 개념에는 연령 특유의 성질이 보인다.

개별학습(individualized instruction) 티칭 머신(학습기계)의 도입에 따라 지금까지의 일제 수업이란 수업형태가 기본적으로 바꾸어지게 되었다. 기계가 프로그램화한 목표와 내용을 개인에게 대응하면서 교수하기 때문에 학습자는 집단과는 관계없이 개별적으로 학습해 갈 수 있다. 이러한 학습형태를 개별학습이라 한다.

개성(individuality) 개인의 독특한 성질.

개인 공간(personal space) 개인의 주위에 타인의 침입을 허용하지 않는 일정한 영역.

개인적 특질(individual trait) 개인만이 갖는 고유한 특질(개인적 소질이라고도 함).

개인차(individual difference) 사람이나 같은 종에서 구조나 행동의 차이점.

개체발생(ontogenesis) 계 통발생과 대비되는 용어로 생물의 수정란에서 성체가 되기까지의 발달변화를 의미한다.

객관성(objectivity) 대부분의 인간행동이 사람에게 가해지는 규정 가능한 외부적 변인에 의해 야기되어진다는 기본가정.

거세 콤플렉스(castration complex) 프로이드는 남성의 경우 자신의 남근 손실에 대한 불안 때문에, 그리고 여성의 경우 한때 가지고 있었던 남근을 손실 당했다는 환상 때문에 생기는 콤플렉스로 설명했다. 이 콤플렉스는 성적욕구의 충족에 대한 처벌로 거세당할 것이라는 유아기의 불안에 기원을 둔다.

격리(isolation) 격리는 감정과 생각을 분리시키는 것이다. 예컨대, 실연을 당하면 처음에는 실연의 사건과 그에 대한 감정이 같이 있어서 그 사건이 생각나거나 떠오르면 괴롭지만, 시간이 지나 사건에 대한 기억과 감정이 분리되면 사건이 생각나도 괴롭지 않을 수 있고 또 그 사건을 망각할 수도 있다.

격리실험(isolation experiment) 피험체를 출생 후 곧 일정기간 자연적인 환경으로부터 격리시켜 자극이 저감된 상황에서 사육하고, 그 후 피험체의 성장, 발달을 자연적인 상황에서 사육한 개체의 성장, 발달과 비교하는 연구법.

결정성 지능(crystallized intelligence) Cattell에 의하면 과거의 학습경험에 의해 형성된 판단력이나 습관의 도입이 요구되는 과제해결과 관계가 깊은 지능을 말한다. 이는 환경조건에 의해 규정된다.

결정적 시기(critical period) 유기체의 발달과정에서 어떤 환경의 영향에 특별하게 민감한 영향을 받는 시기, 이 시기가 지나면 그 환경요인은 별로 영향을 미치지 못한다.

결핍동기(deficiency motive) 유기체의 긴장 특히 생리적인 그리고 안전 욕구로부터 발생하는 욕구를 제거하는 것을 목표로 하는 기본욕구. 메슬로우의 결핍동기는 그것이 만족되어야만 개인이 자아실현으로 이동해 갈 수 있다고 보았다.

계통발생(phylogenesis) 하등동물에서 인간과 같은 고등동물로의 진화의 과정을 계통발생이라고 한다.

고립(isolation) 친밀을 성취하지 못한 데에서 오는 사회적 공허감과 허망감.

고전적 조건화(古典的 條件化, classical conditioning) 강한 반응을 일으키는 경향을 본래 갖추고 있는 자극과 그와 같은 경향을 갖고 있지 않는 다른 자극(조건자극)과 시간적으로 근접하게 반복시킬 때, 조건자극에 대해서도 무조건자극에 대한 것 같은 반응을 나타내는 것. 적극적인 반응이 아니고 자극에 의해 도출되는 수동적이 반응의 학습이란 의미에서 반응적 조건화(respondent conditioning)라고도 한다.

고착(fixation) 정신분석에서 성 심리(sexual psychology)적 발달의 초기단계를 원만하게 거치지 못하거나 애착대상을 바꾸지 못함으로써 특정한 발달 단계나 대상에 얽매이어서 머물러 있는 것을 말한다. 프로이드(S. Freud)는 종교현상(religious phenomenon)을 일컬어 유아기적 고착(infantile fixation)이라고 말한 바 있다. 즉, 고착은 과도한 욕구불만이나 방종으로 인하여 개인의 발달이 초기 심리 성욕단계의 어느 한 단계에 정지된다.

고착(fixation) 정신분석에서 성 심리적 발달의 초기단계를 원만하게 거치지 못하거나 애착 대상을 바꾸지 못함으로써 특정발달 단계나 대상에 얽매이는 것

공감(empathy) 대인관계에 있어서 언어, 표정, 태도 등의 매개를 통해 상대가 느낀 것, 기분을 상대의 마음이 되어 느끼는 것을 말한다. 감정이입(感情移入)이란 말로도 표현되어 왔다. 비 지식적 상담의 제창자인 C. R. Rogers가 상담의 필요조건의 하나로서 공감적 이해(empathic understanding)를 든 이후, 특히 상담심리학에서 공감이라고 부르는 것이 널리 이용케 되었다.

공감(empathy) 타인이 느끼는 것을 직접 경험하지 않더라도 그 사람의 감정을 이해할 수 있는 능력으로 정서적인 경험이라기보다는 지적 경험으로 상담에서는 이해된다.

공격성(攻擊性, aggression) 사람이나 사물 등의 대상에 대하여 해를 입히려고 하는 의도, 또는 그 행동을 말한다.

공생적 관계(symbiotic relationship) 생후 1-2년간 어머니와 자녀 간에 보이는 상호의존적인 일체화된 관계를 말한다.

공통특질(common trait) 한 문화 속에 있는 모든 사람이 타당하게 비교될 수 있는 일반화된 소질들(규범적 특질이라고도 불리 운다).

공포(fear) 기본적인 정서의 하나로 위험을 인지함으로써 일어나고 의식현상으로서는 불쾌한 동요(動搖), 행동으로서는 도피, 회피의 경향을 나타낸다.

공포증(phobia) 실제적인 위험이 없는 상황에서 비합리적으로 나타나는 심한 불안. 예를 들면 폐소공포증(閉所 恐怖)이 있는데 장소가 폐쇄되어 있다고 두려워하는 것이다. 공포증은 실제적(무의식적) 대상으로부터 대치물로 옮기는 불안의 치환(置換)에 의해 발생한다. 사람이 공포를 일으키게 하는 대상을 회피할 경우 그는 동시에 자기 불안의 실제적 무의식적 대상도 회피하는 것이다.

과보호(overprotection) 극히 일반적으로 어린이에 대하여 지나치게 보호적인 부모의 양육태도를 말한다.

과제분석(task analysis) 어떤 과제에 정반응 할 수 있기 위해서는 그 이전에 어떠한 과제에 정반응 할 것이 필요한가를 분석하고 과제를 능력, 기능의 위계구조에 의해 밝히는 것을 의미한다.

관찰학습(observation learning) 모방이나 모델링을 통하여 타인의 행동을 학습하는 인지학습의 한 유형으로 관찰자의 행동이 모델의 행동에 노출됨에 따라 변화하는 과정(모방적 학습이라고도 함)

구강기(anal stage) 심리성욕발달의 둘째 단계로 이 기간 동안 대소변 가리기 훈련이 습득되고 쾌락의 초점이 대소변의 배설 또는 보유에 맞추어진다. 구강에 흥미와 쾌락의 원천이 되는 심리성욕발달의 첫 단계.

구성주의 심리학(structural psychology) 의식을 감각이나 감정 등 심적 요소로 환원해서 그 구성을 주로 내성법으로 연구한 심리학.

구조주의 심리학(structuralism psychology) 현대 심리학의 최초로 등장한 것이 빌헬름 분트(Wihelm Wundt)와 티체너(Titchner: 1867-1927)의 의한 구조주의 심리학파이다. 이 심리학은 내담자 자신이 의식적 경험(conscious experience)을 스스로 관찰하여 보고하는 내성법(introspection method)을 발전시킨 것이다. 이 내성법은 인간의 의식을 다양한 요소를 분석하고 이 요소들이 어떻게 인가나 정신의 합성체를 구성하는가를 발견하여 인간의 의식을 연구하도록 유도하는 것이다. 또한 구조주의 심리학자들은 인간과 하나님사이 유사한 면을 연구하려는 시도를 해 왔다. 그러나 인간의 의식구조와 인간의 화학구조(化學構造) 사이에는 너무나 큰 차이가 있는 것을 인정한 나머지 그 연구는 계속되지 않았고 구조심리학은 그 자취를 서서히 감추었다.

구체적 조작(具體的 操作, concrete operation) 구체적 장면이나 실용적 문제에 있어서 논리에 따라 사고를 진행해 가는 작용을 말한다. J. Piaget에 의하면 구체적 조작 사고는 6-7세 무렵 싹튼다.

구화법(oral method) 음성언어를 그 수단으로 하는 현대 시각장애아 교육의 중심적인 교육방법.

귀납적 추리(inductive reasoning) 특수한 사례에서 일반적 규칙을 유도해내는 과정.

귀인(attribution) 타인 또는 자신의 행동의 원인(즉, 동기나 의도)을 추리하는 과정 또는 그 결과로 외부적인 행동에 기초해 인간의 상태를 해석하고 이해하고자 하는 과정이다. 우리는 사람들의 행동을 관찰하고 그 사람들에게 어떤 의도나 동기를 부여함으로써 귀인을 한다. 이것은 사회 심리학적 개념으로 심리학이 무엇인지를 잘 보여주는 한 방식이다.

귀인이론(attribution theory) 어떤 사태의 결과, 또는 성공과 실패의 원인에 대한 행동을 설명하는 것.

규범적 견해(normothetic view) 인간기능(human functioning)의 일반법칙을 찾으려는 과학적 성격연구 방법.

균형화(equilibration) Piaget에 의하면 지능의 발달에 있어서 다른 요인(성숙, 경험, 사회적 상호작용에 의한 전달)에 추가하여 그것들이 지향하게 되는 가장 중요한 발달의 요인은 균형화라고 한다. 장해가 일어나 경우, 주체는 현실을 잘 바꾸어 재적응 한다. 말을 바꾸면 행동을 조정함으로서 변화를 보상하는 작용이 균형화인 것이다.

근접발달영역(zone of proximal development) 아동이 혼자서는 해결할 수 없지만 성인이나 다른 아동과 함께 학습하면 성공할 수 있는 영역을 말한다.

긍정적 강화(positive reinforcement) 행동의 발생빈도를 높여주는 행동과 연관된 자극.

기능놀이(functional play) Buhler가 분류한 놀이의 유형의 하나로 여기에는 감각놀이, 운동놀이 등이 포함된다. 감각놀이는 시가, 청각, 촉각 등의 감각기능을 작용시키는 자체를 즐기는 놀이이고, 운동 놀이는 운동기능을 움직이는 것 자체를 즐기는 놀이이다.

기억과정(retention process) 관찰학습의 한 요소로서 모델이 수행한 것을 하는 장기 기억 것과 관련된 것. 반두라는 개인이 기억할 수 없으면 관찰학습이 이루어지지 않는다고 주장한다.

기억술(mnemonic device) 기억을 증진시키는 방법으로 장소법, 핵심 단어법 등이 있다.

기질(temperament) 비교적 생득적으로 결정된 개개인의 독특한 성격 특성이다.

낙인이론(labelling theory) 사회 심리학에서 일탈행위를 설명하는 한 방법으로 사람들이 일탈된 사람이라고 낙인한 사람에 대해 어떻게 행동하는가에 초점을 맞춘다. 자기 충족적 예언(self-fulfilling prophecy)과 연합시켜 볼 때, 낙인 이론은 또한 정신병적 행동을 설명하는 데 사용되어 왔다. 따라서 한 사람이 편집증으로 낙인 되면, 다른 사람들은 이 사람이 하는 행동 모든 행동을 편집증 측면에서 해석하며, 이러한 행동은 불가피하게 맨 처음 진단의 정확성을 보여주는 증거가 된다는 것이다.

남근기(phallic stage) 성기가 쾌락의 주 원천이 되는 심리성욕발달의 세 번째 단계로 3-7살까지 나타나는 것으로 주로 자신의 성기와 그 기능으로부터 오는 쾌감에 관심을 가진다는 프로이드의 이론이다.

내담자 중심의 심리치료(person centered therapy) 환자에 대한 무조건적인 대우와 긍정을 토대로 개발한 심리치료의 한 형식. 심리치료사와 환자 간의 관계는 성격변화의 수레바퀴 역할을 한다고 보아서 이 관계를 특히 강조하는 이론이다. 즉 내담자 중심치료(client-centered therapy)는 인간 중심의 치료(person-centered therapy)라고도 하며 1940년대 로저스(C. R. Rogers)에 의해 시작된 것으로 상담자가 공감, 일치성, 긍정적 배려 그리고 비판적이 아닌 깊은 이해를 보임으로써 개인의 성장 잠재력을 유도해 낼 수 있다는 것이 주된 가정이다. 다시 말해서 인간은 자신의 심리적 부적응 상태의 요인을 지각하는 능력과 부적응 상태에서 벗어나서 심리적 적응의 상태로 향하는 능력 및 경향성(tendency)을 가지고 있다고 본다.

내면화(internalization) 타인의 태도, 행위의 수준, 의견들을 자신의 가치체계 속에 병합하는 것으로 프로이드(S. Freud)는 초자아(superego) 또는 성격의 도덕적인 면은 부모의 태도를 내면화하는데서 나온 것으로 믿었다.

내발적 동기화(intrinsic motivation) 보수와 같은 외부적인 것에 의존하지 않고 그 자체로 일어난 행동.

내성(内省, introspection) 자기의 의식체험을 스스로 관찰하는 것. 내관(內觀)이라고도 한다.

내성법(introspection) 훈련을 받아 자기 관찰하는 방법. 주관적인 사건이나 경험을 보고하는 방법

내용분석(content analysis) 심리학과 사회 과학에서 어떠한 범주와 주제가 나타나는지를 보기 위해 사용하는 자료 분석, 또는 가설 검증이나 진단을 위해 미리 정해진 주제나 범주에 따라 자료를 분석하는 것.

내적 언어(内的 言語, inner speech) 어떤 문제에 직면했을 때 혼자 속으로 하는 간단하고 생략적인 대화를 말하는데 Vygotsky에 의하면 사고하는 가운데 중요한 역할을 한다고 한다.

내향성(introversion) 관심을 내부로 돌리는 것. 자신에 몰두하고 외부적이 것을 정시한다. 주관적으로 내향성을 나타내는 사람을 내향자(introverts)라고 한다. 내향성인 사람은 부끄럼을 쉽게 타고 엄격하고, 쉽게 동요하며, 염세적이고, 내성적(內省的)이다. 외향성(extroverts)과 반대이며 대부분의 사람들은 내향성과 외향성이 조화되어 있다.

뇌성마비(腦性麻痺, cer palsy) 태생기 또는 신생아기에 뇌에 기질적인 병변이 생겨서 이 때문에 비진행성이지만 영속적인 운동장해 및 지위의 이상이 생긴 것을 말한다.

다면인성검사(minnesota multiphasic personality inventory: 多面人性檢査) 피험자가 찬성 또는 불찬성을 나타내는 500개의 진술을 포함하는 성격검사. 반응형태에 따라 건강 염려증, 우울증, 히스테리(hysteria), 반사회적 이상행동(반사회적 이상행동), 남녀성(男女

性), 편집증(paranoia), 정신분열증, 조증(燥症), 신경쇠약증, 사회적 내향성, 외향성에 대한 경향을 잴 수 있다.

다운증후군(down syndrome) 1866년 영국의 Down에 의해 처음으로 불려졌다. 그 호칭이 오늘날에는 다운증이 아니라 선천성 지능장해를 분류하는 가운데 하나로 몽고백치로 이후에는 몽고증(monglism)이라 불렸다. 그러나 1959년 Lejune 등에 의해 염색체 이상이 증명되어, 그후 최초의 발견자의 이름을 따서 다운증후군이라고 불리기 시작하였다.

단기기억(short-term memory) 몇 초 동안 정보를 지속시키는 기억 체계로서 7±2의 제한된 용량을 가진다.

단원(unit) 학습 내용 내지 학습 활동의 한 묶음, 학습 또는 교수가 일정한 형식적인 단계를 거쳐 진행하고 완결한다는 전제를 할 때 거기에 전개되는 일련의 학습 내용 내지 학습 활동.

대리적 경험(vicarious experience) 타자의 경험이 언어 또는 영상 등에 의해 표출되는 것을 자기 자신의 것으로 경험하는 것. 이에 대해 개인이 사물에 직접으로 접촉하고 자신의 체험으로서 경험하는 것을 직접경험이라고 한다.

대상 항구성(object permanence) 환경 내의 어떤 대상이 시계로부터 사라졌다고 하더라도 없어진 것이 아니라고 생각하는 말하자면, 대상이 영속적으로 존재하고 있음을 인식하는 것. 아동이 대상의 영속성 개념을 획득하게 되면 자기가 볼 수 있는 것에만 전면적인 의논을 하지는 않게 된다.

대표치(measure of central value) 측정결과를 표현하는 가장 기본적인 방법은 도수분포인데 이것을 하나의 수치로 대표시킨 것이 대표치이다. 분포의 중심치가 어디에 있는가를 나타낸 것.

도구적 조건형성(instrumental conditioning) 동물이 지렛대를 누르는 것과 같은 올바른 도구적 반응을 했을 때만 강화물을 주는 학습방법.

도구적 조건화(道具的 條件化, instrumental conditioning) 특정한 환경자극 아래 개체가 환경에 작용하도록 자발적 반응을 행하고 그것에 계속하여 강화가 되는 자극 즉, 보상이나 긍정 같은 것을 주면 그 환경자극 아래에 그 자발적 반응이 나타나는 확률이 많아진다. 또 반응적 조건화에 대하여 자발적으로 작용하는 반응의 학습이란 점에서 조작적 조건화(operant conditioning)이라고 하는 경우도 있다.

독립변인(independent variable) 실험에서 연구되는 실험통제 하에 있는 변인 심리실험에서 독립변인은 자극이 되고 그 자극에 대한 반응은 종속변인이 된다.

동기유발 과정(motivational processes) 학습의 한 요소로서 이것은 개인이 주의집중하기 쉬운 모델링 단서에 선택적 통제를 행사할 수 있는 강화요인과 관련되어 있다.

동기의 위계(hierarchy of motives) Maslow가 동기를 분류하는 방식으로 고차적인 동기가 행동의 주요한 원인이 되기 위해서는 위계상 그 아래 있는 동기가 적어도 부분적으로라도 충족되어야 한다고 본다.

동조(alignment) 집단압력 때문에 자신의 의사와는 무관하게 집단이 취하는 행동이나 생각에 따라가게 되는 것.

동화(assimilation) 자신의 이미 가지고 있는 도식 또는 구조 속에 위계의 대상들을 받아들이는 인지과정.

또래집단(peer group) 연령, 사회적 신분 및 생활감정이 비슷한 성원으로 구성되는 집단.

래포(rapport) 상담자와 내담자 사이의 따뜻하고 가까운 신뢰관계. 심리검사에 있어서 검사자와 피검사자 사이의 안락하고 따뜻한 분위기.

로르샤 검사(Rorschach test) 대칭적인 잉크 반점(ink spot)을 가진 10개의 카드를 자극으로 사용하여 피험자의 반응을 평가하는 것으로 투사법(投射法)에 속하는 검사를 한다.

리비도(libido) 순전히 성적 행위로부터만 만족을 추구하려는 에너지의 일부.

모델링(Modeling) "본뜨기"라고 번역할 수 있다. 내담자가 획득해야 할 바람직한 행동을 보여주는 실제적 또는 상징적 본보기를 제공함으로써 모방 및 관찰을 통해 소기(所期)의 행동을 학습하도록 하는 방법이다. 모델링은 사회적 학습이론에서 아동이 타인들을 관찰하거나 모방함으로써 사회적 및 인지적 행동을 배우는 과정이며, 개인이 다른 사람(모델)이 바람직한 또는 옳은 반응을 수행하는 것을 관찰함으로써 학습하는 학습유형(관찰학습을 볼 것)이다.

모성애 박탈(母性愛 剝奪, maternal deprivation) 어머니에 의한 애정에 가득 찬 돌봄, 어머니와의 친밀하고 계속적인 상호작용과 같은 것의 결여는 유아의 정신발달이나 정신적 건강에 중요한 장애를 가져다준다. 이와 같은 모성적 양호가 박탈된 상태를 말한다. 또는 '어머니 박탈', '모성적 양육의 상실', '모성적 자극의 결여'라고 한다.

무의식(unconsciousness) 개인이 잊었고 기억해 낼 수 없는 기억과 생각, 정신분석에서는 꿈, 환상 등을 통해서 무의식의 내용을 추적, 해석한다. 즉 무의식은 의식으로 이용할 수 없는 기억이나 충동이나 욕망 등을 말함. Freud 정신분석 이론에 따르면 고통스런 기억은 억압되어 무의식으로 되어 깨닫지는 못하더라도 계속해서 우리의 행동에 영향을 미친다고 한다. 무의식(unconscious) 받아들일 수 없는 갈등이나 욕망을 포함하는 정신측면, 자유연상이나 꿈의 분석을 통해 이것을 의식상에 떠오르게 할 수 있다.

무조건 반응(unconditioned response: UCR) 고전적 조건형성에서 사전 훈련 없이 무조건 자극에 의하여 방출되는 반응. 즉 무조건 자극에 의해 유발된 자연적 반응이다.

무조건 자극(unconditioned stimulus: UCS) 고전적 조건형성에서 무조건 반응을 방출시키고 강화로 사용되는 자극. 즉 조건 형성 없이 유기체로부터 어떤 반응을 유발시킬 수 있는 능력을 가진 자극이다.

문항분석(item analysis) 객관 테스트 문항의 난이도(곤란도)나 변별도 등을 통계적으로 분석하고 보다 신뢰성이 있는 또는 목적에 적합한 테스트를 작성하기 위한 실마리를 얻는 방법이다.

반동형성(reaction formation) 반작용 형성이라고도 하는 이 개발은 1.동기가 완전히 위장되어 원래 의도와는 완전히 반대 형태로 표현되는 것과 2.원래의 무의식적 또는 억압된 특질에 반대되는 성격의 행동을 말한다. 즉, 의식적으로 용납할 수 없는 동기를 정반대의 방향으로 표현함으로써 자아를 방어하는 방법으로 지나치게 순결에 관심이 있거나 자녀를 과잉보호하는 경우를 볼 수 있다. 다시 말해서 반동형성은 어느 한쪽의 충동이나 감정을 억압하고 대신 반대쪽의 충동이나 감정을 지나치게 강조함으로써 불안을 감소시키는 방어기제이다.

반사(reflex) 특정자극에 대하여 나타나는 단순하면서 고도로 상동적인 학습되지 않은 반응.

반영(reflection) 비지시적 상담에서 내담자가 언급한 인지적(認知的) 정서적 요점을 분명히 하기 위하여 내담자가 한 말을 상담자가 다시 진술하는 것을 말한다.

반응성(reactivity) 인간행동의 실제원인은 전적으로 그 개인 외부에 있다는 기본가정. 행동이란 단순히 외부자극에 대한 일련의 반응이다.

발달 가속현상(accelecration) 발육가속현상이라고도 불린다. 신체적 성장, 발달속도가 증가하여 청소년이 보다 빨리 성인으로 되어 가는 현상.

발달과제(developmental task) 개개인의 발달과정에 있어서 각 시기에 나타나는 달성해야 할 과제.

발달심리학(development psychology) 인간이 성장하면서 발생하는 신체적, 심리적 그리고 사회적 변화 사이의 상호 작용을 연구하는 심리학의 한 분야이다. 여기에는 아동심리학, 청년 심리학, 중년 심리학, 노년 심리학 등으로 크게 나눌 수 있다.

발달장애(developmental disability) 심신의 성장, 발달에는 일정한 순서성이 있고, 또 생활연령에 적합한 도달도가 있는데 뇌수를 포함하는 심체기관의 조직이나 기능, 생육환경, 인간관계 등에 결함이나 부전이 있는 경우에는 심신의 발달상지체 또는 비뚤어짐이 발생하는 수가 있다. 이와 같은 심신의 성장, 발달의 장애 또는 지체가 있는 상태를 말한다.

발판(scaffolding) 아동이 혼자서 학습할 수 없을 때 교사가 아동으로 하여금 문제를 풀 수 있도록 도와주는 교수기술을 말한다.

변별(discrimination) 강화를 받은 자극에는 반응하고, 강화 받지 않은 자극에는 반응하지 않는 것을 학습하는 과정. 물리적 에너지의 강도가 동일한 두 개의 자극 중에서 하나를 변형시킬 때 두 자극간의 차이를 구별하는 것이다.

변별강화(discrimination reinforcement) 행동 치료에서 소거의 효과를 극대화하기 위한 방법으로 바람직한 표적 행동이 일어날 때는 확실히 강화하고 문제행동은 조심스럽게 무시하는 방법.

변별조건(discriminative stimulus) 어떤 구체적 반응은 강화 또는 강화되지 않은 것이라는 것을 나타내는 자극 또는 자극의 단서.

변산도(measure of dispersion) 분포의 퍼짐의 정도를 측정한 것.

보상(compensation) 방어기제(defense mechanism)의 하나로 좌절된 동기를 충족시키기 위해 다른 행동으로 대체(substitution) 시키는 것. 즉, 사회적, 심리적 갈등(social, psychological conflict)이나 성격부분의 결함을 보충하기 위해 대체행동(substitute behavior)에 참여하는 것. 이것은 종종 잠재 의식층(潛在 意識層)에서 작용하는데 어떤 사람은 유년시절에 약했던 체격을 보상하여 강하고 튼튼한 체격과 인격을 개발시킨다. 그러나 초과보상(hyper-compensation)은 심각한 인격문제를 유발할 수 있다. 보상은 신체적 정신적 기술의 훈련을 통해 부족한 감을 충족한 감정으로 대치하려는 시도. 신체적으로 약한 사람이 훌륭한 체육인이 되는 경우가 보상의 한 예이다.

보상(compensation) 방어기제의 하나로 좌절된 동기를 충족시키기 위하여 다른 행동으로 대체시키는 것.

보상교육(compensatory education) 빈곤계층, 소수집단에 속한 사람들의 심리적 문제를 해소하기 위하여 행해지는 교육상의 사업

본능(instinct) 유기체가 어떤 방식으로 행동하도록 하는 타고 난 생물학적인 힘.

부분강화(partial reinforcement) 올바른 반응을 하라 때마다 강화를 주는 것이 아니라 시간간격이나 지렛대 누르는 반응비율에 따라 간헐적으로 주는 강화를 말하며, 이를 간헐적 강화(intermittent reinforcement)라고도 한다.

부적응(maladjustment) 1. 환경에 적절히 반응하지 못하고 문제 해결적인 행동양식이 결여된 상태나 2. 정신 신경증, 정신병 등에서 매우 불안하거나 또는 특이하게 행동하는 것. 본능(id)은 유전된 모든 것, 즉 출생 시 나타난 것. 그리고 개인을 구성하는 결정체 등을 포함하는 성격구조의 한 측면. 이드는 동물적이고 비합리적이며, 억압을 받지 않으려 한다. 또한 본능표출과 긴장해소를 추구하는 선천적인 신체의 흥분상태로 프로이드는 선천적, 신체적 흥분의 정신적 표상은 욕구의 형태로 나타난다고 한다.

부정적 강화(negative reinforcement) 혐오자극의 제거 또는 중지를 가져오는 반응의 발생을 유지하거나 강화시키는 자극.

부정적 전이(negative transfer) 이전에 학습한 것이 이후의 학습에 미치는 방해효과로 두 개

의 상황에서 요구하는 반응이 다르기 때문에 생긴다. 예를 들면 자동차 운전을 배운 후에 키를 잡고 배를 조종하는 것과 같은 경우가 있다.

부조화(incongruence) 한 개인의 경험과 그의 자아개념 사이에 불일치가 있을 때 생기는 상태

분열(splitting) 분열은 모순된 감정이나 대상에 대한 이미지를 분리 해 버리는 무의식적 과정이다. 대상에 대한 이미지에서 선함과 악함, 쾌감과 불쾌감, 사랑과 증오 등을 분리한다. 그래서 대상에 대한 긍정적 이미지와 부정적 이미지를 분리하는 작용이다. 이런 분리가 통합되는 것이 성장인데 분열이 계속되면 성숙을 가로막는다. 분열은 행동과 태도로 나타나는데 모순된 행동을 교대로 나타낸다든지, 충동적으로 행동한다든지, 상대를 이상화하거나 비하하거나 한다든지 하는 행동을 보인다. 이것은 지금까지 경계선 인격장애의 주요 방어 기제로 알려져 있다.

불안(anxiety) 1. 특정한 원인이 없이 미래에 대한 두려움과 근심걱정이 있는 상태나 2. 경미한 정도의 만성적인 공포라고 볼 수 있으나 일반적인 공포보다 그 대상이 구체적이지 않고, 3. 획득된 회피반응을 포함한 2차적 충동(secondary drive)으로 불안은 개인이 예측할 구성개념을 갖지 못함을 의식하여 생긴 공포, 즉 불안감을 의미한다. 공포는 두려움의 대상이 있으나 불안은 대상이 없어도 두려워하는 것이다.

불안반응(anxiety reaction) 강한 불안감정에 의해서 특징 지워진 복잡한 반응형태로써 심장의 두근거림, 숨막힘, 가슴이 답답함, 현기증 등의 신체적 증상을 동반한다.

불안위계(anxiety hierarchy: 不安位階) 불안위계 목록(不安位階目錄)과 병행되는데 단계적 둔화를 위해 작성되는 내담자에게 가장 불안을 많이 야기 시키는 상황에서 가장 적게 일으키는 상황에 이르기까지의 목록을 말한다. 불안 위계는 행동치료사들이 환자가 경험하는 두려운 자극에 대하여 불안보다는 상황에 대한 깊은 이완을 연합시킴으로써 불안을 체계적으로 둔감화시킬 때 사용하는 자극의 목록. 가장 적게 불안을 일으키는 것에서 가장 큰 불안을 일으키는 것까지 순서를 매긴다.

불안정(insecurity) 타인의 사랑과 지지를 확인하지 못하므로 발생하는 확신의 결여.

브레인스토밍(brainstorming) 사회심리학에서 사용하는 용어로 특정문제의 해결을 위해 집단구성원들이 자유롭게 아이디어를 제시하는 것을 말한다.

비언어적 의사소통(non-verbal communication) 구어 외의 다른 방식으로 사람들 사이에서 이뤄지는 직접적 의사소통, 얼굴표정, 눈 접촉과 몸의 자세들이 여기에 해당한다.

비지시적 상담(non-directive counseling) 이 상담은 정신분석학과 지시적 상담에 대한 반동으로 C. S. 로저스가 제시한 내담자 중심의 상담 원리이다. 이 상담은 내담자가 스스로 자신의 문제에 대해서 해결을 할 수 있다고 보는 상담체계로 내담자에게 어떤 조건이 주어진다면 그때에 변화가 일어난다는 입장을 가지고 인본주의적 입장에 상담이라고 한다. 비지시적 치료(non-directive therapy)라고도 하는 이 상담은 내담자가 주도권을 가

지고 자신을 표현할 수 있도록 하는 심리치료, 상담자는 최소한의 지시를 하며 따뜻하고 허용적인 분위기를 조성하여 내담자가 자신의 문제를 솔직하게 토의할 수 있도록 한다. 조사하는 식의 질문 및 해석을 하지 않고 주로 내담자의 표현을 반영해 주고 명료화(clarification) 시킨다.

비합리성(irrationality) 인간행동은 스스로 전혀 의식하지 못하거나 또는 어느 정도 의식하지 못하는 비합리적 힘에 의해 좌우된다는 기본가정.

사례연구(case study) 기초심리학 및 임상심리학에서 사람의 행동을 이해하기 위하여 사용되며, 개별적, 종합적인 자료수집에 근거하여 행하는 연구법.

사례연구(case study) 한사람의 개별적인 특성을 규명하기 위한 심리학적 방법으로서 개인에 대한 복합적인 자료들이 장기간에 걸쳐 수집·분석된다. 개별 기술적(ideographic) 성격연구에서 뿐만 아니라 임상, 상담심리학(clinical, counseling psychology)에서 실제적, 진단적인 목적을 위해서 흔히 사용되는 방법이다.

사이버네틱스(cybernetics) N. Wiener에 의해 1948년 동물과 기계에 있어서 제어와 통신의 과학으로서 제창된 종합적인 학문영역.

사회적 학습(社會的 學習, social learning) 인간이 대인적, 집단적, 사회적 상황 속에서 사회적 습관, 태도, 행동, 가치를 습득해 가는 과정, 이른바 사회 속에서 인간행동의 형성과 변용의 과정을 학습이란 관점에서 볼 때 쓰이는 개념이다.

사회측정법(sociometry) 개인이 그 사회의 구성원이 되기 위한 지식, 기능, 경향성 같은 것을 습득해 가는 과정.

사회학습이론(social learning theory) 행동이 내적, 인지적 과정과 환경적 영향력간의 복잡한 상호작용의 결과로 생긴다는 것을 강조한 반두라가 세운 성격이론.

상관(correlation) 두 개의 변인 X, Y의 값에 일정한 통계적 연결이 있을 때 X, Y는 상관관계에 있다고 한다.

상담(counseling) 인간이 자신의 영육적인 문제를 포함하는 일신상의 문제에 대해서 전문적인 훈련을 받은 상담자와 대면관계를 맺고 그의 따른 일상생활의 문제의 해결과 사고, 행동, 감정, 영적인 측면에서 성장을 위해 노력하는 학습과정이다. 또한 상담이란 조언(advice), 명료화(clarification), 해석(interpretation) 및 전문적인 교육방법을 통해 인지(認知), 정서, 행동의 변화를 가져옴으로써 내담자의 문제 해결과 성장을 도와주는 여러 가지 과정을 광범위하게 의미할 수도 있다.

상호성(reciprocity) 한쪽의 행동이나 태도가 그에 영향을 받는 다른 한쪽의 영향을 서로 받는 관계. 예컨대, 우리는 우리를 좋아한다고 알고 있는 사람을 좋아한다.

생리적 욕구(physiological need) 인간욕구 중 가장 기본적이고 강력한 요구로서 물, 음식,

산소, 수면 등에 대한 욕구이다.

선행조직자(advanced organizer) 새로운 학습재료를 유의미하게 학습시키는 데는 학습재료에 대하여 적절한 인지구조가 존재하는 것이 필요하다. 그런데 학습자에 있어서 전혀 새로운 학습재료이거나 선행지식과 모순되는 경우에는 적절한 인지구조가 존재하지 않는다. 이러한 경우에 유의미학습을 촉진시키는 하나의 효과적인 방법으로 본 학습에 추상적 정보를 미리 인위적으로 학습자에 학습시켜 인지구조의 일부에 덧붙여 주는 것이다. 이 도입된 정보를 선행조직자라 한다.

선호도(preference) 우선적으로 좋아하는 것. 또는 그 정도, 성격(性格, character) 일반적으로 사람 또는 다른 사물이나 사상(事象)으로부터 구별될 수 있는 실질적인 제 특징을 나타낸다. 시대의 성격, 제 2차 성징(secondary sexual characteristics) 등 그 특징 또는 특질, 개성(individuality)을 나타내는 경우가 많다.

성격(personality) 한 개인을 인간의 존재로 만드는 요인들의 집합으로 모든 인간들이 공통적으로 가지는 사고, 감정, 그리고 행동 등을 만드는 독특한 형태이다. 개인이 가지고 있는 성격은 총체적이고 역동적인 측면과 개인에게는 숨겨진 것으로 보이는 이론가들이 있는가하면, 지각할 수 없는 무의식적 과정으로 보는 학자들이 있다.

성격형성(formation of character development, formation of personality) 성격 또는 인격의 형성과정, 인격형성 또는 인격발달이라고도 한다.

성역할(sex-role) 각 사회, 문화에서 남성, 여성에 대하여 행동, 태도, 성격, 감정 등에 대하여 어느 일정한 특성이 바람직한 것으로서 기대된다. 이 성별에 따라 기대되고 있는 특징.

성취검사(achievement test) 개인의 과업수행능력(performance)을 측정하는 검사로서 현재의 특정 훈련결과나 지식을 특정 한다.

성취동기(achievement motive) 1.성공 또는 원하는 목표의 달성을 위하여 노력하는 경향, 2. 과제에 대한 개인의 자아몰두(自我沒頭), 3. 주어진 과제에 있어서의 성공에 대한 기대, 4. 어려운 일을 신속히 그리고 잘하려고 노력하거나 또는 장애를 극복하려는 동인(動因)이다. 즉, 성취동기는 자신이 생각하기에 가치 있고 중요하다고 생각되는 것을 성취하려는 동기.

성취욕구(need achivement) 어려운 일을 달성하고자 한다. 물체, 인간, 관념을 가능한 한 신속하고 독립적으로 숙달하고 조작, 조직하려한다. 장애를 극복하고 높은 목표에 도달코자 한다. 자신을 개선하고 탁월케 한다. 경쟁하고 타인을 누른다.

소거(extinction) 어떤 학습된 행동이 강화가 제공되지 않으므로 해서 학습 이전의 상태로 되돌아가는 것. 예컨대, 고전적 조건형성에서 UCS를 주지 않을 경우 CR이 감소하는 경향과, 도구적 조건형성에서 강화의 부재로 지렛대 누르는 반응이 감소하여 기저선 이하로 떨어지는 현상. 즉 소거(소멸; extinction)는 더 이상 강화되지 않아서 조건반응이 약화되거나 제거되는 과정이다.

소속 욕구(belongingness need) 타인과 친한 관계를 맺도록 동기화 시키는 기본 욕구, 친구, 가정생활, 그리고 집단이나 조직을 통해서 이 욕구가 충족된다.

쇠퇴(initiative) 망각의 한 요인으로 저장된 정보가 생리적 변화로 인해 부식되어 사라진다고 설명한다.

수렴적 사고(convergent thinking) 제시된 과정을 해결하기로 하는 경우에 계통적, 논리적으로 바른 이치에 따라 정답으로 도달하려고 할 때 작용하는 사고. 정답은 보통 1개인 경우가 많다. 집중적 사고라고도 한다.

수반성(contingency) 일반적으로 2가지 이상의 사상(事象)간에 관련되는 방식을 말하지만 학습심리학 분야에서는 강화의 수반성을 의미한다.

수업공학(instuctional technology) 대체로 세 가지 의미가 있다. 첫째는 수업체제설계의 과정을 가르치는 것이고, 둘째는 수업에서 사용하는 시청각적 교구, 교수 기계, 컴퓨터 등 이른바 하드웨어(hardware)를 의미하며, 셋째는 위의 두 의미를 함께 내포하고 있다.

수업사태(instructional events) 한 학습 과제의 수업에 있어서 교사에 의하여 학습자료와 학습 활동에 의하여 또는 학습자 자신에 의하여 제공되는 교수단계를 말한다. Gagne 식의 수업사태는 9단계로 이루어진다. 주의집중(동기형성), 목표인지, 선행 학습력의 상기, 자극과제 제시, 학습 활동의 지도, 안내, 학습행동의 옳고 그름 확인(feedback), 성취행동의 유발(평가), 파지 그리고 전이의 강화 등이다.

수업체제 설계(instructional system design) 수업목적의 달성수단을 계획 개발하는 체계적 시도로서 이는 여러 요소들로 구성되어 있고, 이들은 한 전체과정 내에서 신축성을 가지고 서로 관계하고 있다.

수업체제(instructional system) 수업단원, 과목, 교육과정의 목표를 달성하는데 필요한 학습자료(교재), 사전검사, 진보확인검사, 사후검사, 학습지침, 교사지침 등으로 이루어진 한 세트 또는 한 단위 완성품 또는 꾸러미(package)이다.

수용(acceptance) 긍정적인 태도로 내담자가 가진 가치. 태도에 대해서 중립적인 관심을 나타내며 내담자의 행동에 대해 찬성도 불찬성도 하지 않는다. 그러나 내담자가 현재 그대로 느끼고 행동할 권리가 있음을 인정하는 것이다.

순응(adaptation) 조도의 변화에도 불구하고 시각계가 적응하는 현상으로 어두운 상태로 바뀌어 지면서 적응하는 것을 암순응, 그 반대를 명순응이라고 한다.

쉐마(schema) 과거경험의 축적으로 만들어진 일종의 심적인 틀 또는 규준. 새로운 경험을 적절한 문맥 내지 카테고리를 근거로 그 위치를 정하는 작용을 하는 내적인 모델 내지는 인지구조, 사물, 신상의 지각, 기억, 문제 해결 등의 인지과정에 있어서 중요한 역할을 하는 것으로 상정된 가설적 개념, 지각적 내지 인지적 도식(圖式)이라고도 한다.

스키너 상자(Skinner box) 스키너가 조작적 조건형성을 연구하기 위해 개발한 조그마한 실험상자.

스트레스(stress) 세 가지 관점에서 정의된다. 1. 반응으로서의 신체가 어떤 외부 자극(스트레스)에 대하여 보이는 비 특정적 반응 2. 자극으로서의 생활 변화와 위기적 사건 혹은 일상생활의 문제처럼 개인의 재적응을 요구하는 일련의 사건이나 상황 3. 거래 작용으로서의 개인이 가진 자원을 청구하거나 초과하며 개인의 안녕상태를 위협한다고 평가되는 개인과 환경간의 특정한 관계.

승화(sublimation) 원욕(願慾, libido)이 보다 사회적으로 수용될 수 있는 방향으로 변경되는 무의식적 과정. 넓은 의미에서는 사회적으로 용납될 수 없는 충동을 수용될 수 있는 것으로 바꾸는 것을 뜻함.

시뮬레이션(simulation) 대상인 시스템의 어떤 기능을 이것과는 다른 소재를 사용하여 가능한 한 꼭 그대로 흉내 내는 모델을 구성하는 것.

실험집단(experimental group) 두 집단을 비교하는 실험방안에서 연구하려는 처치가 주어진 집단.

심리·사회적 위기(psychosocial crisis) 긍정적 또는 부정적 결과를 가져올 수 있는 생리적 성숙과 사회적 요구에 의해 야기된 한 인간의 생애에서 극적인 순간.

심리검사(psychological test) 언어적 내지 비언어적인 반응의 견본(행동견본)을 통하여 전인격의 일면 내지 다면을 객관적으로 측정하는 도구.

심리극(psychodrama) J. L. Moreno에 의해 시작된 것으로 현실의 실천행위의 시뮬레이션이다. 연극이 개인 간 관계나 개인중심의 문제를 다룰 때 이것을 사회극(sociodrama)라 한다.

심리사회적 위기(psycho-social crisis) Erikson이 제안한 용어로 각 발달 단계에 고유의 심리적, 사회적인 발달과제가 있는데 이 과제를 성공적으로 수행하느냐 그렇지 않느냐 하는 것이 갈등상태에 있다고 보아 이를 심리·사회적 위기란 말로 표현하였다.

심리학적 측정 심리학적 사상(事象)을 수량적으로 기술하는 것. 넓은 의미에서 정신측정(mental measurement)과 동일한 의미를 가진다.

심적외상(physic trauma) 외상경험(外傷經驗)이라고도 한다. 인가의 인격형성 과정의 초기에 경험된 강열한 불안이나 공포체험을 말한다.

심층심리학(depth psychology) 정신의 의식영역만을 대상으로 하는 심리학에 대하여 무의식영역을 해명하는 심리학.

아동기(middle childhood) 초등학교 입학 때부터 사춘기가 시작하기 전까지의 시기, 학동기라고도 부르는데 6-7세에서 11-12세에 해당한 자.

안전욕구(safety need) 개인으로 하여금 그의 환경에서 적당한 양의 질서, 구조, 예측성을 획득하도록 동기부여 하는 기본요구.

애착행동(attachment) 인간 또는 동물들 간에 형성되어 있는 정의적 끈(affectional tie)을 말하는데 그 끈은 양자를 공간적, 시간적으로 영속적인 결합을 하게 한다. 어린애의 경우는 접근, 뒤쫓음과 같은 능동적인 접근이나 미소, 울음 같은 사람을 부르는 접근, 접촉의 신호행동으로 나타난다.

양면가치 감정(ambivalence) 한 사람 또는 한 가지의 대상에 대하여 상반하는 2가지의 감정이나 태도를 동시에 갖는 감정. 특히 사랑과 미움이 동시에 생기는 것을 의미한다.

억압(repression) 1. 경험을 의식으로부터 강력하게 밀어내는 것 2. 정신분석에 의하면 원초아(id)로부터의 용납될 수 없는 충동을 현실원칙에 따라 작용하려는 자아(ego)와 초자아(superego)의 욕구에 의해서 억압된다. 3. 억압은 자제(suppression)나 억제(inhibition)와 구별되어야 하는데 이것들은 자발적인 것인 반면 억압은 무의식적이며 비자발적이다. 즉, 억압은 위협적이 충동이나 생각을 의식 밖으로 밀어내는 것을 말하는 것으로, 가장 기본적이면서 중요한 방어기제로 원치 않은 생각이나 충동이 의식에 떠오르는 것을 막는 방어기제이다.

억제(inhibition) 1. 정신적 방해 또는 행동상의 망설임 2. 초자아(superego)에 방해의 의해 본능적인 충동이 의식되는 것을 막음.

언어양식(speech mode) 인간 유아가 갖고 태어나는 것으로 가정하고 있는 일상 언어에서 사용되는 음의 변별을 가능케 하는 지각되는 상태.

언어학습(verbal learning) 문자, 숫자, 무의식철자, 단어, 문장 등의 언어재료를 사용한 기억 및 학습에 관한 실험적 연구의 총칭.

에이 타입 행동형(type A behavior pattern) 협심증이나 심근경색증이 되기 쉽고, 야심적이고 성급한 사람의 행동형을 말한다. Glass 등에 의하면 이러한 사람은 목표지향성이 높고, 주위에 대한 신경이 예민하기 때문에 적의, 경쟁심이 강하다.

역할 연기(role acting) 심리치료나 리더십 훈련에서 내담자 혹은 구성원에게 갈등이 되는 장면으로 구성된 극의 한 역할을 연기하도록 함으로써 대인관계에 중요한 태도와 행동을 가르치는 방법.

역할놀이(role playing) 심리치료적인 상황이나 실험상황에서 다른 사람의 역할을 하는 것이나 의도한 효과를 얻기 위해 역할을 하는 것의 두 가지 의미로 쓰인다.

역할수행연습(role playing, 役割遂行演習) 심리치료나 지도자 훈련에서 내담자로 하여금 자발적인 행동을 수행하게 함으로써 대인관계에서의 중요한 태도나 행동을 지도하는 방법.

연령규범(age norm) 복장, 일의 내용, 사회적인 의무나 책임 등에는 연령에 의해 어느 정도 고정된 관계축이 있다. 이와 같은 연령과 관계된 행동의 관계 축을 연령규범이라고 한다.

연합(association) 1. 학습을 통하여 형성되는 연결을 말할 때 사용되는 일반적인 용어 학습이나 경험을 통하여 확립된 둘 이상의 심리적 현상간의 기능적 관계나 연결 2. 관념간의 유대나 연결.

열등감(inferiority feelings) 유아기에 나타나는 부적절, 부족, 무능력의 느낌으로 우월을 향한 추구에 근본이 된다. 이는 근면부족으로 생긴 자기의심과 무능의 느낌, 낮은 자존심으로도 보는 측면이 있다. 아들러에 의하면, 모든 인간은 선천적으로 열등감의 극복 위해서 완전과 우월에의 추구를 하는 존재이다. 즉 인간의 열등감은 인생에 있어서 신장과 성장, 창조성을 주는 원천이 된다는 설명이다. 열등감이란 말은 아들러에 의해 창안된 용어이다. 아들러는 인간이라면 누구나 선천적으로 열등감이 있다고 주장했다. 따라서 아들러는 인생을 실패로 이끄는 병적 열등감(inferiority complex)의 원인으로 신체기관 열등감, 응석받이 열등감, 무시 열등감을 언급했다. 1)신체기관의 열등감이란 선천적으로 불완전한 신체기관을 가지고 태어나거나, 후천적으로 유아기에 병이나 허약한 체질로 고생한 아이들의 상황을 언급한다. 2)응석받이 열등감은 아들러에 의하면, 응석받이는 열등감의 원인으로 어머니가 아이와의 관계만 치중하는 것과 어렸을 때에 중병을 앓은 후에 생긴다. 3)무시의 열등감은 무시를 받으면서 자란 아이들은 자라면서 사랑이나 협력하는 일들을 알 기회가 없는 것으로 열등감에 빠지기 쉽다고 보았다. 대체로 고아나 사랑이 없는 환경에서 자란 아이와 많은 문제가 있는 가정에서 자란 아이들이 무시를 받으면서 자라는 경우가 많은데, 이들은 사랑이나 협력 등의 힘을 도외시하면서 인생을 해석하고 살아간다. 더 나아가서 아들러는 인간들의 생활양식에서 발전된 다양한 콤플렉스들에 대해서 10가지로 설명했다. 1) 열등 콤플렉스(inferiorty complex)는 사회적으로 유익한 방식으로 인생의 문제를 해결하지 못한다고 느끼는 것으로 모든 생각, 감정, 행동에 변덕을 부리는 콤플렉스이다. 따라서 이 콤플렉스는 모든 일에 실패의 원인이 된다. 2) 오이디푸스 콤플렉스(oedipus complex)는 어렸을 때에 응석받이로 자라서 어머니의 애정에 집착하여 변화를 싫어하는 것으로 프로이드의 성적충동에 이론과는 구분된다. 즉 프로이드는 오이디푸스 콤플렉스를 정신생활의 발달에 기초로 가정했지만 아들러는 어머니가 아이들을 양육하는 과정에서 생기는 인위적인 현상으로 보았다. 3) 구원자 콤플렉스(redeemer complex) 다른 사람들이 가지고 있을지도 모르는 결함을 구원해 주기 위해서 일생을 보내며, 자신의 문제들에 대해서는 비정상적인 해결을 하고 있는 콤플렉스이다. 이러한 현상은 신경증 환자와 정신병 환자들에게 자주 나타나는 것으로 아들러는 보았다. 4) 증명 콤플렉스(proof complex) 자신의 삶에 오류를 하는 것을 두려워하며 다른 사람이 말하는 것은 무엇이든지 즉각적으로 증명하기를 요구함으로써 다른 사람들을 위협하는 콤플렉스이다. 즉 다른 사람들의 행위에 대해서 완벽을 요구하고 자신 또한 인정받기 원하는 것으로 그들의 삶은 언제나 방어적 입장에서 살아가고 있다. 5) 플로니어스 콤플렉스(polonius complex)는 어떠한 현상에 대해 자신의 주관성을 버리고 피상적으로 무의미한 응답을 함으로써 인위적인 의미를 부가하는 것이다. 6) 배타성 콤플렉스(exclusion complex)는 대다수의 사람들이 가지고 있는 배타성 콤플렉스의 현상은 그들의 행동영역에서 다양한 변화를 가지며, 인생의 모든 문제에 대해서 변화를 통해 해결하려는 것으로 현실에 직면하기보다는 무시하는 형태를 취한다. 7) 운명 콤플렉스(predestination complex)는 대다수의 사람들이 고수하고 있는 것으로 자기에게는 어떤 일도 일어나지 않을 것이라고 믿기 때문에 아무 것도 두려워하지 않거나 결국에는 모든 것이 마찬가지로 끝난다고 믿기 때문에 전혀 계획을 세우지 않는 콤플렉스이다. 그야말로 인생에 모든 것을 팔자소관으로 생각하고 살아가는 현상을 의미한다. 8) 지도자 콤플렉스(leader complex)는 자기 자신을 선구자로 믿기 때문에 고집을 피우거나 허세를 부리는 것으로 천재들에게 자주 나타나는데 불행하게도 그들은 지도력의 충분한 능력이 없다. 9) 관망자 콤플렉스(spectator complex)는 콤플렉스는 인생의 현장에 있고 싶기는 하지만 참여를 하거나 행동을 취하지 않는 것으로 응석받이로 자란 사람이 종종 여기에 머문다. 10) 거부 콤플렉스(no complex)는 그들이 지닌 보수성과 두려움 때문에 모든 변화를 반대하여 듣는 말마다 반박을 하는 콤플렉스이다.

외향성(extroversion) 개인의 관심을 바깥쪽으로 돌리는 것. 자기 자신보다 주위환경에나 다른 사람에게 더 관심을 기울인다. 외적, 사회적 활동에 관심을 보이는 것. 외향적인 사람은 특별히 외향성을 나타내는 사람을 말한다. 외향적인 사람은 사교적이며, 태평스럽고, 안정적이 있고, 낙관적이며 실천성이 있다.

요구수준(level of aspiration) 목표에 도달하여 긴장을 해소하는 경우, 목표를 달성하여 얻는 만족감 또는 성공감에는 개인차가 있다. 사람이 바라는 목표에는 단순히 그것에 도달하는 것만이 아니라 그것을 어느 정도로 성취하면 만족이라고 하는 일정한 성적 수준이 있을 수 있다. 이처럼 원하는 과제에 대하여 기대되는 주관적인 목표 수준을 말한다.

욕구(need) 뇌 부위에 있는 어떤 힘을 나타내는 가설적 개념으로 이 힘은 모든 심리학적 과정을 조직해서 어떤 방법으로든 현재의 불만족스러운 상황을 변형시킨다.

욕구불만(frustration) 욕구나 욕망이 좌절되는 것. 기본적인 요구와 충동을 충족시키려는 노력을 방해하는 것. 정신기체(mental mechanism)를 사용하도록 유도한다.

욕구의 단계(hierarchy of needs) 요구의 중요성에 따라 이를 하급에서 고급으로 순서 지어 놓은 것.

욕구이론(need theory) Murray가 인간행동을 충동하고 결정짓는 힘을 강조하기 위해 세운 성격이론.

원조행동(helping behavior) 넓게는 타인에게 이익을 주는 자발적, 의도적 행동이 향사회적 행동과 같은 뜻으로 쓰인다. 좁게는 분여행동(分與行動, sharing behavior), 기부행동(寄附行動, donation) 등과 같은 일종의 적극적인 대인행동으로 사용된다.

원초아(id, 原初我) 정신분석 이론의 성격구조의 한 부분으로 원욕(Libido)이 위치하는 곳이다. 이 정신세계는 쾌락원칙에 의해 지배되고 동기의 즉각적인 만족을 꾀하여 현실에 대한 배려를 하지 않는다.

유동성 지능(fluid intelligence) Cattell에 의하면 새로운 장면에의 적응이 요구되는 과제해결과 관계가 깊은 지능을 말한다. 이는 생득적인 생리학적 뇌 기능과 그 성숙에 의해 작용이 규정된다.

유발성(valence) 사람의 마음을 끄는 정도. 마음을 잡아끄는 사물을 정적 유발성, 반대로 마음을 멀리하는 사물을 부적 유발성이라 한다. 이것은 그 순간의 심리적 상황에 달린 것이다.

의지력(will power) 아동으로 하여금 자유선택을 연습하게 해 주고 동시에 자기억제도 연습시키게 해 주는 자율성에 수반되는 심리 사회적 미덕.

이상행동(abnormal behavior) 정상이라는 기준으로부터 일탈도가 큰 행동을 말한다. 그 기준에는 3가지 즉, 통계적 기준, 가치적 기준과 병리적 기준이 있다.

이타주의(altruism) 이타주의는 자신의 욕구나 욕망은 억누르고 남의 욕구나 욕망에 관심을 가지는 것이다.

이행대상(transitional objects) Winnicott가 제시한 정신분석학적 개념으로 영유아가 애착을 나타내는 특정한 대상물(이불, 수건 등이 대표적)을 말한다. 이행대상은 그것을 사용하는 영·유아에 있어서 심적 중요성을 갖고 있다.

인격(personality) 사람의 특성을 통일적, 총체적(總體的)으로 표현하는 말. 인격이라 하면 태도, 충동, 야망, 금지, 적성, 지능 등이 포함된다. 심리학적인 인격의 개념은 일반적으로 한 개인의 좋은 면만을 묘사하는 "인격"이라는 용어와는 개념이 다르다. 심리학적 측면에서 볼 때는 사람은 누구나 다 동일한 양의 "인격"을 가지고 있다. 그러나 그 인격을 구성하는 것은 사람에 따라 다른 것이다. 이는 도덕적 기준 또는 가치관으로서 이를 통해 개인의 행동이 평가되는 것이다.

인격장애(personality disorder) 이는 평균 범위에서 벗어난 인격으로 지속적이며 예측가능하며 현실적응에 있어서 자신 및 사회와의 관계성에서 주요한 기능장애를 초래하는 이상성격의 양상이다. 성격장애자들은 스스로 치료를 받으려고 하지 않는다. 원인으로는 유전적 혹은 생리적, 또는 환경적인 것이 있다. 정신의학자들이 상용하는 DSM-IV(Diagnostic and Statistical Manual)에는 11가지의 인격 장애를 진단한다. 즉 편집성(paranoid), 분열성(schizoid), 분열형(schizotypal), 표면성(histrionic), 자기애적(narcissistic), 반사회적(antisocial), 경계성(borderline), 회피성(avoidant), 의존성(dependent), 강박성(obsessive-compulsive) 인격 장애로 나누어서 설명하고 있다.

인본주의적 심리학(humanistic psychology) 인간의 잠재력과 독특성을 강조하는 심리학적 접근 방법. 주관적 경험과 인간의 가치를 인정하고 인간을 목적적인 존재로 보기 때문에 개인의 지각, 의미, 가치, 목적 및 자유의지가 인간의 행동을 결정한다고 본다. 정신분석학과 행동주의에 이어 심리학의 제 3세력이라고 불린다.

인지과정(cognitive process) 지각하고 기억하는 정신과정과 정보를 획득하고 계획을 세우고 문제를 푸는 정보처리과정.

인지구조(cognitive structure) 행동은 생활체에 의해 인지된 환경상황에 규정되어 전개된다고 볼 때 그 인지환경의 구조를 의미한다.

인지도(cognitive map) 어떤 행위가 목표에 접근해 갈 때 뇌 속에 지도가 그려진다고 보는 견해.

인지적 동기(cognitive motive) 새로운 경험에로의 욕구로 환경의 구조나 사물의 관계를 알려고 하는 욕구에 근거를 두고 있는 일련의 동기.

인지학습이론(cognitive learning theory) 자극은 신경계를 경유해서 나타나는 반응과 직접적으로 연결되어 있다는 행동주의자의 입장에 반대하는 심리학의 학파이다. 이들은 복잡한 학습은 뇌에서 지식이나 생각을 재구조화하고 재조직화 함으로써 이뤄진다고 보고 있다.

일치성(congruence) 1. 자아의 일부가 되도록 경험을 의식적으로 통합하는 것 2. 상담자가 자신의 내부의 경험을 알아차리고 상담관계에서 자신의 내면적 경험을 명백하게 할 수 있는 기본능력, 상담자의 내면적 경험의 태도와 행동에 나타나려면 상담자의 말과 행동이 자신의 경험과 일치해야 하며 내면적 감정의 변화에 민감해야 하고 자신을 투명하게 드러낼 수 있으며 있는 그대로의 자기 자신이어야 한다.

일화기억(episodic memory) 일상생활에서 경험하는 자기에 대한 기억.

임계기(critical period) 생체 발달의 비교적 초기에 있어서 어떤 자극(경험)이 주어질 때 그 효과가 가장 크게 나타나는 시기가 있다. 이 효과가 가장 크게 나타나는 시기가 있다. 최적기(optimal period) 또는 민감기(sensitive period)라고 한다.

자극-반응이론(stimulus-response theory) 학습 과정을 설명하는데 환경 자극 또는 그 흔적과 생체의 반응 간에 연합 관계를 기초로 하여 생각하는 이론.

자극변별(stimulus discrimination) 여러 환경자극 각각에 대해 어떻게 적당하게 반응할 것인가를 학습하는 과정.

자극통제(stimulus control) 행동치료에서 특정반응이 좀 더 많이 일어나거나 좀 더 적게 일어나도록 환경을 배열하는 것(예컨대, 흡연의 가능성을 줄이기 위하여 하루에 담배 한

갑만 사는 것).

자기 충족 예언(self-fulfilling prophecy) 자기 자신의 미래에 대한 어떤 기대되는 자신의 행동을 하게 됨에 따라 결국 자신의 행동을 예언하고 있는 것으로 나타난 현상, 또는 피그말리온 효과(pygmalion effect)라고도 한다. 자기가 만든 여성상을 사랑하여 인간으로 만들어 주기를 열렬하게 원함으로써 그 원망을 달성했다는 그리스 신화의 피그말리온 왕의 이야기에 비유하여 그 이름이 붙여졌다.

자기강화(self-reinforcement) 자기가 통제할 수 있는 보상을 스스로 자기에게 보상을 줌으로써 자기행동을 개선하거나 유지하는 과정.

자기개념(self-concept) 유아가 성장함에 따라 자신을 환경과 분리하여 소유할 줄 알게 된다. 이러한 인식과 기능이 발달함에 따라 환경적 경험으로부터 자아에 대한 인식이 생기게 되는데 이것이 자아개념(자기개념)의 발달이다. 자아개념의 발달은 유기체가 자신의 경험을 어떻게 지각(知覺) 하느냐에 따라 많이 좌우된다. 이는 사람들에 대해서 갖는 생각, 감정 및 태도의 종합, 어떤 이론가들에 대해서, 자기개념은 자기와 동의어이다.

자기규제(self regulation) 자기 자신의 행동에 영향력을 행사할 수 있는 개인의 능력.

자기도취(narcissism, 自己陶醉) 자기 자신의 신체적 속성이나 행위에 부적절하게 과도한 가치를 부여하는 특성을 말한다. 정신분석에서는 자아가 타인이 아닌 자기 자신을 사랑의 대상으로 삼을 수 있으며 이러한 자애적(自愛的)인 사랑은 생의 전반을 통해 어느 정도 유지되는 것으로 극단적인 경우에는 정신분열증세(schizphrenia)로 발전하기도 한다.

자기분석(self-analysis) 1.자기 자신에 대한 정신분석의 실시 2. 보다 일반적으로는 개인이 자신의 동인(動因), 정서, 잠재력의 한계에 관해 이해하려는 시도를 의미한다.

자기실현(self-actuallization) 자아(ego)는 의식적 인격이 중심이고, 자기(self)는 의식과 무의식을 합친 전체정신의 중심을 통합하는 것이다. 융이 말하는 자기실현은 인간의 심적 전체성의 완전한 실현을 향하는 노력이다. 의식과 무의식, 빛과 어두움, 남성원리와 여성원리 등의 근본적인 대립이 조화되고 통합되는 자기 전체성이 자기실현이다. 이 자기에서 갈등이 멈추고 모든 것이 정지되며 식별불능의 조화로운 원초적 상태가 나타난다. 자기는 최고의 정신적인 권위이며 자아를 자기에게 복종시키는 것이다. 자기는 주로 내면적이며 경험적인 신(deity)으로 묘사되는 것으로서 신의 형상과 같은 것이다. 개성화의 마지막 지점에서 자기의 실현, 탄생은 완전한 의의변환을 뜻한다. 자기는 우리의 삶의 목표이며 궁극적인 목표이다. C. R. Rogers는 유기체(有機體)가 자신을 유지시키고 향상시키는 방향으로 자신의 능력을 발달시키려는 타고난 경향. Maslow는 인간의 욕구계열(Serial of wanting)에서 가장 고차원적인 것으로 자기실현을 한사람이 자기 자신의 잠재력을 최대로 실현시키려고 하는 기본적 경향성이다. 자기실현은 자기가 뜻하는바 모든 것을 이루고자 하는 욕망으로서 자기가 바라는 사람이 되는 것과 따라서 뜻

있고 충만한 인생을 사는 것으로 설명된다. 이는 Maslow나 Rogers등에 의해서 발전된 인본주의적 이론들의 기본개념이다.

자기조절(self-regulation) 행동치료에서, 부 적응적 행동을 수정하기 위해서 자기 자신의 행동을 감시하고 자기 강화와 같은 방법을 사용하거나 자극조건을 통제하는 것.

자기중심성(ego-centricism) 개인이 자신의 욕구와 관심에 지배되어 생각하거나 행동함으로서 타인의 입장을 이해하지 못하는 경향. 즉 자신의 관점에서만 대상을 이해하는 유아기 조망수용능력의 한계.

자기통제(self-control) 자신의 행동을 통제(統制)하는 능력, 충동적인 행동이나 감정을 억압하거나 저지하는 능력.

자기효능감(self-efficacy) 개인이 스스로 생활을 극복할 수 있고, 자신의 노력으로 자신이 원하는 결과를 얻을 수 있다는 신념 또는 기대를 말한다.

자기(ego, 자아), 특히 개인이 갖는 자기 자신에 대한 개념 정신분석에서는 원초아(id)로부터 발전된 의식기능(consciousness function)으로 본다. 즉 자기와 현실사이를 이를 구별하는 것을 학습하고 원초아(id)의 욕구와 비판적이고 도덕적인 면을 추구하는 초장(superego) 사이를 조정하는 역할을 한다.

자아(self) 이 자아는 칼 융의 개념으로 자아는 진정한 자기의 모습, 즉 진정한 인간을 찾아내는 것이다. 이를 찾아가는 과정을 Jung은 개성화 과정이라고 언급했다.

자아정체성(ego identity) 자기지각의 전체성(totalities)으로서 이것은 개인에게 유일감(uniqueness)과 시간상의 연계성(continuity)을 제공한다. 이는 자신의 자아가 연속성과 동일성을 갖는 것으로, 경험하고 그렇게 행동하도록 확립 해 가는 청년기의 탐색능력.

자유연상(free association) 생각이나 기억이 아무 목적이나 의도 없이 자연스럽게 표현되는 것. 꿈, 백일몽, 공상 등 정신 치료나 정신분석에서 흔히 볼 수 있는 현상이며, 자유스러운 연상에서 표현되는 내용이나 감정 등을 통해서 무의식적으로 지니고 있는 동기, 욕망 등을 가려낸다.

자존심(self-esteem) 자신을 받아들이고 적어도 어느 면에서는 자신이 가치 있는 사람이라고 느끼며, 자신을 존중하는 것.

자존심(self-esteem) 자신을 수용하고 적어도 어느 면에서는 자신이 가치 있는 사람이라고 느끼며, 자신을 존중할 수 있는 것. 자아긍정(自我肯定)과 비슷한 개념이다.

장기기억(long-term memory) 비교적 오랫동안 정보를 담고 있는 기억이므로 저장용량은 거의 무한하다.

장이론(field theory) 형태 심리학파가 주장하는 이론 가운데 가장 잘 알려진 유형으로 인간과 고등 동물의 행동 그리고 뇌의 기능에 있어서, 전체는 부분의 합 이상이며, 뇌는 단순한 신경 세포의 합보다 전체적인 장으로써 더 잘 이해될 수 있고, 어떤 특정 행동의 원인은 가장 분명한 외부적 자극보다는 상호 작용하는 요인들의 전체적인 장 속에 존재한다는 이론이다.

적성(aptitude) 어느 특수한 종류의 행위를 터득할 수 있는 선천적 잠재능력, 적성의 유형에는 기계적, 사무적 수학적, 사색적, 언어적, 기학적, 적성 등 여러 가지가 있다. 성격을 적성과 혼동해서는 안 된다. 적성은 다만 가능성(possibility)일 뿐이다. 어느 누구도 자신의 적성을 다 성취시킬 수는 없다.

적성검사(aptitude test) 적성이란 어떤 특정한 직업, 학업, 예술 활동 등을 효과적으로 수행하기 위하여 필요한 지식이나 기능 등을 학습에 의해 획득할 수 있는 개인의 여러 특성을 말한다. 적성 검사는 특정한 활동에 대한 개인의 적성을 측정하기 위한 검사이다.

적성처치 상호작용(aptitude treat-ment interaction: ATI) 교재의 제시순서, 제시방법 등의 처우와 학습자의 적성 간에 통계적으로 상호작용이 보일 때 이 상호작용을 말한다.

적응(adjustment) 1. 장애를 극복하고 욕구를 만족시키기 위한 유기체의 활동과정 및 변화, 2. 신체적 사회적 환경과 조화 있는 관계를 수립하는 것(이 정의는 기술이나 학습을 강조하지 않고 사회적 순응, 동조(同調)의 의미에 치중한 것이다.). 적응은 개인과 대상 혹은 사회환경이 조화를 이루는 것. 혹은 이 조화로운 관계가 획득될 수 있는 과정을 말한다.

적응(adjustment) 신체적, 사회적 환경과 조화 있는 관계를 수립하는 것. 장애를 극복하고 욕구를 만족시키기 위한 유기체의 활동 과정 및 변화.

적응기제(adjustment mechanism) 생체가 자연적 환경, 사회적 환경에 적응한 행동을 취하고 자기 자신의 심리적 세계에 있어서 균형을 유지하기 위하여 취하는 행동의 기제.

전의식(preconsciousness) 개인이 어떤 순간에 의식하지 못하지만 쉽게 의식화 될 수 있는 사고, 의식과 무의식(consciousness and unconsciousness)의 중간지대로 있는 인간 의식의 한 부분으로 프로이드가 설명했다. 이 전의식은 어떤 순간에나 기억할 수는 없지만 조금만 노력하면 쉽게 의식할 수 있는 생각이나 느낌(예컨대 당신의 생일은 언제인가?).

전이(轉移, transference) 내담자가 어릴 때 자기의 생활 주변에 있었던 중요한 사람들과 같이 지내면서 그 사람에게 가졌던 경험을 지금의 상담 전문가에 옮겨 놓고서는 그를 마치 옛날의 그런 사람인 양 대하고 있는 현상.

전조작적 사고(前操作的 思考, preceptional thinking) 조작적 사고에 이르는 전단계의 표상적 사고(表象的 思考). 심상이나 언어 등의 표상을 사용하는 것은 가능하나 합성, 가역적 조작 등의 조작을 하기까지는 이르지 않는 단계의 사고.

정서(emotion) 강력한 감정적인 경험 또는 정신상태로서 종종 아주 격한 감정폭발을 유발하기도 한다. 심리적이든 신체적이든 간에 여러 가지 콤플렉스(complex) 반응에서 나타나는 제 결과(諸結果)들은 정서에 속하며 공포, 분노, 사랑, 증오 등과 같은 것이 있다. 정신질환 환자의 경우 정서의 원인을 환자 자신은 모르는 경우가 많다. 정서적 원인은 내적인 것이므로 외적 방어는 전혀 효과가 없으며 신체의 활력에 치명적인 손상을 가한다.

정서장애(affective disorder) 정서의 혼란을 가진 정신병으로서 조증(躁症), 우울증, 조울증(manic depressive psychosis) 등이 여기서 속한다.

정신분석(psycho analysis) 인간의 행동, 언어, 공상, 꿈, 증상 등 모든 심적 활동의 무의식적 의미를 해명하는 심리학적인 방법. 프로이드에 의해 발달된 심리 치료의 한 방법.

정신연령(mental age) 발달수준이 정상적이라고 판단되는 생활 연령의 단위로 정신적인 발달이 표현되는 수준.

정신연령(mental age) 발달수준이 정상적이라고 판단되는 생활연령의 단위로 정신적인 발달이 표현되는 수준

정신위생(mental hygiene) 정신건강을 유지하고 또 증진시키는데 필요한 적합한 지식 및 연구활동, 환자로 하여금 정신장애를 극복하도록 돕거나 그의 환경에 가장 잘 적응할 수 있도록 하는 것들을 포함한다.

조건강화(conditioned reinforcement) 일차적 강화가 아닌 중립자극이 강화의 기능을 하는 것으로 이차적 강화라고 한다.

조건반사(conditioned response) 무조건 반응과 비슷한 것으로서 조건반응은 애초에는 중립적 자극이었던 것에 의해 유발된다.

조건반응(conditioned response: CR) 원래는 중립자극이었던 조건자극이 무조건 자극과 짝지워진 결과로 조건자극에 의하여 방출된 반응.

조건자극(conditioned Stimulus: CS) 고전적 조건형성에서 무조건 자극과 짝 지워짐으로써 새로운 반응을 방출하게 하는 자극을 의미한다. 조건자극은 어떤 반응을 자연적으로 일으키는 자극과 자주 연합됨으로써 그 반응을 일으킬 수 있는 능력이 갖추어진 자극이다.

조건형성(conditioning) 조건반응(자극과 또 다른 자극, 반응의 연합)이 학습되는 과정으로 고전적 조건형성(classical conditioning)과 조작적 조건형성(operant conditioning)이 있다.

조절(accommodation) 현실세계에 보다 잘 적응키 위하여 기존의 인지 구조를 수정하는 것을 말한다.

종단적 연구법(縱斷的 硏究法,, longitudinal method) 동일한 개체에 대하여 시간을 쫓아 반복적, 계속적으로 관찰이나 측정을 행하여 행동이 시간의 경과와 함께 변화해 가는 모습을 밝히려는 연구법.

종속변인(dependent variable) 독립변인의 변화에 기인하여 측정 변화된 변인 심리실험에서 종속변인은 자극에 대한 반응을 일컫는다.

좌절(frustration) 목표 지향적 행동에 대한 방해나 그 결과로 생긴 긴장되고 불안한 상태. 즉 좌절은 욕구나 소망이 억압당하는 것 또는 개인적인 목표의 달성이 봉쇄되는 것.

죄의식(guilt) 자신이 동일시하는 사회적 행동 규범을 위반했다는 인식으로 정신분석에서 죄의식의 초자아가 지나치게 강력할 때 생기는 무의식적 갈등의 결과이며, 이러한 갈등들이 해소되지 않으면 신경증적 증상이 생긴다.

주제통각검사(thematic apperception test: TAT) TAT약자로서 여러 장의 그림으로 구성된 투사검사(projective test)는 경험자들이 그림을 보고 이야기를 만든다. TAT는 흔히 개인의 무의식적 사고 환상, 그리고 동기를 조사하는 목적으로 쓰인다. 주제 통각검사는 개인이 갖고 있는 요구-압력관계를 비롯한 여러 가지 심리적 역동관계(psychological dynamic relation)를 분석, 진단, 해석하려는 것으로 여러 그림을 보고 떠오르는 대로 얘기를 엮어 가는 투사법 검사이다.

준비성(readiness) 어떤 것을 학습할 때 그것을 습득하는 데 필요한 조건이 준비되어 있는 상태. 학습의 레디네스는 지적 능력에 관련되고 연령 수준에 의해 규정되는 일반 인지적 성숙에 달려 있는 일반적 발달의 레디네스와 특정한 교과의 지적 기능이나 과제의 성공에 대한 필요한 필요조건을 음미하는 교과의 레디네스가 있다.

지각(perception) 감각기관을 통하여 현재 전개되고 있는 외계의 사물이나 일어나는 일 또는 자기 신체의 상태를 아는 것.

지능(intelligence) 생활에 적응할 수 잇는 한 개인의 가능성으로서 3가지로 정의된다. 1. 추상적 사고능력 :말, 상징, 단어, 개념 등을 다룰 수 있는 능력 2. 기계적 사고능력(학습능력): 물리적 사물을 취급할 수 있는 능력. 신체적 기술을 발달시키는 능력. 3. 환경적응 능력(사회적 지능): 사람을 대하고, 영향을 주고, 이해하는 능력 지능을 측정하는 수단을 지능검사라고 한다.

지능검사(intelligence test) 지능을 과학적, 객관적으로 측정하기 위하여 고안된 측정도구.

지시적 상담(directive counseling) 이 명칭은 1942년 C. S. 로저스가 새로운 상담체계로 비지시적이라는 명칭을 붙여지면서 그 전래의 것을 지시적이라고 한데서 유래된다. 이 상담의 특성은 내담자의 문제 해결과 상담하는 과정에서 논리적, 지적 도구를 사용하며, 인간의 전인적인 발달을 중시한다. 또한 상담 방법에 있어서는 실험실에서의 엄격한 실험의 결과보다 상식이나 경험을 더욱 의존한다. 따라서 피상담자보다는 상담자 중심으로 상담이 이루어진다. 이 상담은 고전적 상담학자인 E. G. Williamson이 주장한 상담이다.

지시적 치료(directive therapy) 비지시적 치료 방법과 반대인 개념으로 상담자가 직접적이고 적극적으로 내담자의 문제 해결에 참여하는 방법.

지식화(intellectualization) 지식화도 감정과 생각을 분리시키는 방어기제의 하나다. 상처받은 사건에서 감정을 분리해서 추상적이고 현학적인 것으로 만들어 그 사건에 담겨 있는 감정을 배제시키는 것이다.

직업지도(vocational guidance) 개인의 하나의 직업을 선택하고 그것을 위한 준비를 하고 그 가운데서 진보하도록 원조하는 과정. 개인이 장래의 계획을 세우고, 생애를 영위해 가는데 결의와 선택 하는 것을 원조하는 것이다.

집단역학(group dynamics) 집단 및 그 성원의 행동에 관한 일반적 법칙을 밝히려는 사회과학.

집착(attachment) 집착이라고 하는 것은 하나의 고정적인 생각에 얽매여 다음 단계로 진행하거나 발전하기를 거절하는 것을 말한다. 그것은 주어진 현실을 이탈하는 것이 무섭고 불안해, 다음 단계로 진행하기를 거절하는 것으로, 현실을 개척해나가기 보다는 현실을 그대로 고수하려는 생각 때문에 생긴다. 이것은 유아기나 유년기에 쌓였던 지식이나 관습 속에 그대로 자아가 남아 있기를 원하는 것이다. 예를 들어 대학생이 중학생의 사고를 갖고 있는 경우이다. 마치 자신이 성공한 것처럼 기뻐하고 만족한다. 동일시는 자아 정체성이 매우 낮다.

착각(illusion) 대상에 대한 지각이 특별한 조건에 의해 왜곡되어 객관적인 사실과 일치하지 않는 현상.

창조성(creativity) 어떤 달성 목적 또는 새로운 장면의 문제 해결에 알맞은 아이디어를 낳거나, 사회적 문화적(또는 개인적)으로 새로운 가치 있는 것을 들어내는 능력 및 그것을 만드는 인격 특성.

창조적 사고(creative thinking) 새로운 장면의 문제 해결에 맞는 아이디어 또는 창조활동의 이미지를 만들어 내는 사고.

채점법(scoring method) 테스트는 어떤 주어진 과제에 대한 수험자의 해답에 수치(數値)를 부여하는 것으로부터 성립되어 있다.

체제적 접근(systems approach) 성취된 목표를 성취함에 있어서 각 요소적 활동이 전 체제에 주는 효과와 영향을 감안하면서 문제 해결 기법을 활용한 하나의 과정이다.

초기경험(early experience) 발달하는 유기체에 있어서 발달의 초기에 자극(경험)을 제시하는 것이 계속 나중에 나타나는 발달에 중대한 영향을 미치는 사실이 밝혀졌다. 이 초기의 자극을 주는 것을 초기 경험, 초기 학습 또는 초기(유아기) 자극화(early X infantile> stimulation)라고 한다.

초자아(superego) 1. 부모, 특히 아버지로부터 얻은 도덕기준과 억제 행동 등이 합쳐져 발달하는 성격의 일부로서 자아(Ego)와 원초아(id)의 활동을 자제하는 역할을 함. 2. 양심(conscience)과 밀접히 관련된 것이며 어린 시절에 획득한 이상을 추구할 수 있도록 돕는다. 초자아는 정신분석이론에서 성격구조의 윤리적·도덕적 측면, 이것은 개인 이 사회의 규범을 내면화한 것과 보상과 처벌을 통해 부모로부터 학습한 행동의 기준을 나타낸다.

추동(drive) 1. 유기적인 과정에 의존하며 변화에 따른 유기체의 각성된 목표 지향적 경향성(Goal-oriented tendency) 추동은 결핍이나 고통을 일으키는 유해한 상태에서 발생하며 추동과 관련된 행동은 이러한 상태에서 벗어나는 방향으로 향한다. 2. 행동이나 활동적인 투쟁에 대한 추진력을 뜻하는 용어로서 보통 동기 및 요구와 동의어로 쓰인다.

출발점 행동(entry behavior) 수업이 시작될 때 학생이 지니고 있어야 하는 것으로 그 수업에 적합한 지식, 기능, 태도, 투입행동(投入行動)이라고도 한다. 전통적인 수업방식에 말하는 학습 준비성과도 같은 개념이다.

충동(impulse) 1. 원초아(id)나 본능적 힘에 의해 지향되는 힘. 2. 행동에의 갑작스러운 움직임.

측정(measurement) 어떤 규칙에 따라서 사상(事象)에 수(數)를 대응시키는 것.

치료교육(remedial education) 넓게는 학습자가 소속하는 집단의 성원에게 기대되고 있는 학습 수준보다 학습 및 학력이 떨어져 있는 학습자에 대하여 그 학습이 떨어져 있는 것을 회복하기 위하여 적용되는 특별한 교육, 좁게는 학습 부진아(underachiever)에 대한 교육.

치환(displacement) 대체는 어떤 대상에 대한 감정적 갈등이 있는데 그 대상이 갈등을 표출할 대상이 되지 못할 때 감정을 다른 대상에게로 옮기는 것이다. 아버지가 되고자한 남자가 아이를 가질 수 없다는 사실을 알고 난 후로 애완 동물을 키우거나 이웃집 아이를 귀여워 해 주는 일이다. 직장상사와 안 좋은 일이 있은 남편이 귀가해서 아내에게 짜증을 부리고 아내는 자식에게 화를 내고 자식은 강아지를 걷어차는 일, 사랑하는 여자와 이별한 뒤 그 여자와 비슷한 용모를 보인 새로운 여자와 사랑에 빠지는 일이다. 자기가 원했던 이상이나 목표를 상실했을 때 그것에 대체할 수 있는 것에 집착하므로 자기가 이루지 못한 이상이나 목표를 달성하려 하는 것을 말한다. 챔피언의 꿈을 이루지 못한 복싱 선수가 복싱 선수를 키움으로 그를 통해 챔피언의 꿈을 이뤄 보려하는 것이나 자신이 공부하지 못한 한을 자녀를 통해 풀어보겠다는 것 등이 모두 이에 속한다. 예를 들어 어머니를 사랑하는 마음은 근친상간의 문화적 벽을 피해서 이모로 누나로 다른 이성으로 옮겨간다. 공포증이 이 방어기제의 대표적인 예다. 이는 자신에게 무해한 대상으로 공포의 감정을 옮기는 것이다.

친밀(intimacy) 성인초기와 관계가 있으며 성욕, 타인과의 깊은 관계 그리고 동료에 대한 관여를 나타낸다.

친애욕구(need affiliation) 관련이 있는 사람(피험자와 비슷하거나 피험자를 좋아하는 사람)과 가까이 하고, 즐겁게 협조하거나 교제하고자 한다. 자기가 원하는 대상을 즐겁게 하고 그의 애정을 얻으려 한다. 친구에게 성실하려 한다.

친화동기(親和動機) 사회적 동기 가운데 하나로 타인과의 적극적인 감정적 관계를 확립하고 유지하며 회복하려는 동기.

친화성(closeness) 친밀감이라고 하는 친화성은 두 사람이 서로 융합하는 것이 아니고 그러면서도 가장 고도의 친한 조화적인 관계를 맺는 것을 기술하는 데 사용되어 진다. 이 상태는 자기 동일성과 자기 분화의 소산이며 허무감의 체험으로부터도 초래된다.

카텍시스(cathexis) 정신의학자인 M. I. Stein이 사용한 개념으로 '에너지의 축적' 또는 '감정과 의미를 가진 관념의 대상 또는 원천'이라는 의미로서 정신의학에서 사용되는 용어이다. 그는 마음속에 쾌, 또는 불쾌의 감정을 일으키는 대상물을 cathexis라고 하고 있으며, 쾌의 감정을 일으키는 것은 정적 카텍시스라 하고 불쾌의 감정을 나타내는 것을 부적 카텍시스(negative cathexis) 또는 decathexis라 하였다. 그러므로 정적 카텍시스는 요구를 일으키는 대상이 되고 부적 카텍시스는 압력의 원천이 된다고 볼 수 있다.

타당성(validity) 심리 또는 교육 측정에서 측정치가 재려고 하는 목적, 대상의 속성 등을 측정할 수 있는가에 관한 개념.

태도 변용(attitude change) 어느 기간 지속하고 있던 태도가 내적 또는 외적 요인에 의해 변화하는 것.

태도(attitude) 어떤 대상에 대하여 호의적 또는 비호의적으로 반응하게 만드는 체제화 된 성향.

테스트 불안(test anxiety) 테스트나 그와 비슷한 장면에서 생기는 불안.

통각(apperception) 지각자가 주의를 기울이는 지각 대상을 분명하게 인식하고 이해할 수 있는 지각 과정의 마지막 단계.

통제집단(control group) 두 집단을 비교하는 실험방안에서 연구하려는 처치가 주어지지 않는 집단.

통찰(insight) 1. 문제 해결적 학습상황에서 관계성의 이해를 바탕으로 한 갑작스런 해결 2. 환자가 의식하지 못했거나 잘 모르던 동기, 관계, 느낌, 추동 등을 깨닫게 되는 것(정신분석) 내담자로 하여금 신의 문제를 통찰하게 함으로써 치료적 효과를 보는 것을 통찰자료(insight therapy)라고 한다.

통찰학습(insight learning) 어떤 문제의 해결이 이루어지지 않다가 어느 순간에 갑자기 통찰에 의해서 해결되는 인지학습의 한 유형.

통합(integration) 상이한 특질들을 하나의 조직으로 만들거나 상이한 기질들을 조화된 하나의 성격으로 만드는 것. 즉 하나의 통합 내지 완성하는 것.

퇴행(regression) 좌절에 직면했을 때 행동발달의 이전 형태 또는 더 원시적인 형태로 후퇴, 또는 전의 발달 단계 수준으로 되돌아가는 것.

투사(projection) 사람들이 자신의 특질을 과도하게 다른 사람에게 전가시킴으로써 자신의 바람직하지 않은 특질을 자각하지 않으려는 방어기제이다.

투사(projective) 방어기제 중 한가지로 자신이 용납할 수 없는 욕구나 소망이 마치 다른 사람의 특성인 것처럼 생각하여 그 사람에게 탓을 돌리는 것이다. 망상적 사고의 기본이 되는 방어기제다. 이는 사람들이 자신의 특질을 과도하게 다른 사람에게 전가시킴으로써 자신의 바람직하지 않는 특질을 자각하지 않으려는 방어기제로 자신이 받아들일 수 없는 욕구를 다른 사람에게 방향을 돌리는 방어기제이다. 인간의 감정적인 반응을 그것이 다른 사람에게서 온 것 인양, 다른 사람들에게 전가하는 정신과정이다. 이때 인간의 주관적인 감정은 다른 사람들에게 속한 속성으로 간주되어 객관적인 세계 안에서 살게 된다.

투사법(projective technique) 비구조적(非構造的)이며 애매한 자극체나 자료에 대한 지각적, 상상적 반응을 통해 피검시자(내담자)의 욕구체계 및 성격기능을 탐색하는 검사, 가장 보편적으로 쓰이는 검사에는 "Rorschach 검사"와 TAT가 있다.

투사법(projective technique) 비구조적이며 애매한 자극제나 자료에 대한 지각적, 상상적 반응을 통해 피검사자(내담자)의 욕구체계 및 성격 기능을 탐색하는 검사.

특질(trait) 개인이 나타내는 비교적 영구적이고 일관성이 있는 선천적인 행동유형으로 사회적 환경의 영향이 포함되어 있는 개념이다.

팀 티칭(team teaching) 교수 조직 개선의 한 형태로 교사의 협력적 교수 조직, 아동의 융통성 있는 편성, 교육적 테크놀로지의 발전을 적절히 조합시킨 조직.

파이현상(phi phenomenon) 두 개의 불빛 사이에 적절한 시간차를 두고 연속적으로 이 두 불빛을 켰다 껐다 하면, 사람들은 불이 이 두 지점을 움직이는 것처럼 지각한다. 이러한 착시는 영화나 만화, 네온사이에서 운동을 지각하는 기초가 된다. 최초의 형태 심리학자들이 20세기 초 영화사업이 시작된 직후 발견했다.

편견(prejudice) 인간의 강한 정서적 기반에 근거하기 때문에 반대되는 이유나 증거에 거의 영향을 받지 않는 태도, 의견이나 믿음을 말한다. 이 용어는 항상 그렇지는 않지만 보통 부정적인 의미로 많이 사용된다.

포괄성(comprehensiveness) 한 이론의 가치를 평가하는 기준. 훌륭한 이론은 넓은 범위의 다양한 행동 현상을 포괄하고 설명할 수 있어야 한다.

프로그램 학습(programmed learning) 학습자에게 체계적인 내용을 제시하여 상세한 순서에 따라 학습자 자신에 의해 반응이 일어나게 하고 확인될 수 있도록 하는 방식으로 진행되는 학습지도의 방법.

피드백(feedback) 인공두뇌학(cybernetics)에서 빌려온 용어로 한 시스템에서 입력과 산출의 직접적 관계를 지칭하는 것이다. 상담에서는 상담의 과정과 결과에 대해서 서로를 돌이켜보는 것으로 자기분석과 반성을 하는데 사용되고 있다.

피드백(feedback) 체제 활동을 끊임없이 확인하고 체크하기 위하여 그 체제가 사용하는 정보, 또는 체제 내부의 조정적응에 필요한 정보를 제공하는 과정이다.

필요 및 요구사정(needs assesment) 요구란 현재의 상태와 바람직한 또는 당위적인 상태 사이의 격차이며, 요구 사정은 이 같은 요구를 분석, 확인하는 과정이다. 수업 설계와의 관계는 요구사정이 수업 설계과정의 원초적인 시발단계이며, 여기에서 교육목적이 확인되고 필요가 측정되며 각 목적, 요구의 우선순위가 확정되는 과정이다.

하위문화(subculture) 한 문화 내에서 상위 문화를 공유하지만, 자신의 독특한 특성들도 가지고 있는 것을 의미한다.

학교 공포증(school phobia) 아무런 납득할 만한 이유 없이 단지 본인의 심리적인 이유에서 집에 박혀 있게 되어 학교에 가지 않는 상태를 말하는데, 등교 거부증이라고도 하나 일반적으로 학교를 싫어하는 것으로 취급된다.

학력(academic achievement) 일반적으로 학습에 의해 획득된 능력을 말한다.

학력지수(achievement quotient: AQ) 표준 학력검사는 각 연령(학년)용의 문제로 되어 있다. 표준 학력검사를 실험하면 어린이가 어느 연령까지의 학력을 달성하고 있는가를 알 수 있는데 이 연령을 학력 연령(achievement age: AA)이라고 한다. 이 학력연령과 생활연령과의 비율에다 100을 곱한 것을 학력지수라고 한다.

학습(learning) 넓게 정의할 경우는 '경험에 의한 행동의 변용'이라고 한다. 즉, 본인이 의식하고 있든 아니든, 학습 의도를 갖고 있든 아니든, 또는 경험이 교육적인 것이든 아니든, 변용이 반드시 진보적인 것이 아니든 간에 어쨌든 일정한 경험을 하기 전과 경험 후 사이의 행동에 어느 정도 지속적인 변화가 생긴다면 그것을 학습이라고 한다.

학습성 무력감(learning hierarchy) 학습과정을 설명하는 학설로서 많은 설이 제창되고 있는데 거기에는 크게 두 가지 흐름이 있다. 연합설(S-R이론)과 인지설(S-S이론)이 있다.

학습효과전이(transfer of learning effect) 어떤 학습은 단독으로 행해지지 않고 그 학습은 그 이전의 학습의 영향을 받고 또 다음의 학습에로 영향을 미친다. 이처럼 선행학습이 다음의 학습에 영향을 미치는 것을 학습 효과의 전이라 한다. 학습전이, 연습의 전이 또는 전이라고 부른다.

학업적성검사(scholastic aptitude test: SAT) 개인의 학습 가능성을 측정하고자 하는 검사를 일반적으로 말한다. 지능검사도 그 가운데 하나라고 볼 수 있다.

합리성(rationality) 합리적 존재인 인간은 추론을 통해 자신의 행동을 이끌어 나갈 수 있다는 기본가정.

합리화(rationnalization) 자신의 행동의 실패나 치욕의 이유를 자기의 무력, 이상(異常), 단점에 돌리지 않고 사회적으로 허용된 이유를 정당화하고 의미를 짓는 기제.

해석(interpretation) 내담자가 상담 장면에서 경험하고 있거나 과거 생활에서 경험한 것에 근거를 둔 새로운 개념, 관계 등을 파악하여 이를 내담자의 성장이나 문제 해결을 위하여 제시하는 것.

행동 치료(behavior therapy) 행동이론 내지 학습원리(principles of learning)에 근거하여 부적응 행동을 변용, 제거함과 아울러 적응 행동을 개발, 강화하는 치료의 체계.

행동주의 상담(behavioral couseling) 이 상담은 Pavlov(1849-1936)의 고전적 조건형성 이론에서부터 시작하여 Watson(1878-1936)에게 영향을 미쳐서 1950년대 초반에는 Hull의 학습이론을 통해 정신분석학에 도전한 이론으로 인간의 구체적인 행동을 수정하여 사회규범에 적응시키며, 개인의 삶을 개선하는데 역점을 두고 있다. 행동치료라고도 하는 이 기법은 학습의 원리에 기초된 심리치료의 한 방법. 이것은 행동을 변화시키기 위해서 역조건 형성. 강화 및 모델링 등의 방법을 사용한다. 행동치료는 조건형성에 근거한 원리를 통해 행동의 변화를 추구하는 치료기술로 학습원리를 적용해서 부적응 행동을 수정하려는 일단의 치료기술이다.

행동주의(behavior shaping) 1913년에 J. B. Watson이 세운 심리학과로서 전에는 외관적 행동에 대한 직접 관찰과 측정에만 국한되었다. 또한 성격을 이해하는 데 있어서 학습과정의 중요성을 강조한다.

향성(向性, extraversion & introversion) C. G. Jung은 심적 에너르기를 리비도(libido)라고 부르고, 이 리비도가 주로 자기의 외부로 향하고 사람이나 바깥의 일에 관심을 나타내고 영향 받기 쉬운 경향을 가진 사람을 외향(extraversion)이라 하고 리비도가 내부로 향하고 자신에 관심이 집중되는 경향을 가진 사람을 내향(introversion)이라 한다.

현실요법(reality therapy) 이는 정신과 의사인 W. Glasser.)에 의해 발전된 것으로 내담자의 현재 행동에 중점을 두며, 자신을 정확히 발견하고 현실을 직면하여 성공정체감(success identity)을 갖도록 상담자가 도와주는데 초점을 둔다.

현장학습(field study) 자연이나 사회사상(事象)을 교실 밖에서 직접 구체적으로 관찰하거나 조사하거나 하는 학습법.

형식적 조작(形式的 操作, formal operation) 구체적인 내용을 떠나 논증의 형식에 따라 이끌어지는 논리적 사고. 그것은 현실이 어떤 것인가 하는 내용보다는 추론의 형식이 바른가 아닌가에 관심을 두는 사고이다. 11- 12세 경에 시작되는 이 사고는 J. Piaget에 의하면 전 단계인 구체적 조작에 비하면 훨씬 통합된 구조를 기반으로 하여 전개된다.

형태심리학(gestalt psychology) 지각에 주로 관심을 갖는 심리학적 이론으로서 pattern, organization, wholes, field properties를 강조한다. 형태라는 gestalt은 독일어이다. 1912년에 M. Wertheimer에 의해 세워진 심리학과로서 지각에 대한 연구를 강조한다. 또한 성격을 단지 부분으로써 환언 될 수 없는 조직된 역동적 전체라고 주장한다. 형태

심리학은 전인격의 직접적인 경험으로 연구하는 형태 심리학은 M. Wertheimer(1880-1943)와 K. Koffka(1886-1941) 등에 의해서 이루어졌다. 위에 학파들이 의식의 요소와 자극과 반응에 결합체가 결정된다고 보는 반면에, 형태심리학은 전체는 부분의 합 이상일 뿐만 아니라 전체의 지각이 부분의 지각에 선행함으로써 부분은 전체 결합체의 본능적 성질에 의해 결정된다는 것을 주장한다. 현상학적 방법(phenomenological method)을 사용하는 형태 심리학은 관찰자로부터 직접적이고 통합적인(directive and integrated experience)을 얻기 원한다. 즉 인간이 자신의 경험을 의식적으로 자각할 수 있다고 단순한 자극(stimulus)에 반응한다기보다는 사고한다고 믿는다.

확산적 사고(divergent thinking) 이 개념은 J. F. Guilford가 요인 분석적 연구에 의해 실증하고자 한 지적 능력의 구조에서 다룬 것으로, 주어진 정보로부터 여러 가지 종류의 새로운 생각을 될 수 있는 대로 많이 생산하려 할 때 작용하는 사고이다. 확산적 사고는 단어 유창성(word fluency), 관념적 유창성(ideational fluency), 표현적 유창성(expressional fluency), 연합적 유창성(associational fluency), 자발적 유연성(spontaneous flexibility), 순응적 유연성(adaptive flexibility) 등의 여러 요인을 통합한 것에 가까운 개념으로 창조적 사고의 중심이 된다고 보고 있다.

회상(recall) 파지 및 기억으로부터 정보를 재생산할 수 있는 능력이다.

회피(avoidance) 위협적인 행동을 종종 위협적이지 않은 행동으로 대치시킴으로써 심리적인 갈등으로부터 벗어나는 경향성이다.

CAI(computer-assisted instruction) 컴퓨터를 사용하여 교수를 행하는 시스템, 즉 컴퓨터 보조학습을 말한다.

참고문헌

강승호 외(2001). 현대 교육평가의 이론과 실제. 서울: 양서원.

강정구(1986). 교육성과에 영향을 주는 환경변인에 관한 연구. 성신여자대학교 박사학위논문.

강정구(2000). 현대 학습심리학. 서울: 문음사.

구병두(1989). 학업 성취 관련변인에 대한 Meta 분석. 건국대학교 대학원 박사학위논문.

구병두(1996). 학업 성취 관련변인. 서울: 양서원.

구병두, 양영선, 신기명(1996). 교육심리학의 이해. 서울: 예지각.

권대훈(2006). 교육심리학의 이론과 실제. 서울:학지사.

권현자(1988). 아동이 지각한 부모의 교육적 기대가 학업 성취에 미치는 영향. 숙명여자대학교 교육대학원 석사학위논문.

권형자(1992). 학습 동기, 귀인성향, 학습시간과 학업성적과의 관계 및 이 변인들이 후속성취 기대에 미치는 영향. 중앙대학교 대학원 박사학위 논문.

김건환(1990). 가정의 사회 문화적 배경이 언어능력 및 학업 성취에 미치는 영향에 관한 연구: 언어사회학적 관점을 중심으로. 성균관대학교 대학원 박사학위논문.

김기정(1984). 학업 성취와 지각된 양육태도가 자아개념에 미치는 효과. 중앙대학교 대학원 박사학위논문.

김대현, 김석우(2001). 교육과정 및 교육평가. 서울: 학지사.

김민남(1996). 콜버그의 도덕성 발달이론. 서울: 교육과학사.

김병성(1985). 학교교육과 교육격차. 고려대학교 박사학위논문.

김숙의(1992). 아동의 사회성 가정환경과 학업성적간의 관계분석연구. 중앙대학교 대학원 석사학위논문.

김신곤 외(1999). 실기교육방법탐구. 서울: 학지사.

김아영(1998). 동기이론의 교육현장 적용 연구와 과제. 교육심리연구, 한국교육학회 교육심리연구회, 12(1), 105-128.

김아영, 백화정, 정명숙 공역(2007). 교육심리학. 서울: 박학사.

김언주(1987). 신교육심리학. 서울: 문음사.

김용신(1990). 학업 성취의 결정요인에 관한 연구. 연세대학교 교육대학원 석사학위논문.

김용환(1995). 지역간 교육환경 격차에 대한 연구. 충북대학교 행정대학원 석사학위 논문.

김정기(1981). 학업 성취에 미치는 제 변인에 관한 연구. 연세대학교 교육대학원 석사학위논문.
김충기, 강봉규(2001). 현대 상담이론과 실제. 서울: 교육과학사.
김현정(1996). 지능 및 창의성과 학업 성취간의 관계에 대한 메타분석. 숙명여자 대학교 대학원 석사학위 논문.
김호권 역(1977). 인간의 제특성과 학교학습. 서울: 한국능력개발사.
김희수(2003). 가정의 과정환경과 학업동기 및 학업 성취도의 관계. 중앙대학교 대학원 박사학위 논문.
김희수(2003). 신교육심리학. 서울: 한올출판사.
김희수(2010). 교육심리학. 서울: 신정출판사.
김희수(2008). 교육방법 및 교육공학. 서울: 일문사.
김희수, 이은숙(2014). 노인상담의 이해. 파주: 양서원.
노승윤(2000). 실기교육방법론. 서울: 양서원.
문은식, 박선환, 정미경(2007). 교육심리학. 파주: 공동체.
박상호(1985). 학습지도. 서울: 재동문화사.
박성익 편(2001). 교육공학연구의 최근동향. 서울: 교육과학사.
박아청(2002). 교육심리학의 이해. 서울: 교육과학사.
박아청(2002). 교육의 심리학의 이해. 서울: 교육과학사.
박찬옥(1990). 아동의 정서인지에 관한 연구. 교육심리연구, 4(2), 37-64.
박회륜(1997). 학교 교육 기능과 효과성. 서울: 원미사.
배호순(2000). 수행평가의 이론적 기초. 서울: 학지사.
백순근 편(1999). 수행평가의 이론과 실제. 서울: 원미사.
변영계(2001). 교수·학습 이론의 이해. 서울: 학지사.
서경정(1994). 학습 동기와 자아개념이 학업성적에 미치는 영향. 홍익대학교 대학원 석사학위논문.
손문숙(1986). 어머니의 가정관리능력이 자녀의 학업 성취도에 미치는 영향. 경성대학교 교육대학원 석사학위논문.
손충기(2000). 연구방법론. 서울: 동문사.
송명자(1995). 발달심리학. 서울: 학지사.
신동주(1988). 사회경제적 배경과 성차요인이 중등학생의 학업 성취에 미치는 영향에 관한 일 연구. 인하대학교 대학원 석사학위논문.
신명희(2002). 교수 방법의 심리적 기초. 서울: 학지사.
신명희, 박명순, 권영심, 강소연(2004). 교육심리학. 서울: 학지사.
신종호 외 공역(2006). 교육심리학. 서울: 학지사.

신홍호(1996). 아동의 학업동기, 귀인성향, 자아개념과 학업성적과의 관계. 관동대학교 교육대학원 석사학위논문.

신희경, 김언주, 민현숙, 정찬우(2009). 교육심리학. 파주: 신정

안기성(1992). 교육학개론. 서울:학지사.

안영진(2001). 교육심리학. 서울: 창지사.

오영환(1989). 학습자의 귀인행동과 학업 성취와의 관계분석. 중앙대학교 대학원 박사학위논문.

우희정(1993). 가정환경과 아동의 자기-효능감 간의 인과모형 탐색. 전남대학교 대학원 석사학위논문.

유기섭(1990). 선정된 개인적 및 환경적 변인과 학업성적과의 관계. 중앙대학교 한국교육문제연구소 논문집, 6, 69-93.

윤경희(1999). 가정환경과 지능발달 및 학업 성취도의 관계에 관한 종단적 연구. 서울대학교 대학원 박사학위논문.

윤운성(1996). 가정환경, 자기효능감, 학업 성취간의 문화비교 연구. 교육심리연구, 한국교육학회 교육심리연구회, 10(3), 159-182.

윤정일 외(1999). 교육의 이해. 서울: 학지사.

이성진 외(1999). 교육심리학의 새로운 쟁점과 이론. 서울: 교육과학사.

이성진(1991). 교육심리학 서설. 서울: 교육과학사.

이성진(1996). 교육심리학: 그 학문적 성격과 과제. 교육심리연구, 10(1), 25-43.

이성진(1998). 교육심리학서설. 서울: 교육과학사.

이신동(1994). 교육심리학 교재에 대한 내용분석 및 한·미 비교연구(1954-1988). 교육심리연구, 8(2), 69～86.

이종승(1981). 학업 성취에 관련된 변인의 한 인과분석. 한국교육학회 교육학연구, 9(3), 109-120.

이학주(1989). 대학생의 학업 성취 변인에 관한 연구: 부진자와 속진자의 특성비교. 연세대학교 대학원 박사학위논문.

이해경, 이양, 용홍출(2005). 교육심리학. 파주: 양서원.

이해명(1997). 교육과정 및 평가. 서울: 교육과학사.

이해명(1998). 중·고등학생의 학업성적 결정구조. 서울: 교육과학사.

이해명(2001). 학업성적 결정이론. 서울: 단국대학교 출판부.

이형행(1999). 교육학개론. 서울: 양서원.

임규혁(2000). 교육심리학. 서울: 학지사.

임규혁(2001). 교육심리학. 서울: 학지사.

임규혁, 임웅(2007). 교육심리학. 서울: 학지사.
임승권(2000). 교육심리학의 이해. 서울: 학지사.
임승권(2000). 교육의 심리학적 이해. 서울: 학지사.
임은미(1998). 학업동기 및 부모행동과 학업 성취도의 관계. 서울대학교 대학원 박사학위 논문.
임진영(1999). 가정환경과 아동발달간의 교호적 영향에 관한 탐색적 연구. 서울대학교 대학원 박사학위 논문.
장상호 역(1998). 교수, 학습, 그리고 의사소통. 서울: 교육과학사.
장상호(1996). 학습의 인간화. 서울: 교육과학사.
장영애(1986). 아동의 가정환경과 발달특성간의 인과모형 분석. 연세대학교 박사학위 논문.
전경숙(1992). 부모-아동간 신념의 일치도와 아동의 학업 성취도 및 자기 능력지각간의 관계. 숙명여자대학교 대학원 박사학위논문.
전성연(2001). 교수-학습의 이론적 탐색. 서울: 원미사.
전성연, 최병연(1999). 학습 동기. 서울: 학지사.
정미숙(1991). 정의적 변인과 학업 성취의 관계분석. 영남대학교 대학원 박사학위논문.
정미숙(1996). 정의적 변인들간 및 학업성적과의 관계분석. 교육학연구, 한국교육학회, 34(1), 131-148.
정범모, 이성진(1995). 학업 성취의 요인. 서울: 교육출판사.
조원호(2002). 학교 교육에서의 교육심리학. 서울: 국민대학교 출판부.
조원호(2002). 학교교육에서의 심리학. 서울: 국민대학교 출판부, 81-95.
조은미(1992). 가정환경과 자아개념 및 학업 성취와의 관계연구. 숙명여자대학교 교육대학원 석사학위 논문.
조하희(1990). 학습환경척도의 타당성에 관한 연구. 건국대학교 대학원 박사학위논문.
진위교, 장언효, 이종승, 김순택(1984). 현대수업의 원리. 서울: 정민사.
탁진국(2001). 심리검사. 서울: 학지사.
한국교육학회(2001). 인성교육. 서울: 문음사.
한범숙(1996). 교육심리학. 서울: 교육과학사.
한충효(1984). 가정의 환경적 과정변인과 아동의 학업 성취와의 관계 분석. 서울대학교 대학원 박사학위논문.
허형·황인창·황의록(1974). 가정환경의 제 변인과 학업 성취도와의 관계. 서울: 한국행동과학연구소.
홍성윤, 김유미(1999). 효과적인 교수 방법. 서울: 중앙대학교 출판부.

홍성훈, 김희수(2009). 교육학개론. 서울: 일문사.

Aiken, L. R.(1976). Update on attitudes and other affective variables in learning mathematics. *Review of Educational Research*, 46, 293-311.

Allport, G. W.(1962). Psychological model of Guidance. *Harvard Educational Review*, 32(4), 373-381.

Allport, G.(1961). *Pattern and Growth in Personality*. New york: Holt, Rinehart & Iston.

Amen, C.(1984). Competitive, Cooperative, and Individualistic goal structures: A cognitive-motivational Analysis, In C, Ames & R. Ames (Eds.), *Research on motivation in education. Vol. l*(pp. 177-207). New york: Academic press.

Ames, C., Ames, R., and Felker, D. W.(1977). Effects of competitive reward structure and valence of outcome on children's achievement attributions. *Journal of Educational Psychology*, 69, 1-8.

Anastasi, A.(1972). *Psychological Testing* (3rd ed). London: The Macmillan Co.

Anderson G. J.(1971). Effect of Course Content and Teacher Sex on the Social Climate of Learning. *American Educational Research Journal*.

Anderson L. W.(1984). Time and School Learning: Theory, Research and Practice. *Croom Helm Curriculum Policy and Research Series*. London & Canberra.

Anderson, J. R.(1996) *Cognitive psychology and Its mlication*(3rd ed). New york: Freeman.

Asher, S., & Markell, R.(1974). Sex differences in compregension of highschool and low-interest reading material. *Journal of Educational psychology*, 66, 680-687.

Athappilly, K. K.(1978). *Met-Analysis of the Effects of Modern Mathematics in Comparison with Traditional Mathematics in the American Educational System.* Unpublished, PH. D. Dissertation, Western Michigan University.

Atkinson R. C., & Shifflin, R. M.(1968). Human memory: A proposed system and its control processes. In K. W. spence & J. T. Spence(Eds). *The psychology of Learning and Motivation: Advances in Research and Theory*(Vol.2) orlando, FL: Academic Press.

Atkinson, J. W.(1964). *An introduction to motivation.* Princeton, NJ: Vanostrad.

Atkinson, J. W.(1974). Strength of motivation and efficiency of performance. In J. W. Atkinson & J. O. Raynor(Eds.), *Motivation and achievement.* Washington, D. C.: Winston.

Baller, W. R., & Charles D. C.(1968). *The Psychology of Human Growth and Development*. New York: Holt.

Bandura, A.(1969). *Principles of Behavior Modification*. New York: holt.

Bandura, A.(1977). Self-efficacy: Toward a unified theory of behavioral change. *Psychological Review*, 84, 191-215.

Bany, M. A., & Johnson D. V.(1975). *Educational Social Psychology*. New York: Macmillan.

Baumrind, D.(1978). A dialectical materist's perspective on knowing social reality. In W. Amon(Ed.), *New directions for child development: Moral development* (No.2, pp.61-82). San Francisco: Jossey-Bass.

Baumrind, D.(1991). The influence of parenting style on adolescent competence and substance. *Journal of Early Adolescence*, 11, 56-95.

Becker, M. C., Bngelmann, S., & Thomas, D. R.(1975). *Teaching 2: Cognitive learning and instruction*. Cicago, Science Research Associates.

Benjamin, J. A.(1970). *A study of the Social Psychological Factors Related to the Academic Sucess of Negro High School Student*. Dissertation Abstract International.

Benson, J., & Dweck, C.(1986). The Development of trait explanation and self-evaluations in academic and social domains. *Child Development*, 57, 1179-1187.

Berliner, D. C., & Cahen, L. S.(1973). Trait-Treatment Interactions and Learning. In Kerlings, F. N. (ed.), *Review of Research in Education*. Itasca, Ⅲ: F. E. Peacock.

Biehler, R. F.(년도빠짐). *Psychology Applied to Teaching*. Boston: Houghton Mifflin,

Blair, G. M., Jones R. S., & Simpson R. H.(1975). *Educational Psychology*. New York: Macmillan.

Blair, G. M., Jones, S. R., & Simpson, R. H.(1975). *Educational psychology* (4th ed.). NY: The MaCmilian Co.

Bledsoe, J. C.(1964). Self-concepts of Children and Their Intelligence,

Achievement Interests and Anxiety. *Journal of individual Psychology*, 20, 55-58.

Bloom, B. S.(1956) *Taxonomy of Educational Objectives, Handbook I: The Cognitive Domain*. New York: David Mckay.

Bloom, B. S.(1967). *Human characteristics and school Learning*. NY: Mac Graw-Hill.

Bloom, B. S.(1976). *Human Characteristics and School Learning*. New York: MaGrow Hill.

Bloom, B.S.(1965). *Human Characteristics and School Learning*. N.Y.: Mcgraw Hill book co.

Bloom, B.S.(1981). *All our children Learning: A Primary for parents, teachers and other educators*. N.Y.: Mcgraw Hill book co.

Blumenthal, E. P.(1976). Models iin Chinese Cross-lagged paned Analysis. *Journal of Educational Psychology*, 70, 39-49.

Boggiano, A. K., Flink, C., Shield, A., Seelbach, A., & Barrett, M.(1993). *Motivation and Emotion*, 17, 319-336.

Borich, G. D., & Tombari, M. L.(1995). *Educational Psychology*. Harper Collins College Publisher.

Bowlby, J.(1969). *Attachment and Loss*. New York: Hogarth Press.

Breland, K., & Breland, M.(1961). The Misbehavior of Organisms. *American Psychologist*, 16, 681-684.

Brophy, J. E., & Evertson, C. M.(1976). *Learning from Teaching: A Developmental Perspective*. Boston: Allyn and Bacon.

Brophy, J. E., & Good, J. L(1974). *Teacher-student Relationships: Causes and Consequences*. New York: Holt, Rinehart and Wiston.

Brophy, J. E.(1983). Research on the self-fulfilling prophecy and teacher expectations, *Jouranal of Educational Psychology*, 75, 5, 631-661.

Bruner, J. S.(1959). Learning and thinking. *Harvard Educational Review*, 29, 184-192.

Bruner, J. S.(1966). *Toward a theory of Instruction*. Cambridge, Mass.: Belknap Press.

Bruno, F. J.(1977). *Human Adjustment and Personal Growth: Seven Pathways*. New York: John Wiley & Sons.

Bugelski, B. R.(1964). *The Psycology of Larning of Learning Appliced to Teaching.* New York: Bobbs-Merrill.

Buhler, C., & Allen, M.(1972). *Introduction to humanistic psychology.* Monterey, Calif: Brooks/Cole.

Campbell, P. B.(1965). *Self-concept and Academic Achievement in Middle Grade Publics School Children.* Unpublished Doctorial Dissertation, Wayne State University.

Charles, C. M., & Mallian I. M.(1980). *The Special Student.* St. Louis: The C. V. Mosby.

Chen, C., & Stevenson, H.(1995). Motivation and mathematics achievement: A comparative study of Asian-American, and East Asian high school students. *Child Development*, 66, 1215-1234.

Colby, A., & Kohlberg, L.(1987). *The measurement of moral judgement*(Vols. 1-2). New York: Cambridge University Press.

Coleman, J. S.(1988). *Equality of Educational opportunity.* Salem, New Hampshire: Ayer co.

Combs, A. W. (Ed.) (1962). *Perceiving, Behaving, Becoming: Humanistic Approach to the Study of Persons*. 1962 Yearbook. Washington, D. C.: Association for Supper vision and Curriculum Development.

Combs, A. W.(1965). *The Professional Education of Teachers: A Perceptual View of Teacher Preparation.* Boston: Allyn &Bacon, Inc.

Cooper, H. M., & Baron, R. M.(1977). Academic expectations and attributed Responsibility as Predictors of Professional Teacher's Reinforcement Behavior. *Journal of Educational Psychology*, 68, 409-418.

Crandall, V. J.(1972). Parents at attitude and behaviors and grade: school children's academic achievement. In A. R. Binter and S. H. Frey(Eds.), *The psychology of the elementary school child.* Chicago: Rand McNally.

Crano, W. D., & Mellon, P. M.(1978). *Causal Influence of Teacher's Expectations on Children's Academic Performance: A Psychology* (3rd ed). New York: Wiley.

Cronbach, L. J., & Snow, R. E.(1977). *Aptitudes and Instructional Methods: A Handbook for Research on Interaction*s. New York: Irvington.

Cronbach, L. J.(1977). *Educational Psychology.* New York: Harcourt Brace

Jovanvich, Inc.

Crow, A(1972). *Educational Psychology*. N.J.: Littlefield, Adams.

Daniel Goleman(1995). *Emotional Intelligence*. New York: Bantam Books.

Dave, R. H.(1963). *The Identification and Measurement of Environmental Process Variables That are Related to Educational Achievement*. Unpublished, PH. D. Dissertation, Chicago University.

David, E. H., & Edumund, V. S.(1974). *Between Psychology and Education*. Illinois: The Dryded Press.

Decharms, R.(1976). *Enhancing motivation*. New York: Irvington Publishers.

Deci, E. J.(1995). *Why we do what we do: Understanding self-motivation*. New York: Penguin Books.

Deci, E. L.(1975). *Intrinsic Motivation*. New York: Plenum.

DeVos, G. A.(1973). *Socialization for achievement: Essays on the cultural psychology of Japanese*. Berkeley: University of California Press.

Doyle, W.(1986). Classroom organization and management. In M. C. Wittrock(3rd Ed.), *Handbook of research on teaching*(pp.392-431). NY: Macmillan.

Dusek, J. B., & Joseph, G.(1983). The bases of teacher expections: A metaanalysiss. *Journal of Educational Psychology*, 75, 3, 327-346.

Dweck, C. S.(1985). Intrinsic motivation, perceived control, and self-evaluation maintenance: An Achievement Goal Aralysis. In C. Ames & R. Ames(Eds.), *Research on Motivation in Education. Vol. 2*(pp. 289-305). New York: Academic press.

Eccles, J., Adler, T., & Meece, J.(1984). sex differences in achievement: A text of alternative theories. *Journal of Personality and Social Psychology*, 46, 26-43.

Eggen, P., & Kauchak, D.(1992). *Educational psychology: Classroom Connections*. New York: Macmillan Publishing Co.

Elkind, D.(1976). *Child Development and Education*. New York: Oxford University Press.

Elliot, E., & Dweck, C.(1988). Goals: An approach to motivation and achievement. *Journal of Personality and Social Psychology*, 54, 5-12.

Entwistle, D. R., & Baker, D. P.(1983). Gender and young children's expectations for performance in arithmetic. *Developmental Psychology*, 19, 200-209.

Erikson, E. H.(1963). *Childhood and Society*. New York: Norton,

Erikson, E. H.(1968). *Identity: Youth and Crisis*. New York: Norton.

Erikson, E. H.(1968). *Identity: Youth and Crisis*. NY: Norton.

Erikson, E. H.(1980). *Identity and the life cycle*. NY: Norton.

Fiedler, W., Cohen, R., & Feeney, S.(1971). An Attempt to Replicate the Teacher Expectancy Effect. *Psychological Reports*, 29.

Fisher, T. A.(1988). *Academic Achievement Motivation of Black Adolescent*. Unpublished Doctoral Dissertation, University of Ilinois.

Fleming, E., & Anttonen, G.(1971). Teacher Expectancy or My Fair Lady. *American Educational Research Journal*, 8.

Frederick, W. C., & Walberg, H. J.(1980). Instructional Time, *Evaluation in Education*, 4, 117-118.

Freud, S.(1905). Three Contributions to the theory of Sex. *The basic writings of Sigmund Freud*. NY: Random House.

Gage, N. L., & Berliner, D. C.(1979). *Educational Psychology* (2rd ed.). Chicago: Rand McNally.

Gagne, R. M., & Paradise, N. E.(1961). Abilities and Learning sets in Knowledge Adquistion. *Psychological Monographs*, Vol. 75, No.14.

Gagne, R. M.(1977). *The conditions of Learning* (3rd ed). New York: Holt, Rinehart and winston.

Gagne, R. M.(1965). *The conditions of Learning*. NY: Holt, Reinhart &Winston.

Gagne, R. M.(1977). *The Conditions of Learning*. New York: Holt.

Galton, F.(1869). Hereditary Genius*: An Inquiry into its Laws and Consequences*. London: MacMillan.

Gardner, H.(1983). *Frames of mind: The theory of multiple intelligences*. New York: Basic Books.

Geen, R.(1995). *Human motivation*. Belmont, CA: Brooks & Cole.

Gelman, R., & Bailargeon, R.(1983). A review of some Piagetian concepts. In P. Mussen(Ed.), *Carmichel's manual of child psychology Vol. 3: Cognitive development*(E. Markman & J. Flavell, moral education: Perspectives from Children's books. Xerox University Microfilms No. 777-876.

Getzels, J. M., & Jackson, R. M.(1963). The Teacher's Personality and Characteristics. In M. L. Gage(ed.). *Handbook of Research on Teaching*.

Chicago: Rand McNally & Co.

Getzels, J. W., & Jackson, P. W.(1962). *Creativity and Intelligence*. New York: Wiley.

Ginsburg, G. S., & Bronstein, P.(1993). Family factors related to children's intrinsic/ extrinsic motivational orientation and academic performance. *Child Development*, 64, 1461-1474.

Glaser, R,(1962). Psychology and Instructional Technology. In Glaser, R.(ed.), *Training Research and Education*. New York: John Wiley & Sons, Inc.

Globe, F. G.(1971). *The Third Force: The Psychology of Abraham Maslow*. New York: Grossman Publishers, Inc.

Glover, J. A, & Ronning, R. R.(Eds.).(1987). *Historical foundations of educational psychology*. NY: Plenum press.

Good, T. L., Biddle, B. J., & Borpy, J. E.(1975). *Teachers Make a Difference*. New York: Holt, Rinehart and Winston.

Gottfried, A. E., Fleming, J. S., & Gottfried, A. W.(1994). Role of parental motivational practices in children's academic intrinsic motivation and achievement. *Journal of Educational Psychology*, 86, 104-113.

Green, D. R.(1964). *Educational Psychology*. Englewood Cliffs, New Jersey: Prentice Hall.

Grinder, R. E.(1970). Crisis of Content in Educational Psychology course. *Educational Psychologis*t, 8(1), 4.

Grolnick, W., & Ryan, R. M.(1989). Parent styles associated with children's self-regulation and competence in school. *Journal of Educational Psychology*, 81, 143-154.

Gronlund, N. E.(1974). *Individualizing Classroom Instruction*. New York: Macmillan.

Guilford, J. P.(1967). *The Nature of Human Intelligence*. New York: McGraw-Hill.

Hall, C. S., & Lindzey, G.(1978). *Theory of Personality*. New York: John Wiley & Sons.

Hall, J. P.(1976). *Classical Conditioning and instrumental Learning: A Contemporary Approach*. Philadelphia: Lippincott.

Harrow, A. J.(1972). *A Taxonomy of the Psychomotor Domain*. New York: David Mckay.

Harter, S., & Connell, J. P.(1984). A model on the relationship among children's academic achievement and their self -perceptions, control, and motivational orientation. In J. Nicholls(Ed.), *The development of achievement motivation*, Greenwich, CT: JAI Press.

Havighurst, R. J.(1972). *Developmental Tasks and Education.* New York: David McKay.

Hergenhan, B. R.(1982). An Introduction to Theories of Learning. N.J: Prentice Hall.

Hewett, F. M., & Taylor F. D.(1980). *The Emotionally Disturbed Child in The Classroom.* Boston: Allyn & Bacon.

Higgins, A., Power, C., & Kohlberg, L.(1984). The relationship of moral atmosphere to judgements of responsibility. In W. M. Kurtins & J. L. Gewirtz(Eds.), *Morality, moral behavior and moral development* (pp.74-106), New York: Wiley.

Hilgard, E. R., & Atkinson, R. C.(1979). *Introduction to psychology* (6th ed.). New York: Harcourt Brace Jovanovich.

Hilgard, E. R., & Bower, G. H.(1975). *Theories of Learning.* N. J.: Prentice-Hall.

Hoffman, L. W.(1972). Early childhood experiences and woman's achievement motives. *Journal of Social Issues*, 28, 157-175.

Hurlock, E. B.(1974). *Child Development.* New York: McGraw-Hill,

Irwin, D. B., & Simons, J. A.(1994). *Life-span development; psychology.* Wisconsin: Brown & Benchmark.

James, W., & Vander Zanden(1980). *Educational Psychology.* New York: Random House.

Jencks, C., et al.(1972). *Inequality: A Reassessment of the Effect of Family and Schooling in America.* N.Y.: Harper & Row.

Jensen, A. R.(1969). How Much can we boost IQ and scholastic achievement. *Havard Educational Review*, 9, 1-123.

Jensen, A. R.(1973). *Genetics and Education.* N. Y.: Harper & Row, publishers.

Johnson, S. W., & Morasky R. L.(1980). *Learning Disabilities.* Boston: Allyn & Bacon.

Jung, C. G.(1954). *The Development of Personality.* New York: Pantheon.

Kagan, J., & Kagan. N.(1970). Individual variation in cognitive processes. In

Mussesn. P. (ed.), *Carmichael's Manual of Child Psychology* (3rd ed.). New York: Wiley.

Kneeves, J.(1973). *Educational Environment and student Achievement*. Stockholm: Almgrist & Wiksell.

Koestner, R., & Vallerand, R. J.(1995). Self-regulation and academic procrastination. *Journal of Social Psychology*, 135, 607-619.

Koestner, R., & Zukerman, M.(1994). Casuality orientation, failure, and achievement. *Journal of Personality*, 62, 321-346.

Kohlberg, L., Power, F. C., & Higgins, A.(1989). *Lawrence Kohlberg's approach to moral education*. New York: Columbia University Press.

Kolberg, L.(1984). *Philosophy of moral development*. San Fransisco: Harper and Row.

Lazarus, R. S.(1976). *Patterns of Adjustment and Human Effectiveness*. New York: McGraw-Hill.

Lerner, R. M.(1978). Nature, Nurture, and dynamic interactionism. *Human Development*, 21, 1~20.

Madsen, C. H., & Madsen C. K.(1981). *Teaching / Discipline*. Boston: Allyn & Bacon.

Mager, R. F.(1968). *Developing Attitude Toward Learning*. Belmont, Calif: Fearon.

Mahler, M. S., Pine, F., & Bergman, A.(1975). *The psychological Birth of the Human Infant*. New York: Basis Book.

Majoribanks, K., & Walberg, H.(1975). Ordinal Position, Family Environment, and Mental Abilities. *Journal of Social Psychology*, 95.

Malsow, A. H.(1970). *Motivation and personality*. Rev. ed New York: Harper & Row.

Marsh, H. W.(1990). Causal ordering of academic self-concept and academic achievement: A multiwave, longitudinal panel analysis. *Journal of Educational Psychology*, 82, 646-656.

Maslow, A. H.(1968). *Toward a Psychology of Being* (2nd ed.). New York: McGraw Hill.

McClelland, D. C.(1965). Toward a theory of motive acquisition. *American psychologist*, 20, 321-333.

Mill, J.(1829). *The analysis of the phenomena of the human mind*. London: Baldwin and Cradock.

Miller, A.(1982). *Self-recognitory schemes and achievement behavior: A developmental study.* Unpublished doctoral dissertation, Purdue University

Murray, H. A.(1938). *Explorations in personality: A clinical and experimental study of fifty men of college age.* Now York: Oxford University Press.

Myers, P. I., & Hammill D. D.(1976). *Methods for learning Disorders*. New York: John Willy & Sons.

Newman, B. M., & Newman, P. R.(1990). *Development through Life: A Psychological Approach.* Homewood, Illinois: The Dorsey Press.

Nicholls. J. G.(1984). Achievement motivation: Conceptions of ability, subjective experience, task choice, and performance. *Psychological Review,* 91, 328-346.

Nielsen, L.(1993). Students from divorced and blended families. *Educational Psychology Review,* 177-199.

Palmer, D. J., & Goetz. E. T.(1988). Selection and use of study strategies: The role of studier's beliefs about self and strategies. In C. E. Weinstein, E. T. Goetz, & P. A. Parsons, J. E., Alder, T. F., & Kaczala, C. M.(1982). *Socialization of achievement attitude and beliefs: Parental influences.* Child Development, 53, 310-321.

Piaget, J.(1970). Piaget's theory. In P. H. Mussen(3rd ed.), *Carmecahll's manual of child sychology* (pp.703~732), New York: Wiley

Piajet, J.(1959). *The language and thought of the child.* London: Routledge & Kegan paul.

Pintrich, P. R., & Schunk, D. H.(1995). *Motivation in education: Theory, research, and application.* Englewood Cliffs, NJ: Prentice Hall.

Rees, H. E.(1968). *Deprivation and Compensatory Education: A consideration.* Boston: Houghton Mifflin.

Rogers, C. R.(1951). *Client-Centerd Therapy: Its Current Practice Implication and Theory.* Boston: Houghton Mifflin.

Rogers, C. R.(1969). *Freedom to Learn.* Columbus Ohio: Merrill.

Rotter, J. B.(1966).Generalized expectancies for internal versus external control of reinforcement. *Psychology*, 80, 1-28.

Ryan, R. M., & Connell, J. P.(1989). Perceived locus of causality and internalization: Examining reasons for acting in two domains. *Journal of personality and Social Psychology*, 57, 749-761.

Seifert, K. L.(1991). Educational psychology: Houghton Mifflin C. Goetz, E. T., Alexander, P. A., & Ash, M. J.(1992). *Educational psychology: A Classroom Perspective.* NY: Macmillan publishing company.

Siegler, R. R.(1991). *Children's thinking* (2rd ed.). Englewood Cliffs, NJ: Prentice-Hall.

Simon, S. B., Howe, L. W., & Kirshenbaum, H.(1972). *Values Clarfication.* New York: Hart Publishing Co.

Skinner, B. F.(1958). Teaching machines. *Science*, 128, 969-977.

Spielberger, C. D.(1985). Anxiety, cognition and affect: A state-trait perspective, In A. H. Turna and J. D. Maser(Eds.), *Anxiety and the anxiety disorders.* N.J: Erlbaum.

Sternberg, R. J.(1986). *The triarchic mind: A new theory of human intelligence.* New York: Veking.

Stewart A. C., Friedman S., & Koch J.(1985). *Child Development.* New York: John Wiley & Sons.

Stipek, D, J., & Hoffman, J. M.(1980). Children's achievement related expectancies as a function of academic performance histories and sex. *Journal lf Educational Psychology*, 72, 861-865.

Stipek, D. J.(1981). Children's perceptions of their own and their classmate's ability. *Journal of Educational Psychology*, 73, 404-410.

Stones, E.(1972). *An Introduction to Educational Psychology.* The English Language Book Society & Methuen,

Tallent, N.(1978). *Psychology of Adjustment.* New York: D. Van Nostrand.

Torshen, K. P.(1977). *The Mastery Approach to competency-Based Education.* New York: Academic Press.

Vallerand, R. J., & Bissonnette, R. J.(1992). Intrinsic, extrinsic, and amotivational styles as predictors of behavior: A prospective study. *Journal of Personality*, 60, 599-620.

Vallerand, R. J., Blais, M. R., Briere, N. M., & Pelletier,, L. G.(1989). Construction et validation de I'Echelle de Motivation en Education(EME). (Construction and validation lf the Academic Motivation Scale). *Revue*

Canadienne des Sciences du Comportment, 21, 323-349.

Vallerand, R. J., Pelletier, L. G., Blais, M. R., Briere, N. M., Senecal, C., &Vallieres, E. F.(1992). The academic motivation scale: a measure of intrinsic, extrinsic, and amotivation in education. *Education and Psychological Measurement*, 52, 1003-1017.

Vygotsky, L. S.(1978). *Mind in Society: The development of processes.* Cambridge, MAS: Harvard university press.

Walker, L. J., & Taylor, J. H.(1991). Family interactions and development of moral resoning. Child Development of moral resoning. *Child Development,* 62, 264-283.

Weiner, B.(1980). *Human Motivation.* New York: Holt.

Weiner, B.(1972). *Theories of motivation: From mechanism to cognition.* Chicago, IL: Morkham.

Wigfield, A., & Harold, R. D.(1992). Teacher beliefs and children's achievement self perceptions: A developmental perspective. In D. H. Schunk, & J. L. Meece(Eds.), *Student Perceptions in the classroom.* NJ: LEA. 95-121

Willis. J. D.(1985). *Student Affective Characteristics and Academic Achievement.* Unpublished Doctral Dissertation, University of Georgia.

Witkin. H. A., & Goodenough, D. R.(1977). Field dependence and interpersonal behavior. *Psycological Bulleyin*, 84, 661-689

Wittrock, M. C.(1992). An empowering conception of educational psychology. *Educational psychologist*, 27, 129-141.

Wittrock, M. C.(1992). An empowering conception of educational psychology. *Educational Psychologist*, 27, 129-141.

Wolf, R. N.(1963). *The Identification caution and measurement of environmental process variables related to intelligence.* unpublished ph. D dissertation. university of chicago.

Wong, M. M., & Csikszentmihalyi, M.(1991). Motivation and acakemic achievement: The effects of personality traits and the quality of experience. *Journal of personality*, 59, 539-573.

Woolfolk, A. E.(1990). *Eucational psychology.* Engle wood Cliffs, NJ: prentice Hall.

Yarrow, l. J.(1972). Dimensions of early stimulation and their differential effects on infant development. *Merill / Palmer Quarterly,* 18, 205-218.

Yu, A. B., & Yang, K. S.(1994). The nature of achievement motivation in collectivistic societies. In U. Kim, H. C. Triandis, C. Kagitcibasi, S. C. Choi & G. Yoon (Eds.), *Individualism and collectivism: Theory, method, and application* (pp. 239-250), Thousand Oaks, CA: Sage.

Zeits, C. R., & Prince, R. M.(1982). Child Effects on Parents. In B. Benjamin, & G. Stricker(Eds.), *Handbook of developmental psychology.* Englewood, N.J: Prentice- Hall.

Zimmerman, B. J., & Martinez-Pons, M.(1990). Student differences in self regulated learning: Relating grade, sex, and giftedness to self efficacy and strategy use. *Journal of Educational Psychology*, 82, 51-59.

저자소개

김희수

중앙대학교 교육학과 교육학박사(교육심리 및 상담 전공)
학생군사학교 교수부 교관(수), (사) 중앙교육과학연구소 연구원, 연세대학교 교육연구소 객원연구원, 고려대 사회교육원·중앙대·국민대·건양대·배재대 외래교수, 송호대학교 교학처장 등 역임
현재, 동원과학기술대학교 유아교육과 교수
교학처장·교수학습개발센터장·NCS지원센터장

<주요 저서 및 역서>

교육학개론(동문사, 2015) 외 다수
(역서) 다문화 교실의 교수 - 학습(형설출판사, 2004)

<자격증>

상담심리사1급, 청소년상담사, 청소년지도사

<전문영역>

아동 및 청소년 상담, 인지발달, 수업심리학, 교육통계

조영미

<약력>

동아대학교 교육학과 교육학박사(교육심리 전공)
부산대학교 심리학과 문학박사 수료
양산시 아이사랑 부모 모니터 집단 위원, 한국심리행동코칭연구소 학술이사 등 역임
현재, 동원과학기술대학교 유아교육과 교수

<주요 저서 및 논문>

유아의 표상발달에 관한 연구: 마음 이론을 중심으로(특수아동교육연구) 외 다수
아동복지론(양서원) 외 다수

<자격증>

발달심리사, MBIT 일반강사 인증, 발달진단 평가 전문가

<전문영역>

발달심리학, 도덕성 발달, 교육심리

교육심리학

초판 1쇄 인쇄 / 2017년 2월 15일
초판 1쇄 발행 / 2017년 2월 25일

공저자 / 김희수 · 조영미
발행인 / 이 중 수
발행처 / **동 문 사**

서울특별시 서대문구 홍제원 1길 12
(홍제동 137-8)
Tel : 02)736-3718(대), 736-3710, 3720
Fax : 02)736-3719
등록번호 : 제9-17호
가격 : 20,000원

ISBN : 978-89-8251-888-1(93370)
E-mail : dong736@naver.com
www.dongmunsa.com